科学出版社"十三五"普通高等教育本科规划教材

生物多样性导论

王慷林　李莲芳　编著

本书由下列项目提供资助：
草果繁育技术与社区绿色发展研究（LY2017-005）、云南林业与绿色发展研究（2017CX05）、西南林业大学重点基金项目（110801、111001）

科学出版社
北京

内 容 简 介

本书系统介绍生物多样性及其4个层次（物种多样性、遗传多样性、生态系统多样性和景观多样性）的基本概念、生物多样性的价值，探讨物种形成和灭绝、生物入侵、生物多样性形成与分布、危机与丧失、保护与管理、监测与评价等内容，并阐述中国和世界重点国家生物多样性的状况。本书旨在使读者清晰地理解生物多样性的概念，认识生物多样性价值及其保护的重要性，了解生物多样性的现状及其保护的对策和方法，引导读者从自身专业的角度，切入生物多样性及其保护的领域，激发其参与生物多样性保护的积极性，培养可持续发展理念，为大众及有关专业人员关注生物科学、生态环境、生物多样性及其保护等问题提供相关参考。

本书既可作为高等院校教材，也是重要的参考书。本书可供高等院校师生、科研单位科技工作者，以及林业、农业、园艺园林、珍稀濒危动植物保护管理、经济动物养殖等部门专业技术人员使用；也可作为海关、商检、邮政、交通、防疫、卫生、建筑、轻工和旅游等部门人员的参考书。

图书在版编目（CIP）数据

生物多样性导论/王慷林，李莲芳编著. —北京：科学出版社，2019.10
科学出版社“十三五”普通高等教育本科规划教材
ISBN 978-7-03-063128-2

Ⅰ. ①生…　Ⅱ. ①王…　②李…　Ⅲ. ①生物多样性－高等学校－教材　Ⅳ. ①Q16

中国版本图书馆CIP数据核字（2019）第249786号

责任编辑：刘　丹　孙　青 / 责任校对：严　娜
责任印制：赵　博 / 封面设计：铭轩堂

科学出版社出版
北京东黄城根北街16号
邮政编码：100717
http://www.sciencep.com
北京天宇星印刷厂印刷
科学出版社发行　各地新华书店经销
*
2019年10月第 一 版　开本：787×1092　1/16
2025年 1 月第七次印刷　印张：15
字数：383 000

定价：59.00元

（如有印装质量问题，我社负责调换）

前　言

“人法地，地法天，天法道，道法自然。”老子以简洁而精辟的文字阐述了天、地、人及整个宇宙的生命规律及其关系。生物多样性作为构建自然的重要组分，与人类的生活、生产、思想等密不可分，是人类生存和发展不可或缺的物质基础。“道生一，一生二，二生三，三生万物。”“以辅万物之自然而不敢为”“见素抱朴、绝学无忧、少私寡欲”“天地氤氲，万物化醇”，人与自然的和谐共存，形成了环境可持续发展、生物多样性利用和保护的“天人和谐”和“福祸相依”，进而达到“阴阳平衡”的理想目标。

本书是编著者多年科研与教学之累积，并在参阅大量相关文献资料之基础上完成，意欲为生物多样性的研究和发展贡献绵薄之力。本书的编著忠实于以下几个方面。

（1）科学性和权威性：本书涉及的所有概念，引用国内外不同学者的定义，形成百花齐放的科学氛围，然而，最终定义将以权威、最新出版的志书为主。所涉及的动植物物种，以权威的《中国植物志》《中国动物志》等为主，适当参考最新出版的地方植物志、专著、论文等相关资料，保证物种名称的权威性。

（2）通用性和地域性：本书所涉及的基本概念、研究和调查方法、评价与价值、生物多样性保护（迁地保护、就地保护）等，采用通用的方式。

（3）规范性和新颖性：参考资料均注明出处，以维护知识产权；全书统一采用国际计量单位，以体现文本的规范性。同时，尽量引用最新的研究成果作为案例，以体现教材的新颖性。

（4）连贯性和衔接性：全书共分 12 章，从论述基本概念开始，构筑生物多样性概念—形成—威胁—保护—监测—评价的体系，构建其连贯的一体性；书中也引用大量研究案例，将各章节衔接，保证逻辑的连贯性。根据各高校侧重点及学时差异，以及各专业人员需求重点不同，本书各章也可单独采用。

本书的完成，得益于作者所在的西南林业大学从人力、物力和财力等各方面的支持，以及同事们的帮助和关心。同时，感谢中国科学院昆明植物研究所、西双版纳热带植物园、国际竹藤中心、中国林业科学研究院等单位以及朋友的支持和鼓励。感谢近几届研究生帮助查阅和整理相关资料。

因编著者教学经历和科研水平有限，再加上本书涉及内容广，参考资料众多而观点异同共存，所以书中难免存在不足之处，敬请读者提出宝贵意见；同时，本书基于编著者十年来自编的生物多样性教学课件，少量基础定义或图表无法注明原始出处，希望原作者及时联系我们，以便补充完善。

编著者

2019 年 10 月

目　　录

第一章　生物多样性的概念

生物多样性是人类赖以生存的物质条件，是经济社会可持续发展的基础，是生态安全和粮食安全的保障。生物多样性保护、全球气候变化和可持续发展是国际社会关注的三大热点问题。生物多样性面临着严重威胁，保护生物多样性、保证生物资源及其永续利用，是一项全球性的战略任务。

第一节　生物多样性的定义

人类历史的发展，与形形色色的生物有着密不可分的关系，各式各样、用途众多的生物资源，是人类赖以生存的基本条件，为人类衣食住行提供了保障，是人类经济、社会和生态可持续发展的基础。创新、协调、绿色、开放、共享的发展理念，也为生物资源的合理利用和有效保护提供了巨大的政策支撑，而“绿水青山就是金山银山”更是中国政府对绿色资源保护和利用发展的承诺。

生物资源的合理利用和有效保护，是世界关注的热点，同时也是一个矛盾而艰巨的任务。理解多样的物种对形成人类生态系统的重要性，进而协调生态环境和经济可持续性，是生物多样性关注的焦点。生物多样性的内涵和意义，一直是人类共同探讨的课题。

生物多样性（biology diversity）的概念最早由 Fisher 和 Williams 于 1943 年研究昆虫物种-多度关系时提出，指的是群落的特征或属性（李俊清，2012）。Wilcox（1984）定义其为“生命形式的多样性、它们所体现的生态功能的多样性以及它们所包含的遗传多样性”。1985 年 Rosen 将其组合为“biodiversity”，但并未给出定义（张风春等，2015）。Norse 等（1986）认为，生物多样性是多个层次上的本土表现。美国技术评估办公室（U.S. Office of Technology Assessment，OTA）1987 年对生物多样性给予更明确的定义，即生物之间的多样化（variety）和变异性（variability）及物种生境的生态复杂性。

随着学科的发展，生物多样性从产生到发展，不同的学者和部门，给予不同的定义和关注，其概念在不断地变化中。学者们给出的生物多样性定义如下所述。

（1）生物多样性是地球生命的宝库——无数植物、动物和微生物，它们所包含的基因，以及由它们构成的复杂生态系统［Worldwide Fund for Nature（WWF），1989］。

（2）生物多样性是世界上有机体的多样化，包括基因多样性和由此形成的集合体（Reid and Miller，1989）。

（3）生物多样性包括所有植物、动物、微生物、生态系统，以及生物在生态系统中所参与的各种生态过程（McNeely et al.，1990）。

（4）生物多样性是所有生物种类、种内遗传变异和它们的生存环境的总称，包括所有不同种类的动物、植物和微生物，以及它们所拥有的基因，它们与生存环境所组成的生态系统（汪松和陈灵芝，1990；陈灵芝，1993）。

（5）生物多样性指的是群落的特征或属性，用它来描述一个生物群落的结构特征和物种的丰富程度（王义弘等，1990）。

（6）生物多样性是某一地区、环境、生态系统或整个地球上所有生命的多样化（McAllister，1991）。

（7）生物多样性是指所有来源的形形色色的生物体，这些来源包括陆地、海洋和其他水生生态系统及其所构成的生态综合体；还包括物种内部、物种之间和生态系统的多样性［United Nations Conference on Environment and Development（UNCED），1992］。

（8）生物多样性是地球上所有生命的多样化，它包括所有的基因、物种和生态系统，以及生物所参与的各种生态过程［International Council for Bird Preservation（ICBP），1992］。

（9）生物多样性是指生命有机体、生物群落和与生境有关的生态复合体的全部及其内部和相互之间的相异性和多样化（Fielder and Jain，1992）。

（10）生物多样性通常被用来描述各种现存生物的数量、变化及变异（Croobridge，1992）。

（11）生物多样性是指生物有机体所有水平的多样化，从属于同一物种的遗传变异体到生物类群或属或科的更高级分类单位的系统变化，包括生物群落和物理环境条件组成的生态系统的多样化（Wilson，1992）。

（12）生物多样性是生命形式在于分子、种群、物种、群落和生态系统等层次上的结构与功能的多样性（Sandlund et al.，1992）。

（13）生物多样性是生物及其环境形成的复合体及相关的生态过程的总和，包括生物与生存环境形成的复杂的生态系统多样性和景观多样性（马克平，1993；Barbier et al.，1994）。这一概念增加了景观多样性的内容。

（14）生物多样性是生物及其与环境形成的生态复合体以及与此相关的各种生态过程的总和。它包括数以百万计的动物、植物、微生物和它们所拥有的基因，以及它们与生存环境形成的复杂的生态系统（马克平等，1994）。

（15）生物多样性是指各种生命形式的资源，它包括数百万种的植物、动物、微生物，各个物种所拥有的基因和由各种生物与环境相互作用所形成的生态系统，以及它们的生态过程（陈灵芝，1994）。

（16）生物多样性是指所有生物种类、种内遗传变异和它们与生存环境构成的生态系统的总称。它是指地球生命中的所有变异（Heywood，1995）。

（17）生物多样性是某一地区特定时间内基因、物种和生态复合体的集合以及它们之间的相互作用（Di Castri and Younès，1996）。

（18）生物多样性是生物及其环境形成的生态复合体，以及与此相关的各种生态过程的综合，包括动物、植物、微生物和它们所拥有的基因以及它们与其生存环境形成的复杂的生态系统（蒋志刚等，1997）。

（19）生物多样性是指一定空间范围内多种多样活的有机体（动物、植物、微生物）有规律地结合在一起的总称（陈道海和钟炳辉，1999）。

（20）生物多样性一般是指“地球上生命的所有变异”（孙儒泳，2000）。

（21）生物多样性是指一定时空范围内生物物种及其携带的遗传信息和其与环境形成的生态复合体的多样化，以及各种生物学、生态学过程的多样化和复杂性（丁圣彦，2004）。

（22）生物多样性是生命有机体及其借以生存的生态复合体的多样性和变异性，包括所有植物、动物和微生物物种，以及所有的生态系统及其形成的生态过程（田兴军，2005）。

（23）生物多样性是生物及其与环境形成的生态复合体，以及与此相关的各种生态过程的总和，包括所有生物和它们所拥有的基因及生物与环境形成的复杂生态系统（迟德富等，2005）。

（24）对生物多样性最简单的表达就是：生物有多少？怎样分布？起什么作用（李俊清和

李景文，2006）？

（25）生物多样性是“生物类群层次结构和功能的多样性。包括遗传多样性、物种多样性、生态系统多样性和景观多样性”（生态学名词审定委员会，2007）。

（26）生物多样性是生物（动物、植物、微生物）与环境形成的生态复合体以及与此相关的各种生态过程的总和，包括生态系统、物种和基因三个层次（中华人民共和国环境保护部，2010）。

（27）生物多样性包括数以百万计的动物、植物、微生物和它们所拥有的基因，以及它们与生存环境形成的复杂的生态系统（林育真和赵彦修，2013）。

（28）生物多样性是生物及其与环境形成的生态复合体的多样性和变异性，由遗传多样性（物种内）、物种多样性（物种间）和生态系统多样性 3 个层次组成（冯晓辉，2015）。

（29）生物多样性是一定地区的各种生物，以及由这些生物所构成的生命综合体的丰富程度，包括遗传多样性、物种多样性、生态系统多样性等多个层次（林学名词审定委员会，2016）。

（30）生物多样性是指地球上生命的丰富变化，包括基因、物种、种群和生态系统（奇文和伯恩斯坦，2017）。

总之，生物多样性是生物及其与环境形成的生物类群层次结构和功能的多样性，包括遗传多样性、物种多样性、生态系统多样性和景观多样性 4 个层次。

当然，也有学者并不接受生态系统多样性的概念。例如，Harper 等（1996）认为生态系统包括有机体群落和无机环境两部分，而后者显然是没有生物多样性的。迟德富等（2005）指出生态系统的多样性，与遗传多样性和物种多样性，虽然都统称为生物多样性，但生态系统多样性与后两者有较大区别：一方面生态系统多样性是遗传多样性与物种多样性在更高、更复杂层次中的体现；另一方面生态系统多样性除包含不同的物种与生物群落外，还与生物存在的生境和生态过程密切相关。生态系统多样性的形成，一方面取决于构成各类生态系统的生物群落千差万别，另一方面也与生态系统存在环境因子的特异性相关。

对景观多样性的争论则更大。王伯荪等（2005）认为景观多样性是指景观单元结构和功能方面的多样性，它包括斑块多样性、类型多样性和格局多样性，主要研究组成景观的斑块在数量、大小、形状和景观类型的分布及其斑块之间的连接度、连通性等结构和功能上的多样性。显然，景观多样性与生物多样性无论在研究内容还是研究方法上均有所不同，明显有别于生物多样性的概念与内涵，而应是另类的多样性。因而，把景观多样性与遗传多样性、物种多样性和生态系统多样性并列为第四个层次的生物多样性是不确切的。对生物多样性内涵和层次结构等达成共识，也许将是漫长的过程。

也有学者将文化多样性作为生物多样性的一个组分（张新时，1995），表现在语言、宗教信仰、社会结构等人类社会特征的多样性上（裴盛基等，2012）。然而，文化多样性是指在不同文化背景或同一文化背景下，人类对生物多样性保护和持续利用方式的多样化，以及因文化背景差异而反映出来的人类生活方式和在不同环境中采取的生存策略的多样化（陈灵芝和马克平，2001）。文化多样性应属于对生物多样性保护和利用的方式或形式，或影响，不宜置于生物多样性中。

第二节　生物多样性的内涵

一、生物多样性具有进化的意义

构成生物群落的物种区系是经历长期选择、适应、协同进化的产物，任何一个种或一部分种的丧失将导致一系列连锁后果。特别是关键种的命运更关系到整个群落的兴衰，原生生境的破坏，单纯引种的推广，导致生物多样性的同源化和单一化，还会产生严重的后果(Soule, 1985)。

生物多样性是生物与环境协同进化的结果。生物与环境通过物质循环、能量流动与信息交流形成了一个相对稳定的开放系统，维持着人类赖以生存的生物多样性和生态系统。例如，食果动物与依赖其传播种子的植物间在进化过程中形成互惠关系，生境破碎化往往干扰种子的传播过程，继而破坏这种关系。生境破碎化通常降低食果动物的多样性，但亦有相反的情况出现（白冰等，2011）。

生物入侵也导致一些本地物种的进化，而形成物种多样性的共存。本地种能对入侵植物做出适应性进化响应，以减小或消除入侵植物的危害。本地种在与入侵植物的互作过程中产生了一系列的适应进化、物种形成及灭绝事件，且这些事件不仅局限于地上生态系统，土壤生物多样性同样受到影响，甚至也能发生进化响应。重视土著种与外来种的协同进化，尤其是土著种应对双重或多重外来入侵时的适应性进化，将对保护本地生态系统多样性，抑制外来种的迅速扩散具有指导意义（类延宝等，2010）。

景观文化多样性与生物多样性的关系存在一定的争议，但生物多样性和文化多样性之间存在着协同进化的关系。生物多样性和文化多样性的保护在当代发展进程中应被视为综合的和不可分割的统一体，由于一些民族传统智慧的存在，当地人既充分有效地利用自然资源，同时又善待资源，使得其生境内大多数的动植物多样性和生态景观得以维护（李琦，2008）。

二、生物多样性的多学科含义

不同学科对生物多样性有不同的理解和关注度。

正如马克平（1993）所述，物种多样性在物种水平和生态系统研究中有不同的含义。物种水平的多样性，往往是从分类学、系统学和生物地理学角度对一定区域内物种的状况进行研究，是一个地区内物种的多样化；而生态系统多样性中，物种多样性指的是生态角度上的群落组织水平。因此，马克平认为，生物多样性一词至少包含三个方面的含义，即生物学的、生态学的和生物地理学的生物多样性。①生物学意义上的多样性多侧重于不同等级的生命实体群（主要是指物种及其以下的实体）在代谢、生理、形态、行为等方面表现出的差异性，如生命的、有机体、分类学和生物的多样性。②生态学意义上的多样性主要是指群落、生态系统甚至景观在组成、结构、功能及动态等方面的差异性，当然包括有关的生态过程及生境的差异，如生态、物种和生境多样性。③生物地理学含义的多样性，主要是指不同的分类群或其组合的分布特征或差异，如植物区系多样性。

李俊清和李景文（2006）认为：生物多样性是不同层次、不同等级水平的各种生命系统、生物类群、生命与非生命复合体，以及与此相关的各种生态过程的总和，包括植物、动物、微生物和它们所拥有的基因、所形成的群落和所产生的各类生态现象。生物多样性是描述生物特征的词汇，描述的就是生物数量多与少的属性。生物多样性应归纳为 3 个相互独立的属性，包括：①组成水平，即单元的统一性和变异性；②结构水平，即物理组织或单元的格局；③功能水平，即生态和进化过程。

通常，理解生物多样性，更加关注区域生物多样性，一般着眼于两个方面。①物种的丰富程度：对于从事分类学、生态学和自然保护的科学家，一定空间范围内物种的总数，常常被作为考虑生物多样性最简单的表达方式；育种学家和药物学家们往往更关心种以下的单位，如基因内部不同物质的多样性、种群内或种群间不同种质的遗传多样性。②物种的优势和均匀性强度：指各个物种在一定区域或一个生态系统中分布多少的程度。生态优势度指数反映了各物种种群数量的变化情况，生态优势度指数越大，说明群落内物种数量分布越不均匀，优势种的地位越突出。

香农-维纳指数（Shannon-Wiener index）为区域性生物多样性的研究提供了有效的工具。在香农-维纳指数中，包含两个因素：①种类数目，即丰富度；②种类中个体分配上的均匀度（equitability）或均匀性（evenness），种类数目多，可增加多样性；同样，种类之间个体分配的均匀性增加，也会使多样性提高。

因此，生物多样性不仅要根据物种的丰富程度计算，还要根据种的不均匀性、划分种的优势程度或均匀程度所得的指数计算（陈道海和钟炳辉，1999）。

三、生物多样性具有时空格局

达尔文认为“生物的时空分布是有规律的，不论它们是在连续世代中产生的变异，还是在迁移到远地以后所产生的变异，都遵循同一谱系演变法则，在这种情况下变异规律都是一样的，而且所产生的变异都是自然选择作用积累起来的”（舒德干，2001）。此外，生物多样性是生物进化的结果，是生物与环境相互作用的适应产物。因此，环境的变化和异质性必然影响生物多样性分布和组成特征，形成生物多样性的时空格局（李俊清和李景文，2006）。

1. 生物多样性的空间格局

在生物群落组成方面，受到生态因子的差异性影响，不同的气候带分布着不同的植被类型（水平格局），而同一地理区域由于海拔等因子的影响，植被的分布呈现出明显垂直梯度变化（垂直格局），即所有的生物类群都有这样一种趋势，那就是物种丰富度由热带向极地减少，由低海拔向高海拔减少。一个显而易见的原因是，极地和高海拔环境都很“严酷”或“极端”，从而对生物的生存构成明显的挑战（Pulin，2005）。空间格局通常显现如下的特征。

（1）生物多样性从赤道向两极，物种数目有规律地递减。例如，热带往往具有更多的物种，有不同的学说给予支持。①灾难假说（catastrophe hypothesis）：所有稳定的环境都会在时间上促使生物多样性的形成。热带地区的稳定时间比温带的长，因为温带经历过冰期气候的灾难性变化。②进化速度假说（evolutionary speed hypothesis）：热带的条件比较适宜，生物发育较快，从而单位时间内能产生更多的后代。那里全年都有比较恒定的适宜条件，所以温暖气候中的生物类群要比寒冷气候中的进化速度快，并因此加快世代更替的时间。而温带和极地，由于群落地质年代比较年轻，仍然有新的物种在填充，因此热带具有较大的多样性。③能量输入假说（energy input hypothesis）：某个给定地点的多样性与可得到的太阳能量有关。热带比极地接受的太阳能要多，所以可以预料到那里所存在的多样性梯度（Brown，1981）。④生产力假说（productivity hypothesis）：生物多样性取决于年实际土壤水分蒸发蒸腾损失总量（realised annual evapotranspiration，RAE），热带雨林的 RAE 非常高，而热带荒漠的却非常低，从而解释了这两种环境中初级生产力水平的差异。对于不同的生物类群，主导其物种多样性地理格局的能量形式及能量对多样性的影响机制可能是不同的，因而不同假说的适用性可能也是不同的（王志恒等，2009）。上述假说含有同样的理论内涵。

（2）一般生物多样性随海拔升高而降低，但在不同水热条件下，物种表现出不同的垂直分布格局。地球上陆地生物群落极大地受限于气候因子及其随纬度而变化的形式，某种程度上还取决于海拔。通常，海拔每升高 100m，其温度降低 0.6℃，相当于沿纬度梯度往北递进 50～75km（Holdridge，1967）；随着山地海拔的增加，降水增加，干旱程度降低；但随着海拔继续增加，降水又减少，干旱程度又加剧。海拔的变化，导致温度和降水（湿度）的变化，进而影响物种的多样性。

（3）生物多样性随干旱程度的增加而降低，尤其在水分受到限制的干旱、半干旱地区最为明显。干旱、半干旱地区，水分是决定生态系统结构与功能的关键因子，良好的水分条件是植被恢复的必要条件。随着降水量的减少，草原群落的物种丰富度、多样性逐渐降低（白永飞等，2000）。例如，中国西南干旱河谷地区植物多样性显现一定的特点：①构成复杂但优势科、属明显；②较强的热带区系亲缘；③种、属特有度差异大，新特有性特征明显；④局地多样性较低，但区域差异显著；⑤具有独特的乡土生物多样性资源（沈泽昊等，2016）。

（4）海洋中生物多样性随深度和盐度呈现出有规律的变化。海洋生物多样性的水平分布呈现由近岸到大洋、由极地到热带大洋多样性逐渐增高的趋势。垂直分布方面，影响上浮游层海洋生物多样性垂直分布的主要环境因子是光和温度，中浮游层以下则主要由生物因子，即食物来源所控制。因此海洋生物多样性一般呈表层、底层高，中间低的沙漏形状（孙军，2011）。例如，深海底的生物多样性，与陆地动物的纬度梯度格局相同，即由热带向极地递减。从区域尺度上大型和小型底栖动物的多样性格局是一条抛物线，多样性的高峰值出现在半深海（bathyal）大陆坡上。沿着水深的营养盐梯度，扰动过程和竞争取代间的非平衡相互作用是其控制机制。在局域尺度上，低的食物供给防止了竞争排除，非平衡斑块动力学控制着物种多样性（Lambshead，1993，引自蔡立哲，2006）。

（5）中度干扰条件下，拥有最高的生物多样性，即中度干扰假说（intermediate disturbance hypothesis）：局限在整个地区中小斑块内的适度干扰，如自然火或倒伏树木所引起的干扰，则能允许演替初期的物种存在，也不会排斥太多的特化性物种，因而形成较高的生物多样性（Connell，1978）。故此，在人类活动或突发性自然因子的干扰下，生物多样性也会发生明显变化。

2. 生物多样性的时间格局

物种多样性的时间格局取决于最近一次大绝灭后的初始状态，较短的时间范围内，如生态群落演替、季节周期等，物种多样性变化呈现特殊的模式（周红章等，2000）。这里所涉及的是短期内生物多样性的时间格局。

温度和降水对环境的影响取决于季节性，不同的环境，季节性表现不同。例如，温带和极地的重要季节是寒季和暖季，而热带和亚热带地区的季节主要是湿季和干季。生物群落是一个动态的概念，会因为群落自身的变化和自然影响而发生变化，如森林生物群落的演替及其受一年四季气候变化的影响而表现出季相差异。特别是草本植物，从早春到秋季各阶段，草本植物死亡率和新物种出现的概率不同，物种多样性变化较大。

在生物多样性的时间格局上，也表现出某些成分累积与人为干扰的综合效应。陈小林等（2015）对云南滇池和抚仙湖的研究表明，在系统生产力较低的抚仙湖，可获得性资源有限，物种竞争较弱，营养盐等资源的增加直接促进物种数量的上升与生物多样性的增加；而在人类扰动（如富营养化）较强的滇池，可获得性资源持续快速地增加，导致物种竞争增强，栖息地减少，环境异质性降低，从而出现硅藻多样性与群落异质性的持续降低（即 α 多样性和 β 多样性下降），滇池群落生产力随着硅藻多样性的降低出现显著的上升，指示营养盐的富集对群落生产力的促进作用可能超过硅藻多样性缺失带来的负效应。

第三节　生物多样性的层次

前期的学者将生物多样性分为3个层次，即遗传多样性、物种多样性和生态系统多样性，后来增加的景观多样性层次，逐渐被接受（马克平，1993；马克平等，1994）。各层次的产生，也有自己特殊的内涵和作用，其中遗传多样性是联系的桥梁。

（1）遗传多样性：表明生物体内遗传信息的多样化，是生命进化和适应的基础。生物物种所包含的基因、基因型存在多样化和可变性，是基因层次的多样性。物种间遗传多样性和变异性越丰富，则物种对环境的适应力越强，物种进化的潜力越大。此外，物种遗传多样性的丰富程度，也有助于保持物种和生态系统的多样性，并可减缓物种或生态系统退化或灭绝。可以说，保持遗传多样性就是保持种质资源，是生物多样性保护的关键所在。

（2）物种多样性：生物有机体的复杂多样化。物种是生物分类的基本单元，代表一群在形态、生理、生化上与其他生物有明显区别的生物。通常这群生物之间可以交换遗传物质，产生可育后代。

（3）生态系统多样性：生物圈内生物群落及其生境的多样性及差异；地球表面分布着各种各样的生态系统类型及由此构成的各种生境，是生态系统层次上的多样性。

（4）景观多样性：由不同类型的景观要素或生态系统构成的景观的多样性或变异性。

近期，物种的概念更多关注居群，生物多样性层次的讨论进一步突出。陈家宽（2016）基于Heywood（1995）的生物多样性4个组分与层次，勾画出生物多样性组分和层次，并认为生态多样性、有机体多样性和遗传多样性之间共有的层次是居群，而居群起到连接3个组分的重要作用（图1-1）。这一层次系统中，有机体多样性的实质是物种多样性，而生态系统多样性和景观多样性包含于生态多样性中；文化多样性更关注人与自然的和谐共生关系。

生态多样性		**有机体多样性**
生物群区		**界**
生物区		**门**
景观		**科**
生态系统		**属**
生境	**遗传多样性**	**种**
生态位		**亚种**
居群	**居群**	**居群**
	个体	
	染色体	
	基因	
	核苷酸	

文化多样性：人类与以上各层次的关系

图1-1　生物多样性组分与层次

第四节　生物多样性的形成

基因遗传和变异决定遗传的多样性，生物的进化导致物种的多样性，生物与环境构成了生态系统多样性，而景观的多样性和异质性表现了景观的多样性，因此，生物多样性的形成，既有内在因子，也有外在因子的相互作用。

生物多样性的形成主要受3类生态因子的制约（Jeffries，1997）。

（1）主因子，即地理和自然因子，这是一些大尺度的全球或区域的物理影响因子。这类因子又可分为4种：①历史和年龄，即生态系统形成的时间越古老，生物多样性就越高；②梯度，即生物多样性随环境梯度，即纬度、海拔、深度、干旱度和盐度等的变化而变化；③面积，即生物多样性随面积的增加而增加；④隔离，又可称岛屿化，生物多样性随隔离的增加而降低。

（2）区域或较小尺度的生态学模板，又可分为4种：①生产力，全球尺度上，生物多样性随生产力的增加而增加，但在局地，生产力的增加或降低通常会降低生物多样性；②无量纲格局，指与种群多度有关的食物网的一致性、物种丰富度格局等；③生境异质性与镶嵌性，即生境种类越多，物种多样性越高；④生境架构，生物多样性随自然生境架构复杂性的增加而增加。

（3）相互作用的内部因子，又可分为 4 种，即演替、种间作用、干扰和散布与拓居。

一个生态系统的物种多样性水平是历史、气候、土壤、种间作用及干扰等许多因子综合作用的结果（Guisan et al.，1999）。郭志华等（2002）简述了生物因子（如生产力、生物量、种间关系、土壤微生物）和非生物因子（干扰与空间异质性、气候、土壤因子等）与生物多样性之间的相互作用机制，人类活动对生物多样性的影响，以及在生物多样性影响机制研究中所用的“3S”技术（遥感、全球定位系统和地理信息系统）与数学方法。他们认为：从不同的时间和空间尺度、在不同的对象层次上，全面、深入地研究各类生物和非生物因子与生物多样性之间的相互作用机制，才能得出关于生物多样性的形成与维持机制的全面、完善的理论。

第五节　生物多样性的研究内容

按“DIVERSTAS 计划新方案”，生物多样性研究应包括 5 个核心领域和 4 个交叉领域。5 个核心领域包括：①生物多样性的起源、维持和丧失的机制；②生物多样性的生态系统功能；③生物多样性的编目和分类；④生物多样性的评价和监测；⑤生物多样性的保存和恢复。4 个交叉领域包括：①人类活动对生物多样性的影响；②土壤及沉积物的生物多样性；③海洋生物多样性；④微生物多样性。

基于生物多样性领域专家的观点（傅之屏，2001；马克平等，2004，2016；国政和臧润国，2013），生物多样性研究应关注下列热点问题。

（1）生物多样性的生态系统功能：选择重要的生态系统类型，以种间关系为核心，通过不同生物类群的生态系统功能的研究，揭示生物多样性维持机制，为生物多样性的保育和管理提供科学依据。研究若干典型退化生态系统在恢复过程中生物多样性的动态和作用，为退化生态系统的恢复和重建提供理论和方法。

（2）人类活动与物种的濒危机制：选择关键地区有代表性的濒危物种，研究以物种栖息地退化和破碎为表征的生态环境变化，以及随机因素、个体行为、扩散机制对物种生存的影响。探索人工增殖濒危物种个体，以及人工增殖的濒危物种个体在自然状态下恢复野生种群的途径和方法。并针对若干成功完成人工繁殖的濒危物种进行重归自然的基础研究和实验。

（3）全球变化与生物多样性：以全球变暖为标志的全球环境变化已引起人们的广泛关注。无论是过去、现在还是将来，生物多样性的各个层次都受到全球环境变化的影响。设立专门的项目，研究现代全球环境变化对物种生存和生态系统功能过程的影响，预测全球环境变化背景下，生物多样性未来的变化情景，对于保护生物多样性、社会经济的可持续发展都是十分必要的。

（4）生物安全与生物多样性：外来种入侵对生物多样性已经产生影响，转基因生物（genetically modified organism，GMO）的环境释放对生物多样性也具有潜在的影响，已有一些实际案例可以说明。外来种和 GMO 的生物安全问题是一个世界性的问题，现在和将来都将有大量的外来种和 GMO 进入自然生态系统，加强和深入开展外来入侵物种和 GMO 对生物多样性影响的理论研究和基础性应用研究，探讨保证生物安全的新对策和新方法，对保护国家安全是十分必要的。

（5）植物迁地保护与种质保存：植物园是植物迁地保护的重要基地。利用中国科学院处于不同气候带的 12 个植物园和相关的野生植物种质库，可开展植物引种驯化和受威胁的植物迁地保护与种质资源保存的应用基础研究。

（6）生物多样性编目、监测与信息系统的建立：选择调查空白区或了解不充分且具有代表性的地区进行详细的编目工作，建设和完善中国森林生物多样性监测网络。加大中国科学院生物多样性信息系统（Chinese Biodiversity Information System，CBIS）的建设力度，并将监测和编目获取的信息及时整合到 CBIS 中。同时开展中国生物多样性区划和热点地区保护差距分析研究，为政府的有关决策提供科学依据。

（7）小种群的生存和濒危机制、关键种（keystone species）或关键种组（keystone group）的研究，也是生物多样性研究的热点问题。

极小种群野生植物主要是指野外数量极少、极度濒危、随时有灭绝危险的；生境要求独特、生态幅度狭窄的；潜在基因价值不清楚，其灭绝将引起基因流失、生物多样性降低、社会经济价值损失巨大的种群。

随着小种群内近亲交配系数的逐代上升，遗传杂合性逐代降低，导致种群的适合度下降，最终导致一个小种群的灭绝。

在生物群落中，某些种类对决定大多数其他种类在群落中的持续生存能力具有重要意义，它们的存在与否会影响到整个生态系统的结构与功能，这些物种即称之为关键种或关键种组。关键种应优先保护，因为假如其在保护地丧失，众多其他物种也会随之丧失，即关键种一旦灭绝将会引起连锁反应，并导致生物多样性减少和某一生态系统功能的紊乱。

关键种，即那些活动或多度对群落组成、生态系统功能过程和群落的演替方向等具有比其他物种更重要作用的物种，其对于研究群落中物种的相互作用强度、食物链理论、生物多样性的维持机制、生物多样性与生态系统功能等具有一定的意义。然而，关键种不能作为生物多样性保护的依据：①关键种的定义太广，它几乎包括生态系统中处于食物链各个营养级上的物种，关键种表示不同的物种；②关键种只表示在一定的时空范围内物种在群落中的相对地位，并不是物种的特有性质，现无法确定衡量关键种的定量标准；③过分强调关键种的作用，实际上等于承认生态系统中有冗余种，往往使人们产生非关键种的丢失无关紧要的错觉；④以关键种作为生物多样性保护重点的策略不利于那些具有特殊意义的物种（如生物活化石）和农业生物资源的保护；⑤物种灭绝的主要原因是生境破坏，围绕关键种制定生物多样性保护对策时，必须谨慎（韩兴国等，1995）。

第六节 多样性指数的测定

美国生态学家 R. H. Whittaker 创造性地提出物种多样性的 3 个不同侧面或水平，包括 α 多样性（alpha diversity 或 α diversity）、β 多样性（beta diversity 或 β diversity）和 γ 多样性（gamma diversity 或 γ diversity）（Whittaker，1960），并被应用于生物多样性不同的测定中。α 多样性显示群落内物种数量的变化，而 β 多样性的变化反映生物群落变化的驱动过程（Magurran，2004）。

一、α 多样性

α 多样性是测度均质群落内物种组成状况的一个指标，包括物种总数及个体在物种上的分配状况，即用以测度群落内的物种多样性，又称生境内多样性。

α 多样性又可分为物种丰富度指数、物种多样性指数和物种均匀度指数。其中，物种多样性指数一般用辛普森指数和香农-维纳指数计算。

1. 物种丰富度指数

物种丰富度指数（S）是对一个群落中所有实际物种数目（D）的测量：

$$D=S/N$$

式中，S 为物种数目；N 为所有物种个体数之和。

当研究的对象是样本而不是整个群落时，又可以表示为：

$$D=(S-1)\lg N$$

物种丰富度指数的不足之处是没有考虑物种在群落中分布的均匀性，因此统计出的物种数目不能完全反映群落中的生物多样性。

2. 物种多样性指数

1）辛普森指数（Simpson's diversity index）（D）　辛普森指数是基于在一个无限大小的群落中，随机抽取两个个体，它们属于同一物种的概率是多少这样的假设而推导出来的。

辛普森指数＝随机取样的两个个体属于不同种的概率

＝1−随机取样的两个个体属于同种的概率

假设种 i 的个体数占群落中总个体的比例为 P_i，那么，随机取种 i 两个个体的联合概率就为 P_i^2。如果将群落中全部种的概率合起来，就可得到辛普森指数，即

$$D=1-\sum_{i=1}^{s}P_i^2=1-\sum_{i=1}^{s}(N_i/N)^2$$

式中，S 为物种数目；N_i 为种 i 的个体数；N 为群落中全部物种的个体数。

2）香农-维纳指数（Shannon-Wiener index）（H）　香农-维纳指数描述种的个体出现的紊乱和不确定性。不确定性越高，多样性也就越高。其计算公式为

$$H=-\sum P_i\log P_i \qquad P_i=N_i/N$$

式中，P_i 为属于种 i 的个体在全部个体中的比例（N_i 和 N 同辛普森指数）。

下面以一个假设的简单数据为例子，说明香农-维纳指数的含义。假设有 A、B、C 三个群落，各由两个种组成，其中各种个体数组成如表 1-1 所示，括号内数字即 P_i。

表 1-1　生物多样性指数计算

群落	物种甲/个	物种乙/个	香农-维纳指数（H）	辛普森指数（D）
群落 A	100（1.00）	0（0.00）	0.000	0.00
群落 B	50（0.50）	50（0.50）	1.000	0.50
群落 C	99（0.99）	1（0.01）	0.081	0.02

群落 A 的所有个体均属于物种甲，没有任何不定性，理论上 H 应该为零，其香农-维纳指数是：

$$H=-[(1.0\log_2 1.0)+0]=0.000$$

由于在群落 B 中两个物种各有 50 个体，其分布是均匀的，它的香农-维纳指数是

$$H=-[(0.5\log_2 0.5)+(0.5\log_2 0.5)]=1.000$$

群落 C 的两个物种分别具有 99 个和 1 个个体，则：

$$H=-[(0.99\log_2 0.99)+(0.01\log_2 0.01)]=0.081$$

辛普森指数，如前面所说的三个假设的群落：

群落 A：$D=1-(1.00^2+0.00^2)=0.00$

群落 B：$D=1-[(0.50)^2+(0.50)^2]=0.50$

群落 C：$D=1-[(0.99^2)+(0.01^2)]=0.02$

辛普森指数对稀有种的作用较小，而对普通种的作用较大，其变化范围自 0 到（$1-1/S$），S 为种数。

显然，H 值的大小与直觉是相符的：群落 B 的多样性较群落 C 的大，而群落 A 的多样性等于零。

3. 物种均匀度指数

群落多样性指数无论以何种形式表达，都是把群落物种丰富度和均匀度结合起来的一个单一的统计量。因此，均匀度是研究群落多样性非常重要的概念。均匀度是指生物群落中不同物种的多度分布的均匀程度。

二、β 多样性

Whittaker（1960）定义 β 多样性为：与环境的复杂梯度或环境格局相联系的群落组成变化的幅度或群落分化的程度。Legendre 等（2007）认为，β 多样性刻画了地理区域中不同地点物种组成的变化，是理解生态系统功能、生物多样性保护和生态系统管理的一个重要概念。

β 多样性用来测量群落的物种多样性沿着环境梯度变化的速率或群落间的多样性，说明森林群落物种组成及多样化程度对环境变化反映程度的量，反映各物种对不同环境条件适应程度的特征，也称生境间的多样性。β 多样性可以定义为沿着某一环境梯度，物种替代的程度或速率、物种周转率、生物变化速度等，还反映不同群落间物种组成的差异。不同群落或某环境梯度上不同点之间的共有种越少，β 多样性越大。

β 多样性可以通过不同指数计算。陈圣宾等（2010）统计 β 多样性度量方法有 40 种之多，分别从不同的角度对物种组成在时空尺度上的变化进行评价，认为 β 多样性的使用频率差异很大。斯幸峰等（2017）认为 β 多样性是指不同群落间物种组成的差异，由物种周转（或物种替换）和嵌套（或丰富度差异）这两种过程决定，对目前使用较多的 BAS 法（总体 β 多样性分解为物种周转和嵌套组分）和 POD 法（总体 β 多样性分解为物种替换和丰富度差异组分）进行了详细的分析。并从时空维度（纬度梯度、海拔梯度、生境片断化过程以及季节和年际动态）、多样性的不同方面（物种、功能和谱系多样性）和不同生物类群之间的比较等研究角度出发，进一步阐述了 β 多样性分解方法在探讨生物多样性分布格局以及形成机制中的应用。因此，怎么样合理地使用 β 多样性的测定方法，没有完全一致的观点，需要采用不同的测定方法进行。常见的指数有 Whittaker 指数、Cody 指数、Wilson-Shmida 指数以及 Bray-Curtis 指数。

1）Whittaker 指数（β_{W}）（Whittaker，1960）

（1）$\beta_{\mathrm{W}}=\gamma/\alpha$

式中，γ 为取样区域的总物种数；α 为子区域内所有取样点物种数的平均数。

（2）$\beta_{\mathrm{W}}=(\log a-\log z)/\log 2$

式中，a 为空间距离为零时群落间的相似性；z 为沿着环境梯度的第一个和最后一个取样点群落之间的相似性，用于一定的环境梯度。

（3）$\beta_{\mathrm{W}}=S/(m_{\mathrm{a}}-1)$

式中，S 为物种总数；m_{a} 为样本平均种数。

2）Cody 指数（β_{c}）（Cody，1975）

$$\beta_{\mathrm{c}}=[\mathrm{g}(H)+\mathrm{I}(H)]/2$$

式中，g（H）为增加的物种数目；I（H）为失去的物种数目。

3）Wilson-Shmida 指数（β_{T}）（Wilson and Shmida，1984）

$$\beta_{\mathrm{T}}=[\mathrm{g}(H)+\mathrm{I}(H)]/m_{\mathrm{a}}$$

式中，m_a为某一样方的平均物种数目，g（H）和 I（H）同 Cody 指数。

4）Bray-Curtis 指数（C_N）

$$C_N=2N_j/(N_a+N_b)$$

式中，N_a为样地 A 的物种数目；N_b为样地 B 的物种数目；N_j为样地 A 和 B 共有种中个体数目较少者。

测度群落 β 多样性的重要意义在于：①其可以反映生境变化的程度或指示生境被物种分割的程度；②β 多样性的高低可以比较不同地点的生境多样性；③β 多样性与 α 多样性一起构成群落或生态系统总体多样性或一定地段的生物异质性。

三、γ 多样性

γ 多样性是一定区域内总的物种多样性的度量，即不同地理区域的群落间物种的更新替代速率，主要表明群落间环境异质性大小对物种数的影响，也称区域多样性。γ 多样性高的地区一般出现在地理上相互隔离但彼此相近的生境中，主要描述生物进化过程中的生物多样性。Whittaker（1960）认为 γ 多样性是地理区域尺度上的 α 多样性，而 Cody（1975）则将 γ 多样性定义为地理区域尺度上的 β 多样性。

第二章　遗传多样性

遗传多样性（genetic diversity），即物种内基因和基因型的多样性。任何物种的个体都保持着大量的遗传类型，均是一个基因库。遗传多样性包含分子、细胞和个体三个方面遗传变异的多样性，对物种和群落多样性有决定性的作用，因为物种进化能力的维持要靠遗传多样性的存在。遗传多样性的研究为揭示生物分子进化、地理分异和物种形成提供了强有力的证据和方法，是推动生命科学进步的重要工具。

遗传资源是遗传多样性的具体形式，是人类赖以生存的最重要的资源，是农业生产和食物保障的基础，涉及一个国家和民族的食物供给、健康状况和国家安全。遗传多样性的损失意味着生物物种适应环境变化的能力丧失，同时也意味着人类寻找新的生物遗传资源抵御病虫害等灾患机会的丧失。因此，对遗传多样性的研究是保护和利用遗传资源的基础，与经济发展和社会进步密切相关（陈宜瑜，2004）。

第一节　遗传多样性的概念

从远古时代进行动物驯养、植物栽培起，人类就开始利用和认知生物的遗传多样性。达尔文在《物种起源》的“家养状况下的变异”一章中引用大量资料论证栽培植物和家养动物种内丰富而可遗传的变异，并称之为多样性。

1900 年孟德尔的遗传规律被广泛证实以及随后用生物统计方法对微小差异的遗传分析，为群体遗传学奠定了基础。Fisher、Haldane 和 Wright 的学说要点指出，群体内突变产生不同的基因型，即遗传多样性，自然选择和遗传漂变改变基因频率导致物种形成。这些论点被称为新达尔文主义。

广义的遗传多样性是指蕴藏在地球上植物、动物和微生物个体基因中的遗传信息总和（McNeely et al.，1990）。狭义的遗传多样性主要是指生物种内基因的变化，包括种内显著不同的种群之间以及同一种群内的遗传变异（WRI et al.，1992），故遗传多样性不仅包括变异水平的高低，也包括变异的分布格局，即种群的遗传结构（夏铭，1999）。

依据不同的角度，对遗传多样性也有不同的阐述。

（1）种内和种间表现在分子、细胞、个体三个水平的遗传变异度（施立明，1990）。

（2）种内群体间和群体内的遗传变异（施立明等，1993）。

（3）遗传多样性在广义上是指种内或种间表现在分子、细胞、个体三个水平的遗传变异度，狭义上则主要是指种内不同群体和个体间的遗传多态性程度（季维智和宿兵，1999）。

（4）遗传多样性是指地球上所有生物所携带的遗传信息总和，也就是各种生物所拥有的多种多样的遗传信息（迟德富等，2005）。

（5）遗传多样性是指一个物种的基因组成中遗传特征的多样性，包括种内不同种群之间或同一种群内不同个体的遗传变异（张风春等，2015）。

（6）遗传多样性又称基因多样性，是指生物体内决定性状的遗传因子及其组合的多样性（冯晓辉，2015；何春光等，2015）。

遗传多样性是指种内可遗传的变异，而那些由于发育或环境引起的变化不在遗传多样性之列，如昆虫的不同发育阶段表现出的不同形态，不能称之为遗传多样性上的差别。

遗传多样性作为生物多样性的中心环节，包括两个方面：①遗传多样性是物种多样性和生态多样性的基础，任何物种都有其独特的基因库和遗传组织形式，物种的多样性即显示基因的多样性；②物种是构成生物群落进而组成生态系统的基本单元，生态系统的多样性离不开物种多样性，同样也离不开不同物种所具有的遗传多样性。

第二节　遗传多样性的起源

遗传多样性起源于染色体畸变、基因突变和基因重组。

基因是遗传多样性的物质基础，其可以是同种显著不同的种群，也可以是同一种群的遗传变异。例如，人类有 2 000 多种遗传疾病，是由基因或染色体缺陷引起的。遗传物质的改变（或突变）是产生遗传多样性的根本原因。遗传物质的突变主要有两种类型，即染色体数目和结构的变化及基因位点内部核苷酸的变化。前者称为染色体的畸变，后者称为基因突变（或点突变）。此外，基因重组也可以导致生物产生遗传变异。

一、染色体畸变

每种生物的染色体数目是相对恒定的，都含有一套以上的基本染色体组（genome）。构成染色体组的若干个染色体，在结构和功能上各有差别，但又相互协调，共同控制着生物的生长和发育。然而，染色体的稳定性也是相对的，生物体内外环境条件的影响，有可能引起种内染色体数目、结构的变化。遗传学上将染色体数目或结构的改变称为染色体畸变。

1．染色体数目变异

染色体数目变异包括整倍性变异和非整倍性变异。

染色体数目的变化以染色体组为单位而增减，称为整倍性变异（euploidy variation），即以染色体组为单位，增、减染色体数目的一种变异。整倍性变异包括单倍体、多倍体两种类型的整倍性变化，多倍体类型中，一般又包括同源多倍体（autopolyploid）和异源多倍体（allopolyploid）。

染色体数目变化是在整倍体基础上增加或减少 1 条或几条染色体或染色体臂的变异，称为非整倍性变异（aneuploidy variation）。

2．染色体结构变异

由于各种射线、化学药剂、温度的剧变等（外因），或生物体内代谢过程的失调、衰老等（内因），引起的染色体缺失、重复、倒位和易位，称为染色体结构变异，这些都是由染色体断裂而引起的。

（1）缺失：缺失是指染色体丢失了一个片段，使位于该片段上的基因也随之丢失。缺失包括末端缺失和中间缺失。末端缺失是指染色体在长臂或短臂接近末端的一个节段发生一次断裂，造成染色体缺失远侧节段的现象。中间缺失是在染色体着丝粒一侧，长臂或短臂内发生两处断裂后，产生 3 个节段。中间片段脱离后，近侧段（离着丝粒近）和远侧段（离着丝粒远）的断面彼此连接，形成一条有中间缺失的衍生染色体。例如，猫叫综合征是人的 5 号染色体部分缺失引起的遗传病，因为患病儿童哭声轻，音调高，很像猫叫而得名。猫叫综合征患者的两眼距离较远，耳位低下，生长发育迟缓，而且存在严重的智力障碍；果蝇（*Drosophila* spp.）的缺刻翅形成也是由于一段染色体缺失造成的。

（2）重复：重复是指一个染色体上的某一片段出现两个或两个以上拷贝的现象，使位于这些片段上的基因多了一个或一个以上的拷贝。重复有串联重复和倒位串联重复。串联重复是重复片段紧接在固有的片段之后，两者的基因顺序一致。重复片段可以在染色体中部或染色体端部。倒位串联重复是重复片段与固有片段衔接在一起，但重复片段中的基因顺序与固有基因排列顺序相反。例如，果蝇的棒眼现象是X染色体上的部分重复引起的。

（3）倒位：倒位是同一染色体上的某一片段作180°的颠倒，造成染色体上基因序列的重排。例如，人体9号染色体长臂倒位，造成女性习惯性流产。

（4）易位：易位是指一个染色体臂的一段转接到另一个非同源染色体臂上的现象，包括4种方式：①相互易位，即非同源染色体间相互交换染色体片段，造成染色体间基因的重排；②单向易位，即一条染色体的片段插入另外一条非同源染色体的非末端区段内；③整臂易位，即两条非同源染色体之间整个臂的转移或交换；④罗伯逊易位，又称为着丝粒融合，是整臂易位的一种特殊形式，只发生在两条具有近端着丝粒的非同源染色体之间。两条非同源染色体在着丝粒区断裂，两者的长臂进行着丝粒融合，形成一条大的亚中着丝粒的非同源染色体。两者的短臂也可能彼此连接成一条短染色体，含很少的基因，一般在细胞分裂时消失，导致染色体数目减少。例如，人体9号与22号染色体易位，会造成慢性粒细胞白血病。

染色体结构变异在科学上也有重要的作用，如利用缺失、易位可以进行基因定位，利用易位创造玉米（*Zea mays*）核不育系的双杂合保持系等。

二、基因突变

突变（mutation）是生物界较为普遍的一种遗传状态，一切能够通过复制而遗传的DNA结构的任何永久性改变都称为突变。基因突变是指染色体上一个位点内遗传物质的变化，包括如下几种。

（1）碱基置换：一个或一种碱基被另一个或一种碱基替换。例如，TACGAATC被替换为GGGTAAA，或者TACGTTTC被替换成TAAATCGA，即为碱基置换。

（2）移码突变：一个或几个碱基对的增加或减少。例如，TAGTCGAATC因碱基对减少而变为GGGTAAA，同样，TACACGTTTC成为TAAATCGA。

只要细胞仍然生长、繁殖，必然会有突变的发生，如细菌的抗药性、玉米种子的颜色、黑腹果蝇的白眼性状等。镰状细胞贫血是由基因突变引起的一种遗传病。

DNA的复制错误、化学损伤，以及辐射、化学诱变剂等都可能引发基因突变。根据突变产生的原因，通常将突变分为自发突变（spontaneous mutation）和诱发突变（induced mutation）两大类。

自然界中诱变剂的作用或DNA复制、转录、修复时，偶然出现的碱基配对错误所产生的突变称为自发突变。例如，人类单基因病大都是自发突变的结果。自发突变能够增加遗传学和生物学上的多样性，突变已成为现代进化论的重要基础。例如，研究发现体细胞突变在癌和其他许多疾病（包括老化）的发生过程中起决定性作用，为化学和物理因素诱导的突变，具有重要的现实意义。

采用人为措施诱导生物体的表型或者遗传基因信息产生变异，称为诱发突变。诱发突变可以分为物理诱变、化学诱变、航天诱变、生物诱变等，常用于功能基因的发掘、作物种质资源的改良及优良新品种的培育。例如，利用诱发突变技术，成功选育‘宜优673’、‘华航31号’、‘龙辐麦18’、‘航麦901’和‘鲁原502’等优良的水稻及小麦（*Triticum aestivum*）新品种。

三、基因重组

基因重组（genic recombination）是生物界有性生殖物种普遍存在的遗传现象，即通过有性生殖过程将群体中不同个体具有的变异进行重新组合，形成新变异的过程。作为遗传物质的载体——染色体，在基因重组过程中有两种变化形式：一种是 DNA 分子间没有发生物理交换；另一种是发生物理交换，使遗传物质产生了新的排列和组合。基因重组包括以下几种方式。

（1）同源重组：同源 DNA 分子之间的重组。例如，真核生物，重组发生在减数分裂期同源染色体的非姐妹染色单体间，细菌可发生在转化或转导过程中。

（2）位点专一重组：发生在序列极少同源的 DNA 分子间的重组。例如，原核生物中，有时基因重组依赖于小范围的同源序列的联会，重组只限于该小范围内，只涉及特定位点的同源区。

（3）异常重组：序列不同源的 DNA 分子间的重组。例如，使一段 DNA 序列插入另一段 DNA 序列中，在形成重组分子时依赖于 DNA 复制完成重组。

第三节　遗传多样性的表现

遗传多样性表现在 DNA、mRNA、多糖、脂肪、蛋白质等分子水平上，同时也表现在生命的各个层次，包括细胞器、细胞、组织、器官、个体、种群、群落、生态系统、景观等，还表现在结构、形态、行为、生理、功能等诸多方面。

（1）分子水平的多样性：基因多样性与其所编码的蛋白质多样性是分子水平多样性的主要体现。同一位点可能存在多个等位基因，其可以分离重组，产生丰富的基因型，而基因也可能突变，增加遗传多样性，因此，遗传变异是维持分子水平多样性的机制。

（2）细胞的多样性：细胞的形态多种多样，不同形态的细胞在其功能上也有所不同，细胞是由蛋白质和细胞器等组成的，尤其是细胞器不但具有重要的生理功能，而且具有遗传和进化的功能。

（3）组织的多样性：如植物包括分生、支持、输导、营养、保护等组织。

（4）器官的多样性：如植物主要器官包括根、茎、叶、花、果、种子等，而同一器官在不同的植物种类之间存在较大的差异，如果实的类型多种多样，花的颜色五彩缤纷，形态千差万别。

（5）物种表型的多样性：生物生存的环境不仅随时间而变，而且在空间上也是异质的。环境随时间的变化导致生物的适应进化，环境在时间上的异质性导致生物的形态分异，分异的结果是不同物种的形成。

（6）行为特征的多样性：行为特性也与动物的形态特性和生理特性一样，不仅同时受到遗传和环境两个方面的影响，而且也是长期进化过程中通过自然选择形成的，因而具有种的特异性（尚玉昌，1998）。动物的行为多样性，表现为捕食、求偶、御敌、筑巢、生殖、社会性、学习、通信和时空行为（如生境的选择、定向和导航、巢域等现象）等多样性。

第四节　遗传多样性的研究方法

一、形态学方法

从形态学或表型性状检测遗传变异是最古老也是最简便易行的方法。通常所利用的表型性状主要有两类：①孟德尔遗传规律的单基因性状；②根据多基因决定的数量性状。遗传表达有时不太稳定，易受环境条件及基因显隐性的影响。因此，表型变化有时并不能真实反映遗传变异。

二、核型分析方法

核型分析方法是在染色体水平上的分析方法。染色体多样性检测主要对细胞分裂时期染色体数目和形态特征（如相对长度、臂比值、着丝点位置、臂指数等）加以分析，即核型分析，得到一定的核型。然而，某些种类，特别是种以下水平居群间，其组型和染色体特征差别不明显，则必须对染色体进行分带处理，显示深浅不同的染色体带纹，如 C 带、Q 带、G 带、R 带、T 带等。

三、同工酶分析方法

同工酶、等位酶在生物界普遍存在，并以显性方式表达。通过电泳技术可以获得各种等位酶的谱带，通过特定的分析方法能够简便地快速识别出编码这些谱带的基因位点和等位基因，尤其是选取一批受单位点不同等位基因编码的等位酶作为整个基因组的随机样本，可以比较客观地度量生物遗传变异的大小。同工酶电泳具有实验简便、成本低等优点，可以方便地检测许多个体，但其代表性和敏感性仍不如对 DNA 直接分析。

四、分子标记方法

DNA 是遗传物质的载体，遗传信息反映在 DNA 的碱基排列顺序上。直接对 DNA 碱基序列进行分析和比较是揭示遗传多样性最理想的方法。

方法一：直接测序，主要是分析一些特定基因或 DNA 片段的核苷酸序列，度量这些片段 DNA 的变异。

方法二：检测基因组的一批识别位点，从而估测基因组的变异性。

常见的方法有限制性片段长度多态性（restriction fragment length polymorphism，RFLP）、随机扩增多态性 DNA（random amplified polymorphic DNA，RAPD）、简单重复序列（simple sequence repeat，SSR）、扩增片段长度多态性（amplified fragment length polymorphism，AFLP）等技术（表 2-1），用于分析一些特定基因或 DNA 片段的核苷酸序列，度量其变异性，检测基因组的一批识别位点，从而估计基因组的变异性。

表 2-1　常见分子标记技术

类目	RFLP	SSR	RAPD	AFLP
创立年份	1974	1982	1990	1995
核心技术	电泳技术 分子杂交技术	电泳技术 PCR 技术	电泳技术 PCR 技术	电泳技术 PCR 技术
多态性水平	中	高	较高	高
可靠性	较高	较低	较低	高
DNA 质量要求	高	低	低	低
是否用同位素	是	否	否	否
技术难度	难	易	易	难
费用	中等	高	低	高

（1）RFLP：原理是检测 DNA 在限制性内切酶酶切后形成特定大小的 DNA 片段。由于不同来源 DNA 的特定限制性内切酶的酶切位点分布不同，每一种 DNA 与限制性内切酶的酶切所产生片段大小都是特异的，从而产生多态性。

优点：出现最早，也称为第一代 DNA 分子标记，其等位基因具有共显性特点。

缺点：主要是克隆可表现基因组 DNA 多态性的探针较为困难，实验操作烦琐，检测周期长，成本昂贵，不适于大规模的分子育种。

（2）RAPD：其利用随机引物（一般为 8～10bp）通过 PCR 反应非定点扩增 DNA 片段，然后用凝胶电泳分析扩增产物 DNA 片段的多态性，扩增片段多态性反映基因组相应区域的 DNA 多态性。

优点：技术简单，检测迅速；只需少量的 DNA 样品；不依赖于种属特异性和基因组结构，一套引物可用于不同生物基因组分析；成本较低。

缺点：是显性标记，不能鉴别杂合子和纯合子；存在共迁移问题，不能分开长度相同但碱基序列不同的 DNA 片段；稳定性和重复性差。

（3）SSR：是以 PCR 技术为核心的 DNA 分子标记技术，或称微卫星序列（microsatellite sequence，MS）标记，或短串联重复（short tandem repeat，STR）标记。其是利用真核生物基因组中存在的大量简单重复序列（微卫星序列）设计引物，通过 PCR 扩增串联的重复序列，依据微卫星寡核苷酸的重复次数在同一物种不同基因型间的差异，揭示长度多态性。

优点：检测快速、信息量大；一般检测到的是一个单一的多等位基因位点；微卫星为共显性遗传，可鉴别杂合子和纯合子；所需 DNA 量少。

缺点：必须依赖测序设计引物，所以开发成本高、工作量大。

（4）AFLP：其基于 PCR 技术扩增基因组 DNA 限制性片段，基因组 DNA 先用限制性内切酶切割，然后将双链接头连接到 DNA 片段的末端，接头序列和相邻的限制性位点序列，作为引物结合位点。此法结合 RFLP 和 PCR 技术特点，具有 RFLP 技术的可靠性和 PCR 技术的高效性，是一种新而有很强大功能的 DNA 指纹技术。

优点：分析所需 DNA 量少，仅需 0.5μg；重复性好；多态性强；分辨率高；无放射性危害；样品适用性广；是最有效的分子标记技术。AFLP 实际上是 RAPD 和 RFLP 相结合的一种技术，既克服 RFLP 技术复杂、有放射性危害和 RAPD 稳定性差、标记呈现隐性遗传的缺点，同时又兼有两者之长。

缺点：步骤烦琐，费时，试剂和设备费用较高，操作技术难度大等。

第五节　遗传多样性研究的意义

遗传变异是物种、种群及生态系统具有变异性的前提，是物种形成和生物进化的基础，而遗传水平多样性对于个体的生存、种群的繁衍和物种对环境变化的适应能力都是至关重要的（Lang et al.，2014；Frankham，2010）。遗传多样性作为生物多样性的重要组成部分，是生态系统多样性和物种多样性的基础，因此具有非常重要的研究意义。

（1）遗传多样性是进化和适应的基础，群体的遗传结构可以反映物种的进化历史，探究现存生物进化的潜能。张亚平等（1997）对大熊猫（*Ailuropoda melanoleuca*）DNA 序列变异及其遗传多样性的研究表明，大熊猫的遗传分化程度很低，地理群体间无显著的遗传隔离，大熊猫现生存群体可能源于晚更新世，并受瓶颈效应的影响，在此之后，遗传多样性得到一定程度的恢复。Ge 等（1997）认为银杉（*Cathaya argyrophylla*）是孤立分布于湖南、广西、四川等地的孑遗物种，具有很低的遗传多样性，但群体间的遗传分化非常大，说明这些银杉群体在历史上发生了严重的瓶颈效应，表明银杉的古老性和残遗性。

（2）探讨物种濒危机制，制定科学合理的保护策略。一般地，狭域分布的小种群能维持较高的遗传多样性。例如，珍稀濒危植物天目木兰（*Magnolia amoena*），遗传多样性低是导致其濒危的主要原因之一；又如，中国国家二级保护植物大树杜鹃（*Rhododendron protistum* var. *giganteum*），濒危的现状不是由于自身的生物学特性及遗传特性（低的遗传多样性、近交和遗传漂变）导致的，而是由种群分布狭窄、种群个体数量稀少、立地条件影响种群的自然更新与缺乏有效的种群拓殖途径（吴富勤，2015）所造成，即环境特征可能对种群遗传多样性与群落物种多样性产生平行效应（徐武美等，2017）。同样，Wang 和 Ge（2006）对银杉的亲缘地理学研究表明，其自第四纪冰期以后被保留在 4 个相互隔离的孑遗避难所中，种群内遗传多样性低，种群间分化大，进而出现近交衰退、散布能力差、生殖和存活率低等衰退现象，因此，在进行迁地保护的同时，应考虑人工杂交。

（3）遗传多样性是保护生物学的研究核心之一，可为种质资源保存及取样策略设计提供科学依据。例如，保护一个物种，特别是珍稀濒危物种，不管是就地保护还是迁地保护，都要考虑保存一定的个体数量和较高的遗传变异水平。又如，应用分子标记方法比较入侵地种群和原产地种群遗传多样性的差异，进行入侵植物的分子系统地理学研究，从而有效检验生物入侵机制的理论和假说，深入阐明植物入侵的机制，为制定入侵植物的防控策略提供指导（牛红玉等，2010）。此外，利用遗传标记进行个体、物种或遗传单元的鉴定，从而有效地设计保护策略，避免在迁地保护中混淆物种，提高保护效率（王峥峰和葛学军，2009）。

（4）遗传多样性保护是生物多样性保护的必然。作为生态系统中的生产者，遗传多样性通过生物链作用，除对植物物种的开花结实等具有作用外（如近交衰退，高遗传多样性具有维持更高物种多样性的能力），也将以缓慢、细微的方式决定群落和生态系统的多样性。例如，群落中的优势种、建群种和常见种，可能并不濒危，但通过这些物种的相互作用（如竞争、共生、伴生等），进而影响群落物种多样性及其格局动态，为其他物种提供存活和繁衍的场所（环境）。

第三章　物种多样性

物种多样性（species diversity）是指物种水平的多样性。针对一个地区物种的多样化，可以从分类学、生物地理学等角度，开展物种多样性规模、形成、演化，物种受威胁现状，以及物种可持续性等研究。

第一节　物种的概念

恩格斯曾说（姚仁杰，1957），没有物种的概念，整个科学便都没有了。科学的一切部门都需要物种概念作为基础：人体解剖学、胚胎学、动物学……如果没有物种的概念，还成什么东西呢？不但这些科学部门的一切成果要发生问题，而且简直要被废弃了。物种是生物长期进化的产物，是生态系统和生物群落的组成单元，物种的消失和灭绝不仅给生态系统带来不良后果，而且会使生物群落中的平衡受到破坏（陈宜瑜，2004）。

一、物种的问题

物种定义问题，从产生那天起，就开始存在。特别是进化论产生之后，物种就成为一个长期争论的理论问题。物种概念（species concept）是生物学家们持续关注的中心问题。物种概念决定物种划分，而物种划分的合理性关系到生物多样性的研究、保护和可持续利用（洪德元，2016）。

17 世纪，约翰·雷在《植物史》中描述物种是“形态类似个体之集合”，同时物种具有“通过繁殖而永远延续的特点”。林奈定义“物种是由形态相似的个体组成，同种个体间可自由交配，并能产生可育后代，而异种个体间则杂交不育”；在《自然系统》中林奈认为，物种和更高级的分类单元是真实的，保留许多物种作为造物主最初形成的形式。达尔文根据进化论的观点，认为一个物种可变为另一个物种，或者由一个物种产生两个或更多个物种。物种之间存在着不同程度的亲缘关系，即随着线系分支的表型革新和时间的推移，后裔加入生命血缘树的不同分支上。物种之间的过渡变化肯定存在，即进化带来从祖先到后裔物种的演变。

实际上，不存在包罗万象并能用于所有场合的物种定义，在这种情况下，只能采用不很理想但实用的概念。生物学家用不同的方法或标准划分物种，形成不同的物种概念，如生物学物种、形态学物种、生态学物种、进化物种、系统发生或支系物种，或其组合，等等。它们都揭示了物种属性的特定侧面，都是不同物种客观存在的真实反映，但都无法令所有人满意（谢平，2016a）。

二、物种概念

物种，严复译自“species”，可能基于庄子的“万物皆种也，以不同形相禅”（杨亲二，2016）。物种是生物分类学研究的基本单元与核心，也是物种多样性研究的基础与前提。其包括模式物种概念、唯名论者的物种概念、生物学物种概念、进化物种等概念（Mayr，1963）。

Mayden（1997）列举了22个物种概念，5年后增加为24个（Mayden，2002）；Wilkins（2009）列举了26个；周长发和杨光（2011）列出了68个。对这些概念，下列概述更为合适：①强调生殖隔离的物种概念，包括生物学物种概念、内聚物种概念、识别物种概念、生殖竞争物种概念、无维物种概念等；②强调基因差异的物种概念，包括遗传学物种概念、基因物种概念和基因型簇物种概念等；③强调进化的物种概念，包括进化物种概念、进化显著单元、演替物种概念等；④强调系统发生或支序分类理论的物种概念，包括系统发生物种概念、谱系物种概念、支序物种概念、亨氏物种概念、节点间物种概念、自衍征物种概念、涵盖范围最小分类单元等；⑤强调生态的物种概念，具代表性的就是生态学物种概念；⑥强调形态的物种概念，包括形态学物种概念、分类学物种概念、形态-地理学物种概念、表征物种概念等（洪德元，2016）。本书主要引用洪德元论述列举的一些主要概念，并增加部分其他的观点（表3-1）。

表3-1　物种概念的类别

主级类别	次级类别
1. 生殖隔离的物种	（1）生物学物种概念（biological species concept） • 物种是个体间可以自由交配和生殖繁衍（或潜在地具有这种能力）的一组自然种群，通过某种隔离机制，使得它们在遗传上同其他类似的一组种群相互隔离着——新系统时期以后（赫胥黎） • 在有性生殖的生物中，物种可定义为孟德尔居群或孟德尔居群的集合体，它们之间的基因交换因有生殖隔离机制而受限或受阻……物种是彼此间能进行基因交换的生物个体的集群，而集群间的基因交换，却因不同形式的生殖隔离机制而受阻。可以说，物种就是最广泛的孟德尔群体（Dobzhansky et al.，1977） • 物种是一群实际上或潜在的异交繁育的自然居群，与其他这样的居群存在生殖隔离（Mayr，1942）；物种是由相互配育的自然群体组成的类群，这些类群与其他类群之间存在着生殖隔离，即一个物种就是一个生殖共同体（Mayr，2001） • 物种是一群实际或潜在异交繁育的居群，它们在自然界中与其他这样的群存在遗传隔离（Bock，2004） • 物种是一级生物分类单元，代表一群形态上、生理上、生化上与其他生物有明显区别的生物（蒋志刚和谢宗强，2008） （2）识别物种概念（recognition species concept） • 物种是涵盖所有共享一个受精系统的双亲个体的居群（Paterson，1992）
2. 基因差异的物种	（1）遗传学物种概念（genetic species concept） • 遗传学物种是这样一群生物个体，它们在自然界中的组成和所处状况决定它们中任何一个个体的遗传性状都有可能（但不一定）传递给其他任何一个个体的后代（Simpson，1943） • 遗传学物种是一群遗传上相融、互交繁育的自然居群，它们与其他这样的群在遗传上隔离，一些学者提出的遗传学物种概念则几乎是生物学物种概念的翻版（Baker and Bradley，2006） （2）基因物种概念（genic species concept） • 物种是适应上已经分化的类群，即使接触也不能通过直接交换或经由中间的杂种居群共享控制这些适应性状的基因。这些类群在基因组别的位置上可能已经分化，也可能还没有分化（Wu，2001）
3. 进化的物种	（1）进化物种概念（evolutionary species concept） • 物种是一个独立的进化分支，与其他同样的分支相比，经历了自己独特的进化历史，有特有的进化特征、进化潜力和进化发展趋势，是具有祖-裔关系的一系列自然种群的进化事件的总和（达尔文） • 进化物种是一个谱系（居群的祖-裔序列）与其他谱系分别进化，而且有独自的进化作用和趋势（Simpson，1961） • 物种是变的，又是不变的；种与种间是继续的，又是间断的。物种是分类的基本单元，又是生物的生殖单元；亚种是种下分类单元，又是种内的生殖单元（陈世骧，1987） • 物种是由祖-裔生物居群组成的单个谱系，它与其他这样的谱系保持独立，并有自身的进化趋势和历史命运（Wiley，1992） • 进化物种是一个居群系统，具4个特点：①是一个谱系，即居群在时空上的祖-裔顺序；②与其他谱系分别进化；③有独有的进化作用，即占据适合自己的生态位；④有自身的进化趋势，在历史进程中会发生进化作用的变化（Grant，1971）

续表

主级类别	次级类别
3. 进化的物种	（2）演替物种概念（successive/successional species concept） • 一个谱系中时间短暂的一段（Simpson，1961） • 古生物学物种概念（paleontological concept）：古生物物种即单个谱系中短暂演替的物种（Simpson，1961） • 人为划分的形态类型向前进化的阶段，主要体现在古生物记录中（Wilkins，2006）
4. 系统发生或支序分类理论的物种	（1）系统发生物种概念（phylogenetic species concept） • 物种是可鉴别的最小生物个体群，群内存在祖-裔传承关系（Cracraft，1983） • 物种是分类中识别出的涵盖范围最小的分类群，归入其中的是有单系证据（即通常但不限于存在共有衍征）的生物个体……（Mishler and Brandon，1987） （2）支序物种概念（cladistic species concept）[＝亨氏物种概念（Hennigian species concept）] • 物种是两次物种形成事件中间，或一次物种形成事件和一次物种灭绝事件之间，或由一次物种形成事件传下来的那一群生物，即支序物种是两次物种形成事件之间的生物个体群……（Ridley，1989） （3）节点间物种概念（internodal species concept） • 亲缘网络中两次永久分裂事件之间或一次永久分裂事件和一次灭绝事件之间的那部分个体因为是共同成员而同属一个物种（Kornet，1993）
5. 生态的物种	生态学物种概念（ecological species concept） • 物种是一个或一组亲缘紧密的谱系，与其分布范围内的任何其他谱系都在各自占据的适应带上有微小差异，而与分布范围外的所有谱系都是分别进化的（van Valen，1976）
6. 形态的物种	包括形态学物种概念（morphological species concept）、分类学物种概念（taxonomic species concept）、形态-地理学物种概念（morpho-geographical species concept）、表征物种概念（phenetic species concept）等 • 林奈是神创物种概念（typological species concept）的代表者，他认为：物种是不变的，是上帝按照特定模式创造的，物种的所有成员都保持上帝造物之初的特征而永不变化，物种的确定是基于少数模式标本的特征 • 林奈认为：物种是一群有着相同或相似形态性状的个体或居群（Mayr，1942） • 达尔文认为：物种是由有能力的系统学家（更确切地说是那个类群的专家）认定的系统学的一个单元……在决定一个生物类型究竟应定为物种还是变种时，似应依从判断力强、经验丰富的博物学家的意见 • 所谓物种就是在一系列生物型上间断分明而彼此永久分开的最小自然居群。物种是一个居群，它或者由一个严格的无性而有生命力的生物型组成，或由一群实际上不可分辨的、严格的无性而有生命力的生物型组成，或由许多有性生殖的、形成异交群的生物型组成，而异交群之间因完全或接近完全的性隔离或因相对小的过渡居群而分开（Du Rietz，1930） • 在有性生殖的生物中划分物种的标准是"不同物种的成员之间没有或罕有基因交换"……当两个这样的居群仅在一个性状上呈现完全不连续（常伴有其他性状上的部分不连续）变异时，就把它们区分为亚种，而当它们之间的不连续变异表现在两个或多个独立性状上时，就一律把它们分为不同的物种（Hedberg，1958） • 可把物种看成是形态上可界定的单元，由被假定通常异交繁育的个体群（居群）组成，是一个或多个基因库的容器和表现（Davis and Heywood，1963） • 物种是一致地和持续地区别分明，可用常规手段鉴别的最小类群（Cronquist，1978）
7. 其他领域的物种	• 物种是被特定的分类学家认为是或会认为是同一类成员的所有标本，这或者依据显示的证据，或者设想它们与其后代或数代之内的遗传上的亲族一样（Blackwelder，1967） • 物种是繁殖单元，由连续又间断的居群组成……物种是进化单元，是生物系统线上的基本环节，是分类的基本单元（陈世骧，1987） • 分类学物种是一个主观概念……分类学物种是根据抽出来的一批标本就形态学物种的最有可能的性状和范围所做的一种判断（Simpson，1943）

每一个物种都是一个居群系统（Heywood，1979）。自然物种并不是由个体直接组成，而是个体在特定时空中按照一定规律集合而成居群，再由不同的居群有规律地组成物种（陈家宽，2016）。洪德元院士用大量的事例，对较流行的物种概念予以述评，认为至今还没有一个既科学又可操作的物种概念。他提出了"形态-生物学物种概念"，将形态、生物学、遗传学、进化等物种概念予以整合，认为一个物种应该反映下述属性：①体现物种内的所有成员共享

一个基因库，个体间和居群间存在基因流，而物种之间由于隔离（也包括地理隔离和生态隔离），不发生基因交换；②一个独立的谱系，与别的谱系分别进化；③形成至少有两个共有衍征的最小的单系群；④与别的物种在生态位上有分化；⑤有独立的地理分布。此外，进化物种概念不过是对物种进化或系统发生特性、途径或结果的描述，强调生态的物种概念更难以成为物种的判别标准，而自林奈以来的形态学物种是分类学的产物，是最具可操作性的物种概念（谢平，2016a）。生物学物种概念仅适合于有性生殖的物种（即便如此，大多数物种之间的生殖隔离仍难以在实践中确认），但对像细菌这类进行无性生殖的物种却无能为力，对已经灭绝的化石物种也是无法适用的。同时，生物学物种定义没有提出区分物种的形态学标准，也没有尺度标准。而对单一亲本生物来说，与生物学物种概念最为接近的则是“进化物种”（谢平，2016b）。

总之，物种具有相似的形态特征，表现为一定的生物学特性（生态、生理、生化等），在自然界中占有一定的分布区，同种的个体彼此交配能产生遗传性相似的后代，而不同种通常存在生殖隔离或杂交不育。因此，确定一个物种必须同时考虑形态的、地理的、遗传学的特征，即作为一个物种必须同时具备如下条件：①具有相对稳定而一致的形态学特征，以便与其他物种相区别；②以种群的形式生活在一定的空间内，占据着一定的地理分布区，并在该区域内生存和繁衍后代；③每个物种具有特定的遗传基因库，同种的不同个体之间可以互相配对和繁殖后代，不同种的个体之间存在着生殖隔离，不能配育或即使杂交也不能产生有繁殖能力的后代。例如，马（*Equus caballus*）和驴（*E. asinus*）是不同的两个物种，即使它们杂交，也只能产生没有繁殖能力的后代——骡。骡没有繁殖能力，生不了小骡子，因而不是一个物种。因此，物种是具有一系列包括体型、基因个体行为在内的，可以将它们与其他物种区分的具有特定特征的一类生物（奇文和伯恩斯坦，2017）。

第二节　物种形成机制

物种的形成，可能是由于适应机制的制约，也可能是由于物种的隔离所造成的。

一、物种的适应机制

达尔文将有利于生物个体生存变异的保存和有害变异的毁灭叫做“自然选择”或者“适者生存”。物种是生物进化的产物，进化过程中的适应和自然选择的结果，必然导致物种的形成和灭绝。

“自然”能够作用于每个内部器官、每一体质的微小差异，甚至是整个生命机体。人类为了满足自己的利益进行选择，而“自然”是为了保护生物的利益进行选择。

由于自然的选择，动植物都形成一定的分布区，即某种动植物所占有的地理空间。在此空间，该种动植物能够充分地进行个体发育，并留下具有生命力的后代。在种的分布区内，该种动植物的种群，不可能在任何地方都能发现，它们只能生活在具有维持它们生存所必需的基本条件的地方，这种地方即动植物的栖息地。而栖息地决定分布区的结构，即决定种在分布区内的配置。栖息地是由各种类型的最小生活环境，即生物群落中具有相对一致小气候或生物气候的空间所组成。这种环境称为生境。每种动植物栖息地的大小，包括生境的尺度范围，取决于种的生态价的高低。

物种之间存在生态位分化，即物种间存在生态位差异和平均适合度差异，前者促进物种共存，对应稳定化机制；后者导致竞争排除，对应均等化机制（储诚进等，2017）。

二、物种的隔离机制

相对自然选择的观点，许多学者认为物种的形成是隔离造成的。杜布赞斯基于1937年首次提出隔离机制，认为“物种间都存在一套重要的分布和表型的生物状态，这些状态能区分开两个不同的物种，它们在生殖上相互隔离”，并认为“物种形成是一种保守因子，不利于变异的积累，将生殖隔离看做是因为被选择而产生，隔离在进化过程中扮演了积极的角色”（Dobzhansky，1964）。Mayr（1942）则强调“地理隔离是产生物种（特别是同域的）之间生殖和一般形态中断的原因”，即物种的形成涉及地理隔离和生殖隔离；当一个现存物种被分隔成两个种群，它们之间的差异逐渐增加到不能繁殖的程度，新的物种就诞生了。地理隔离和地理分化是物种形成的主要途径（陈世骧，1987）。

1. 地理隔离

由于所栖居的地理区域不同而导致群体间彼此发生隔离的现象，称为地理隔离（geographic isolation），也可称为空间隔离（spatial isolation）。简单地，地理隔离是同一种生物由于地理上的障碍而分成不同的种群，使得种群间不能发生基因交流。群体生活在不同的栖息地，彼此不能相遇，如海洋、陆地、高山和沙漠等，阻碍了生物的自由迁移、交配、基因交流，最后形成独立的种群。地理隔离影响物种进化的方式是：地理隔离→自然选择不同→进化方向不同→产生差异→生殖隔离→新物种，如东北虎（*Panthera tigris altaica*）和华南虎（*P. tigris amoyensis*）就是地理隔离造成的两个亚种。

有些学者认为，地理隔离虽然能将不同的群体分隔，但并不是一种隔离机制；隔离机制应该有遗传因素的控制，能减少或阻止不同群体的同地成员之间的异交。然而，地理距离与遗传距离具有显著相关性，地理隔离对种群间遗传分化会产生显著影响（冷欣等，2006；林立等，2012）。

2. 生殖隔离

生殖隔离（reproductive isolation）是指种群间的个体不能自由交配，或者交配后不能产生出可育后代的现象。生殖隔离保证每个物种相对稳定的遗传系统，是物种保持完整性和独立性的基础。

生殖隔离的形式很多，如动物因求偶方式、繁殖期不同，植物因开花季节、花的形态不同，造成的不能交配都是生殖隔离。有些生物虽然能够交配，但胚胎在发育的早期就会死去，或产生的杂种后代没有生殖能力，如马和驴杂交产生的后代骡。

（1）合子前隔离机制：避免隔离中的异种个体相遇以及即使相遇也不能交配的机制，包括：①季节隔离，确保异种个体不能相遇的机制，主要是季节隔离（seasonal isolation）和生境隔离（niche isolation）；②行为隔离，致使潜在配偶相遇而不能交配的主要机制是行为隔离（behavior isolation）；③机械隔离，包括体型大小的差异，昆虫的这些差异具有明显的特异性；④配子不亲和，精子不能传递及配子不能在异种生殖系统内存活。

（2）合子后隔离机制：合子不能发育、杂种个体生活力低、可育性低、繁殖力低，或者由于杂交重组打乱相互适应的基因复合体而产生适应性很差的个体等。例如，加拉帕戈斯群岛上的几种地雀（*Geospiza* spp.）由于每个岛上的食物和栖息条件等互不相同，自然选择对不同种群基因频率的改变所起的作用就有差别；在一个种群中，某些基因被保留下来，在另一个种群中，被保留下来的可能是另一些基因。久而久之，这些种群的基因库会变得很不相同，并逐步出现生殖上的隔离。生殖隔离一旦形成，原来属于同一个物种的地雀就成为不同的物种。

生殖隔离和地理隔离是形成物种的关键，相对而言，地理隔离更易理解，生殖隔离涉及较多内涵（表 3-2）（李俊清和李景文，2006）。

表 3-2　物种隔离的机制

1．地理隔离（空间隔离）
　水平或垂直空间隔断群体间的基因交流而形成种群
2．生殖隔离
　2.1　合子前隔离机制
　　阻止杂交和杂种合子形成的交配前及合子前隔离机制
　　（1）生境隔离
　　　分布于同一地理区域的群体因生境要求的不同而使潜在的配偶不能相遇，因而不能彼此交配
　　（2）季节隔离
　　　群体的交配或开花时间不一致
　　（3）行为隔离
　　　由于求偶行为类型不同，致使潜在配偶相遇而不能交配
　2.2　阻止受精和合子形成的交配后及合子前的隔离机制
　　（1）结构隔离
　　　由于动物形态结构的不同而使交配受阻；或因植物花器结构的不同而使花粉授粉受限制
　　（2）配子不亲和性
　　　①在体外受精时配子不相互吸引
　　　②在体外受精时配子在异种的雌性生殖道或柱头内生活力很弱或无生活力
2.3　降低杂种合子育性或生活力的交配后及合子后隔离机制
　　（1）杂种无生活力或过分衰弱
　　　杂种合子无生活力或生活力降低
　　（2）杂种不育
　　　F_1杂种能成活但不育
　　　① 发育不育：由于性腺发育不正常或减数分裂不正常而致 F_1 杂种不育
　　　② 分离不育：由于染色体分离不正常，配子含有不正常的、不均衡的染色体组合或染色体阶段组合，因而 F_1 杂种不育
　　（3）杂种衰弱
　　　F_1 杂种正常有生活力而且可育，但 F_2 或回交杂种的育性或生活力降低

例如，合子前隔离与合子后隔离共同作用造成兰科（Orchidaceae）植物之间的生殖隔离，其中性欺骗兰科植物主要是合子前隔离的行为隔离机制，食源性欺骗兰科植物主要是合子前隔离的机械隔离及合子后隔离机制（崔静等，2016）。

在加拉帕戈斯群岛上几种地雀形成新物种过程中，充分体现以自然选择学说为核心的现代生物进化理论的观点，即种群是生物进化的基本单位，生物进化的实质在于种群基因频率的改变。突变和基因重组、自然选择及隔离是物种形成过程的 3 个基本环节，通过其综合作用，种群产生分化，最终导致新物种的形成。突变和基因重组产生生物进化的原材料，自然选择使种群的基因频率定向改变并决定生物进化的方向，隔离是新物种形成的必要条件。

第三节　物种多样性的概念

一、概念

理论上，物种多样性是指地球上所有生物物种及其各种变化的总体，是生物多样性在物种水平上的表现形式；通常也是指不同物种的出现频率与多样性，或是指地球上动物、植物、微生物等生物种类的丰富程度。

物种多样性包括两个方面：①指一定区域内的物种丰富程度，可称为区域物种多样性（regional diversity）；②指生态学方面的物种分布的均匀程度，可称为生态多样性或群落物种多样性（ecological diversity）（蒋志刚等，1997）。不同学者对物种多样性也有各自定义。迟德富等（2005）认为物种多样性是一定区域内物种多样化及其变化，包括一定区域内生物区系的状况、形成、演化、分布格局及其维持机制。而张风春等（2015）定义其为“在一次个体采集（数据集）中，不同物种的有效物种数，以及一定时间一定空间中各个物种的个体分布特点，包括了物种丰富度和物种均匀度”。物种多样性是生物多样性在物种上的表现形式，是指地球上动物、植物、微生物等生物种类的丰富程度（冯晓辉，2015）。

区域物种多样性，通过区域物种调查，从分类学、系统学和生物地理学角度，对一定时空尺度上的物种总数的形成、迁徙和灭绝，科、属、种的分布中心，种类的特有分布与岛屿生物地理学所涉及的物种问题进行研究。群落物种多样性，往往从生态学角度对群落的结构水平进行研究，强调物种多样性的生态学意义，如群落的物种组成、物种多样性程度、生态功能群的划分、物种在能量流和物质流中的作用等。

因此，物种多样性包括几个含义：①特定地理区域的物种多样性，即在一定区域范围内研究物种的多样性；②特定群落及生态系统单元的物种多样性，其从生态学角度对群落的结构水平进行研究，强调物种多样性的生态意义包括群落内物种的结构（如群落或生境中物种数目的多寡、全部物种个体数目的分配状况）、物种的功能等方面；③一定进化时段或进化支系的物种多样性，指物种多样性随时间的推移呈现特殊的变化规律。

区域物种多样性的测度方法，包括 3 个方面：①物种的丰富度，是指一个区域内所有物种数目或某特定类群的物种数目（Frankel et al.，1995）；②单位面积物种数目或物种密度，有时从物种-面积关系考虑把物种数目和区域面积取对数求比值（Cowling and Hilton-Taylor，1994）；③特有种比例，是指在一定区域内某个特定类群特有种占该地区物种总数的比值（Cowling and Hilton-Taylor，1994）。

二、物种多样性形成假说

物种多样性格局的形成，存在不同的机制假说。①气候：适宜的气候允许较多物种生存。②气候变率：稳定的气候为物种分化创造了条件。③生境异质性：物理因子或生物因子的复杂性孕育了较多的生态位。④历史因素：进化时间越短，形成新物种越多。⑤能量：物种丰富性由每个物种所分配到的能量所决定。⑥竞争：竞争有利于减小生态位宽度，竞争排斥减小物种数目。⑦捕食：捕食减缓了竞争排斥。⑧干扰：中等干扰减缓了竞争排斥。具体包括以下假说（郭忠玲和赵秀海，2003）。

（1）生产力学说（productivity theory）：一个群落的物种多样性随着初级生产力增加而上升，其他因子保持不变，生产力增加意味着平均每物种的个体数量也随之变大。物种多样性取决于通过食物网的能量流，能流速率又受生态系统和环境稳定性的影响，如果环境稳定性有所增加，那么生物用于调节活动的能量就少，可把更多的能量用于净生产，净生产量的增加则能维持群落中更多物种的生存。单位面积的生产力越高，异养生物的活动力和活动范围就越小，这有利于物种分化，有利于产生更大的种内遗传变异，促进新物种的形成。理论上说，生产的食物越多，物种多样性也就越高，但实际上例外的情况也不少。例如，水域生态系统因富营养化常常伴随着物种多样性的骤然下降。又如，海底生产力较低，但其物种多样性却比高生产力海区丰富得多。

（2）进化时间学说（evolutionary time theory）：物种进化时间越长，群落越古老，则种的多样性就越高。任一群落的物种必须有足够长的时间才能积累起来，如果时间不足，种的多样性必然受到制约。热带群落存在的时间比温带和北极群落要长，演变的多样化的速度比较快，历史上古老的热带地区可能拥有更多的物种，而一个地质史上较年轻的地区可能还不被所有可达到的物种所占据，主要是还没有足够时间使一些物种入境，这就是说，一些物种由于没有足够时间进入温带地区，因此，温带地区现在所生存的物种数目并未达到饱和状态。

（3）空间异质性学说（spatial heterogeneity theory）：物种空间异质性越高物种多样性越大。空间异质性可能提高了生态位数量，并且还可能提高了物种分化速率，进而提高物种库大小（张大勇和姜新华，1997）。在面积较大区域，由于包含的物理环境较为复杂，异质性就较高，因而植物、动物和微生物的区系就较复杂。例加，在澳大利亚或北美洲，植物层次多样性往往决定着鸟类物种的多样性。

（4）气候稳定性学说（climatic stability theory）：认为物种多样性随着气候变异幅度增加而下降。气候相对稳定的地区，可保持较多的物种，气候越稳定，动植物种类越丰富。热带地区物种多可能是由于其气候较温带、寒带更为稳定。在气候稳定的地区，形成了狭生态位和食性特化的种类，一个物种往往只利用很小的一个生态位，所以，在热带地区就能同时容纳众多的物种生存（蔡晓明，2000）。

（5）资源多样性学说（resource diversity theory）：一个地区若有较多资源的类型，就会有较多的物种，每个物种都对资源有特殊的需求，多种不同的资源就可供养较多的物种，资源多样性与环境异质性在解释物种多样性时是一致的。Tilman（1985）提出的资源比率假说（resource ratio hypothesis）认为如果生境（土壤）中含有多种不同资源比率（如 N/P 值），就会有较多的物种共存，有力地支持了这一理论。

（6）竞争学说（competition theory）：是解释群落间多样性差异的一种假说。温带和极地的自然选择主要由物理因素所控制，而在热带地区，生物之间的竞争则是物种进化和生态位特化的动力，即热带地区的物种比温带地区的物种具有更狭窄的生态位，从而允许有更多的物种共存在一起。也就是说，在恶劣的自然环境中，如北极或年温波动大的温带地区，自然选择主要受物理、气候因素的控制，但在气候温暖、稳定的热带地区，生物间的竞争和生态位的特化则成为物种形成进化的控制因素。

（7）捕食学说（predation theory）：捕食者可使被食者物种种群密度降低，减少了被食者之间的竞争，从而避免竞争排斥（exclusion）的发生，这样可以保证整个群落有较高的物种多样性。也有美国科学家的研究表明，捕食行为驱动生物多样性进化，要么是生物多样性的增加促成了捕食者捕食策略的进化，抑或是其他因素同时影响着捕食行为和生物多样性（任霄鹏，2016）。

（8）多样性-稳定性学说（diversity-stability theory）：多样性越高的生态系统，越可能包括了更多抗干扰强的物种，这样的生态系统就能更好地抵抗干扰。物种多样性越高，群落对干扰的抵抗力和恢复力越强，反之，如果群落去除一个种就会对群落的抵抗力产生明显的影响。因此，农业上常常应用农田管理技术丰富农田生物多样性，保持农田生态系统的稳定，加强营养物质自然循环，进而达到发挥生态因素控制病虫害的目的。

三、物种多样性研究的内容

物种多样性研究的内容主要集中在物种多样性的现状（包括受威胁现状）和物种多样性的形成、演化及维持机制等方面。与生物多样性研究相关的学科有分类学、生物统计学、生物地理学、历史地理学、生态生物地理学等。

决定物种多样性的因素：①物种多样性总量受物种形成和物种灭绝两个相互对立的力量所支配，这种“生”与“死”的较量决定了物种多样性的发展及其波动规律；②在局部和较小的时间尺度上，生物生存的地理区域及气候条件是决定物种多样性的关键因素；③生物类群的生物学特性也会影响自身的物种形成或灭绝的速率，从而造成不同类群多样化速率上的不同，以及面对外部环境变化，其适应能力的差异；④人为因素是影响物种多样性水平及其变化的不可忽视的重要因子（葛颂，2017）。

第四节　物种多样性的研究方法

物种多样性有较多方法测定：①丰富度（richness），是一种常用的测定方法；②分类学多样性（taxonomic diversity），是另一种更精确的测定方法，同时还考虑物种之间的相互关系。例如，一个小岛有三种动物：两种鸟类和一种蜥蜴（*Uromastyx* sp.），另一个小岛有三种鸟类没有蜥蜴，那么，按分类学多样性测定方法，前一个小岛的物种多样性大于后一个小岛。

物种多样性研究最基本的问题是取样方法和多样性的测定。

1. 取样方法

在群落水平上，逐个计量或观测所有的生物体是不可能的，取样的目的在于根据总体某些部分，即代表性取样，采用样本估算总体。通常有以下几种方法。

（1）样方法：是以一定面积的样地作为整个研究区域的代表，并详细调查这个面积中的植物种类、个体数目、多度分布、频度、盖度、重要值等。

（2）样带法：是采用一个长方形的条带状样地，代表群落种类分布的调查方法。

（3）样带相邻格子法：一般以 5m×5m 的小样方作为基本的最小格子单位，全部格子连成一个 20m×30m 的大样方，对多个大样方进行种类分布的调查。

2. 多样性的测定

（1）物种丰富度：群落的物种数目。它一般是用物种密度和数量丰度测定，还可以用物种数目与样方大小或个体总数之间的关系测定。

（2）物种相对多度：是指物种对类群总的多度贡献大小。物种相对多度模型是物种多样性指数应用的基础。效果较好的 4 个模型：几何级数分布模型、对数级数分布模型、对数正态分布模型和分割线段模型。

（3）物种多样性指数：是结合丰富度和均匀度的一个统计量。在多样性的测定中最为常用的是辛普森指数、香农-维纳指数、种间相遇概率（PIE）。

（4）物种均匀度：群落中不同物种的多度（生物量、盖度或其他指标）分布的均匀程度，主要是 Pielou 均匀度指数（以辛普森指数和香农-维纳指数为基础）、Alatalo 均匀度指数、Sheldon 均匀度指数、Hiep 均匀度指数、Hurlbert 均匀度指数等。

第五节　物种稀有性与特有性

1. 物种的稀有性

生物群落由许多稀有种和少数常见种组成。稀有种（rare species）是指在给定的区域中具有较小多度或频度的物种，包括常常较专一地分布在有限的地理区域或栖息地，或者是稀疏地分布在较广的范围内的物种，因而种群数量都很少。从保护的角度，稀有种是指不是立即有绝灭危险但是存在于很有限的地区内，或虽有极大的分布范围但只是零星分布，很容易陷入濒危或绝灭的种类。常见种的性状和生长具有相对较小的种内变异程度，在群落性状空间里占据核心位置，即能够更好地适应可利用的生境条件；而稀有种则占据性状空间的边缘位置，即更可能是对于可利用生境的暂时性成功定居（Umaña et al.，2015）。然而物种的常见性（commonness）和稀有性（rarity）之间的变化是个连续的统一体，因此在其间的任何一点上都会有物种存在。

定义物种稀有性的类别，可依据 3 个参数（Rabinowitz，1986）（表 3-3）：①地理分布（geographical range），稀有种的地理分布虽然狭窄，但在其出现的地方，个体数量可以是较多的；②生境特殊性（habitat specificity），稀有种虽然仅见于非常特殊的生境，但其地理分布可以是很广的；③种群数量（population size），稀有种无论出现在哪里，都可以永远只是小种群。

表 3-3 确定稀有物种的因素

因素		具体表现			
地理分布		广泛		狭窄	
生境特殊性		弱	强	弱	强
种群数量	小种群（没有优势）	分布范围大，生境若干个，局部数量多	分布范围大，生境特殊单一，局部数量多	分布范围小，生境若干个，局部数量多	分布范围小，生境特殊单一，局部数量多
	大种群（某些地方占优势）	分布范围大，生境若干个，数量稀疏	分布范围大，生境特殊单一，数量稀疏	分布范围小，生境若干个，数量稀疏	分布范围小，生境特殊单一，数量稀疏

物种多样性格局的形成不仅依赖于群落的构建过程，同样依赖于群落中物种的组成（如稀有种和常见种）。常见种不仅主导群落的总体物种丰富度格局，同时也是 α 多样性和 β 多样性格局的重要贡献者。常见种对群落物种多样性格局具有主导性，而稀有种是群落功能的重要载体。稀有种和常见种对群落的贡献犹如一个硬币的两个面，两者对物种多样性格局的贡献是共同的（王世雄等，2016）。然而，稀有种和长寿命种特别易于灭绝（臧润国等，1999）。因此，在物种多样性的保护实践中，应该根据物种的性状采取相应的保护措施。

2. 物种的特有性

物种的特有性对于一个区域物种多样性也具有特殊的意义。de Candolle 最早提出特有（endemic）这一术语描述分布范围有一定限制的植物。植物类群在历史发展过程中的灭绝、进化和迁移，导致世界不同地区在植物区系上的多样性和复杂性。由于灭绝、进化和迁移，这些事件在不同地区不是均一发生的，因此不同植物区系中特有现象的明显程度、性质、组成及起源和演变都有所不同（杨亲二和左家哺，1998）。因此，特有种（endemic species）是指因历史、生态或生理因素等原因，造成其自然分布仅局限于某一特定的地理区域或大陆，而未在其他地方出现的物种。而特有现象（endemism）是指某一植物类群（如种、属或科）局限分布在某个地理区域内，不超出该区域的现象（黄继红等，2014）。

Favarger 和 Contandriopoulos 在 1961 年基于特有植物及其近缘类群的细胞学资料，将特有植物划分为古特有植物、分裂特有植物、祖特有植物和衍生特有植物，其形成具有历史的、遗传的、生态的和综合作用（表 3-4）（杨亲二和左家哺，1998）。

表 3-4　特有植物形成的理论观点

理论观点	观点	提出者及年代
历史理论	特有植物都是古老的，可能快要灭绝的植物	Fernald，1924
遗传理论	特有现象是植物缺乏遗传变异而形成的	Stebbins，1942
生态理论	生态因素是控制植物分布的最重要的因子	Stebbins，1976
综合作用	类群的进化速度和方向取决于种群和环境的相互作用，并受自身选择的调节	Stebbins，1980

与特有种相关的古特有种，即孑遗种（relic species），是指过去分布比较广泛，由于地质历史变迁等因素，该种在原来生存地区大量灭绝，现仅存在于某些局部地区的古老物种，通常指在第四纪冰川活动期存活下来的物种。例如，中国的大熊猫、白暨豚（*Lipotes vexillifer*）、水杉（*Metasequoia glyptostroboides*）、香果树（*Emmenopterys henryi*）、钟萼木（*Bretschneidera sinensis*）、银杏（*Ginkgo biloba*），美国的红杉（*Sequoia sempeervirens*），澳大利亚的鸭嘴兽（*Ornithorhynchus anatinus*）等，都是著名的孑遗生物。此类物种在物种多样性保护中具有重要的意义。

第四章　生态系统多样性

生态系统多样性（ecosystem diversity）是指生境类型、生物群落和生态过程的多样性。生境类型多样性主要是指地形、地貌、气候、水文等无机环境的多样性；生物群落多样性是群落组成、结构和功能的多样性；生态过程是指生态系统组成、结构和功能在时间、空间上的变化，主要包括物种流，能量流，物质循环，生物间的竞争、捕食、寄生等。

第一节　生态系统的概念

随着生态系统受到严重破坏，自然生境破碎化程度不断加深，越来越多的种群生活在破碎化生境中，其存活及其与环境的关系取决于局部种群的绝灭和再定居。关键种和功能群的作用是生态系统结构与功能维持研究中的核心内容之一，对于生物多样性保护以及退化生态系统恢复等都具有重要意义。关键种的鉴定与功能群的划分及其在生态系统维持中的作用研究是该领域的核心问题，涉及物种的形态、生理、生活史及分布格局等多方面（陈宜瑜，2004）。

一、生态系统的含义

生态系统是由英国生态学家坦斯利（A. G. Tansley）在1935年提出的，他认为“生态系统的基本概念是物理学上使用的‘系统’整体。这个系统不仅包括有机复合体，而且包括形成环境的整个物理因子复合体”，即生态系统是指植物、动物和微生物群落及它们与所处无机环境之间相互作用的一个功能单位的动态复合体（UNCED，1992）。

20世纪40年代，美国生态学家林德曼（R. L. Lindeman）在研究湖泊生态系统时，提出了食物链的概念，进而提出了生态金字塔的理论，使人们认识到生态系统的营养结构和能量流动的特点（Lindeman，1942）。生态金字塔是指各个营养级之间的某种数量关系，这种数量关系可采用生物量单位、能量单位或个体数量单位，采用这些单位构成的生态金字塔分别称为生物量金字塔、能量金字塔和数量金字塔。

为了生存和繁衍，每一种生物都要从周围的环境中吸取空气、水分、阳光、热量和营养物质；生物生长、繁育和活动过程中又不断向周围的环境释放和排泄各种物质，死亡后的残体也复归环境。任何一种生物，其周围环境也包括其他生物与之共存、构成多物种共同生存的环境。

绿色植物利用微生物活动分解产生的氮、磷、钾等营养元素构建有机体，食草动物以绿色植物为食物，肉食性动物取食食草动物，各种动植物的残体既是昆虫等小动物的食物，又是微生物的营养来源。微生物活动释放出植物生长所需要的营养物质，如此循环往复，形成食物链。经过长期的自然演化，每个区域的生物与环境之间、生物与生物之间，都形成了一种相对稳定的结构，并具有相应的功能，即构成了生态系统。

生态系统是一定空间范围内生物（包括个体、种群和群落）与非生物（包括阳光、空气、水、矿物质和养分）通过能量流动与物质循环过程，共同结合成的一个生态学单位。任何生物群落与其环境组成的自然体都可以叫做生态系统。一块草地、一片森林是生态系统；一片沙漠，一个水池也是生态系统；一座山脉是一个生态系统，由其发源的一条河流又是一个生态系统。生物圈本身就是一个无比巨大而又精密的生态系统，是地球上所有生物及其生存环境的总称。

生态系统是生物群落与环境各种物理过程共同组成的系统。所有生物都要面对其所处的环境因子。①非生物因子：包括气候、地质等作用范围大的因子，还包括温度、水分（降雨和湿度）、光、盐分、气压、土壤和水化学（pH 和矿物质含量）等其他因子；②生物因子：生物之间的各种关系，包括竞争、捕食、寄生及共生的有益或有害的影响。

二、生态系统的特性

生态系统不论是自然的还是人工的，均具有下列特性：①生态系统是生态学上的一个主要结构和功能单位，属于生态学研究的最高层次；②生态系统内部具有自我调节能力，其结构越复杂，物种数越多，自我调节能力越强；③能量流动、物质循环是生态系统的两大功能；④生态系统营养级的数目因生产者固定能值所限及能流过程中能量的损失，一般不超过 6 个；⑤生态系统是一个动态系统，要经历一个从简单到复杂、从不成熟到成熟的发育过程。

三、生态系统的组成成分

生态系统有 4 个主要的组成成分，即非生物环境、生产者、消费者和还原者（或分解者）。

（1）非生物环境（abiotic environment）：气候因子，如光、温度、湿度、风、雨雪等；无机物质，如 C、H、O、N、CO_2 及各种无机盐等；有机物质，如蛋白质、碳水化合物、脂类和腐殖质等。

（2）生产者（producer）：主要是指绿色植物，也包括蓝绿藻和一些光合细菌，是能利用简单的无机物质制造食物的自养生物，在生态系统中起主导作用。

（3）消费者（consumer）：异养生物，是指以其他生物为食的各种动物，包括植食动物、肉食动物、杂食动物和寄生动物等。

（4）分解者（decomposer）：异养生物，主要是细菌和真菌，也包括某些原生动物和蚯蚓（*Pheretima* spp.）、白蚁［泛指等翅目（Isotera）昆虫］、秃鹫（*Aegypius monachus*）等环节动物、昆虫或大型腐食性动物。这些异养生物分解动植物的残体、粪便和各种复杂的有机化合物，吸收某些分解产物，最终将有机物分解为简单的无机物，这些无机物参与物质循环后可被自养生物重新利用。

四、生态系统的结构

生态系统包括两个结构，即形态结构和营养结构。

1. 形态结构

形态结构，如生物种类、种群数量、种群的空间格局、种群的时间变化，以及群落的垂直和水平结构等。形态结构与植物群落的结构特征相一致，外加土壤、大气中非生物成分及消费者、分解者的形态结构。形态结构也分为空间结构和时间结构。空间结构是指任何一个自然系统都有分层现象。以森林生态系统为例，森林的乔木层、灌木层、草本层、枯枝落叶层和土壤层都是由不同的生物所组成。时间结构是指生态系统的结构和外貌，随时间变化而变化的现象。时间结构一般以三个时间量度进行考察：①长时间量度，以生态系统的进化为主要内容；②中等时间量度，以群落演替为主要内容；③以昼夜、季节和年份等短时间量度的周期性变化为内容。在生态系统中较为普遍的是短时间周期性变化，如绿色植物一般在白天有光照的条件下进行光合作用，在夜晚则进行呼吸作用。生态系统短时间结构的变化，反映了植物、动物等为适应环境因素的周期性变化，从而引起整个生态系统外貌上的变化，往往反映环境质量优劣的变化。

2. 营养结构

营养结构包括食物链和食物网。

（1）食物链：以营养为纽带，把生物和非生物紧密结合起来的功能单位，构成以生产者、消费者和分解者为中心的三大功能类群，其与环境之间发生密切的物质循环和能量流动。食物链有 4 种类型：①捕食食物链（grazing food chain），指一种活生物取食另一种活生物所构成的食物链；②碎食食物链（detritus food chain），指以碎食（植物的枯枝落叶等）为食物链起点的食物链；③寄生性食物链（parasite food chain），由宿主和寄生物构成；④腐生性食物链（saprophytic food chain），以动物、植物遗体为食物链的起点，腐烂动物、植物遗体被土壤或水体中的微生物分解利用，后者与前者是腐生性关系。

（2）食物网：多条食物链彼此交互相联，形成食物网（food web），即一个无形的网把所有生物都包括在内，使它们彼此之间都有着某种直接或间接的关系。

五、生态系统的类型

地球上的生态系统，依据能量和物质的运动状况，生物、非生物成分等，可分为多种类型。

1. 按系统与外部环境联系的程度

按系统与外部环境联系的程度，生态系统分为 3 种类型。①开放系统（opened system）：生态系统内外的能量和物质都可不断地进行交换。地球上绝大多数的生态系统都是这种类型。②封闭系统（closed system）：这种生态系统的特点是，其周围可以阻止物质的输入和输出，但是不能阻止能量的出入。③隔离系统（isolated system）：这种生态系统具有封闭的边缘，不仅能阻止物质，而且能够阻止能量的输入和输出，与外界处于完全隔离的状态。

2. 按生境性质

按生境性质，生态系统分为陆地生态系统和水域生态系统。其中，陆地生态系统包括森林生态系统、草原生态系统、荒漠生态系统等；水域生态系统包括淡水生态系统、湿地生态系统、海洋生态系统等（图 4-1）。

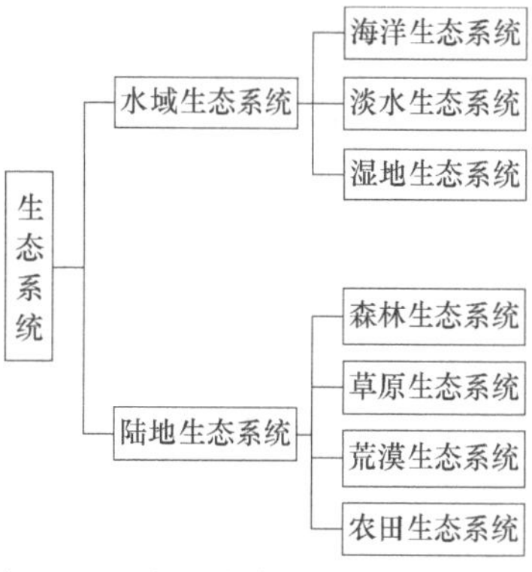

图 4-1　生态系统类型（按生境性质）

3. 按系统属性

按系统属性，生态系统分为自然生态系统和人工生态系统（图 4-2）。①自然生态系统：实际未受到人类活动影响或受到人类活动轻度影响的生态系统。自然生态系统在功能上协调一致，生物对无机环境有良好的适应。②人工生态系统：这种生态系统的主要特征是人在此系统中起主导作用，并且生物群落在很大程度上已失去自行调控和恢复的能力，如农田生态系统、城市生态系统等。

此外，按照生态系统的生物成分划分，有植物生态系统、动物生态系统、微生物生态系统和人类生态系统等。

1）自然生态系统

a. 陆地生态系统　陆地生态系统包括荒漠、草原、森林生态系统等。

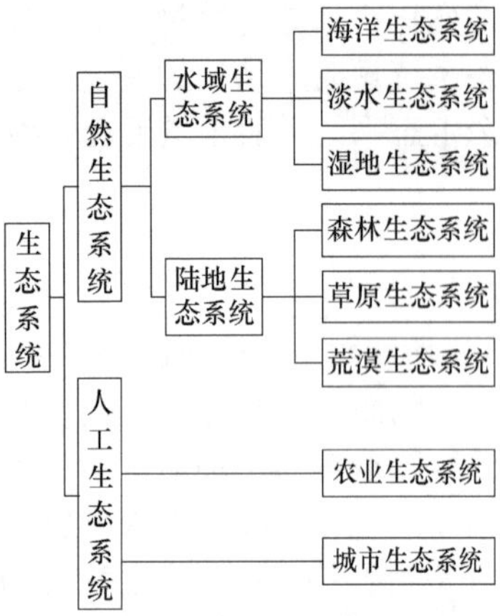

图 4-2 生态系统类型（按系统属性）

（1）荒漠生态系统：发育于降水稀少、蒸发强烈、极端干旱环境下，植物群落稀疏的生态系统类型。植被以旱生和超旱生的小乔木、灌木和半灌木群落为主；在中国此类生态系统的分布区域按面积大小依次为：新疆、内蒙古、青海、甘肃、西藏。根据荒漠生态系统植物群落和环境的特征，荒漠可区分为小乔木荒漠、灌木荒漠、小半灌木荒漠和垫状小半灌木（高寒）荒漠 4 个亚型，主要有 52 类荒漠（陈灵芝，1993）。

荒漠的生物多样性具有 3 个方面的特性。①贫乏性：与其他陆地生态系统相比较，荒漠的物种相对贫乏。分布于中国西北广阔荒漠中的种子植物总数仅 600 余种（许来珍等，2015）。②古老性：尽管植物物种丰富度不高，但却含有大量古老残遗种类。分布于这里的植物很多是古近纪和新近纪，甚至是白垩纪的残遗种类——古地中海干热植物的后裔。古地中海成分在组成荒漠群落的植物中占有绝对优势。③独特性：区系的古老性，加上生态条件的极端严酷性决定了中国荒漠植物的独特性，这里发育有一大批本地特有属和特有种。

（2）草原生态系统：是以多年生草本植物为主要生产者的陆地生态系统。因所在地区降水少、蒸发大，其结构、种类、生物量等都比森林生态系统低。草原生态系统包括温带草原（草甸草原、荒漠草原）、高寒草原和荒漠区山地草原等。

（3）森林生态系统：是以乔木为主体的生物群落（包括植物、动物和微生物）及其非生物环境（光、热、水、气、土壤等）综合组成的生态系统。森林生态系统的研究构成生物与环境、生物与生物之间进行物质交换、能量流动的自然生态科学。

森林生态系统是森林群落与其环境在功能流的作用下形成一定结构、功能和自调控的自然综合体，是陆地生态系统中面积最大、最重要的自然生态系统。森林生态系统分布在湿润或较湿润的地区，其主要特点是动植物种类繁多，群落的结构复杂，种群的密度和群落的结构能够长期处于较稳定的状态，尤其是热带雨林生态系统。

中国森林生态系统以乔木的优势种、共优势种或特征种为标志的类型主要有 240 类，包括针叶林（寒温带针叶林、暖温带针叶林、亚热带和热带针叶林）、针叶与落叶阔叶混交林［红松（*Pinus koraiensis*）阔叶混交林、铁杉（*Tsuga chinensis*）阔叶混交林］、阔叶林（落叶阔叶林、常绿阔叶林、硬叶常绿阔叶林、落叶阔叶与常绿阔叶混交林、热带季雨林和雨林）等。

此外，还有苔原生态系统。苔原主要分布于北纬 60°以北，是永久冻土带。苔原地带没有乔木，仅有矮小灌木或草本类等植物。苔原生态系统的消费者主要有驯鹿（*Rangifer tarandus*）、麝牛（*Ovibos moschatus*）、北极兔（*Lepus arcticus*）、旅鼠（*Myopus schisticolor*）、北极狐（*Vulpes lagopus*）和狼（*Canis lupus*）等，还有一些鸟类。苔原地带几乎没有爬行动物和两栖动物，昆虫的种类也很少。

b. 水域生态系统

（1）淡水生态系统：包括河流（流水 lotic water）生态系统和湖泊（静水 lentic water）生态系统。中国的四大水系（长江、黄河、黑龙江、珠江水系）和五大淡水湖（鄱阳湖、洞庭湖、太湖、洪泽湖和巢湖）构筑了中国淡水生态系统的基本框架；以滇池、洱海、抚仙湖、异龙湖、草海和泸沽湖等为代表的云贵高原湖区，反映了中国淡水生态系统的高原特殊性。

淡水生态系统具有以下特点：①生产者——藻类和水草构成；②消费者——浮游动物和

鱼类为主体；③太阳辐射减弱，生产力较低。

湖泊生态系统基本特征：①界限明显；②面积较小——世界湖泊主要分布于北半球的温带和近北极地区，面积相对较小；③湖泊的分层现象；④水量变化较大；⑤演替、发育缓慢。与湖泊相反，河流生态系统主要特点：①水流不停；②陆-水交换；③氧气丰富。

（2）湿地生态系统：湿地是天然或人工、长久或暂时性的沼泽地、泥炭地或水域地带，静止或流动淡水、半咸水、咸水，包括低潮时水深不超过 6m 的水域的统称。湿地必须有下述三个特征之一：①土地上至少周期性地生长优势水生植物；②基质中不透水的水成土壤占优势；③基质非土壤，在生长季的某些时候被水所饱和或被浅水所覆盖（林育真和赵彦修，2013）。根据地貌、水文、植被、土壤、潜水程度和人为影响，将湿地分为沼泽湿地、滨海湿地、淡水湿地等类型。沼泽湿地包括沼泽和沼泽化草甸，是最主要的湿地类型；滨海湿地因所在环境及群落组成的不同，分为红树林群落、盐沼群落、滩涂与潮间带群落及河口滨海湿地群落等；淡水湿地包括符合湿地定义的河流、湖泊、水库、池塘等淡水浅水区。

（3）海洋生态系统：海洋生态系统是海洋中由生物群落及其环境相互作用所构成的自然系统。中国有渤海、黄海、东海和南海四大海域，位于北纬 3°～41°，跨越热带、亚热带和温带三大气候带。其中，渤海是深入大陆的内海，生物类群以广温性低盐种为主；黄海处于北温带，来自寒带、亚寒带、热带和亚热带的生物种群与本地土生种汇在一起，构成独特的生物群系；东海属于亚热带海洋，生物生态类型以近岸暖温种类为主；南海属热带、亚热带海洋，除大陆架区外，还有面积约占 30%的深海区，呈现大海洋生态系统的特点。在中国近海区域，黑潮流域（局部）、河口水域和上升流区特殊的海洋生物群落，增加了海洋生态系统的多样性（林育真和赵彦修，2013）。中国的国土面积主要由陆地构成，因此，对海洋生态系统的研究相对滞后于对森林生态系统等的研究。

2）*人工生态系统*　人工生态系统是指以人类活动为生态环境中心，按照人类理想要求建立的生态系统，如城市生态系统、农业生态系统等。

（1）城市生态系统：特定地域内的人口、资源、环境（包括生物的和物理、社会和经济及政治和文化等方面）通过各种相生相克关系建立的人类聚居地或社会、经济和自然复合体。

（2）农业生态系统：是在一定时间和地区内，人类从事农业生产，利用农业生物与非生物环境之间以及与生物种群之间的关系，在人工调节和控制下，建立的各种形式和不同发展水平的农业生产体系。

第二节　生态系统多样性的概念

生态系统多样性是指不同生态系统的变化和频率，即生物圈内生境、生物群落和生态过程的多样化以及生态系统内生境差异、生态变化的多样性（McNeely et al.，1990）。陈灵芝（1993）认为，生态系统多样性是指生物圈内栖息地、生物群落和生态学过程的多样性，以及生态系统内栖息地差异和生态学过程变化的多样性。简单来说，生态系统多样性是指生物圈内生物群落、生境与生态过程的多样化（迟德富等，2005；冯晓辉，2015），包括生态系统的类型、结构、功能和生态过程的多样化等（张风春等，2015）。

生境多样性是指无机环境，如地形、地貌、气候、水文等的多样性；生物群落多样性主要是群落组成、结构和功能的多样性；生态过程是生态系统组成、结构和功能在时间、空间上的变化，主要包括物质流，能量流，水分循环，营养物质循环，生物间的竞争、捕食和寄生等。生态系统多样性，主要涉及较大单位的生态系统，如森林、草原、湖泊或珊瑚礁等的生态系统多样性。

生态系统由不同生物群落组成。生物群落多样性是指群落组成、结构和动态（包括演替和波动）方面的多样化。组成生态系统的生物群落一般具有垂直结构和水平结构。

物种多样性和生态系统的稳定与恢复之间紧密相关。某些物种可能是关键种，其存在与否影响群落组成，从而进一步影响生态系统的功能。有些生态系统通常存在于另外一些生态系统之中。生态系统是由具有不同营养特点的生物组成的，即营养多样性导致生态系统多样性。

千年生态系统评估（millennium ecosystem assessment，MA）把生态系统服务分为供给服务、调节服务、文化服务和支持服务四类，服务的核心是生态系统的产品、过程和格局。生态系统服务的识别与分类是生态系统功能的对象化过程，也是以人类需求审视生态系统的过程。生态系统通过结构—过程—功能这一途径实现生态系统的服务，各种服务的直接动力来源于自然界生物地球化学循环，生物多样性通过生态系统属性和过程影响生态系统服务形成和维持。生物多样性越高，生态系统功能性状的范围越广，生态系统服务质量就越高、越稳定（范玉龙等，2016）。生态系统服务包含有更多的价值（图 4-3）（Pearce，1995；McNeely et al.，1990；Turner，1991），如空气和水的净化，旱涝的缓解，废弃物的去毒和分解，土壤及其肥力的形成和更新，农作物和天然植物的授粉，农作物大量潜在害虫的控制，种子传播和养分循环，生物多样性的维持，农业、医药、工业关键生产要素的提供，太阳有害紫外线的防护，气候的局部稳定，极端温度、大风和大浪的调节和抑制，人类多样性文化的支撑，人类审美和益智需求的满足等（张志强等，2002）。换言之，生态系统支撑着清洁空气和水、作物传粉、废弃物分解、病虫害控制和极端自然事件调节的诸多过程。水、食物、纤维、燃料和药物都是这一纷繁奇妙生命网络的产物。艺术、文化和宗教的灵感来自于自然，它还提供了丰富的休憩和精神世界（McNeely and Mainka，2009）。然而，在被评估的生态系统服务中，60%在全球范围内正在退化或其利用方式不可持续（MA，2003）。总之，生态系统提供的服务，包含自然、生态和社会的功能（表 4-1）。

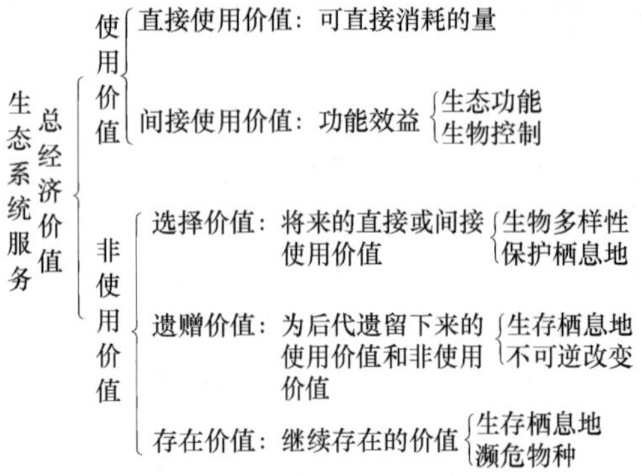

图 4-3　生态系统服务价值

表 4-1　生态系统的服务功能

生态系统服务	内容	举例
1. 气体调节	大气化学成分调节	CO_2/O_2 平衡，O_3 防紫外线、SO_2 水平
2. 气候调节	温度、降水及其他由生物媒介的全球及地区性气候调节	温室气体调节，影响云形成的 DMS 产物
3. 干扰调节	生态系统对环境波动的容量、衰减和综合反应	风暴防止、洪水控制、干旱恢复等生境对主要受植被结构控制的环境变化的反应
4. 水调节	水文流动调节	为农业、工业和运输提供用水
5. 水供应	水的储存和保持	向集水区、水库和含水岩层供水
6. 控制侵蚀和保持沉积物	生态系统内的土壤保持	防止土壤被风、水侵蚀，把淤泥保存在湖泊和湿地中

续表

生态系统服务	内容	举例
7. 土壤形成	土壤形成过程	岩石风化和有机质积累
8. 养分循环	养分的储存、内循环和获取	固氮，N、P 和其他元素及养分循环
9. 废物处理	易流失养分的再获取，过多或外来养分、化合物的去除或降解	废物处理，污染控制，解除毒性
10. 传粉	有花植物配子的运动	提供传粉者以便植物种群繁殖
11. 生物防治	生物种群的营养动力学控制	关键捕食者控制被食者种群，顶位捕食者使食草动物减少
12. 避难所	为常居和迁徙种群提供生境	育雏地、迁徙动物栖息地、当地收获物种栖息地或越冬场所
13. 食物生产	总初级生产中可用为食物的部分	通过渔、猎、采集和农耕收获的鱼、鸟、兽、作物、坚果、水果等
14. 原材料	总初级生产中可用为原材料的部分	木材、燃料和饲料产品
15. 基因资源	独一无二的生物材料和产品的来源	医药、材料科学产品，用于农作物抗病和抗虫的基因，家养物种（宠物和植物栽培品种）
16. 休闲娱乐	提供休闲旅游活动机会	生态旅游、钓鱼运动及其他户外游乐活动
17. 文化	提供非商业性用途的机会	生态系统的美学、艺术、教育、精神及科学价值

物种在生态系统中的作用存在 4 个假说（马克平，1997）。

（1）铆钉假说（rivet hypothesis）：1981 年美国斯坦福大学生态学家 Ehrlich 等提出，生态系统中所有物种对其功能的正常发挥都有贡献而且是不能互相替代的，正像由铆钉固定的复杂机器一样，任何一个铆钉的丢失都会使该机器的功能受到影响。生命多样性就像飞机上的铆钉，每个物种就像一颗铆钉，对生态系统的正常功能起它那一小部分作用，一颗铆钉的丢失使飞机失去它的一小部分功能，丢失足够多的铆钉则会使飞机坠毁或无法飞行。

（2）冗余假说（redundancy species hypothesis）：1992 年，澳大利亚的 Walher 提出了另一种与铆钉假说完全对立的冗余假说，认为生态系统保持正常功能需要有一个物种多样性的阈值，低于这个阈值系统的功能会受到影响，高于这个阈值则会有相当一部分物种的作用是冗余。此假设认为大多数物种是多余的，即更像过路人而不是铆钉，要维持生态系统的正常功能，只要不多的几个关键物种就够了。

（3）特异反应假说（idiosyncratic response hypothesis）：生态系统的功能随着物种多样性变化而变化，强度和方向是不可预测的，因为这些物种的作用是复杂而多变的。

（4）零假说（null hypothesis）：生态系统的功能与物种多样性无关，即物种的增减不影响生态系统功能的正常发挥。

离开物种，生态系统也不复存在，即生物多样性影响生态系统功能是被肯定的，然而，物种和生态系统的相互关系远远超过这种结构上的因果关系；当这种关系上升到生态系统功能过程的相当高度时，则变得极为复杂（黄建辉等，2018）。由于受生态系统类型（草原、海洋等）、多样性成分（群落中优势种的变化等）、尺度大小（时间、空间）、实验方法（野外观测、实验、理论模型）、环境条件（生物因素与非生物因素）等多因素交互作用的限制，物种多样性生态系统功能关系及作用机制的短期研究很难得出具有普遍性的结论（李禄军和曾德慧，2008）。简言之，物种在生态系统中的作用是复杂而需要多方面、多角度长期研究的问题。

第三节　生态系统多样性的分布

因受地理位置、气候、地形、土壤等因素的影响，地球上的生物群落是多种多样的。生物群落可分为陆地生物群落和水生生物群落。本节仅讨论陆地生态系统多样性的问题。

一、陆地生物群落分布的基本规律

1. 植被与自然地带性

生物群落的划分是以植被的分类为基础的。覆盖一个地区的植物群落的总体叫做这个地区的植被（vegetation）。

地球表面总生长着许多植物（个别地区除外），它们形成各种群落，如森林、草原、荒漠、冻原、草甸、沼泽群落等，总的称为该地区的植被。覆盖整个地球表面的植物群落，则称为地球植被。

一个地区出现什么植被，主要取决于该地区的气候和土壤条件。但从全球看，气候条件的影响更为重要。地球植被分布的模式，基本上是由气候，特别是水热组合状况决定的。气候又因地球本身自转和绕太阳转动、海陆分布、大气环流和由于各地太阳高度角的差异所导致的太阳辐射量的多少及其季节分配发生地带性变化。

气候条件支配着自然界各种现象相互作用，导致自然地带性的产生。自然地带性是一种世界现象，并表现为水平分布和垂直分布，如气候带、土壤带和植被带。每种气候下都有它特有的植被类型。植被也表现出水平分布和垂直分布的地带性规律。

2. 陆地生物群落的水平分布规律

地球表面的水热条件等环境要素，沿纬度或经度方向发生递变，从而引起植被也沿纬度或经度方向呈水平更替的现象，称为植被分布的水平地带性。植被分布的水平地带性是地球表面植被分布的基本规律之一。

1）*植被分布的纬向地带性*　沿纬度方向有规律地更替的植被分布，称为植被分布的纬向地带性。太阳高度角及其季节变化因纬度不同而不同，太阳辐射量及与其相关的热量也因纬度不同而异。从赤道向两极，每移动一纬度（平均 111km，在 0°～10°低纬度地区的一纬度约 110.57km，90°时为 111.7km），气温平均降低 0.5～0.7℃。

由于太阳辐射提供给地球的热量有从南到北的规律性差异，因而形成不同的气候带，如热带、亚热带、温带、寒带等。与此相应，植被也呈带状分布，在北半球从低纬度到高纬度依次出现热带雨林、亚热带常绿阔叶林、温带夏绿阔叶林、寒温带针叶林、寒带冻原和极地荒漠。

2）*植被分布的经向地带性*　以水分条件为主导因素，引起植被由沿海向内陆发生更替的分布格局，称为经向地带性。

在北美大陆和欧亚大陆，由于海陆分布、大气环流和大地形等的综合作用，从沿海到内陆降水量逐渐减少，在同一热量带，各地水分条件不同，植被分布也发生明显的变化，即由沿海湿润区的森林，经半干旱的草原到干旱区的荒漠。

在其他大陆，如在澳大利亚，这种经向变化就大不相同。

3. 陆地生物群落的垂直分布规律

1）*陆地生物群落的垂直地带性*　由于海拔的变化，常引起自然生态系统有规律地更替，此现象为垂直地带性。通常，海拔每升高 100m，气温下降 0.6℃左右，或海拔每升高

180m，气温下降 1℃左右。而降水量最初随高度的增加而增加，但达一定界线后，降水量又开始降低。

山体的植被垂直带，是反映山体所处的一定纬度和一定经度的水平地带性的特征，植被垂直地带性是从属于水平地带性的特征。水平地带性是基础，它决定着山地垂直地带的系统。

2）*陆地生物群落的垂直分布格局*　山地生物群落的带状排列是按一定秩序出现的，沿山地形成一定的体系，被称为山地垂直带谱。垂直带谱大致反映了不同生物群落类型沿纬度方向交替分布的规律。但垂直带永远不能完全符合于水平带。

最理想的垂直带是热带岛屿山地，这里可以看到从赤道至两极的所有生物群落类型。但这里的温度条件缺少年变化。各地垂直带的降水状况（特别是季节变化），反映了当地的降水特点。

大陆性气候区，垂直带往往受到破坏。因为山地上部水分缺乏，不会出现森林带。高山上光照强烈，紫外线多，空气较稀薄，与极地条件有很大的不同。

垂直带的宽度远较水平带窄。山地海拔每升高 1 000m，温度下降 5～6℃，等于北半球平地上北移 600km。

二、陆地生物群落的主要类型

生物群落的划分是以植被的分类为基础的。地球上的植被类型虽然很复杂，但在陆地上呈大面积分布的地带性生物群落（biome）主要有以下几类。

1. 热带雨林

热带雨林是指分布于赤道附近南北纬 10°之间的低海拔高温多湿地区，由热带种类所组成的高大繁茂、终年常绿的森林群落，为地球表面最为繁茂的植被类型。

热带雨林的面积最大，近 1 700 万 km^2，约占地球上现存森林面积的一半，对维持人类生存环境起最大作用。

热带雨林主要分布于南北纬 10°之间的区域，全球可分为三大群系：①美洲雨林群系，主要分布于亚马孙河流域，面积最大；②非洲雨林群系，主要分布于刚果盆地一带；③亚洲雨林群系，主要分布在马来半岛、苏门答腊附近岛屿、加里曼丹岛、伊里安及菲律宾群岛。

热带雨林具有的植被特征如下所述。

（1）种类组成特别丰富，均为热带分布的种类。

（2）群落结构复杂：层次多而分层不明显，乔木高大挺直，分枝少，灌木呈小树状，群落中附寄生植物发达，有叶面附生现象，富有粗大的木质藤本和绞杀植物，如望天树（*Parashorea chinensis*），高可超过 60m。

（3）乔木树种构造特殊：多具板状根、气生根、老茎生花等现象；叶在大小形状上非常一致，全绿，革质，中等大小；多昆虫传粉。

（4）林冠高低错落，色彩不一，无明显季相交替，终年常绿。

热带雨林常见的景观现象：板状根、绞杀植物、老茎生花、寄生与附生、滴水叶尖等。

动物及其生态：热带雨林中种类很多，但个体数量较少，且特化种类较多。动物的活动性低，很少有季节性的迁移现象，其生殖活动和数量变动受季节性的影响不明显，如蜂鸟科（Trochilidae）多属种、白掌长臂猿（*Hylobates lar*）、懒猴（*Nycticebus* sp.）和猩猩（*Pan* sp.）等。

2. 常绿阔叶林

常绿阔叶林是指分布在亚热带大陆东岸湿润地区的，由常绿的双子叶植物所构成的森林群落。在日本称照叶树林，欧美称月桂树（*Laurus* sp.）林，中国称常绿栎类（*Quercus* spp.）

林或常绿樟栲林。

这类森林的建群树种都具樟科（Lauraceae）月桂树叶片的特征，常绿、革质、稍坚硬，叶表面光泽无毛，叶片排列方向与太阳光线垂直。

常绿阔叶林是亚热带条件下的森林，分布在南北纬 22°～34°（40°）。主要见于亚洲的中国长江流域和日本列岛的南部，非洲的东部，大西洋的加那利群岛，北美洲的墨西哥，南美洲的智利、阿根廷和巴西的部分地区，大洋洲东部等地。其中以中国长江流域森林最为典型，面积也最大。

常绿阔叶林的植被特征如下所述。

（1）主要由壳斗科（Fagaceae）、樟科、山茶科（Theaceae）、木兰科（Magnoliaceae）和金缕梅科（Hamamelidaceae）等的常绿树种组成，区系成分极其丰富，地理成分复杂，富有起源古老的孑遗植物，或系统进化上原始或孤立的科属及特有植物；乔木层树种具有樟科月桂树叶的特征：小型叶、渐尖、革质、光亮、无茸毛，排列方向与光线垂直等。

（2）外貌终年常绿，林相整齐，季相变化不明显。

（3）群落结构较为复杂，乔木一般分两个亚层，上层林冠整齐，一般高 20m 左右，很少超过 30m，以壳斗科、樟科、山茶科常绿树种为主；第二亚层树冠多不连续，高 10～15m，以樟科、杜英科等树种为主。灌木层多少明显，但较稀疏；草本层以蕨类为主。

（4）藤本植物较为丰富，但多为革质或木质小藤，板根、茎花、叶面附生现象大大减少，附生植物中很少有被子植物。

动物及其生态：亚热带常绿阔叶林内动物种类较为丰富，主要的哺乳动物是猴类和鹿类。

3. 温带落叶阔叶林

温带落叶阔叶林是指分布于温带湿润海洋地区的，由落叶双子叶植物所构成的落叶森林群落。构成温带落叶阔叶林的主要树种是栎、山毛榉（*Fagus* spp.）、槭（*Acer* spp.）、梣（*Fraxinus* spp.）、椴（*Tilia* spp.）、桦（*Betula* spp.）等。它们具有比较宽薄的叶片，秋冬落叶，春夏长叶，故这类森林又叫做夏绿林。

温带落叶阔叶林分布于中纬度湿润地区。有三个集中分布区：①西欧和中欧，以山毛榉为主要建群种；②北美洲的五大湖地区和大西洋沿岸，以美洲山毛榉（*Fagus americana*）和糖槭（*Acer saccharum*）为建群种；③东亚，主要分布在中国，以栎属种群为代表。

温带落叶阔叶林的植被特征如下所述。

（1）季相更替现象十分明显，为其外貌的显著特征。

（2）结构简单，分层清楚，夏季林相郁闭，冬季林内明亮干燥。

（3）中生性植物特别丰富，乔木层有阔叶叶片、草质、柔软、无毛，生活型以地面芽和地下芽植物占优势，其次是高位芽植物。

（4）层间植物在群落中作用不明显。

动物及其生态：群落中消费者各有其特色，哺乳动物有野猪（*Sus scrofa*）、狐（*Vulpes* spp.）等，鸟类有野鸡（*Phasianus colchicus*）、莺等，还有各种各样的昆虫。群落中净初级生产量仅养活着小量的动物，而动物的生物量又集中在土壤动物上。

4. 北方针叶林

北方针叶林又称泰加林（Taiga），原是指西西伯利亚带有沼泽化的针叶林，现在泛指寒化的针叶林，是寒温带的针叶林，也是寒温带的地带性植被。

针叶林是指以针叶树为建群种所组成的各种森林群落的总称。它包括各种针叶纯林、针叶树种的混交林，以及以针叶树为主的针阔叶混交林，如大兴安岭北部兴安落叶松林（黑龙江、内蒙古）。

北方针叶林分布于北半球高纬度地区，主要分布在欧洲大陆北部和北美洲，其北方界线就是整个森林带的最北界线。面积约 1 200 万 km^2，仅次于热带雨林。在寒温带以外的地方，也生长着很多不同类型的针叶林，但是面积比起寒温带的针叶林要小很多。

北方针叶林的植被特征如下所述。

（1）最明显的特征之一就是外貌十分独特，易与其他森林相区别。有两种类型：①由较耐阴的云杉属（*Picea*）和冷杉属（*Abies*）树种组成的针叶林，其树冠为圆锥形和尖塔形，因其形成的森林郁闭度高，林下阴暗，因此又称为阴暗针叶林。②由较喜阳的松属（*Pinus*）组成的针叶林，其树冠为近圆形。落叶松属（*Larix*）形成的森林，树冠为塔形且稀疏，林冠郁闭度低，林下较明亮，又称为明亮针叶林。例如，红松是东北的珍贵树种，以红松为主的针阔叶混交林，是东北地区最有代表性的森林类型。

（2）北方针叶林的另一个特征就是其群落结构十分简单，可分为乔木层、灌木层、草本层和苔藓层 4 个层次。乔木层常由单一或两个树种构成，林下常有一个灌木层、一个草本层和一个苔藓层。林相非常美丽，如天山雪岭云杉（*Picea schrenkiana*）林和长白山红松阔叶混交林都属于中国最美的十大森林之一。

动物及其生态：北方针叶林的动物有驼鹿（*Alces alces*）、马鹿（*Cervus elaphus*）、黑貂（*Martes zibellina*）、鼯鼠（*Petaurista* spp.）、松鸡（*Tetrao urogallus*）、榛鸡（*Bonasa* spp.）等，以及大量的土壤动物（以小型节肢动物为主）和昆虫。这些动物活动的季节性明显，有的种类冬季南迁，多数冬季休眠或休眠与储食相结合。

5. 热带稀树草原

热带稀树草原是指生长在具有周期性干湿季节交替的热带地区的旱生群落，常在不太密实的草地上稀疏地散布着一些矮小的乔木，树木之间的距离是其高度的 5～10 倍，故被称为稀树草原或萨王纳（savanna）。

热带稀树草原分布于旱季干燥而漫长的地区，包括非洲、南美洲、澳大利亚及亚洲南部。植物种类差不多，且都有很多类型的热带疏林和刺灌丛，如奇特的猴面包，俗称“倒栽葱”，果实形如黄瓜。

热带稀树草原的植被特征如下所述。

（1）典型的萨王纳地区是树木和草地的结合：散生在草原背景中的乔木矮生且多分枝，具大而扁平的伞形树冠，叶片坚硬，具典型旱生结构；草本层以高约 1m 的禾本科（Poaceae/Gramineae）植物占优势，亦具典型旱生结构。藤本植物非常稀少，附生植物不存在。

（2）雨季和旱季的景色迥然不同，有明显的季节变化。

（3）一些树木具有储存水分的能力，很多植物都有一定的耐火能力，有些植物在火灾之后开始萌发，野火促进了萨王纳群落的更新，成为萨王纳景观中不可缺少的一部分。

动物及其生态：大型有蹄类种类繁多，食肉动物种类也很丰富。穴居动物主要是啮齿类，在种类数量上占绝对优势。植食性昆虫数量惊人，以白蚁、蚁和蝗虫最多。两栖类很少。由于有明显的季节变化，动物有季节性迁徙的习惯。

6. 温带草原

温带草原是温带大陆性干旱气候区的代表性生物群落，介于夏绿阔叶林和温带荒漠之间，占据着广阔的区域。占主导地位的植物是多年生的旱生草本植物，还有少量的一年生植物、小灌木和半灌木，其中针茅属的禾草最占优势，草原（steppe）的名字就来自于针茅。

温带草原出现于中等程度干燥、较冷的大陆性气候地区。在北美洲、南美洲、欧洲和亚洲都有分布。欧亚大陆的草原面积最大，超过其他草原面积的总和。

温带草原的植被特征如下所述。

（1）植被分层简单，以多年生的禾本科草类占优势，其中以针茅属（*Stipa*）植物最为丰富，还有莎草科（Cyperaceae）、豆科（Fabaceae）等植物。有明显的季相变化。

（2）草原植物普遍存在旱生结构，叶片狭窄，根系比较浅但非常密集，郁闭程度远超过地上部分，可在雨后迅速吸收水分。

动物及其生态：温带草原和非洲的热带稀树草原一样是善于奔跑的大型有蹄类动物的家乡，只是种类比非洲的热带稀树草原少。草原动物多有冬眠、迁徙或储藏食物等现象。

7. 荒漠

荒漠是超旱生的灌木、半灌木或半乔木占优势而构成的、地上不郁闭的一类生物群落，是生存条件最严酷，生物资源最贫乏的生物群落之一。荒漠中生命与恶劣的自然环境的斗争成为主导。荒漠中的动植物都有一系列对缺水环境的特殊适应。

荒漠主要分布于亚热带和温带（纬度 30°～40°）的副热带无风地区。例如，南美洲西岸的智利和阿根廷、非洲的西海岸、南非、澳大利亚等。面积最大的是连接亚洲的大沙漠，包括北非的撒哈拉沙漠、阿拉伯沙漠、中亚大沙漠和东亚大沙漠。

荒漠的植被特征如下所述。

（1）植被极度稀疏。植物从生理和形态结构上适应旱生环境，茎肉质化（肉质植物），叶面缩小或退化，以小枝和茎代行光合作用（超旱生植物），或在短暂的雨季快速完成生活史（短生植物）。

（2）亚非荒漠带中有一些绿洲，这些绿洲是荒漠动植物的天堂，绿洲中著名的植物有撒哈拉沙漠和西南亚的椰枣（*Phoenix dactylifera*）及中国新疆的胡杨（*Populus euphratica*）。

动物及其生态：荒漠中的动物，主要是爬行类、啮齿类、鸟类及蝗虫等，以各种不同的方法适应水分的缺乏。多数有冬季和夏季休眠及储存大量食物以备越冬的习性。夜出性的种类所占比例较高。

8. 冻原

冻原（tundra）又译为苔原，是高纬度和高海拔寒冷地区植被的代表。生长在寒冷的永久冻土上，是一种极端环境下的生物群落。苔原多处于极圈内的极地东风带内，风速极大，且有明显的极昼和极夜现象。气候湿润、寒冷，普遍有沼泽化现象。

冻原绝大部分都围绕北冰洋分布。在欧亚大陆和北美洲，自泰加林以北直到北冰洋沿岸形成连续的苔原带，并进入北冰洋中的岛屿。高山和高原雪线及树线之间的环境与苔原带相似，生长着多种不同的高山植被和高原植被。

冻原的植被特征如下所述。

（1）植被种类组成简单，植物种类的数目通常为 100～200 种。

（2）植物群落结构简单，可分为小灌木和矮灌木层、草本层、藓类地衣层，最多为三层。

（3）许多植物在严寒中营养器官不受损伤，有的植物在雪下生长和开花。

（4）冻原中通常全为多年生植物，没有一年生植物，并且多数种类为常绿植物，许多种植物矮生，紧贴地面匍匐生长，有些是垫状类型。

动物及其生态：动物的种类则极为稀少，但动物的个体数量可在短时间内迅速增长。苔原夏季的动物密度非常高，到了寒冷而黑暗的冬季，动物大多迁离苔原到达南方越冬。苔原的动物多数没有冬眠的习性，冬季留在北极的动物常将皮毛换成白色，与冬季的积雪浑然一体。

第四节　生态系统多样性的研究内容

生态系统多样性是生物多样性研究的重点，是基因到景观乃至生物圈的不同水平研究的综合，特别关注关键种、关键地区、功能群、生态系统的稳定性、生态系统的恢复与保护等问题。

1. 生物群落或生态系统的关键种

在生物群落中，某些种类对大多数的其他种类在群落中的持续生存能力具有重要意义，它们的存在与否会影响到整个生态系统的结构与功能，这些物种即称为关键种或关键种组，其包括不同类型（表 4-2）（Bond，1993，马克平，1997）。假如关键种在保护地丧失，众多其他物种也会随之丧失，因此，关键种应优先保护。例如，由于许多热带昆虫的取食行为表现出高度的专一性，仅靠一种或少数相关植物物种维持生命。每一种热带植物的灭亡会潜在性地导致一连串的灭绝事件发生，即带来 10～30 种昆虫的丧失，甚至单个植物物种的灭绝会使百种昆虫消亡（Raven，1976）。

表 4-2　关键种的分类

类型	作用方式	实例
捕食者	抑制竞争者	海洋：海獭（*Enhydra lutris*）、海胆（Echinoidea） 陆地：依大小选择性采食种子的动物
食草动物	抑制竞争者	象（*Elephas* spp.）、兔（*Lepus sinensis*）
病原体和寄生物	抑制捕食者、食草动物、竞争者	黏液瘤菌
竞争者	抑制竞争者	演替中的物种更替，如森林中的优势树种和杂草
共生种	有效的繁殖	关键的共生种依赖的植物资源 传粉者 传播者
掘土者	物理干扰	兔、地鼠（*Myospalax fontanieri*）、白蚁、河狸（*Castor fiber*）、河马（*Hippopotamus amphibius*）
系统过程调控者	影响养分传输速率	固氮菌、菌根真菌等分解者

2. 生物多样性关键地区

关键地区（critical area）是指对生物多样性保护具有重要意义的地区。了解生态系统组成结构及其分布情况，对生物多样性关键地区的确定是至关重要的。确定关键地区主要依据如下 4 条原则（马克平，1997）。

（1）丰富性：生物多样性在空间上不是均匀分布的，不同地区生物多样性形成受其自然地理因素及地质历史的综合影响，如从寒带到热带，生物多样性丰富程度逐渐增加，即使在同一气候带内不同生境的生物多样性也会有很大的差别。生物多样性丰富的地区，如热带雨林等应首先受到关注。

（2）特殊性：在生物多样性保护中，由许多包括有多种特有物种组成的生态系统比由众多广布种组成的生态系统更为重要。单型种或某个目、科或属的唯一代表种比广泛分布的复型种更值得重视。同样，稀有种栖息地或生存着特有种的生境比广泛分布的栖息地或生存着普通种的生境具有更高的优先度。

（3）受威胁的程度：生物多样性在世界各地受到不同程度的威胁，受威胁严重地区应具有较高的优先度。在其他条件相同的情况下，濒危物种比易危物种、易危物种比稀有物种、稀有物种比数量下降但未列入 IUCN（International Union for Consevation of Nature，世界自然保护联盟）红色名录的物种具有更高的优先度。

（4）经济价值：不同地区的生物多样性可能在“数量”上相近，但其现实和潜在的用途却有很大差别。在评估优先程度时，热带国家的那些消失后会对人类产生最严重不良后果的基因、物种或生态系统应具有最高的优先度。确定一系列生物多样性的关键或热点地区，把其保护起来，可以达到事半功倍的效果（中国植物多样性关键地区参见第十二章）。

3. 功能群的划分

功能群是具有相似结构或功能的物种集合，这些物种对生态系统具有相似的作用，其成员相互取代后对生态系统过程具有较小的影响。生物可分为 3 个功能群：生产者（植物和一些微生物）、消费者（动物和一些微生物）和分解者。

植物功能群依据质量特征、空间变化和时间变化 3 个标准划分。①质量特征，主要包括生活型、形态结构、干物质在不同器官中的分配比例、生理特点（如 C_3、C_4 和 CAM 等光合途径）和外貌特点（生理和形态特征相结合的途径等）；②空间变化，包括物种或其器官（如叶片和根系等）的水平和垂直分布格局；③时间变化，主要是指物种的生长发育节律，即物候学特征（Schulze et al.，1993，马克平，1997）。

认识生物多样性与生态系统的结构和功能，需要将生态系统中的物种分成不同的功能群，其意义在于：①使复杂的生态系统简化，有利于认识系统的结构与功能；②弱化物种的个别作用，从而强调物种的集体作用。

4. 生态系统的稳定性

生态系统的稳定性是指生态系统所具有的保持或恢复自身结构和功能相对稳定的能力。稳定性表现在：①结构稳定，生态系统中的生产者、消费者、分解者在种类和数量上保持动态平衡；②功能稳定，生态系统中物质和能量的输入与输出基本相等，保持相对稳定。

生态系统的稳定性关注两个方面的内容：①抵抗力稳定性，生态系统抵抗外界干扰并使自身结构与功能保持原状的能力；②恢复力稳定性，生态系统在受到外界干扰因素的破坏后恢复原状的能力。

生态系统稳定性存在正、负反馈调节。①负反馈调节，是基础或主要机制，如草原上兔与植物数量变化的调节，结果是抑制和减弱最初发生变化的那种成分变化，从而保持稳态平衡。②正反馈调节，使生态系统远离平衡状态，如一个湖泊受到污染，鱼类的数量因死亡而减少，鱼体死亡腐烂后进一步加重污染并引起更多鱼类死亡。因此，由于正反馈的作用，污染会越来越重，鱼类的死亡速度也会越来越快。结果加速最初发生变化的那种成分所发生的变化。

群落内部、群落与环境之间的自我调节能力影响生态系统稳定性。通常，生态系统的成分越单纯，营养结构越简单，自动调节能力就越小。生态系统的营养结构越复杂，食物链中各个营养级的生物种类越繁多，自动调节能力就越大。

提高生态系统稳定性的方式方法多样，主要有三个方面。①控制对生态系统的干扰程度，适度利用。例如，防止植被破坏、食物链破坏、环境污染等；又如，河流受到轻度污染，能通过物理沉降、化学分解和微生物的分解，很快消除污染，河流中的生物种类和数量不会受到明显影响；再如，有些林地受火灾后，阳光充沛，土壤肥沃，植物生长反而增加。②对人类利用强度较大的生态系统，应实施相应的物质、能量投入，保证生态系统内部结构与功能的协调，随着果实被采收，园中养分从生态系统中大量带出，故需要通过施肥补充被带走的养分。③需要增加物种种类进而使营养结构复杂化，如复合农林生态系统中，多物种的结构可保持系统的稳定性。

5. 退化/恢复生态系统的生态学研究

1）*生态修复的方式*　退化生态系统是指生态系统在自然或人为干扰下形成偏离自然演替序列的生态系统。与自然系统相比，退化的生态系统种类组成、群落或系统结构发生改变，生物多样性减少，生物生产量降低，土壤和微环境恶化，生物间相互关系改变等。

生态修复具有“恢复和发展”的内涵，即原来受到干扰或者损害的系统恢复后使其可持续发展，并为人类持续利用。生态修复包括 5 种主要方式。

（1）生态恢复（ecological restoration）：指对受到干扰、破坏的生态环境修复，使其尽可能恢复到原来的状态。它是生态整合性的恢复和管理过程的科学，包括了重建、改建、改造、再植等含义，即通过组装并试验群落和生态系统的工作，再造一个自然群落，或再造一个自我维持并保持后代具持续性的群落，使受损生态系统的结构和功能恢复到受干扰前状态。

国际生态重建学会（Society for Ecological Restoration）先后针对生态恢复给予三个定义：①生态恢复是修复被人类损害的原生生态系统的多样性及动态的过程（1994 年）；②生态恢复是维持生态系统健康及更新的过程（1995 年）；③生态恢复是帮助研究生态整合性的恢复和管理过程的科学，生态系统整合性包括生物多样性、生态过程和结构、区域及历史情况、可持续的社会时间等广泛的范围。

（2）生态复原（ecological rehabilitation）：指利用外界力量实现受损生态系统恢复、重建和改进，确保该生态系统的稳定，并与周围环境的景观一致，也可归类于生态恢复中。

（3）生态重建（ecological reconstruction）：通过外界力量使完全受损的生态系统恢复到原初状态。张新时（2010）将“ecological restoration”译为“生态重建”，而将“ecological recovery”译为“生态恢复”，并探讨了其英语含义和演变过程，认为“恢复”的发生是没有人直接参与的，“生态重建”却是在人为活动的辅助下实施的，这就是“恢复”与“重建”的根本区别，即生态重建的实践和理论都要涉及重建结果的生态系统的质量和历史范畴，即生态系统的“整体性”（ecological integrity），包含一个生态系统的生物多样性特征，如种类组成和群落结构，以及所有维持生态系统正常功能与过程因素的整体性。

国际生态重建学会提出重建生态系统的 9 个特征，张新时（2010）归纳为 4 个特征。①重建的生态系统具有适当的群落结构，应尽可能由当地种构成。但在重建的人工生态系统中则容许引入外来的驯化种，应包括对生态系统继续发展和稳定性必需的所有功能群，或有潜力通过自然的途径迁入的种。②已重建生态系统必须具有正常的自我维持能力，能维持种群的繁育，并在现存环境状况下具有长期坚持的潜力。已重建生态系统在它发展的各个生态阶段都应具备正常功能。③自然环境应当适合于重建生态系统种群的持续繁衍，是为维持生态系统稳定性和发展所必需的。已重建生态系统可适宜地整合于一个较大的生态体系或景观之中，与之通过非生物和生物流及交换发生相互作用。④已重建生态系统具有足够的适应力，耐受当地环境中发生的正常周期性压力事件或偶然干扰事件引起的波动。已重建的生态系统可以随着环境状况的变化而进化（Society of Ecological Restoration，2002）。

（4）生态改建（ecological renewal）：通过外界的力量使部分受损的生态系统改善，增加人类所期望的人工特点，减少人类不希望的自然特点。

（5）生态改良（ecological reclamation）：指将被干扰和破坏的生境恢复到使它原来定居的物种能够重新定居，或者使与原来物种相似的物种能够定居。

2）*生态系统的恢复方法*　退化生态系统形成的直接原因是人类活动，部分由于自然灾害，有时两者叠加发生作用。生态系统退化的过程由干扰强度、持续时间和规模决定。生态系统的恢复应针对不同的生境状况，采取不同的方式方法。

（1）极度退化生态系统的恢复。极度退化的生态系统总伴随着严重的水土流失，反复的土壤侵蚀，其特点是土地极度贫瘠，理化结构差，生境条件恶化。此类生态系统的恢复采用针对性的分阶段综合治理。这类生态系统的整治策略，首先控制水土流失，其次是因地制宜地种草种树，引进适宜的先锋植物，尽量利用乡土植物种类。在环境恢复后期阶段，对植物群落构建也要顺应演替规律，天然恢复的自然力结合人为促进措施逐渐恢复其结构和功能。

（2）次生林地生态系统的恢复。次生林地生态系统一般生境较好，或是植被刚被破坏而土壤尚未被破坏，或是次生裸地但已有林木生长，因而，其恢复的途径是按植被群落的演替规律，人为促进，顺应生态系统演替趋势。主要措施如下。①封山育林，这是简便易行、经济实用的措施。中国南北方均实施封山育林，可为阔叶树种、针阔混交林创造适宜的生态条件，促使被破坏林地的林木生长，由于遵循自然演替，群落恢复是持续性的。②林分改造，为促进森林的正向快速演替，可对处于演替早期阶段，或生产力低下的林地进行林分改造。例如，南方马尾松（*Pinus massoniana*）疏林或其他先锋树种森林中补种木荷（*Schima* spp.）、樟树（樟科树种统称）等，以促进针叶林的快速演替，形成生态效益较高的针阔叶混交林，进而恢复季风常绿阔叶林外貌。③透光抚育成林前期阶段，对已生长着的一些建群树种进行透光抚育，择伐一些先锋树种的林木，以促进建群种的生长。任何森林生态系统的恢复措施，都以促进森林生产力、提高林分质量、建立稳定的森林生态系统为目标。

（3）废弃矿区生态系统的恢复。采矿地的生态重建应以恢复生态学作为其理论基础。通常处理的步骤是先用物理或化学的方法对废弃矿区生态系统进行处理，消除或减缓尾矿、废石对生态系统的物理化学影响，再铺上一定厚度的土壤。若矿物具有毒性，还需有隔离层再铺土，然后种植植物。废弃矿区或其他污染造成的退化生态系统的植被恢复，还要注意以下两个方面：①化学改良，主要是指化学肥料、EDTA（乙二胺四乙酸）、酸碱调节物质及某些离子的应用；②有机废物的应用，是指污水污泥、泥炭、垃圾及动物粪便等富含 N、P 等的有机质，被广泛地应用于改良矿业废弃地，具有多方面的作用。

（4）沙漠或荒漠植被的恢复与重建。应充分利用地下水和其他水资源营造绿地。一般在无林地段，利用有利的地形引水，建立人工林。根据林木的特性，人工诱导其根系伸展到地下水层，即行停止灌溉，使之依靠浅地下水维持林木生长，原来供灌溉的水源随之转移到新的营林地点，用以继续扩大绿地面积。充分利用自然降水和其他水源，小型分散地进行人工地形集水，遵循荒漠自然植被丛侵移规律，因势利导，营造绿地。

6. 生态系统多样性保护及其途径

生态系统多样性是生物多样性研究的重点，生物多样性保护的主要价值体现在生态系统对人类的整体贡献。生物多样性保护的目的是人类对资源的持续利用，而生物多样性的价值不仅体现在个别物种上，更重要的是与人类生存关系最密切的生态系统功能方面。

根据现有的知识、经验和保护基础，加强生态系统多样性保护对策和保护途径的研究是非常必要的。生态系统保护的途径包括以下 4 个方面。

（1）就地保护：就地保护（*in situ* conservation）是生态系统最为有效的保护方法。就地保护维持所在区域生态系统中能量和物质运动的过程，保证物种的正常发育、进化过程及物种与其环境间的生态学过程，并保护物种在原生环境下的生存能力和种内遗传变异度。因此，就地保护在生态系统保护中起巨大的作用。就地保护途径主要是建立自然保护区和国家公园等，通过对自然保护区等的建设和有效管理，从而使生态系统多样性得到切实的保护（参见第十章）。

（2）生物防治与生态系统的保护：生物防治是生态系统保护的另一有效途径。生物防治至少可以在 3 个方面发挥重要作用：①通过天敌的作用，将大面积发生的有害生物控制在一定的密度之下，可以对栖息地的恢复起促进作用；②利用生物防治措施，减少化学农药的施用，对提高环境质量、减少污染的效果不容置疑；③生物防治恰恰是针对外来有害生物而进行的。此外，生物防治的生态学结果对保护濒危植物也能发挥一定的积极作用。生物防治是保护生态系统十分有效的途径。

（3）生态系统整体性保护：自然生态系统有其整体运动的规律，应从整体上保护才能发挥生态效益。中国大江、大河、大湖几乎都是跨行政省区的，对这些江河湖泊的开发利用、保护和管理却都是以行政省区为单位，分段或分区负责，使流域固有的水文、气候、时空变化的整体性得不到体现。因此，在未来，应该树立全局观念和生态系统整体保护的意识，打破行政条块分割局面，使生态系统保护更为有效。

（4）生态工程的实施：中国极度退化的生态系统面积较大，重建退化的生态系统是当前最急迫的任务。根据当地生境条件针对性地开展生态系统重建和恢复，是生态系统多样性保护的有效途径。中国不仅要对大面积荒山荒地绿化，也要开展城乡绿化，同时进行大江、大河沿线的防护林工程和沿海防护林工程建设。在全国范围开展的天然林保护工程和退耕还林工程就是整体生态系统恢复的具体措施。

第五章　景观多样性

景观多样性（landscape diversity）是指由不同类型景观要素或生态系统构成的景观，在空间结构、功能机制和时间动态方面的复杂性与变异性，反映景观的复杂程度（生态学名词审定委员会，2007）。景观是大尺度系统，要素有斑块（patch）、廊道（corridor）和基质（matrix）。斑块是最小的均质单元，其大小、数量、形状和起源对景观多样性有重要意义；廊道是联系斑块成线形或带状的纽带；基质是景观中面积较大、连续性高的部分，其往往形成景观的背景。地球表面的景观多样性是人类与自然综合作用的结果。

第一节　景观的概念

一、景观的概念

景观在不同学科，具有各自的认识。

（1）景观的美学概念：最早见于希伯来语写成的《旧约全书》，其原意是表示自然风光、地面形态和风景画面（介绍世界的自然奇观），原描述耶路撒冷城美丽的景画。

（2）景观的地理学概念：地球表面一个特定区域的总体特征；由景观要素组成的地域复合体；强调地域空间实体的整体综合特征。景观作为地球表面的气候、土壤、地貌、生物各种成分的综合体，类似于生物群落。

（3）景观的生态学概念：空间上相邻、功能上相关、发生上有一定特点的生态系统的聚合。其将地理学家采用的表示空间的"水平"分析方法和生态学家使用的表示功能的"垂直"分析方法结合起来；作为在生态系统之上的一种尺度单元，即直观的，认为景观是基于人类尺度上的一个具体区域，具有数千米的生态系统综合体，包括森林、田野、草原、村落等可视实体；抽象的，代表任意尺度上的空间异质性，即景观是一个对任何生态系统进行空间研究的生态学标尺。

景观是以类似方式重复出现的、相互作用的若干生态系统的聚合所组成的异质性土地地域（Forman and Godron，1986），是控制某一地区不同空间单元的自然与生物的关系，即由岩石、水、空气、植物、动物及人类活动所形成系统的复合体，并通过其外貌构成一个可识别的实体。景观是连同其所有现象（地形、土壤、植被、人为影响）的陆地表面，是具有特有的地形、土壤、植被的陆地表面的一个区域，是相互有关的几片土地的天然配置。

简单地说，景观是指一组重复出现、具有相互影响的生态系统组成的异质性区域，如森林景观、草地景观、荒漠景观、农业景观、果园景观和城市景观等。因此，确定景观应具有以下特征：①生态系统的聚合；②各生态系统之间具有物质循环、能量流动并相互影响；③具有一定的气候和地貌特征；④与一定的干扰状况的聚合相对应。

二、景观要素

景观是由不同生态系统组成的镶嵌体，其组成单元称为景观要素。景观要素是组成景观的基础，包括基质、斑块和廊道。

1. 基质

基质又称本底，是景观中的背景地域，其面积最大，具有高度的连续性，在很大程度上决定着景观的性质，对景观的稳定和动态起着主导作用。例如，广阔的草原、沙漠，连片分布的森林等都属于基质。

判断是否为基质，具有三个方面的标准。①面积，一般地，基质的面积超过现存其他类型景观元素的面积总和。假如一种景观元素类型覆盖 50%以上的面积，就可以认为是基质。②连通性，如果一个空间不被两端与该空间周界相连的边界隔开，则认为该空间是连通的。如果景观中的某一要素（通常为线状或带状要素）连接较为完好，并环绕所有其他现存景观要素时，可以认为是基质，如具有一定规模的农田林网、树篱等。③动态控制，基质主要是通过产生未来景观控制景观动态。如果景观中的某一要素对景观动态控制程度较其他要素类型大，也可以认为是基质。例如，干旱地区绿洲的沙漠化，沙漠化是此类区域植被破坏后控制景观的关键要素。通常，需要结合三者判断某一要素是否属于基质。

2. 斑块

斑块是一个在外观上与周围环境明显不同的非线性地表区域，即指景观中相对零碎的、相对均质的块状生态单元，如裸露岩石和土壤、建筑物等。斑块是景观中内部属性、结构、功能、外貌特征相对一致，与周围景观要素有明显区别的块状空间地域实体或地段。景观斑块类型分为 4 种：干扰斑块、残存斑块、环境资源斑块和引进斑块。

（1）干扰斑块：指在景观中由局部干扰而形成的斑块，包括自然干扰（如泥石流、风暴、局部植被暴发病虫害、哺乳动物的践踏等）和人类干扰（如森林火灾、采伐，草原过牧，采矿等）所形成的斑块。干扰是引起生态系统格局显著偏离其常态的事件，干扰的发生可能会引起斑块内的物种组成、物种相对丰度和变化速率与基质之间产生明显差异。因此，干扰斑块具有最高的周转率，持续时间最短，通常是消失最快的斑块类型。

（2）残存斑块：是由于基质受到广泛干扰后残留下来的部分未受干扰的小面积区域，其成因机制正好与干扰机制相反。例如，大火烧过后残留的一片森林、免遭蝗虫危害的植被、大范围森林砍伐后保留的局部林地等。随着基质的演替，残存斑块内的物种也发生变化，最终与周围基质融为一体，但这种新景观与干扰前的景观可能大相径庭，如沙漠的扩大、绿洲的消失等。

残存斑块与干扰斑块的相似之处：①两者都起源于干扰；②两者都具有较高的物种周转率；③斑块内种群大小、迁入和灭绝的速度都在干扰发生之初变化较大，随后进入演替阶段；④当基质和斑块融为一体时，两者都将消失。

（3）环境资源斑块：是由环境资源在空间上的异质性或镶嵌分布引起的斑块。因环境条件或资源的不同，造成斑块内的生物与周围基质有所不同。例如，植物垂直分布、森林中的沼泽或湖泊、沙漠中的绿洲等。该类斑块相对持久而稳定，抗干扰能力强，斑块的寿命较长，斑块内的物种周转率较低，不存在调整期和松弛期。

（4）引进斑块：由于人为活动将某些物种（动物、植物或人类自身）引入某一地区时所形成的斑块。引进斑块实际上也是一种干扰斑块，但因其分布面广阔而数量较大，影响深远，故被单独划为一个类型。引进斑块又划分为种植斑块和聚居地斑块两类。①种植斑块：是由人类引进植物形成的斑块，如稻田、果园、人工林等，其物种动态和斑块周转速率主要取决于人类的管理活动。②聚居地斑块：是由人类定居而形成的斑块，包括人工建筑物及其毗邻环境，如庭院、村落、城镇、城市等，其持续时间往往较长，聚居地内的自然生态系统几乎全部被破坏，聚居地斑块是高度不稳定的生态系统。

斑块的大小（面积）对物种、能量等产生较大的影响：①对物质和能量的影响，即斑块内物质、能量与斑块的面积呈正相关，但这种相关并非是线性的，而是呈曲线状；②对物种的影响，如陆地、岛屿物种多样性随着斑块面积、岛屿大小的增加而增加，但人类活动的干扰强度，往往对物种影响更大。

斑块的大小也具有不同的生态价值：①大斑块比小斑块含的能量和养分丰富，有更高营养级的动物，并且食物链也更长，有利于生境敏感物种的生存，为大型脊椎动物提供核心生境和躲避所，为景观中其他组成部分提供种源，且在环境变化的情况下，对物种绝灭过程有缓冲作用。②小斑块作为物种传播的生境、物种局部灭绝后重新定居的生境和“踏脚石”，增加景观的连接度，也为许多边缘种、小型生物类群及一些稀有种提供生境。

斑块内部与边缘在生境条件（如光照、温度、湿度、风速、食物、天敌等）上不同，进而造成物种组成的差异。许多野兔、野鸡等喜欢在边缘地带活动（边缘种），食草与食肉动物也经常在边缘地带活动，边缘单位的生物量也高于内部的生物量。有些物种需要较稳定的环境条件，往往集中分布在斑块中心部分（内部种）。

3. 廊道

廊道又称走廊，指景观中与相邻两边环境不同的线性或带状结构，如树墙、防护林、河流、道路等。廊道根据起源、形状和高度等进行分类。

根据起源，廊道通常分为 5 类。

（1）环境资源廊道：由环境资源在空间上的异质线性分布形成，如河流廊道和至狭窄山脊的动物通道。

（2）干扰廊道：由带状干扰所致，如线性采伐作业、铁路等。

（3）残存廊道：是周围基质受到干扰的结果，如采伐森林所留下的林带或穿越农田的铁路两侧的天然林草带。

（4）种植廊道：由人类种植形成，如防护林带、穿越郊区的高速公路两侧的人工林带等。

（5）再生廊道：是指干扰地区内的再生带状植被，如沿栅栏长成的树篱和城市绿化带等。

根据廊道的几何形态，廊道也可分为 3 种。①线状廊道，即廊道是一条很窄的带，植被类型基本上是边缘物种占优势，如道路、铁路、堤堰、沟渠、输电线、草本植物或灌木带、树篱等；以边缘环境为主，边缘物种占优势。②带状廊道，指含有较丰富内部种内环境的较宽条带，每个侧面都存在边缘效应，如高速公路、宽林带等，其每边都有边缘效应；除有边缘种外，内环境中还含有较丰富的内部种。③河流廊道，是沿河流分布的，与周围本底不同的植被带，其包括河道本身，以及河道两侧的河漫滩、堤坝和部分高地，宽度随河流大小而变化。河流廊道具有控制水流和矿质养分流动的作用，也作为陆地动植物在景观中的迁移路径。

依据廊道与周围景观要素在高度上的相对位置，可分为 2 种类型。①低位廊道，即凡廊道植被低于周围植被者，如林间小路、园林管护专用道等。②高位廊道，即凡廊道植被高于周围植被者，如农田防护林、道路两侧行道树或高速公路两侧林带等。

廊道的内部具有一定的特点：①从边缘到中心的物种组成发生急剧变化，如公路、河流、林带；②环境条件与外部有所不同，如林荫路冬暖夏凉；③水平上延伸一段距离，水平梯度也会发生变化。

廊道对景观具有双重作用，既可将景观分离，也可将景观连接。其对景观具有重要的生态意义：①生境意义，是许多动物的栖息地和躲避捕食者的场所，如河边生态系统、植被条带等；②通道作用，利于动物沿廊道迁移，如云南普洱至西双版纳勐养的高速公路，大量的桥梁、隧道等，即为保留野生动物迁移而设计的廊道；③保护作用，带状种树可防治水土流失、防风固沙，树篱、带刺植物可保护农田免遭动物危害；④资源储存，作为能量、物质和生物的源和汇，廊道地带野生动物丰富、植物种类较多，导致物质和能量传输与积累也较多；⑤文化美学价值，古代曲径通幽、颐和园的长廊、西湖的苏堤等，不但具有通道和休闲娱乐等功能，而且兼具文化价值和美学价值。

第二节　景观多样性的概念

景观多样性是指景观单元在结构和功能方面的多样性（傅伯杰和陈利顶，1996），主要研究组成景观的斑块在数量、大小、形状和景观的类型、分布及其斑块间的连接性、连通性等结构和功能上的多样性（Barrett and Peles，1994）。

简言之，景观多样性是指由不同类型的景观要素或生态系统构成的景观在空间结构、功能机制和时间动态方面的多样性或变异性。①景观结构：主要是景观元素的大小、形状、类型、数量及空间组合，景观结构及其变化是自然生物和社会要素相互作用的结果，影响物种的分布、动物的运动、营养元素的迁移、地表径流和土壤侵蚀等。②景观功能：指物质、能量、物种在景观元素之间的流动，长期的物质和能量流动可改变景观结构，同时又受景观结构的制约。③景观动态：是景观结构和功能随时间的变化过程，自然干扰、人类活动和植被内源演替是景观动态变化的主要原因。动态变化的结果可能增加或缩小景观的多样性。

景观多样性与生态系统多样性、物种多样性及遗传多样性的调查、监测、评价的内容和指标是不相同的（表 5-1）（Noss，1990，傅伯杰和陈利顶，1996）。

表 5-1　四个层次上陆地生物多样性调查、监测和评价指标

层次	组成	结构	功能	调查及监测工具与方法
景观多样性	斑块（生境）类型的比例和分布丰度，复合斑块的景观类型，种群分布的群体结构（丰富度、特有种）	景观异质性，连接度，空间关联性，缀块性，孔隙度，对比度，景观粒级，构造，邻近度，斑块大小，概率分布，布长-面积比	干扰过程（范围、频度或反馈周期、强度、可预测性、严重性、季节性），养分循环速率，能流速率，斑块稳定性和变化周期，侵蚀速率，地貌和水文过程，土地利用方向	航空相片、卫片和其他遥感资料，地理信息（GIS）技术，时间序列分析法，空间统计法，数学参数模拟法（景观格局，异质性，连接性，边缘效应，自相关，分维分析）
生态系统多样性	识别相对丰度、频度、富集度、均匀度，种群的多样性，特有种、外来种、受威胁种、濒危种的分布比率，优势度-多样性曲线，生活型比例，相似性系数，C_3-C_4植物比率	基质和土壤变异，坡度与坡向，植被生物量与外观特征，叶面密度与分层，垂直缀块性，树冠空旷度和间隙率，物种丰度、密度和主要自然特征及要素分布	生物量，资源生产力，食草动物、寄生动物和捕获率，物种侵入和区域灭绝率，斑块动态变化（小尺度扰动），养分循环迅速，人类侵入速度与强度	航空相片和其他遥感资料，地面摄像观测，时间序列分析法，自然生境测定和资源调查，生境适宜性指数（HSI，复合物种），野外观察，普查和物种清查，数学参数模拟法（多样性指数，异质性指数，分层扩散，生物体组合型）
物种多样性	绝对和相对丰度，频度，重要性和优势度，生物量，种群密度	物种扩散（微观），物种分布（宏观），种群结构（性别比、年龄结构），生境变异，个体形态变化等	种群动态变化（繁殖力、再生率、存活率、死亡率），群体动态过程，种群基因，种群波动，生理特性，生活史，物候学特征内禀生长率，富集度，适应能力	物种普查（野外观察、记录统计、捕获、做记号和无线电跟踪），遥感方法，生境适宜性指数（HSI），物种生境模拟，种群生存能力分析
遗传多样性	等位基因多样性，稀有等位基因的现状，有害的隐性或染色体变种	基因数量普查和有效基因数量，复合体，染色体或显性的多样性，跨代继承性	近亲繁殖的缺陷，远亲繁殖率，基因变异速率，基因流动、突变率，基因选择强度	等位酶电泳分析，染色体分析，DNA 序列分析，母体-子体回归分析，血缘分析，形态分析

第三节　景观多样性的类型

景观多样性包括类型多样性、斑块多样性和格局多样性（傅伯杰和陈利顶，1996；丁圣彦，2004）。

一、类型多样性

类型多样性是指景观类型（如农田、森林、草地等）的丰富度和复杂度。更多考虑景观中不同的景观类型的多少，以及占总面积的比例。类型多样性常用多样性指数、丰富度、优势度等指标测定。

此外，景观的变异程度，多指景观类型的差异，即景观异质性，其测定的指标是类型多样性指数、优势度、镶嵌度指数和生境破碎化指数。景观异质性是绝对的，它存在于任何等级结构的系统内，其存在决定景观空间格局的多样性和斑块多样性。

景观异质性和景观多样性都是自然干扰、人类活动和植被的内源演替结果。它们对物质、能量和物种在景观中的迁移、转化和迁徙有重要的影响，是景观生态学研究的主要内容。

类型多样性对物种多样性和生态过程有重要影响。①它与物种多样性之间的关系曲线呈正态分布（图 5-1）（傅伯杰和陈利顶，1996），但并不是简单的正比关系。类型多样性的增加既可增加物种多样性又可减少物种多样性。对于单一的农田景观，增加适度的森林斑块，可引入一些适应于森林生境的物种，增加物种的多样性。森林大面积破坏（如毁林开荒、单一经济作物的种植），造成生境的片断化、森林面积的锐减以及结构单一的人工生态系统大面积出现，形成极为多样化的变化模式，其结果虽然增加了景观类型多样性，但严重造成物种多样性保护的困难。②它对径流、侵蚀等生态过程也有重要影响。基于景观生态学中连接性和网络结构等原理，在沟壑等地块，要逐渐增加景观类型，提高景观多样性。特别是在梁峁顶与梁峁坡，以及梁峁坡与沟坡的地形转换线周围，这也是水土流失类型由溅蚀、片蚀到细沟侵蚀，浅沟侵蚀到沟谷和重力侵蚀的转换带，栽植数十米宽的灌木林带，既能有效地控制土壤侵蚀，保持水土；又能建造长形的生态廊道，与现有的灌木和林地构成网络，有利于生物物种和动物的迁徙及本地物种的恢复和保护（傅伯杰，1995）。

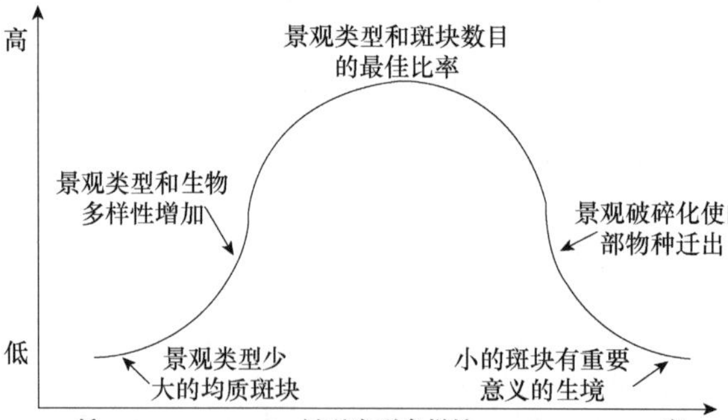

图 5-1　景观类型多样性与物种多样性的关系

二、斑块多样性

斑块多样性是指景观中斑块的数量、大小和形状的多样性和复杂性，主要考虑斑块的总数、斑块面积的大小和斑块的形状。

1. 斑块的总数

单位面积上斑块的数目，即景观的完整性和破碎化。景观破碎化是指一个大面积连续的生境在干扰下被分割成很多面积较小的斑块，斑块之间被与过去性质不同的斑块所隔离。其产生不良后果：①缩小某一类型生境的总面积和每一斑块的面积，会影响种群的大小和灭绝的速率；②在不连续的片断中，残留面积的分布影响物种散布和迁移的速率。

2. 斑块面积的大小

斑块面积的大小不仅影响物种的分布和生产力水平，而且影响能量和养分的分布。斑块中能量和矿质养分的总量与其面积成正比，物种的多样性和生产力水平随着面积的增加而增加，大致的规律是面积增加 10 倍，物种增加 2 倍。在陆地景观中，斑块中物种多样性与一些斑块特征有关，$S=f$（＋生境多样性±干扰＋面积＋年龄＋景观异质性−隔离程度−边界不连续性）（S 为物种多样性，f 为岛屿特征函数）（Forman and Godron，1986）。例如，自然保护区设计时，对保护稀有种和濒危种以及维持稳定的生态系统来说，自然保护区面积是主要因素，而斑块的隔离程度、年龄和形状等其他因素则是次要因素。

3. 斑块的形状

斑块形状对生物的扩散和动物的觅食，以及物质和能量的迁移具有重要的影响。例如，通过林地迁移的昆虫或脊椎动物，或飞越林地的鸟类，更容易发现垂直于它们迁移方向的狭长采伐迹地，而遗漏圆形采伐迹地和平行迁移方向的狭长采伐迹地。

斑块形状最重要的生态学特征是边缘效应，如林缘对于森林植物和动物区系成分有很大的影响。小片林地中心的种子雨以林缘植物的种子为主，这样最终将改变森林的种类组成，内部耐阴植物将被来自林缘的不耐阴种类所代替。鸣鸟往往在林内做巢较成功而林缘不易做巢，许多典型的物种被限制在边缘环境或内部环境之中，故斑块形状影响边缘或内部物质构成及其数量。

此外，不同生物种群对环境决定的边缘宽度反应是不同的，引起主要植被变化的边缘效应，其向林内伸展距离为 10～30m，距离大小取决于边缘是南向，还是北向。动物物种向森林内部伸展的距离为 300～600m，与边缘有关的捕食动物增加有关。

斑块多样性常用面积、景观破碎度和分维数等指数测定。斑块多样性不仅影响物种的分布、生产力水平，而且还影响生物的扩散、动物的觅食和物质能量的分布与迁移。特别地，调查斑块的内部面积与边缘面积的比率对了解物种多样性具有重要意义。

三、格局多样性

格局多样性是指景观类型空间分布的多样性及各类型之间，以及斑块与斑块之间的空间关系和功能联系，其多关注不同类型的空间分布，同一类型间的连接度和连通性，相邻斑块间的关联性。常用聚集度、连接度、连通性等指标测定。

景观格局对元素的迁移有重要影响，对养分的截留和传输具有选择性。例如，西欧农田中的树篱构成对地表水和浅层地下水的屏障，树篱的植被和土埂增加水力糙率，减小水流速度，从而降低水的输沙能力，植被和落叶截留矿质养分的流失，沟渠是有效的排水系统，这一结构有效地控制水土和养分的流失（傅伯杰和陈利顶，1996）。

景观连接度不仅取决于景观单元的空间分布特征、斑块之间的距离，而且还与斑块之间路径的生物学特征和生物个体行为特征密切相关，即景观连接度要通过斑块之间生物种迁徙或其他生态过程进展的顺利程度反映。例如，尽管不同鸟类栖息地在景观中不存在廊道连通，但鸟类可以飞越较长距离，到达其他同类斑块，只要斑块之间的距离限定在其可飞越的距离之内，仍具有较好的景观连接度（Medonnell and Stiles，1983）。

格局多样性对物质迁移、能量交换、物种运动有重要影响，在景观设计、规划与管理上有重要作用。例如，云南普洱至西双版纳磨憨的高速公路，按照尊重自然、保护自然和节约资源及提高投资效益的原则，通过建立大量的桥梁、隧道，增加生物（如大象等野生动物）迁移的廊道，减少生境的破碎化，达到保护生物多样性的目的，堪称生态高速路，也是“车在林中行，人在画中游”的旅游公路，突出展现绿色生态文化和民族文化特色。

景观格局多样性在世界各地都有典型案例。例如，西双版纳勐腊县勐远万福洞，洞内钟乳石、石笋、边石坝、石幔等次生沉积物景观及崩塌岩石、泥沙和鹅卵石等洞穴堆积物景观类型丰富而齐全，体现景观格局的丰富多彩。同样，云南石林喀斯特地带，无论是类型分布的多样性、岩溶地貌发育的独特性、地质演化的复杂性、岩石机理的美学性，还是人文风情的融合性、入内观赏的通达性等方面，在世界同类型喀斯特地区都名列前茅，也是景观格局多样性和丰富性的具体展现。

意大利埃斯特庄园是世界上最迷人的园林之一，其最吸引人的景观莫过于喷泉。园内一条林荫大道两边建有数百个形状各异的喷泉，其中包括兽首、百合花、小船等，其似乎以一场景观格局多样性的喷水比赛为主题，结合园林的其他景观格局配置，用绚烂丰富的景观格局迎接观光游客。类似地，德国波茨坦无忧宫是一座洛可可式宫殿，是普鲁士腓特烈大帝为自己建造的行宫。从“无忧”的名称即可看出，腓特烈大帝希望能够无忧无虑地生活于此。无忧宫的代表性景观包括罗马皇帝的半身像、装饰性雕像及一间中式风格的茶室，也是景观格局多样性的具体体现。

第四节　景观多样性与其他多样性的关系

在较大的时空尺度上，景观多样性构成其他层次生物多样性的背景，并制约着这些层次生物多样性的时空格局及其变化过程。景观多样性与遗传多样性、物种多样性和生态系统多样性有密切关系，生物保护战略应从单纯的目标物种途径扩展到区域景观途径。

一、景观多样性与遗传多样性

遗传变异与景观面积、生境、结构异质性、斑块动态和干扰等景观特征密切相关。生境管理或土地利用活动产生孤立的生境斑块，不同程度上中断种群间的基因交流，同时增强孤立种群内的遗传漂变效应，使群体遗传结构趋于简化。例如，景观破碎化对种群的遗传多样性、适合度和种群分化有着深刻影响：①在小种群中，由于个体数目少，遗传漂变的作用将比较突出；②种群内近交将增大；③间隔距离增大，影响种群间基因流。

二、景观多样性与物种多样性

斑块、廊道和基质对物种多样性展现不同的影响。

1. 斑块与物种多样性

在生物群落里，物种的多样性随斑块面积的增加而增加。斑块形状与边界特征（宽度、通透性、边缘效应）影响斑块与基质或与其他斑块间物质和能量的交换，进而影响斑块内的物种多样性。例如，紧密型斑块形状有利于保蓄能量、养分和生物；松散型斑块形状易于促进斑块内部与周围环境的相互作用。

2. 廊道与物种多样性

廊道很大程度上影响着斑块间的流通性，从而影响斑块间物种、营养物质和能量的交流。廊道对物种多样性的影响表现为：①为某些物种提供特殊生境或暂息地；②增加生境斑块的连接性，促进斑块间基因交流和物种流动，为缺乏空间扩散能力的物种提供一个联系栖息地网路，增加物种重新迁入的机会；③分割生境斑块，阻断基因或物种流，造成生境破碎化，或引导外来物种入侵，威胁乡土物种生存。

3. 基质与物种多样性

斑块-基质之间的相互作用对物种迁移有显著影响，从而控制着种群动态。①基质控制着整个景观的连接度，影响斑块间物种的迁移。②作为背景，控制、影响着与生境斑块之间的物质、能量交换，强化或缓冲生境斑块的“岛屿化”效应。③为某些物种提供小尺度的生境，如基质中的立枯木、风倒树、树篱、沙砾质河床及土壤堆积体等，为鸟类、微生物等提供栖息场所。

三、景观多样性与生态系统多样性

景观多样性与生态系统多样性的关系，表现为以较大尺度的景观多样性、异质性作为背景和基质，对生态系统（景观要素）的组织化水平、多样性和稳定性的维持及其动态变化、演替规律的影响。

1. 景观界面与生境多样性、生态交错带

生境多样性是生态系统多样性形成的基本条件，是塑造生物多样性的模板，大尺度环境的物理限制决定生境资源的空间结构。例如，在一个流域内，河流网的结构和形状决定生境空间的分布和范围，河岸植被既是野生动物重要的栖息地，也是重要的廊道，动植物可沿河运动。河溪生态系统的狭长、网状特性，明显提高其在景观中的功能和地位，特别是加强了景观的连接性。

生态交错带（ecotone）是指生态系统中，不同物质能量体系、结构、功能体系之间形成的界面。此概念被扩展为景观界面，即存在于相邻的不同景观单元之间的变化过渡带，其控制着生物和非生物要素的迁移，表现为界面上的突变性和高对比度（Forman and Godron，1986）。生态交错带内相邻生态系统或景观相互渗透，内部环境因子和生物因子发生梯度上的突变，生境对比度和等值线密度高，生态位分化程度高，生物多样性显著，往往有其特有组分——边缘种，并且种间关系复杂，食物链较长，体现出有利于多个生态系统共存的多宜性。

2. 景观破碎化的生态系统效应

景观破碎化对生物群落和生态过程的影响，是探索保护群落、生态系统完整性途径和方法的前提。破碎化往往改变生境斑块间物理环境，包括热量平衡、水循环和营养循环。①破碎生境的能量平衡明显不同于全部被茂密植被覆盖的景观。②生境破碎化导致湍流效应，使风的影响增强，并导致生态系统水分循环发生改变。③破碎化影响生物种群的迁入率和绝灭率。生境破碎化使那些需要较大生境斑块的“森林内部种”或“面积敏感种”趋于灭绝，相反，适应人类干扰环境的外来种、常见种的丰富度增加。严重的生境破碎化造成最小存活种群、最小生存面积的丧失，以及栖息地异质性损失、隔离效应、边缘效应及某些关键种的丧失，使食物链、食物网瓦解而造成次生灭绝。

第五节　景观多样性的意义

景观多样性对于物质迁移、能量交换、生产力水平、物种分布、扩散和动物觅食有重要影响。景观多样性研究在土地利用规划、景观评价与设计、野生动植物保护和自然保护区建设等方面有着重要意义。

1. 景观多样性是生物多样性的重要组成部分

景观组成和结构对生物个体在群落及生态系统多个时空尺度上的分布起着重要的作用，景观要素斑块、廊道、基质影响着生物多样性。①斑块的类型、大小、形状和动态影响斑块内的物种迁移和植物多样性变化。小型森林斑块的网状分布能够为更多的物种提供生存空间，对地区性生物多样性保护是有利的。②廊道影响斑块间的连通性，对斑块间物种、物质和能量的流动起着通道和过滤的作用。例如，树篱可为植物种子通过鸟类传播和中小型动物穿越斑块提供通道。③基质控制着整个景观的连接度，基质异质性变化可能造成生境斑块的“岛屿化”效应，进而影响斑块间物种的迁移，引起植物种群波动和多样性变化（高俊峰等，2006）。

2. 景观多样性保障景观功能的正常发挥，是保证景观稳定性的前提

从景观生态学角度进行物种保护是当今生物多样性保护的一个突破，也是景观生态学的主要研究方向，是生物多样性保护最为有效的途径。单纯在物种层次进行生物多样性的保护，仅是一种亡羊补牢的方法，虽然能暂时减缓濒危物种的灭绝速率，但不能从根本上解决问题，往往是大量的资金投入换来甚微的效果。

因此，景观多样性最重要的是保障景观功能的正常发挥，保证景观稳定性。例如，“森林—村庄—梯田—河流”四位一体的垂直空间结构，形成梯田景观内独特的能量和物质流动，是保证梯田景观稳定的前提条件（胡文英，2009）。

3. 景观多样性是生物多样性保护的主要途径，是保护物种多样性与遗传多样性的基础

生物多样性的保护主要包括两个途径：①以物种为中心的传统保护途径，强调对濒危物种本身的保护；②以生态系统为中心的景观保护途径，强调对景观系统和自然栖息地的整体保护，力图通过保护景观多样性实现物种多样性的保护。

景观的组成结构与生物个体的遗传特性相互作用，成为种群分布和基因流的驱动力，尤其当景观发生连续性的中断时，会干扰生物种群持续性所需的必要生态进程（Fahrig，2003）。景观环境的改变，往往会抑制生物的活动范围，降低物种个体对环境的适应性，导致种群的减少和基因流的改变。

景观结构和构成对物种遗传多样性产生 3 个方面的重要影响。

（1）面积效应。景观面积对基因流和适应度产生影响，生境面积的减少会改变资源的分布，影响个体的行为和物种空间分布格局，并且改变生物体为生存和繁殖摄取资源的能力（Wiens，1993）；种群随着面积的减少呈线性减少，导致有效种群数量的降低、遗传漂变的加速及杂合度和基因丰富度的降低。当某些区域的景观生境面积减小到濒临阈值时，当地的种群数量会快速降低直至灭绝，并且种群交流之间的障碍会导致基因流动衰减，产生的空间遗传结构在未来会降低杂合度和基因丰富度。当生境面积进一步减少到超过灭绝的阈值时，整个地区的种群都将灭绝。

（2）边缘效应。边缘效应导致景观尺度上生态系统的改变，在决定生态斑块动态方向上起到重要作用。边缘效应通过多种途径影响种群遗传进程。如果边缘作为减少生物体移动的障碍或者过滤器，就会通过阻断或减少基因间的交流，增加被隔离斑块中的遗传漂变率，导致在种群细分时遗传多样性的缺失。靠近边缘可能会促进一些与这些条件相关联的物种的运动，增加种群的基因流动。此外，增加边缘密度对于大量的生境斑块内部的物种而言，可能会导致栖息地面积的减小，进而造成当地种群规模的减少和遗传多样性的丧失，当然，一些物种栖息地的功能会随着景观边缘密度的增加而增加，可能会导致更高的种群密度、更高的基因流和更高的遗传多样性。例如，群落结构、物种的密度和丰富度都会呈现在森林边缘，林缘植物的多样性和丰富度较森林内部的要高，这是因为空气温度、土壤湿度、蒸发强度、光密度、有效光和辐射在边缘地带都发生变化，光照和通风效果好，促进机会物种在边缘地带的大量生长。

边缘效应对物种移动是渠道或是障碍，有正反的功效。不同研究表明，种群遗传多样性与该种群离边缘区的距离呈显著正相关，相反的，植物群体边缘效应的绝对值随水平距离递增而递减。一些动物、植物或物理过程对边界比较敏感，常常会出现明显的边缘效应，但对于一些对边界和外来干扰不敏感的生物种群，特别是那些多生境物种来说，边缘效应一般表现得并不强烈。同样的，斑块形状对边缘效应的影响十分明显。一般圆形或正方形斑块的边缘效应较小，形状复杂的斑块边缘效应比较强烈。但是如果核心斑块的性质相同，而周边景观类型不同（适宜性不同），那么斑块的边缘效应会有较大差异。边缘效应还可能会受到边缘两侧的生态应力强度和方向、斑块或景观分布的环境与梯度特征、边缘区域发育的时间等因素的影响（陈利顶等，2004）。

卫丽等（2003）提出边缘效应三大定律，即边缘效应发生律、态势律和递减律。①由于生物因子和非生物因子的影响，自边缘区向核心区，生物系统依次出现变化，为边缘效应发生律。②边缘效应为正，产生边缘优势；边缘效应为零，不产生边缘效应；边缘效应为负，产生边缘劣势，为边缘态势律。③边缘效应的绝对值随距离增加而减少，为边缘效应递减律。这三大定律，对研究边缘效应的影响，有一定的参考价值。

（3）隔离效应。不同的物种对景观破碎造成的隔离效应反应不同。对于小型哺乳动物，边缘斑块可能会对物种的移动产生一定的阻碍作用，从而干扰物种的迁移和传播；对绝大部分物种，斑块间的距离可能会影响个体在不同生境斑块间的移动，增加景观中个体的移动成本、累计的运动成本而导致遗传分化，并通过小型亚种群的漂变导致遗传多样性的丧失。生境隔离对植物种群和植物多样性的影响取决于植物生活策略，不同生活策略的物种对隔离敏感程度不同，造成植物物种以小种群的形式存在或由于传粉失败和近亲衰退使该物种灭绝（高俊峰等，2006；尹相彬，2017）。

景观层次上的生物多样性保护发挥着重要作用，其实施应遵循三个原则。①整体性原则（何兴兵等，2003）：对保护区网络整体及保护区外围进行生物多样性的整体保护，体现景观地域的整体性和生态过程的完整性。②干扰调控原则：通过资源的直接利用、投入，以及景观内部结构调整，使生态格局和过程趋于协调。③优先保护与景观保护相结合原则：兼顾热点区和景观基质的保护，体现整体与局部的协调互补。三个原则是有机统一体，其协调配合，才能有效实现生物多样性整体保护功能。

景观多样性研究可以以其结构、功能和动态三个方面为重点，从理论上探讨有关的景观稳态。例如，空间格局及其变化如何影响各种生态过程？景观的空间结构特征（包括空间梯度、斑块多样性、斑块格局、斑块连接度等）与生理生态过程、生物个体行为、种群动态、群落结构和动态，以及生态系统过程在不同时间、空间尺度上的关系等，都是景观多样性研究应重点关注的内容。

第六章　生物多样性的价值

“人类是自然的一部分；每种生命形式都是独特的，无论对人类的价值如何，都理应得到尊重；从自然获得持久利益，依赖于对基本生态过程和生命支持系统的维持，依赖于生命的多样性；人类必须学会如何维持和增加他们利用自然资源的能力，同时能够保证保存各种物种和生态系统，以造福今世和后代”（1982 年联合国大会第 371 号决议：《世界自然宪章》）。生物多样性价值学说百家争鸣，但更多关注直接经济价值、间接价值、潜在价值和伦理价值。

第一节　生物多样性价值的分类

生物多样性对人类具有巨大的价值，但对生物多样性价值的认识无法达到统一。生物多样性价值分类趋向多家争鸣的状况。

一、二元价值论

McNeely 等（1990）和陈灵芝（1993，1994）将生物多样性价值简单分为直接价值和间接价值。其中，直接价值，经济学上称为私人物品，即予以人们收获那些产品的价值；间接价值被经济学家称为公共物品，即给予由不包含收获或毁坏资源的生物多样性所提供的效益价值。

一些学者认为生物多样性具有利用价值和内在价值（蒋志刚等，1997；陈凤虎等，2006）。其中，利用价值分为直接利用价值、生态价值、科学价值和美学价值 4 类，内在价值则是一个有争议的概念，是无法进行客观估计的。

二、三元价值论

生物多样性价值体现在直接经济价值、间接价值和伦理价值三个方面（Primack，1996；陈灵芝，2001），故称之为三元价值。

（1）直接经济价值：也称使用价值和商品价值，是给予人们直接收获和使用的那些产品的价值。其可分为：①消耗性使用价值，是赋予自用消费的产品的价值，如薪材、当地利用的医药和建筑材料，是自用并不出现在国内外市场上；②生产使用价值，是从野外获得，并在市场上出售产品的价值，如商品材、鱼类和贝类及野生动物肉类等。

（2）间接价值：是指既能给人们提供经济实惠，在使用过程中不需获取实物，生物多样性又不会受到损耗的价值。生态系统的非消耗性使用价值包括生态系统力，包括诸如整个食物链的起始点的土壤和水资源的保护、野生物种和商品作物的相互杂交、气候调节等。生物技术工程借助于生物界发现的新产品和生物化学的作用发展革新技术，提供新药物、生物控制剂、作物新品种等，是一种选择性价值。人们通常愿意以税金和自愿捐款形式确保珍稀物种的繁衍、生物群落的持续发展及风景的保护，其捐款体现生物多样性的生存价值。因此，间接价值是能为人们提供经济利益的生物多样性各种成分的价值，但不包含对资源的消耗，这些利益包括水质、土壤保护、娱乐、教育、科研、气候调节，以及为人类社会提供未来选择的服务。

（3）伦理价值：基于崇尚尊重生命、珍视生物界、理解自然的内在价值，体现的是物种“美学、生态学、教育、历史、娱乐及科学价值”。物种不是主观意识的产物，作为一个物种，其价值无贵贱之分。不管物种的经济价值如何，其都具有生存的权利；不管这些物种有无经济价值，它都是客观存在的，人类有责任和义务保护所有的物种及其生存环境。

三、多元价值论

生物多样性有更多的价值类型。薛达元（1999）、郭忠玲和赵秀海（2003）将生物多样性价值按其性质分为使用价值和非使用价值两大类。其中，使用价值分为直接价值和间接价值，非使用价值包括存在价值、遗产价值、选择价值和伦理价值。具体包括如下 5 类价值。

（1）生物多样性直接价值：①显著实物型直接价值，以生物资源提供给人类的直接产品形式出现，根据生物资源产品的市场流通情况，又分为消耗性使用价值和生产性使用价值。②非显著实物型直接价值，指生物多样性为人类所提供的服务，是无实物形式，但仍然是可以感觉到的，且能够为人类提供直接的非消耗性利用方面的服务，如生态旅游、动物表演，或以文学作品、舞台艺术、影视图片为载体的生物多样性文化的享受，或作为研究对象为科学家提供生物、生态、地理、人文历史等多学科的研究。

（2）生物多样性的间接价值。指生态系统的功能价值或环境的服务价值，即“环境的公益效能”。包括：①生物多样性提供生态系统演替与生物进化所需要的丰富物种与遗传资源；②生物多样性在形成和维持生态系统结构和功能方面的作用；③生态系统的服务功能，如光合作用与有机物合成、CO_2 固定、保护水源、维持营养物质循环、污染物的吸收与降解，等等。

（3）生物多样性的选择价值：指个人和社会对生物资源和生物多样性潜在用途的未来利用价值，包括未来直接利用、间接利用、选择利用和潜在利用等价值。

（4）生物多样性的遗产价值：指当代人为未来某种资源留存给子孙后代而自愿支付的费用，体现在当代人为其后代以后能受益于某种资源存在的知识，而自愿支付其保护的费用。

（5）生物多样性的存在价值：也称内在价值，指人们为确保某种资源继续存在（包括其知识存在）而自愿支付的费用。其是资源本身具有的一种经济价值，是与人类利用（包括现在利用、将来利用和选择利用）无关的经济价值，即资源的存在价值是永续的。

同时，薛达元认为，针对自然保护区，其价值主要体现在生物多样性的保护、科研、教育、旅游和生产这 5 项基本功能方面，因而分为直接实物价值、直接服务价值、生态功能间接价值和非使用类价值（包括存在价值、遗产价值和选择价值，图 6-1）。

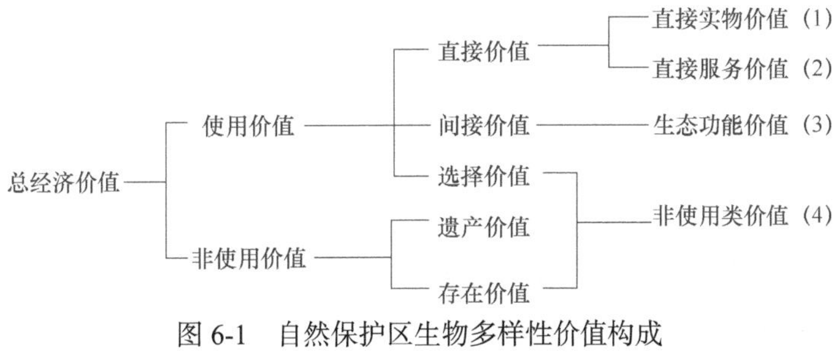

图 6-1　自然保护区生物多样性价值构成

Pulin（2005）将生物多样性的价值归为与薛达元（1999）分类不同的 4 类。①直接利用价值（direct use value）：木材或鱼群等自然产品的经济（现在所称的市场）价值。以这种形式赋予自然界的价值，能使某些生物资源直接与市场的其他日用商品进行比较。②间接利用价值（indirect use value）：大自然为人类所提供服务方面的经济价值，如提供水源、新鲜空气及娱乐场所等。③选择价值（option value）：某个自然区域能提供的未来效益（尚未发现）的经济价值，如新食品、新药物等。④存在价值（existence value）：某个物种或生境不被破坏时的经济价值，可以按人们愿意支付的钱数计算。

李俊清和李景文（2006）则将生物多样性的价值归类为 6 个类别。①直接利用价值，如食物、药材、作物品种、生物控制、木材、建筑、燃料和肉类。②间接经济价值或生态价值（环境作用、生态服务），包括生态系统的生产力、保持水土、调节气候、废物处理、环境监测。③科研、教学价值，包括研究植被恢复自然模型、野外实习。④休闲和生态旅游价值。⑤存在与备择价值。⑥生物多样性负价值，即一些物种的存在对于人类是有害的，即无论人类的科学如何发达、医疗条件如何先进，但由病毒、病菌引起的疾病仍然折磨着患者；病虫害的肆虐使人们不得不使用有害于人类健康的农药；为保护珍稀濒危物种，必须投入大量的人力、物力和财力进行科学研究、人工繁育和建立保护区；由于政府在很多地区实行了禁猎，一些野生动物大量繁殖，种群数量不断扩大，如山区野猪种群数量的快速增长，开始破坏农田等，给当地农民造成严重的经济损失，等等。

李俊清（2012）基于上述分类，将生物多样性价值再归类为 4 类，并做出相应调整：①直接利用价值，包括消耗使用价值和生产使用价值，如食物、木材、纺织、建筑等材料、药品、燃料等；②间接经济价值或生态价值（环境作用、生态服务），包括生态系统生产力，保持水土、涵养水源，调节气候，废物处理，环境监测，科研、教学价值，如研究植被恢复自然模型、野外实习、美学价值（如休闲、生态旅游等）、科学研究等，生态学价值；③存在与备择价值，存在价值即内在价值，备择价值是指物种在未来某个时候能为人类社会提供经济利益的潜能；④伦理价值。

总之，生物多样性的价值，应该是“生态复合体以及与此相关的各种生态过程的总和”所提供的具有经济意义的价值，其与生态系统的功能所提供的经济价值相似，但更强调生物多样性的基因、物种、生态系统和景观各个层次的作用及其价值。

本书将生物多样性价值归类为直接价值、间接价值、潜在价值及伦理价值。①直接价值，指直接为人类提供各类各样的物质和服务，可直接转化为经济效益，如食用价值、药用价值、工业原料、科研价值、美学价值等；又分为产品用于自用的消耗性使用价值和产品用于市场销售的生产性使用价值。②间接价值，多指生态功能，不直接转化为经济效益，如生物多样性的环境作用和生态系统服务等。③潜在价值，指目前尚未被人类发现的使用价值。④伦理价值，是人类对生物的思想和道德价值，指生物物种及其生态系统的生存权和保护权等方面。

第二节　生物多样性的直接价值

生物多样性的直接价值可以按照不同的标准进行分类。

按使用性质分为两类。①消耗性利用价值：指直接消耗性的（即不经市场交易的）自然产品价值。农民上山砍柴、猎取野物、种植蔬菜、饲养家禽等，即为直接消耗价值。在封建社会，自给自足的小农经济大多利用这部分价值。②生产性利用价值：通过商业性收获供市场交换产品的价值。这类生物资源产品的生产性利用对国民经济有重大作用，如木材、鱼、动物皮、药物、纤维、橡胶、建筑材料、果品、染料等，作为产品在市场较易满足社会需求，促进经济发展。国家财政总收入中体现出的生物多样性价值，实质仅为这部分价值，其余并未包括进去，故此，容易造成人们对生物多样性价值的误解，从而忽视了其他价值（间接价值）。

更多生物多样性直接价值按照使用类别分类，如食用价值、药用价值、工业价值、科研价值和美学价值等。本书为直观易理解，按照此方法进行分类。

一、食用价值

中国食用植物资源丰富，包括野菜植物（野生蔬菜）、野生果类、油脂植物、淀粉植物、香料植物、色素植物、甜味剂植物、饮料植物、饲用植物、蛋白植物等类别（王慷林和李莲芳，2014）。

1. 野生蔬菜

中国对野生蔬菜（wild vegetable）的利用有着悠久的历史，早在3000多年前，《诗经》《尔雅》等古书中已记载了民间食用的野菜，《救荒本草》《农政全书》《野菜博录》《野菜谱》《食性本草》等总结了民间采集、食用野菜的经验。随着社会的发展，人类越来越青睐食用蔬菜，野生蔬菜的开发利用受到广泛的重视，一大批有关野生蔬菜的书籍渐次出版发行。

野生蔬菜营养丰富，味道鲜美，多为风味特色食品，中国各省累计报道的野生蔬菜种类不少于2 000种，如果加上传统意义为野生蔬菜的笋类（竹笋）、食用菌，则野生蔬菜种类超过3 000种，如守宫木（*Sauropus androgynus*，俗称甜菜）、刺五加（*Acanthopanax senticosus*）、菜蕨（*Callipteris esculenta*）、蕨（*Pteridium aquilinum* var. *latiusculum*）、鱼腥草（*Houttuynia cordata*）、香椿（*Toona sinensis*）、野芭蕉（*Musa acuminata*）、树番茄（*Solanum betacea*）、云南甜龙竹（*Dendrocalamus brandisii*）、筇竹（*Qiongzhuea tumidissinoda*）、云南箭竹（*Fargesia yunnanensis*）等。大量的野生蔬菜不仅具有食用价值、民族特色，也具有一定的地域风情和文化价值。略举几例如下。

（1）粉花羊蹄甲（*Bauhinia variegata* var. *candida*）：俗称白花树，苏木科植物；分布于云南、广东、广西、福建、台湾；印度、孟加拉国、不丹及中南半岛至印度尼西亚也有分布，属热带和南亚热带（通称热区）特有；傣族、哈尼族、基诺族、布朗族等云南少数民族特色食品；花芽、雄蕊、嫩叶甚至嫩果荚都可以食用。鲜花拌以辣酱做凉菜，或拌以生姜用油炒或煮汤，其味甜不带苦味。在基诺族的传统文化中，白花类的花朵是爱情、幸福、华丽、和平、美好的象征，粉花羊蹄甲属此类。

（2）大白花杜鹃（*Rhododendron decorum*）：云南著名野生蔬菜，俗称大白杜鹃、装饰杜鹃、马银花、马缨花，杜鹃花科（Ericaceae）植物；产于云南中部、西部至西北部、东南部，四川西南部，贵州西部和西藏东南部；云南白族等多民族采集鲜花食用，其与火腿、干蚕豆等煮食，味道鲜美。

（3）臭菜（*Acacia intsia*）：云南著名野生蔬菜，俗称红藤、尖叶相思、尖叶印度相思树、臭香椿，含羞草科（Mimosaceae）植物；产于云南、广东；南亚至东南亚广布；傣族、哈尼族、基诺族、布朗族等云南少数民族采集嫩茎叶食用；在采收食用部分时，就可闻到一种特殊的臭味，用于煮鱼、煮田螺等，具除腥调味作用，其类似于臭豆腐，闻着臭吃着香。

2. 野生果类

野生果类（wild fruit plant）具有数量庞大、种类繁多、种内变异多样，纯天然、无污染，口味独特、营养丰富，长期适应环境、抗性强，利用渠道广泛，综合效益优越等特点。中国的野生果树资源极其丰富，是世界上最大的果树起源中心。中国生长的果树和野生果树共73科73属1 076种，10 000多个品种，为世界之冠。从分布区域的角度，野生果类植物呈现从北到南梯度增加的趋势，以西南和华南野生果类植物资源最为丰富。部分具有特殊自然和气候条件的区域，蕴藏丰富的野生果类植物资源，而且越偏远地区，种类越多、蕴藏量越大。

已开发利用较广、经济价值较大的野生果类主要有刺梨（*Rosa roxburghii*）、海棠（*Malus spectabilis*）、猕猴桃（*Actinidia chinensis*）、酸角（*Dialium ovoides*）、羊奶果（*Elaeagnus conferta*）、木奶果（*Baccaurea ramiflora*）、五桠果（*Dillenia indica*）等种类。野生果类略举几个例子供参考。

（1）余甘子（*Phyllanthus emblica*）：别名橄榄（云南）、望果（云南文山）、油甘子（华南）等，大戟科（Euphorbiaceae）叶下珠属植物。产于江西、福建、台湾、广东、海南、广西、四川、贵州和云南等；生于海拔 200～2 300m 的山地疏林、灌丛、荒地或山沟向阳处；印度、斯里兰卡、印度尼西亚、马来西亚和菲律宾等有分布，南美洲有栽培。新鲜果汁中的营养成分有蛋白质、脂肪、糖、维生素 C、多种微量元素，含有 17 种氨基酸，8 种人体营养必需氨基酸和超氧化物歧化酶（superoxide dismutase，SOD）。生食可生津止渴，润肺化痰，治咳嗽、喉痛，解河鲀［四齿鲀科（Tetraodontidae）鱼类的通称］中毒等。果生食初味酸涩，良久乃甘，故名“余甘子”。树根和叶供药用，能清热解毒，治皮炎、湿疹、风湿痛等。叶晒干供枕芯用料。种子含油量 16%，供制肥皂。树皮、叶、幼果可提制栲胶；树皮也是云南哈尼族人民用于烤肉的优良佐料。木材棕红褐色，坚硬，结构细致，有弹性，耐水湿，供农具和家具用材，又为优良的薪炭材。

（2）杨梅（*Myrica rubra*）：中国江南著名的传统水果，别名山杨梅（浙江）、朱红、珠蓉、树梅（福建）、大杨梅、凉梅等，杨梅科（Myricaceae）杨梅属植物。产于江苏、浙江、台湾、福建、江西、湖南、贵州、四川、云南、广西和广东；生长于海拔 125～1 500m 的山坡或山谷林中；日本、朝鲜和菲律宾也有分布。杨梅果实中含有多种对人体有生物活性的物质及甾醇类化合物。果实可加工罐头、蜜汁、蜜饯、果干、果酒等；树皮富含单宁，可用作赤褐色染料及止血、止痛、收敛等药用；叶含挥发油及鞣质，主治伤风感冒、咳嗽痰血。

（3）云南山楂（*Crataegus scabrifolia*）：别名山林果（云南）、大果山楂、酸冷果（广西）、文林果、粗叶楂、山里红、野山楂、滇山楂等，蔷薇科（Rosaceae）山楂属植物。产于云南、贵州、四川、广西；生于海拔 1 500～3 000m 的森林边缘灌木丛中或溪岸杂木林中。果味酸甜，可鲜食或酿酒，制作果干；干制后入药，有健胃助消化、行瘀、定痛等功效。

3. 油脂植物

油脂植物（oil plant）是人们生活中不可或缺的油料及工业原料来源，与国民经济的发展有着密切的关系。植物性油脂除人们日常食用外，还广泛用于制皂、油漆、润滑油等方面，有的在国防工业中有特殊用途，也是化学、医药、轻纺等工业的重要原料。

中国已发现油脂植物近千种，隶属于 100 多科，其中以菊科（Compositae）、樟科、山茶科、十字花科（Cruciferae）、大戟科、芸香科（Rutaceae）、卫矛科（Celastraceae）、忍冬科（Caprifoliaceae）和蔷薇科等的油脂植物种类最多，含油也丰富。油脂植物虽然在中国各地均有分布，但主要分布于中国热带和亚热带地区。

油菜（*Brassica campestris* var. *oleifera*）、花生（*Arachis hypogaea*）、向日葵（*Helianthus annuus*）、芝麻（*Sesamum indicum*）、核桃（*Juglans regia*）、椰子（*Cocos nucifera*）等是目前开发利用最广的油脂植物。

（1）油茶（*Camellia oleifera*）：别名白花茶、白花油茶、普通油茶、山茶、山茶树、野茶籽，山茶科山茶属植物。长江流域至华南各地广泛栽培，是主要木本油料植物。种子含油率 30.1%，种仁含油率 59.2%；是一种优质食用油，油外用能润泽肌肤，可治烫伤、烧伤、燥裂、体癣、慢性湿疹、软组织挫伤等；中药常用油茶籽油调制药膏、药丸；还可制成医用注射剂。

（2）油橄榄（*Olea europaea*）：别名木犀榄（《植物分类学报》）、齐墩果（《酉阳杂俎》）、洋橄榄、木樨榄、欧橄榄，木犀科（Oleaceae）木犀榄属植物。分布于地中海区域各国，主产国有西班牙、意大利、希腊、葡萄牙、突尼斯、土耳其、法国、阿尔巴尼亚等；湖北、四川、陕西、福建、云南、甘肃、重庆引种。果实含油率 35%～70%；果实可直接食用，也可制作罐头和蜜饯等食品；油橄榄油用作烹饪及凉拌等食用油，也用于制药、化妆品、润滑油、制皂、土耳其红油、纺织用油和磺化油等。

（3）油棕（*Elaeis guineensis*）：别名油椰、油椰子、非洲油棕等，棕榈科（Palmae）油棕属植物。产于亚洲的马来西亚、印度尼西亚，非洲西部和中部，南美洲北部和中美洲；中国引种油棕已有 80 多年的历史，主要栽培于海南、云南、广东、广西等热区。油棕有“世界油王”之称。一株油棕每年可产油 30～40kg，是营养价值极高的食用油脂，可制造人造奶油；还可制皂、润滑油、化妆品等，也是纺织与制革业、铁皮镀锡的辅助剂等。棕仁粕是较好的饲料和肥料；果壳可制活性炭，用作脱色剂和吸毒剂。未成熟的花序割开后流出的汁液，可酿酒、制糖和做饮料。株型优美，树冠巨大而浓密，是重要的林荫树种，适宜种植于公园、小区，广泛作为热区城镇行道树。

4. 香料植物

中国饮食文化离不开香料，“十三香”“五香粉”等在中国饮食文化中发挥着巨大的作用，香料植物（aromatic plant/fragrant plant）是食品香料的主要原料。中国芳香植物多达 600 余种，分属 77 科 192 属；种子植物中，有 60 多科 170 余属植物含有芳香油。茴香（*Foeniculum vulgare*）、花椒（*Zanthoxylum bungeanum*）、山苍子（*Litsea cubeba*）、玫瑰（*Rosa rugosa*）、香茅（*Cymbopogon citratus*）、薄荷（*Mentha haplocalyx*）等，是广为利用的香料。

（1）肉桂（*Cinnamomum cassia*）：别名玉桂、桂枝、桂皮（广东）、筒（广西）、牡桂、官桂、辣桂等，樟科樟属植物。原产于中国，广东、广西、福建、台湾、云南等省（自治区）的热带地区广为栽培，其中尤以广西栽培为多；印度、老挝、越南至印度尼西亚等地也栽培。肉桂作为食品香料广为利用，在烹饪中可作增香剂、增味剂，如烧鱼、五香肉，煮茶叶蛋等均可添加，还可用于咖啡、红茶、泡菜等调香。枝、叶、果实、花梗可提制桂油，桂油为合成桂酸等重要香料的原料，也为化妆品原料，亦供巧克力及香烟配料，药用作矫臭剂、驱风剂、刺激性芳香剂等，并有防腐作用。肉桂具有壮阳、解热镇痛、扩张血管、抗溃疡、促进消化、排除肠道积气，抑制革兰氏阳性菌、真菌等作用，多用于腰膝冷痛、虚寒胃痛、慢性消化不良、腹痛吐泻、受寒经闭、阳痿、宫冷、闭经、痛经等症。桂枝有发汗解肌、温通经脉功能，治外感风寒、肩臂肢节酸痛，桂枝煎剂对金黄色葡萄球菌、伤寒杆菌和人型结核杆菌有显著抑制作用。肉桂油为驱风和健胃中成药的主要原料。

（2）八角（*Illicium verum*）：别名八角茴香（《本草纲目》）、大茴香、八月珠、五香八角、怀香、野八角、大料（北方）等，八角科（Illiciaceae）八角属植物。主产于广西西部和南部（百色、南宁、钦州、梧州、玉林等地区多有栽培）海拔 200～1 600m 的山区；福建南部、广东西部、云南东南部和南部也有种植。果为著名的调味佐料，味香甜，也供药用，有祛风理气、和胃调中的功能，用于中寒呕逆、腹部冷痛、胃部胀闷等，但多食会损目发疮。果皮、种子、叶都含芳香油，称八角茴香油（简称茴油），是化妆品、甜香酒、啤酒和食品工业的重要原料。木材淡红褐色至红褐色，纹理直，结构细，质轻软，有香气，可供细木工、家具、箱板等用材。

（3）草果（*Amomum tsaoko*）：别名红草果、土草果、广西草果、桂西草果、老蔻等，姜科（Zingiberaceae）豆蔻属植物。产于云南、广西、贵州等；栽培或野生于海拔 1 100～1 800m

的疏林下。全株可提取芳香油，干燥果实气味香，性温，味辛辣，既是食品调料的佳品，又是燥湿除寒、祛痰截疟、消食化积之良药，可用以治疗疟疾、痰饮痞满、脘腹冷痛、反胃、呕吐、泻痢、食积等症。

除以上分类的食用植物外，尚有淀粉植物、色素植物、甜味剂植物、饮料植物、蛋白植物等，均具有较高的经济价值，是在人类生产生活中不可或缺的植物类。例如，人类已使用大约 5 000 种植物作为食物，但只有 150 种进入商品市场，30 种成为人们广泛种植的粮食作物，其中水稻（*Oryza sativa*）、小麦和玉米占去了需要量的 1/2。其他淀粉植物橡子（*Quercus mongolica*）、薯蓣（*Dioscorea* spp.）、葛根（*Pueraria lobata*）、魔芋（*Amorphophallus konjac*）、百合（*Lilium* spp.）等，也作为食品广泛食用。此外，蛋白植物，如螺旋藻（*Spirulina platensis*）、叶蛋白（如高山栎 *Quercus* spp.）、各种食用菌类等，也是食物的重要构成部分。

除食物外，甜味剂植物，如甘蔗（*Saccharum officinarum*）、甜菜（*Beta vulgaris*）、甜叶菊（*Stevia rebaudiana*）、神秘果（*Synsepalum dulcificum*）和罗汉果（*Momordica grosvenori*）等，饮料植物茶叶（*Camellia sinensis*）、可可（*Theobroma cacao*）、咖啡（*Coffea liberica*）、桑叶（*Morus alba*）、菊花（*Dendranthema morifolium*）和金银花（*Lonicera japonica*）等，都在人类生活中发挥着重要的作用，足见生物多样性对人类食物的重要价值。

人类的饮食中，动物少于植物，动物提供人类食物蛋白质的 1/3，发展中国家约占 20%，发达国家占 55%。多数动物食品来自 9 种家养的动物：牛（*Bos taurus*）、羊（*Merycoidodon gracilis*）、猪（*Sus domesticus*）、骆驼（*Camelus bactrianus*）、鸡（*Homo sapiens*）、鸭（*Anas platyrhynchos domesticus*）、鹅（*Anser cygnoides orientalis*）、驯鹿和火鸡（*Meleagris gallopavo*）等。鱼类蛋白质占世界总食物蛋白质的 6%，如果把鱼类也算在食物里，动物蛋白质约占总食物蛋白质的 24%，即人类赖以生存的多数食物（包括粮食、蔬菜、油脂、香料、水果或干果等）来源于植物，足见生物多样性保护对人类生存的重要价值。

二、药用价值

许多野生生物是重要的药物来源，用于治疗各种疾病，特别对一些对西药产生抗性的疾病，具有更为明显的作用。

世界卫生组织统计表明，发展中国家有 80%的人口靠传统的药物治疗疾病，发达国家有 40%以上的药物源于自然资源，世界上有 25%～50%的药物来源于天然植物产品，特别是发展中国家，用于抗癌（卵巢癌、乳腺癌、子宫内膜癌、肺癌、脑癌等）的药物多源于植物；发展中国家 75%～90%的农村人口，几乎靠野生动植物治病，这些传统药物短期内不可能被代替。中国的中医、藏医和蒙医等，在西医引入前，主要应用天然植物和动物作为药物进行配伍治疗疾病，不同区域的不同民族采用多种多样植物作为药物，如藏医常用药材蕨麻（*Potentilla anserina*），又名人参果、仙人果，藏语名“戳马”，意为高原之宝；红豆杉（*Taxus* spp.）枝叶及树皮作为药用，其提取物含紫杉烷二萜类（紫杉醇、短叶醇、紫杉宁），是治疗多种癌症的良药。中国有药用植物达 10 000 多种，三七（*Panax pseudoginseng* var. *notoginseng*）、人参（*P. ginseng*）、天麻（*Gastrodia elata*）、重楼（*Paris polyphylla*）、三尖杉（*Cephalotaxus fortunei*）、铁皮石斛（*Dendrobium officinale*）、菘蓝（*Isatis tinctoria*）、黄连（*Coptis chinensis*）、乌头（*Aconitum carmichaeli*）、何首乌（*Fallopia multiflora*）、当归（*Angelica sinensis*）、柴胡（*Bupleurum chinense*）、甘草（*Glycyrrhiza uralensis*）、刺五加、枸杞（*Lycium chinense*）、绞股蓝（*Gynostemma pentaphyllum*）、青阳参（*Cynanchum otophyllum*）、五味子（*Schisandra chinensis*）、益智（*Alpinia oxyphylla*）、槟榔（*Areca catechu*）、桑等，都是中国著名的药用植物。

由于西药往往有不良反应，现在许多国家的医药界和较大的制药公司等逐渐把原料聚焦于新植物源产物、海洋生物产物等。

热带地区物种是特别重要的药物来源，其原由仅就植物方面，部分是由于其含有大量的有毒化合物，许多有活性的医用化合物源自这些毒素。例如，萝芙木（*Rauvolfia verticillata*，抗高血压）、墨西哥薯蓣（*Dioscorea composita*，类固醇类）、长春花（*Catharanthus roseus*，抗癌）、美登木（*Maytenus hookeri*，抗癌）、肾茶（*Clerodendranthus spicatus*，治疗肾炎），长期实践证明是重要的热带药用植物。

（1）萝芙木：又称蛇草根、蛇根、印度蛇木、印度蛇根草等。分布于印度、斯里兰卡、缅甸、泰国、印度尼西亚；中国云南耿马、景洪野生。根含利血平和血平定等生物碱 28 种以上，总含量 0.5%～2%，是治疗高血压病症的主要药用原料。叶、茎皮、根可药用，民间用作退热、打癫、治疗有毒昆虫及毒蛇咬伤的药物。

（2）砂仁（*Amomum villosum*）：别名阳春砂仁、长泰砂仁（福建）、春砂仁、绿壳砂仁、勐腊砂仁、缩沙蜜等，姜科（Zingiberaceae）豆蔻属植物。产于福建、广东、广西和云南；栽培或野生于山地阴湿之处。果实供药用，主治脾胃气滞、宿食不消、腹痛腹胀、噎膈呕吐、寒泻冷痢等。

（3）千年健（*Homalomena occulta*）：别名香芋、团芋（云南思茅）、一包针（广西金秀）、假苏芋（广东、海南）等，天南星科（Araceae）千年健属植物。产于海南、广西西南部至东部、云南南部至东南部热带，以及南亚热带地区，中南半岛也有。生于海拔 80～1 100m 的沟谷密林下、竹林和山坡灌丛中；根茎入药，为瑶族群众所习用，可治跌打损伤、骨折、外伤出血、四肢麻木、风湿腰腿痛、类风湿关节炎、胃痛、肠胃炎、痧症等。

许多抗细菌、抗病毒及心脏活性物质、神经生理活性物质从有毒的海洋动物中获得；同时，许多动物在行为学和医学研究中起重要的作用。例如，狒狒（*Papio ursinus*）、黑猩猩（*Pan troglodytes*）、非洲素领猴（*Cercopithecus aethiops*）对艾滋病和其他疾病的生物医药研究是非常宝贵的。

寻找新的医药原料为热带国家提供极好的机会，一方面，生物多样性丰富的热带森林潜在药用物种多种多样；另一方面，较少投资即可开展天然化合物的初步筛选，以保证生物医学的不断发展。

三、工业价值

食品、医药、化工及制造等许多工业都以生物为原料。植物提供的产品很多，如油料、橡胶、蜡、油脂、染料、薪炭、木材、饲料、纤维、树脂、肥料、单宁等；动物提供油脂、燃料、蚕丝、皮革和羽毛等。

紫胶虫（*Kerria* spp.）、白蜡虫（*Ericerus pela*）、五倍子蚜虫［五节根蚜亚科（Fordinae）昆虫通称］寄生在某些植物上，吸食树液、树胶，分泌出树脂、蜡或形成虫瘿，成为工业原料和药物紫胶、白蜡和五倍子等。紫胶树脂具有防潮、防蚀、防锈、防腐、耐酸碱、耐磨、耐高电压、绝缘、易溶、易干等优良的理化特性，并且化学性能稳定、可塑性好、黏着力强、涂饰物表面光滑美观；也用于中药，用途极广泛。白蜡具有密闭、防潮、防锈、经久不腐、着光、生肌、止血、止痛、补虚、续筋接骨等作用，是军工、轻工、化工和医药的重要原料。五倍子含有单宁酸和没食子酸等，可用于金属防锈、稀有金属提炼、石油钻井、医药卫生、食品工业、纺织工业、废水处理和印染工业等。

木材利用也属食物的工业价值范畴，全球有 20 多亿人使用木材薪炭作为主要能源，非洲撒哈拉以南地区木材占总能源消耗量的 80%。此外，非木材森林产品在许多国家都十分重要，随着人们对返璞归真的崇尚，其价值比传统的木材产品高得多。例如，棕榈藤藤艺家具，工艺精巧、个性鲜明、色彩优雅、简洁清丽、隽秀大方，极富自然清新之感，其在国内外家具中占有举足轻重的地位；藤笋含有丰富的矿物质、氨基酸和维生素，属营养丰富的风味蔬菜。有些棕榈藤果实可作为水果直接食用，或萃取珍贵药品“麒麟血竭”（江泽慧和王慷林，2013）。竹类等也是分布区民众和企业等经济的主要依靠和重要的出口物资。

四、科研价值

生物多样性对科学技术的发展是不可或缺的，其科研价值体现在多个方面。

（1）仿生学发展军事产品：军事科学利用仿生学的发展，制造出的很多武器均离不开丰富而奇异的生物世界。例如，飞机来自对鸟类的模仿，船和潜艇是对鱼类和海豚的模仿，火箭升空利用的是水母（*Scyphozoa* spp.）、墨鱼（*Sepia* spp.）反冲原理；依据响尾蛇的红外线自动热定位确定捕捉物位置的原理，成功设计了导弹引导系统；依据昆虫平衡棒具有保持航向不偏离作用的原理，制造了控制高速飞行器和导弹航向稳定作用的振动陀螺仪。

（2）动植物品种的改良：野生生物的抗性（抗病性、抗旱性等）较栽培种强，把遗传近缘种抗性基因引入驯化或栽培种，能大幅提高农业生产力水平，是野生生物遗传资源对现代农业的贡献。同时，除不断在野生植物中发掘新的栽培植物以外，改良现有的栽培植物品种，培育新的、更优良的栽培品种，也要借助于野生种类。

中国首届国家最高科学技术奖得主、杂交水稻之父袁隆平院士提出“要想利用水稻杂种优势，首推利用水稻的雄性不孕性”，“野生稻与栽培稻进行远缘杂交”的技术，是培育雄性不育系的有效途径，进而创造了水稻三系杂交育种法。杂种优势由品种间到亚种间再到远缘杂种优势利用，优势越来越强，促使杂交水稻一步一步向新的台阶迈进。栽培稻一般一年生，而普通野生稻为多年生草本植物，具有比栽培稻较长的芒，袁隆平院士正是巧妙利用了野生稻这一优势。

1962 年在秘鲁安第斯山所采集的番茄（*Lycopersicon esculentum*）野生种，与栽培种杂交的新品种，糖分的含量大大提高，用于加工业，实现了增收。番茄的萎蔫病抗性也是由这个区域的野生种基因所提供的。

利用印度的野生稻（*Oryza nivara*）培育出‘IR36’抗病新品种，解决亚洲大面积水稻种植区域发生矮化病和枯萎病的问题；这种野生稻含有一种抗禾草矮化病害的基因，因而具有抗发育迟缓病的特性，即无抗性普通高产水稻＋有抗性野生低产水稻→进行杂交育种或基因移植→有抗性普通高产水稻。

非洲最严重的木薯（*Maninot esculenta*）花叶病，是用巴西的野生木薯（*M. glaziovii*）培育出抗病品种而得到解决的。

（3）野生传粉动物对作物的贡献：中国 700 多万群家养蜜蜂（*Apis* spp.）和近万种野生蜜蜂是虫媒植物繁衍后代的“红娘”，尤其对多种农作物、果树、牧草、蔬菜和很多其他经济植物的产量和质量提高立下了汗马功劳。

（4）利用生物多样性防治病虫害：生物多样性丰富的地区，一般不易发生灾难性病虫害现象。因为生态系统中食物网各营养级上的生物都是相互制约的，任何物种都不可能无限增长，故处于平衡状态。人类活动使食物网受破坏，病虫害不时大发生，带来巨大经济损失和生态灾难。

中国科学院西双版纳热带植物园与地方合作，模拟热带环境，推广橡胶与茶叶间作，一方面减轻了橡胶树的冻害，另一方面减少了虫害。据统计，胶茶群落中，有害虫天敌——蜘蛛［蜘蛛目（Araneida）昆虫通称］89种，蜘蛛能通过种间和种内的调节而有效控制小绿叶蝉（*Jacobiasca formosana*）对茶树的危害，避免了在茶树上喷药。

五、美学价值

色彩缤纷的花木及神态各异的动物都能给人以美的享受。例如，中国十大名花中“天下第一香”的兰花（*Cymbidium* spp.、*Cypripedium* spp.、*Vanda* spp.等）、“凌波仙子”水仙（*Narcissus pseudonarcissus*）、千姿百态的菊花（*Dendranthema* spp.）、十里飘香的桂花（*Osmanthus fragrans*）、“出淤泥而不染”的荷花（莲，*Nelumbo nucifera*）、傲霜斗雪的梅花（*Prunus mume*）、富丽堂皇的山茶（*Camellia* spp.）、“花中皇后”月季（*Rosa chinensis*）、“国色天香”的牡丹（*Paeonia suffruticosa*）和“花中西施”杜鹃（*Rhododendron* spp.），因其美学属性，在中国经济和文化方面产生巨大的收益。

竹类植物具有较高的观赏价值。诗经中“瞻彼淇奥，绿竹猗猗”，是中国古代最早的赏竹记载。“竹君子，石大人，千岁友，四时春”（清代郑板桥），千百年来，竹子以其挺拔秀丽的竿形，潇洒多姿的枝叶，丰富多样的形态，与松、梅并誉为“岁寒三友”，和梅、兰、菊有“四君子”之称，构成四季常青，碧玉成林，独具风韵，具声、影、意、形“四趣”的园林景观。竹竿形态、大小、颜色，竹枝形态，竹叶类型，竹笋出土和拔节生长等特征，展现竹子的洒脱、素雅、挺拔、婀娜、刚强、高简、古朴、奇特之美。各种大小、姿态、色彩的竹子搭配，可以形成多姿多彩的竹林景观。此外，竹类具有较高的文化造景价值。苏轼“可使食无肉，不可居无竹”的名句，说明竹在文人精神层次、庭院绿化和美化中有不可或缺的重要性，其在中国和世界园林中占有重要的位置（王慷林，2004a；Wang et al.，2005）。

棕榈科植物生态习性各异、形态独特多样，叶秀丽多姿，掌状叶类型雄浑劲健，羽状叶类型典雅清奇，是中国和世界园林重要独特的物种。有的种类茎干单生，株型较大，树密雄伟，可作主景树、行道树、园景树，孤植、列植、群植成林或与其他植物配植于草地、水体、山石等，如大叶蒲葵（*Livistona saribus*）、贝叶棕（*Corypha umbraculifera*）、棕榈（*Trachycarpus fortunei*）、董棕（*Caryota urens*）、鱼尾葵（*C. ochlandra*）、椰子等；有的茎干丛生，树影婆娑，宜作配景植物，可群植、丛植于草地、庭园，如短穗鱼尾葵（*Caryota mitis*）、散尾葵（*Chrysalidocarpus lutescens*）、瓦理棕类（*Wallichia* spp.）、江边刺葵（*Phoenix roebelenii*）、琼棕（*Chuniophoenix hainanensis*）等；有的株型低矮、秀丽，适作盆景观赏，如棕竹类（*Rhapis* spp.）、矮琼棕（*Chuniophoenix nana*）、山槟榔类（*Pinanga* spp.）、龙棕（*Trachycarpus nana*）等（王慷林，2004b）。

随着经济发展和人民生活水平的提高，对观赏和城镇绿化、美化植物的要求日益增加。许多野生花卉也引种栽培，进入城市，如姹紫嫣红的报春花（*Primula* spp.）、百合花（*Lilium* spp.）、玉兰花（*Magnolia denudata*）、绿绒蒿（*Meconopsis* spp.）、秋海棠（*Begonia* spp.）、翠雀花（*Delphinium grandiflorum*）、铁线莲（*Clematis* spp.）、海红豆（*Adenanthera pavonia*）、云南樱花（*Prunus cerasoides*）、虎耳草（*Saxifraga stolonifera*）、枫叶（*Liquidamba ormosana*）、迎春花（*Jasminum nudirlorum*）、地涌金莲（*Musella lasiocarpa*）等，作为美化环境的装点，愉悦心灵，振奋精神。

自然界一草一木、一花一果都赋予旅游者以美的享受，野炊、野营、徒步旅行等户外娱乐活动都与生物资源分不开，享受大自然的情趣和生活的乐趣，为人们消除疲劳，促进身体健康起到良好作用。

六、种质资源的国际交流价值

国际植物引种驯化是增加基因资源必不可少的手段，是许多抗病虫基因、抗逆基因及优良农艺性状基因的来源，收集、保存和利用外来种质资源，也是各国作物改良计划的重要组成部分，为各国经济社会的发展做出了重要贡献。

中国与世界各国存在大量种质资源交流的机制。例如，中国从国外引进的桉（*Eucalyptus* spp.）、油棕、加那利海枣（*Phoenix canariensis*）、金鸡纳（*Cinchona ledgeriana*）、毛地黄（*Digitalis purpurea*）、油莎草（*Cyperus esculentus*）、巴西橡胶树（*Hevea brasiliensis*）、湿地松（*Pinus elliotii*）、火炬松（*P. taeda*）等，为中国经济、社会和文化的发展做出了贡献。许多中国现今食用植物，如芝麻、芫荽（*Coriandrum sativum*）、石榴（*Punica granatum*）、葱（*Allium fistulosum*）、蒜（*Allium satium*）、黄瓜（*Cucumis sativus*）、甘薯（*Dioscorea esculenta*）、阳芋（*Solanum tuberosum*）、玉米、花生、油橄榄，以及观赏植物鸡爪槭（*Acer palmatum*）、雪松（*Cedrus deodara*）、龙柏（*Sabina chinensis*）等，都引自国外。

中国也为丰富世界种质资源做出了重大贡献。例如，水稻（*Oryza sativa*）、野荞麦（*Fagopyrum dibotrys*）、白菜（*Brassica pekinensis*）、萝卜（*Raphanus sativus*）、苹果（*Malus pumila*）、猕猴桃、桃（*Prunus persica*）、杏（*Armeniaca vulgaris*）、梨（*Pyrus* spp.）、柑橘（*Citrus reticulata*）、荔枝（*Lichi chinensis*）、龙眼（*Dimocarpus longan*）、牡丹、月季、杜鹃、山茶等也被各国引种。英国爱丁堡皇家植物园目前保存活植物 17 000 多种，其中引自中国的有 1 700 多种，近 900 种为中国特有植物；美国哈佛大学阿诺德树木园保存活植物 4 000 余种，引自中国的有 440 多种，200 多种为中国特有植物；莫顿树木园目前保存活植物约 3 500 种，引自中国的有近 430 种，150 多种为中国特有植物（武建勇等，2013）。

第三节　生物多样性的间接价值

生物多样性的间接价值是难以用货币衡量的价值，常常体现在环境保护和生态系统服务功能，即与生态系统的生态过程有密切关系，如净化空气和水、调节气候、保持水土、水源涵养、吸收和分解污染物质、维持物种关系（生物传粉、病虫害防治），以及休闲和生态旅游等，往往未经过市场流通而直接被消费。

生物多样性的间接价值，明显地大于可以作为买卖价值的直接使用价值。然而，人们在实践中往往事前没有意识到，如水体的生物净化作用、陆地森林和草地对空气的净化作用、森林对气候的调节作用等。

一、生态系统服务功能

生态系统服务功能主要是指维持生物圈的功能，是由个体、种群、群落、生态系统或景观系统的功能呈现的功能，如遗传材料储存、固定太阳能、固碳、传粉、涵养水源、补充地下水和净化水质、巩固堤岸和防风固沙、防止土壤侵蚀/流失、预防水灾和水源保护、二氧化碳汇集和气候调节、提供候鸟过境地等。

1. 预防洪水/旱灾，涵养水源

发育良好的植被具有调节径流的作用。植物根系深入土壤形成较多的孔隙或毛细管孔隙，使土壤对雨水更具渗透性和保水能力。径流在有植被地段较裸地缓慢和均匀，有利于渗入土壤。一般地，在森林覆盖地区雨季可减弱洪水，旱季可减缓旱情。

植被具有调节并稳定降水的流失、涵养水源的作用。树冠拦截的雨水量一般高达 15%，灌木与草本植物层拦截并保留的雨水更多。枯枝落叶层是森林海绵效应最重要的组成部分。森林的庞大根系及各种土壤无脊椎动物和微生物的活动，显著地提高土壤降低地表径流的物理能力。

2. 防止土壤流失，养护土壤肥力

生物群落/森林具有防止土壤流失和养护土壤肥力的作用。

树木和其他植物每年的枯枝落叶层的覆盖，不仅改善了土壤的结构，增加了地表的粗糙度，减少雨水对土壤的直接冲击，而且由于树冠截留及其根系深入土壤，减缓地表径流，使土壤对降水的渗透性提高，因而土壤水分的流失速度较裸露地表缓和均匀，植物根系和真菌菌丝把土壤微粒结合起来，这些因素都降低了土壤水蚀的发生及其程度，进而保持土地生产力，防止塌方、泥石流、滑坡等自然灾害；保护海岸、河岸和堤岸，并能防止湖泊、河流和水库的淤积。

生物从土壤、大气、降水中获得必需的营养元素，构成生物体。生态系统内的所有生物体内都储存着各种营养元素，并通过元素循环，促使生物与非生物环境之间进行养分交换，维持生态过程。例如，蝶形花科［各种豆类，如蚕豆（*Vicia faba*）、豌豆（*Pisum sativum*）等］、桦木科［多种桤木（*Alnus* spp.）］、胡颓子科［沙棘（*Hippophae rhamnoides*）］等植物具有固氮菌，可增加土壤肥力，在维护土地可持续经营中极为重要。

每年森林的枯枝落叶层腐烂可以使一定量的硝酸盐返回到土壤中，并不断地经微生物分解向土壤归还所储备的矿物元素，供森林植物生长。例如，亚高山多种冷杉（*Abies* spp.）枯枝落叶层矿物元素含量为（5～6）$\times10^3$kg，包括 Si（1.3～4.6）$\times10^3$kg，Al（0.5～1.0）$\times10^3$kg，Fe（0.1～0.4）$\times10^3$kg，Ca（0.2～0.4）$\times10^3$kg，Mg（0.1～0.2）$\times10^3$kg，P 小于 0.03$\times10^3$kg；每年每公顷由枯枝落叶淋洗向土壤输入 Si（0.34～0.46）$\times10^3$kg，Al（0.08～0.16）$\times10^3$kg，Fe 小于 0.01$\times10^3$kg，Ca（0.03～0.06）$\times10^3$kg，Mg（0.04～0.05）$\times10^3$kg。

3. 能量储存，固碳作用

光合作用是生物圈能量流的源泉，生物圈固定的太阳能，构成了今天最主要的能源。植物通过光合作用将太阳能储藏，从而形成食物链中能量流的来源，为绝大多数物种的生存提供能量基础。林冠层光合作用的碳固定过程，如森林植物组织呼吸、土壤凋落物与土壤有机质分解、地下部分根系周转与呼吸等碳释放过程，最终决定森林生态系统的碳平衡（项文化等，2005），调节和维持着生态系统的生产力与稳定性。

4. 调节气候

生态系统对大气候及局部气候均有调节作用，包括对温度、降水和气流的影响。森林具有庞大的林冠层，在地表与大气之间形成一个绿色调温器，它不仅形成特有的林内小气候，而且对森林周围温度也有较大的影响。热带雨林及地方植被，对调节全球及地区气候都具有极为重要的作用。例如，云南西双版纳自治州景洪市 35 年的气象资料清楚地表明森林退化和地区气候间的关系——森林退化使森林更加远离城区，虽然当地的年平均气温只略微升高，但是冬季更冷、夏季更热；总降水量也只是略微减少，但其季节分布不均的现象明显加剧。

5. 种间关系维持进化过程

生态系统的功能包括传粉、基因流、异花授粉的繁殖功能，以及生物之间、生物与环境之间的相互作用，对于维持进化过程和环境效益具有重要的意义。例如，昆虫、动物等传粉，促进植物的结实。世界 75%的主要作物和 80%的开花植物都依赖于动物传粉。动物传粉的作物提供了全球大部分的食物来源，其中 15%是由家养蜜蜂授粉，但至少 80%是由野生蜜蜂和其他野生动物授粉。

世界上约 73%的栽培作物，如腰果（*Anacardium occidentalie*）、南瓜（*Cucurbita moschata*）、杧果（*Mangifera indica*）、可可、蔓越莓（*Vaccinium macrocarponl*）、蓝莓（*Vaccinium uliginosum*）由各种品种的蜜蜂授粉，苍蝇（*Muscidae* spp.）授粉的约占 19%，蝙蝠（*Vespertilio superans*）授粉的占 6.5%，黄蜂（*Vespa manderinia*）授粉的占 5%，甲虫（*Coleoptera* spp.）授粉的占 5%，鸟类授粉的占 4%，蝴蝶和蛾子授粉的占 4%。

印度加尔各答农业大学德斯教授对一棵树的生态价值进行计算，其 50 年树龄期间：①产生氧气的价值约 31 200 美元；②吸收有毒气体、防止大气污染的价值约 62 500 美元；③增加土壤肥力的价值约 31 200 美元；④涵养水源的价值 37 500 元；⑤为鸟类及其他动物提供繁衍场所的价值 31 250 美元；⑥产生蛋白质的价值 2 500 美元。除去花、果实和木材价值，总计价值约 196 000 美元。

二、环境保护功能

生物多样性的存在，可吸收污染物，促进生活与工业废弃物的降解和循环，也作为环境变化的指示物，因而对环境保护和监测具有重要的价值。

1. 控制污染

天然植被，特别是森林，能够通过吸收污染物而净化空气和水。森林或植被生产 1kg 的干物质，需要过滤 3 110m^3 的空气（张桂英和王之安，2004），固定 1.63×10^3 kgCO_2，释放 1.19×10^3kg O_2（姜孟霞，2010），并能够从大气除去 SO_2、HF、Cl_2 和 NH_3 等有毒气体。

粉尘是大气污染的主要物质之一，其含有大量烟尘、碳粒、铅、汞、镉等成分，对人体危害极大。据统计，许多工业城市，每年地面上降尘量约为 500 000kg/km^2，个别高达 1 000 000kg/km^2。一些叶片粗糙密生茸毛、叶面存在褶皱的植物，具有强烈的吸尘、滞尘能力；叶片光滑的植物，也可滞尘。一棵成年松树每年可吸附成吨的灰尘；榆树（*Ulmus pumila*）叶片吸附粉尘可达 10g/m^2 以上；女贞（*Ligustrum lucidum*）叶片吸附粉尘约 6g/m^2。泡桐（*Paulownia* spp.）、杉木（*Cunninghamia lanceolata*）被称为天然吸尘器，夹竹桃（*Nerium indicum*）具有解毒吸尘之功效，被称为绿色吸尘器。

噪声也是环境污染的一类。在城市中，汽车、火车、飞机及工厂的噪声，常常危害居民的身心健康。良好的绿化，可有效减弱噪声危害。马路边 20m 宽的多层行道树，如雪松、杨树（*Populus nigra*）、珊瑚树（*Viburnum odoratissimum*）、桂花各种植 1 行，隔声效果良好，其与同距离空旷地相比，减少噪声 5～7dB。绿化树木减弱噪声的效果与林带的宽度、高度、位置、结构模式及植物种类等有密切的关系，如林带宽度 15～30m、高度 10m 以上、林带长度为声源至受声区距离的 2 倍、林带边缘至声源的距离 6～15m，林带配置以乔木、灌木和草地相结合，减弱噪声效果较佳（江苏省植物研究所等，1978）。通常，树冠矮的乔木和灌木比树冠高的乔木防噪声的能力强，灌木的吸音作用更显著。阔叶树吸音效果比针叶树好，几条狭窄林带比一条宽林带吸音功能强。由乔木、灌木和草本构成的多层稀疏林带比一层稠密林带的防噪效果更好（中国科学院植物研究所二室，1978）。

凤眼蓝（*Eichhornia crassipes*）、薄荷、凤仙花（*Impatiens textori*）、水葱（*Scirpus validus*）、莲、石菖蒲（*Acorus tatarinowii*）等，能净化污水，将水中的酚、氰等有毒物质分解成无毒物质。莲花美观宜人，其茎、根能有效吸收沉于底泥中的有机物和 N、P 等，使污水和污泥净化。用于净化水体的实验研究发现石菖蒲、天南星科植物的根茎部分对锌、砷、镍、镉的吸收富集作用较强。含有十几种浓度较高足以使鱼类致死的有机化合物的污水池中，栽植水葱一段时间后，这些物质全部被水葱吸收。小球藻（属单细胞绿藻）在适宜温度和光照条件下于含有机物质尤其是含氮较多的水体中，吸收这些物质，促进个体数量急剧增加。利用小球藻生长迅速、繁殖能力强的特点，可净化工厂污水中所含的 N、P 和其他污染物。

2. 废物的解毒和降解

某些生物对污染物质有抗性，能吸收和分解污染物，另一些生物对有机废物、农药及空气和水的污染物有降解作用。这类植物往往有以下特点。①叶片的结构不利于有害气体进入，其表现为叶片较厚、革质，外表皮角质化或叶表面有蜡层，叶片气孔稀少或气腔内有腺毛等附属物阻挡气孔口，有些叶背往往多毛。②植物的生理特性有利于抵抗污染气体侵害，有些植物能吸收大量污染物而不受损害，对污染物质有转移、积累或消耗的能力；有些植物在有害气体侵袭时会关闭气孔，减少污染气体进入，因而提高其抗性；具有乳汁或胶状物质的植物，一般抗性都较强。③具有较强的再生能力，在工矿附近此类植物虽易受害，但其枝叶的萌生能力强，在污染物质较多的污染区，其仍然能够顽强地生长。

多数植物或树木都有吸收空气污染物的功能，如刺槐（*Robinia pseudoacacia*）对 SO_2、Cl_2、光化学烟雾等的抗性都较强，还有较强的吸收铅蒸气的能力；楝树（*Melia azedarach*）对 SO_2、HF 等有毒有害气体有超强的吸收净化作用（其对 SO_2 的吸收量是其他树种的 4～5 倍），其还有耐烟尘的功能，是工厂、城市、矿区绿化树种，宜作庭荫树及行道树。在同一污染源附近，垂柳（*Salix babylonica*）和三球悬铃木（*Platanus orientalis*）叶片中的含硫量可比银桦（*Grevillea robusta*）高 3～5 倍，且其吸收 SO_2 的速度也较快。1kg 柳杉（*Cryptomeria fortunei*）叶每月能吸收 SO_2 约 3g；柑橘叶吸收 SO_2 能力较强，其吸收量约为叶重量的 0.77%。落叶树种的叶片 SO_2 的含量通常是夏秋季高于春季，如杜梨（*Pyrus betulifolia*）叶中春季含硫量为 0.112%，夏季增高到 0.639%，秋季则为 0.960%。常绿树一般老叶（两年生或三年生）比新叶（当年生）SO_2 含量高，在不同季节中，以冬季叶片含 S 量最大，如侧柏（*Platycladus orientalis*）冬季叶片的含 S 量比夏季约高 5 倍。

近年来，由于家居装修等原因，家庭环境污染也是较为常见的问题。室内环境污染对人体的呼吸道、心血管系统、消化系统、神经系统、泌尿系统及内分泌系统等都可能产生极大影响，严重的会引发如气管炎、哮喘、高血压、心脏病、肝大、坏死性肾炎、阻塞性肾炎等疾病，以及头晕、头痛、失眠、神经衰弱、记忆力减退等不良症状。因此，可根据人们的审美习惯选择适合室内摆放的不同类型植物，并根据植物的生物学特性，适时更换，这样不仅能保持植物的正常生长，而且能保持空气清新，有益于人体健康。例如，一盆虎尾兰（*Sansevieria trifasciata*）可吸收 $10m^2$ 左右房间内 80%以上多种有害气体，两盆虎尾兰基本可使一般居室内空气完全净化，且其白天还可以释放大量的氧气。

此外，苏铁（*Cycas revoluta*）可大量吸收室内苯污染物，据计算其能去除香烟、人造纤维中释放 80%的苯，而且还能有效分解地毯、绝缘材料、胶合板中的甲醛和壁纸中对肾脏有害的二甲苯。吊兰（*Chlorophytum comosum*）位居众多吸收有毒物质植物首位，据测试，8～$10m^2$ 房间内一盆吊兰即可在一天内吸收 86%的甲醛，其能将室内电器、塑料制品、涂料及煤气燃烧后散发的一氧化碳、过氧化氮等有害气体吸收分解为无害物质，并且还能够分解复印机、打印机排放的苯，“吞噬”尼古丁等。

3. 环境指示功能

不同植物出现在环境中或同一种植物在其特定生长发育阶段及不同环境条件下表现的形态和生长等变化，可指示其生长环境优劣状况。例如，秋海棠（*Begonia* spp.）等对污染物敏感，只能在空气质量优良环境下生长良好，故其可作为环境监测的指示植物。

生长环境受到污染后，植物可敏感和快速地呈现明显反应。通常，污染物通过大气、水和土壤进入植物体内，侵袭细胞组织而发生一系列生化反应，使组织遭受破坏，呈现受害症状。随污染物的种类、浓度及植物种类、受污染时间的不同，症状各异。例如，污染物可能导致植物的叶绿素破坏和组织脱水，进而导致叶面失去光泽，出现不同颜色（黄色、褐色或灰色）的斑点、叶片脱落甚至全株枯死等异常现象的发生。据此，可根据这些指示植物呈现的各种症状特征和信息判断环境污染状况，并对其质量做出评价。

可以通过植物种的分布或生长状况，标示环境受污染程度或污染类型。例如，唐菖蒲（*Gladiolus gandavensis*）的叶片边缘和尖端出现淡黄色片状伤斑，则说明空气中存在氟化物（HF）污染；牵牛（*Ipomoea nil*）、万寿菊（*Tagetes erecta*）、秋海棠（*Begonia grandis*）等在含百万分之一（1ppm[①]）SO_2 的大气生存仅 1h 即发生叶萎蔫等中毒症状；龙爪柳（*Salix matsudana* cv. *tortuosa*）、唐菖蒲、仙客来（*Cyclamen persicum*）、郁金香（*Tulipa gesneriana*）等对 HF 极为敏感，可作为检测 HF 污染的指标植物。

地衣、苔藓植物是公认最为敏感的大气污染指示植物，具有灵敏、精确和直接等特点，已被广泛应用于生物监测重金属污染研究领域。地衣、苔藓作为环境监测植物的主要依据如下。①其生长在树皮上而不受土壤条件差异的影响。②此类低等植物生长所需的水分和养料全部依赖雨水或露，大气中的污染物质溶于雨水中，且被浓缩而作用于地衣、苔藓体内。③地衣、苔藓的生长速度比维管植物缓慢，一旦受害，恢复所需的时间较长。④此类植物是多年生的常绿植物，全年都可感受污染的影响。⑤树木和草本植物受大气污染时，污染物以气体状态通过叶片的气孔侵入叶内，被活跃的栅栏组织细胞吸收，然后才出现受害的特征；地衣、苔藓的叶或叶状体内则只排列一层有叶绿素的细胞，污染物可以从叶的两面直接侵入，而且溶于雨水并以水溶液的状态被细胞所吸收。⑥萌生能力强的树木，即使受害落叶，也会很快长出新叶，草本植物一般也不断长出新叶，其受害的症状在短时间内或几周内即消失。然而，地衣、苔藓类的生长量小，一旦受害枯萎很难恢复其生长甚至生命力；同时，地衣、苔藓类对环境污染较敏感，短时间受污染即表现腐烂等现象；若长时间污染，则导致死亡消失。基于以上因素，地衣、苔藓植物一旦被环境污染，短期会呈现生长或生存被危害的特征，因而其是良好的环境污染指示植物。

第四节　生物多样性的潜在价值

潜在价值常常由保护愿望决定，反映人们对自然的同情和责任。一个物种的潜在价值有多大，其消失究竟带来多大的损失，就目前科技发展水平，还难以准确评估，正如人们不能评估一只恐龙的存在价值一样。对大量的野生生物，目前尚不清楚它们的使用价值，但其具有的巨大潜在使用价值，毋庸置疑。例如，黄花蒿（*Artemisia annua*）过去是一种不起眼的野草，由于发现其含有青蒿素，现在用于治疗各类疟疾，尤其适用于抗氯喹、抗喹哌恶性疟疾和凶险型脑型疟，特别是在非洲，成为救命的“神草”；又如，广泛分布于福建、广东、广西、海南和云南等地山林中的三桠苦（*Evodia lepta*），过去一直被人们作为薪材，使用价值极低，直至 20 世纪 80 年代，科学家以其作为主要原料生产胃药、感冒药等药品，三桠苦的身价上升。因此，目前尚对其功能和价值不清楚的野生植物，未来也许不可估价。

① 1ppm＝1×10^6，下同。

第五节　生物多样性的伦理价值

“天地之性，万物各自有宜。当任其所长，所能为，所不能为者，而不可强也。”老子主张让自然万物依其固有的规律生存，实现无为而治。自然界存在自然价值和伦理价值。自然价值表现在物质、能量和信息三个主要方面（余谋昌，1999），人类必须依赖开发利用自然资源和自然价值而生存，同时在自然价值的基础上创造和实现文化的价值，并使自然价值不断融入文化之中。自然价值具有三个方面的多样性。①自然价值创造过程的多样性。创造自然价值的自然物质生产过程是多种多样的。例如，自然物质的机械运动、物理运动、化学运动、地质地貌运动和生物运动，都是创造自然价值的过程。②自然价值载体的多样性。自然界的各种事物是自然价值的载体，其具有极高的多样性，包括自然物质、宇宙能量、地球空间、人类的时间和生物的多样性等。③自然价值利用方式的多样性。价值作为关系的概念，是在主体与其对象的关系中得以表现的。价值主体有无限的多样性，价值客体也有无限的多样性，从而导致了价值主体与客体关系的无限多样性。自然价值可以从 10 个方面进行表述：支持生命、孕育其他生物和人类的价值，经济价值，科学价值，娱乐价值，多样性价值，文化价值，陶冶情操价值，健康价值，自然界稳定和开放的价值，以及宗教价值（陈凤虎等，2006）。

生物多样性具有存在价值，通称伦理或道德价值，即任何生物有其存在和生长的权利，人类没有特权伤害这些物种的生存，更没有权力灭绝之。因此，一些经济学家提出，常规的代价-效益关系需要吸收一些新的机制，以处理未来较高价值的可能性，以及失去了保存自然环境和遗传材料机会的不可恢复性。为了将来人们有更多的选择和选择机会，全社会可能愿意为此付出代价。

生物多样性的伦理价值可从多方面来论述，本书主要从尊重物种生存权、维护物种的自我价值、关注生物多样性保护权及保持物种的整体性和系统性 4 个方面阐述。

1. 尊重物种生存权

每一个物种，不论其目前对人类的重要性如何，有无经济价值，不论种群大小，物种是简单还是复杂，是古老的还是近代进化的，是经济上重要的还是没有直接经济价值的，都是世界上客观存在的。所有物种都是世界生物群落的一部分，有其自己的生存权利。自然界的一草一木都必须被珍惜，因随着对生物资源需求量增多，每个物种或品种供应量不断减少，生物多样性的价值可能会不断增加。

“天地与我并生，而万物与我为一”“天与人，不相胜也”“夫至德之世，同与禽兽居，族与万物并”“无以人灭天，无以故灭命”（庄子），实现人与万物的平等和谐，共存共荣。“天地别无勾当，只以生物为心。如此看来，天地全是一团生意，覆载万物。人若爱惜物命，也是替天行道的善事”（朱熹）。人天合一，须珍爱一切宇宙间存在的事物。

一个物种是在其生长的环境中成其所是的。环境伦理规范必须发展成大地伦理规范，必须对与所有成员密切相关的生物共同体予以适当的尊重。我们必须关心作为这种基本生存单位的生态关系（罗尔斯顿，1991）。

生命中心主义的观点是以对自然的尊重思想为基础的（P. W. 黎勒，《尊重自然》），其核心信念包括 4 个方面。①以与其他生物在同一意义上相一致的条件为本，人类是地球生物共同体的一个成员。②与其他所有生物种类相同，人种是生物种类相互依存体系中不可缺少的要素。生存在这个体系中，各种生物都可能过着同样丰富或者贫乏的生活，这些不只是由环绕以此为中心的环境物理条件决定的，而且是由与其他生物间的关系决定的。③在以不同方法追求不同幸福的意义上，所有的生物都是生命目的论的中心。④人类在本质上并不比其他的生物有优越性，在地球上生存的生物同样都是构成世界秩序不可缺少的一部分，作为相互依存单位，在构成自然界秩序的生命体所有机能上，是互相联系的（刘志坚，2007）。因此，对待万物，应如同对待人类一样尊重，与尊重人权一样尊重万物的权利（林灿玲，2004）。

人类的干扰（人为破坏、不合理开发利用、过度采挖砍伐）、自然灾害等，都可能引起物种世代顺序的破裂、退化、解体，从而威胁到种的生存和繁殖，种群的个体减少到一定数量时，该物种的遗传基因库便存在丧失的危险，从而导致物种的解体，进而威胁到种的生存和繁殖。因此，所有的物种都有自身的价值和存在的意义，人类无权贬低它们，而且有责任采取行动保护物种，使其免受人类活动破坏，导致物种灭绝。

2. 维护物种的自我价值

每一个物种都有其自身价值，即与人类需求无关的内在价值（Naess，1989）。自然具有超越经济价值的精神和美学价值。在历史上，思想家、诗人、艺术家和音乐家乃至普通人，都从自然中获得大量灵感。接触野生动植物和各种景观，可获得美的享受。“在物种水平上，一个种群繁殖的后代多于维持种群所需的量，多余后代则迁移到附近种群，否则后者就无法自我维持”（Pulliam，1988）。一些物种走向灭绝，主要是由于人类对其直接的采集、泛伐或者破坏其生存的环境，导致种群越来越小。

盖亚假说（Gaia hypothesis）表明，生物圈是一个可以自我调节的实体，它能通过控制化学和物理环境维持星球保持健康（Lovelock，2007）。换言之，地球上的大气组成、地表温度、酸碱度和海水的盐分含量等受到自然条件的改变和干扰（如太阳辐射量的增加、地震、火山爆发、大陆漂移和冰河作用）或人为的破坏（如工业污染、森林砍伐）时，地球上所有生命的总体（动物、植物、微生物）就会通过其生长和代谢对这些变化做出反应，也就是说生物和其环境组成一个自我调节的反馈系统来对抗不适于生物生存的环境变化。盖亚假说认为进化是渐进的和间断的结合，其并没有否认达尔文“适者生存的进化论”，但它却强调了生物对环境主动和积极的作用，并认为自然选择的生物进化是自我调节现象的一个重要部分（郭忠玲和赵秀海，2003）。

3. 关注生物多样性保护

“劳动是财富之父，土地是财富之母”（威廉·配第）、“人定胜天”（荀子）到“天生一切动物应当都可以供人类服用”（亚里士多德），人类的价值趋向，对生物多样性的不断索取，导致土地沙化、尘沙漫天，水体污染、水资源缺乏，野生动植物大量灭绝、物种多样性急剧下降，森林草原大面积消失等，因此生物多样性的保护应当是各界特别关注的问题。

保护自然资源，保护生物多样性。古之遗训有“舜令伯益为虞官，管理上下草木鸟兽”（《尚书》）；“禹之禁，春三月，山林不登斧，以成草木之长；夏三月，川泽不网罟，以成鱼鳖之长”《逸周书·大聚篇》；“毋坏屋，毋填井，毋伐树木，毋动六畜，有不如令者，死无赦”（西周《伐崇令》）；“春二月，毋敢伐材山林及雍堤水。夏月，毋敢夜草为炭。毋毒鱼鳖，置阱网，到七月哀纵之”（《秦简》的《田律》）；“诸失火及非时烧田野者，笞五十”，“诸弃毁官私器物及毁伐林木、稼穑者，准盗论”（《唐律》）。

中华人民共和国成立后，国家颁布一系列的政策法令，促进生物多样性的保护。例如，《中央人民政府政务院关于发动群众开展造林、育林、护林工作的指示》（1953 年）、《关于注意处理工矿企业排出有毒废水、废气问题的通知》(1957 年)、《中华人民共和国水土保持暂行纲要》(1957 年)、《国务院关于积极保护和合理利用野生动物资源的指示》(1962 年)、《森林保护条例》(1963 年)等，都有利于生物多样性的保护。

1966 年开始，生物多样性保护工作陷入恶性循环。直到 1973 年 8 月，中国召开第一次全国环境保护工作会议，表明国家开始把环境问题作为国家大事来抓，拟订了《关于保护和改善环境的若干规定(试行草案)》，确定了国家环境保护的方针，即“全面规划，合理布局，综合利用，化害为利，依靠群众，大家动手，保护环境，造福人民”。

1976 年中国生物多样性的保护进入新的阶段，颁布了与环境和生物多样性保护相关的大量法律法规，如《中华人民共和国海洋环境保护法》(1982 年通过，2017 年第三次修正)、《国务院关于严格保护珍贵稀有野生动物的通令》(1983 年)、《中华人民共和国自然保护区条例》(1994 年发布，2017 年修订)、《中华人民共和国森林法》(1984 年颁布，1998 年修改)、《中华人民共和国草原法》(1985 年通过，2013 年修订)、《风景名胜区管理暂行条例》(1985 年)、《中华人民共和国渔业法》(1986 年通过，2013 年新修订)、《中华人民共和国土地法》(1986 年颁布，1998 年修改)、《中华人民共和国森林法实施细则》(1986 年)、《中华人民共和国土地管理法》(1986 年通过，2004 年修订)、《森林采伐更新管理办法》(1987 年颁布，2011 年修订)、《中华人民共和国野生动物保护法》(1988 年颁布，2016 年修订)、《森林防火条例》(1988 年颁布，2008 年修订)、《中华人民共和国水法》(1988 年通过，2016 年最新修订)、《森林病虫害防治条例》(1989 年)、《中华人民共和国环境保护法》(1989 年颁布，2014 年修订)、《中华人民共和国水土保持法》(1991 年颁布，2010 年修订)等。1992 年批准《20 世纪议程》、《里约环境与发展宣言》和《生物多样性公约》。此后，《中华人民共和国农业法》(1993 年颁布，2012 年最新修正)、《草原防火条例》(1993 年颁布，2008 年修订)、《森林公园管理办法》(1994 年发布，2016 年修订)、《中华人民共和国野生植物保护条例》(1997 年发布，2017 年修订)、《中华人民共和国森林法实施条例》(2000 年发布，2018 年新修订)、《中华人民共和国防沙治沙法》(2001 年)等相继实施。

4. 保持物种的整体性和系统性

物种间相互依存，彼此制约，协同进化，形成其固有的系统，构成物种的整体性/系统性。任何生物物种在自然界中都不是单独存在的，而是形成一种种群或种间系统关系，即个体离不开种群，种群离不开群落，群落离不开生态系统。每种物种都有自己的最佳生态位、生态域，一种物种的生长为其他物种的生长创造一定的生存条件，同时也依赖于其他物种所创造的生态环境而生存。物种之间的关联度越大，说明一种物种对另一种物种的依赖性就越大。每个物种都利用环境中的资源生存，而且所有的物种都受到环境容纳量的约束。当资源被破坏时，该物种的个体就会减少。一个物种的灭绝或损失可能对这个群落的其他个体成员具有深远影响，可能会导致连锁灭绝。例如，盖亚假说认为“地球上所有的生物，从鲸鱼到病毒，从橡树到藻类，一起构成了一个实体。这个实体能够使得地球的生物圈满足她的全部需要，并且赋予她远远大于其各部分的功能”。铆钉学说也认为生物种为铆钉，地球是舟。随着铆钉的丢失，舟会变得越来越不牢固，可能导致地球成为“正在沉没的一叶方舟”。

自然界由各种各样的生态系统组成，每一个生态系统又包括各个组成部分，各组分之间又有着错综复杂的关系，改变其中的某一个成分，必将对系统内的其他组分产生影响，以致影响系统的结构变化。例如，森林的砍伐、植被的破坏造成水土流失，使土壤肥力下降；土壤肥力下降进一步导致植被的衰退和群落的演替，使系统中的其他生物群落也发生变化，从而影响整个生态系统。各系统之间也彼此影响，这种影响有些是直接的，有些是间接的，有些是立即可以表现出来的，有些则需要很长时期才能显露出来。因此，在利用生物资源时，必须坚持从整体出发和全局的观点，进行综合评价、经营管理和利用，杜绝以偏概全、牵一发而动全身的资源利用行为。植物资源的利用只有在充分保护其系统整体性的前提下，才可能实现可持续的发展和利用。

因此，人类应该把尊重和关爱拓展到生态系统范畴。人类应该承认所有物种的固有价值，认同生命的所有存在形式，从而将尊重与关爱的范围外延到亲属、社会群体、所有人类、动物、所有物种、生态系统，乃至整个地球。

第七章　生物多样性危机与丧失

物种的灭绝是一个自然过程，但人为的活动大大加快了物种灭绝的速度。物种一旦灭绝，便不可再生。生物多样性的消失，将造成农业、医药卫生和保健、工业方面的危机，还会造成生态环境的破坏，威胁人类的生存（国家环境保护局，1995）。物种丧失是生物多样性丧失最常用的指标（奇文和伯恩斯坦，2017）。生物栖息地被破坏、生物资源过度开发、外来物种入侵、环境污染、全球气候变化等，造成野生动植物的物种、遗传及相关生态系统多样性下降，是导致生物多样性丧失的主要原因。

第一节　生物多样性的危机

一、物种的濒危等级系统

世界上大量物种受到不同程度的威胁，为了保护生物多样性，首先要确定物种受威胁的程度，由此，产生物种的濒危等级系统。物种濒危等级系统具有两方面的意义：①科学意义——对物种的濒危现状和生存前景给予客观的评估，是一项基础性工作；②实际意义——为开展物种保护及制定保护优先方案提供了依据。

《IUCN 红色名录》收录的 82 954 个物种中，有 23 928 个正遭受灭绝的威胁，占收录物种的 28.85%（科学网，2016），比 2015 年公布的 22 784 种，增加了 5.02%。造成濒危动植物数目上升的关键在于人类大量砍伐森林，以让位给农地、城市发展或公路，以致许多动植物失去栖居地（中国新闻网，2015）。

1. 濒危等级划分原则

濒危等级划分必须兼顾科学性与实用性的原则。①科学性：要求客观、准确和精细，尽可能地使用定量而不是定性的依据，要求使用的数据尽可能全面、充足和精确；②实用性：强调标准的简单、实用，要求满足不同水平操作者和各个类群的实际需要。

通常，两个原则的要求有时是相互矛盾的，所以标准的制定常处于一种两难的境地。为了达到科学严谨和实用方便两者之间的平衡，IUCN 对物种濒危等级标准进行了反复修订，以避免定性指标的主观性和随意性。

2. 濒危等级划分标准

濒危等级划分的标准包括定性指标与定量指标。①定性指标：种群数（现状分为多或少、变化趋势增加或减少），种群大小（现状为大或小、变化趋势为上升或下降），种群特性（是否小种群），分布范围，分布格局，栖息地类型、质量及面积等，是划分濒危等级的性状；②定量指标：种群个体数、亚种群数、亚种群个体数、分布面积、分布地点数、栖息地面积、在一段时间内以上各指标的变化和物种或种群灭绝的概率，属濒危等级划分的量化指标。

3. IUCN 濒危物种等级系统

IUCN 根据个体数量下降速度、物种总数、地理分布、群族分散程度等原则，把物种分为 9 个等级（图 7-1）。

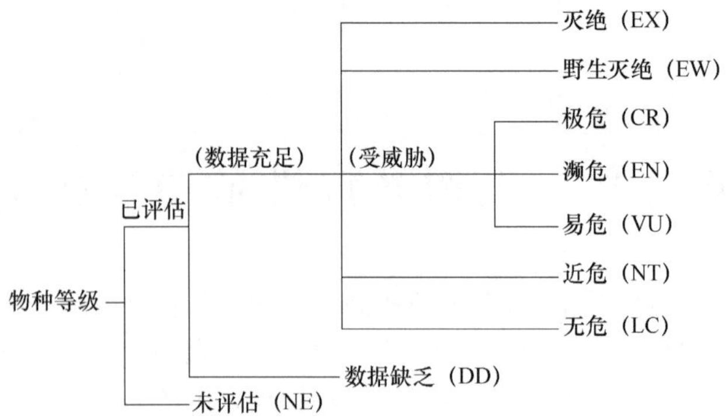

图 7-1　IUCN 濒危物种等级系统

基于其不同表现特征分析，等级划分的依据如下。

（1）灭绝（extinct，EX）：物种如果没有理由怀疑其最后的个体已经死亡，即可列为灭绝。一般指在过去的 50 年中未在野外发现的物种，如生存于远古时代的所有恐龙（*Spinosaurus* spp.）、分布于欧亚大陆和北美大陆的猛犸象（*Mammuthus primigenius*）、分布于马达加斯加的体重达 500kg 的巨大鸟类——隆鸟（*Aepyornis* spp.）、分布于北美大陆且数量达几十亿只的旅鸽（*Ectopistes migratorius*）等。植物如单花美冠兰（*Eulophia monantha*）、南川盆距兰（*Gastrochilus nanchuanensis*）、峨眉带唇兰（*Tainia emeiensis*）、矮马先蒿（*Pedicularis humilis*）、云贵牙蕨（*Pteridrys lofouensis*）等，已经难觅踪迹。

（2）野生灭绝（extinct in wild，EW）：物种如果已知仅有在栽培和圈养条件下或仅作为一个（或多个）驯化种群远离其过去的分布区生活时，即为野生灭绝。例如，分布于中国的麋鹿（*Elaphurus davidianus*）在野外已灭绝，但在其他许多国家圈养和半野生环境下生存良好。中国特有的百山祖冷杉（*Abies beshanzuensis*），野生个体仅存 3 株，分布于浙江庆元，不能自然繁殖，也面临野外灭绝的危机。此外，三七、光叶蕨（*Cystoathyrium chinense*）、华南蜘蛛抱蛋（*Aspidistra austrosinensis*）、乌来杜鹃（*Rhododendron kanehirae*）、焰苞唇柱苣苔（*Chirita spadiciformis*）、龙潭荇菜（*Nymphoides lungtanensis*）等仅见栽培，被认定为野外灭绝。

灭绝存在两类状况。①局部灭绝（local extinct），即在某一地区灭绝而在其他地区还有该物种存在的现象，多数物种如此；喜鹊（*Pica pica*）曾是四川各地最常见的鸟类，20 世纪后期却在四川的农耕区和城镇消失了，并持续至今。调查分析表明在四川喜鹊种群数量于 20 世纪 50 年代后期已呈下降趋势，70 年代开始出现局部消失，80 年代是其局部灭绝的高峰期，并且消失现象从盆地扩展到周边山地和川西高原山地。进入 90 年代，喜鹊在四川已形成盆地罕见区，盆周山地、川西南山地局部分布区，川西高原广布区的分布格局。其主要原因是大量砍伐林木、滥用农药、人为毁巢和猎杀，且滥用剧毒农药、鼠药的影响最大（郭延蜀和郑慧珍，2004）。②生态灭绝（ecological extinct），指人类对自然环境大规模破坏或不可再生资源的过度开发利用导致生态系统彻底损坏，造成物种生存的生态环境危机，如华南虎，虽然近年来证明有野生个体存在，但专家认为其难逃野外灭绝厄运。

（3）极危（critical endangered，CR）：物种在野外随时灭绝的概率极高，符合极危的标准，即可列为极危。例如，水杉、台湾水韭（*Isoetes taiwanwnsis*）、单叶槟榔青（*Haplospondias haplophylla*）、河口原始莲座蕨（*Archangiopteris hokouensis*）、景洪哥纳香（*Goniothalamus cheliensis*）、思茅藤（*Epigynum auritum*）、勐腊芋（*Colocasia menglaensis*）等，野外生存环境堪忧。

（4）濒危（endangered，EN）：物种虽未达到极危，但在不久的将来野生灭绝的概率很高，即可列为濒危。《濒危野生动植物种国际贸易公约》附录中原产于中国的濒危动物有 120 多种，列入《国家重点保护野生动物名录》的有 257 种，列入《中国濒危动物红皮书》的鸟类、两栖类、爬行类和鱼类有 400 种，列入各省、自治区、直辖市重点保护野生动物名录的还有成百上千种。例如，云南具有珍稀濒危植物 116 科 272 属 353 种，包括华盖木（*Manglietiastrum sinicum*）、富民枳（*Ponirus polyandra*）和紫荆木（*Madhuca pasquieri*）等（龚洵等，2006）。中国十大濒危植物包括普陀鹅耳枥（*Carpinus putoensis*，Ⅰ级）、百山祖冷杉（Ⅰ级）、银杉（Ⅰ级）、膝柄木（*Bhesa robusta*，Ⅰ级）、桫椤（*Alsophil* spp.，Ⅰ级）、绒毛皂荚（*Gleditsia japonica* var. *velutina*，Ⅱ级）、羊角槭（*Acer yangjuechi*，Ⅱ级）、天目木兰、长苞冷杉（*Abies georgei*）、兰花（*Cymbidium* ssp.）。

（5）易危（vulnerable，VU）：物种虽未达到极危或濒危，但在未来的中期内野生灭绝的概率较高，即可列为易危。例如，野牛（*Bison bison*）、野牦牛（*Bos mutus*）、盘羊（*Argali sheep*）、岩羊（*Pseudois nayaur*）、白唇鹿（*Gervus albirostris*）等属此类。由于中国政府卓有成效地开展野生动物保护，“濒危”级别的大熊猫、藏羚羊（*Pantholops hodgsonii*）恢复至“易危”等级。植物中，粉毛猕猴桃（*Actinidia farinosa*）、贡山猕猴桃（*A. pilosula*）等多种猕猴桃，红果水东哥（*Saurauia erythrocarpa* var. *erythrocarpa*）、粗齿水东哥（*S. erythrocarpa* var. *grosseserrata*）、云南水东哥（*S. yunnanensis*）、腾冲慈姑（*Sagittaria tengtsungensis*）等均属于此类。

极危、濒危和易危是比较难以判断的，因此，应根据 5 个指标综合考虑（表 7-1），才能相对准确判定。

表 7-1　极危、濒危和易危判断标准

条目	极危 CR	濒危 EN	易危 VU
A：种群数量减少（下降），无论是发生在过去、现在或将来			
A1：过去 10 年或三世代内种群减少的比例，其减少的原因是可逆转、被了解且停止的	A1：≥90% A2～4：≥80%	A1：≥70% A2～4：≥50%	A1：≥50% A2～4：≥30%
A2～4：估计过去或未来（10 年或三世代内）种群减少的比例（基于以下条件获得的满足条件）	1. 直接观察； 2. 用于该分类单位的丰富度指数； 3. 占有面积、分布范围减少和（或）栖息地质量下降； 4. 实际的或潜在的开发利用影响； 5. 外来物种、杂交、病原体、污染、竞争者或寄生物带来的不利影响		
B：地理分布范围小、减少，或具有少数地点、严重破碎或种群波动			
B1：分布区	B1：＜$100km^2$	B1：＜$5\,000km^2$	B1：＜$20\,000km^2$
B2：占有面积	B2：＜$10km^2$	B2：＜$500km^2$	B2：＜$2\,000km^2$
条件 a、b、c 至少满足 2 条 条件 a：生境严重破碎或已知分布地点数	a：＝1	a：≤5	a：≤10
条件 b：①～⑤任一项的下降或减少 条件 c：①～④任一项的极度波动	b：①分布范围；②占有面积；③生境面积、范围和（或）质量；④地点或亚种群的数目；⑤成熟个体数 c：①分布范围；②占有面积；③分布地点数或亚种群数；④成熟个体数		
C：种群数量小、破碎或种群波动			
成熟个体数	＜250	＜2 500	＜10 000
满足 C1 或 C2 C1：估计持续下降的幅度；C2：持续下降且符合 a 和（或）b	C1：3 年或一世代内持续下降至少 25%	C1：5 年或两年世代内持续下降至少 25%	C1：10 年或两世代内持续下降至少 10%
a：①每个亚种群成熟个体数；②一个亚种群个体数占总数的百分比	①＜50 ②90%～100%	①＜250 ②95%～100%	①＜1 000 ②100%
b：成熟个体数极度波动			

续表

条目	极危 CR	濒危 EN	易危 VU
D：种群数量非常小或分布范围局限			
D1：种群成熟个体数；D2：易受人类活动影响，可能在极短时间成为极危，甚至灭绝	D1：＜50	D1：＜250	D1：＜1 000 D2：种群占有面积＜20km²或分布地点＜5个
E：定量分析			
使用定量模型评估野外灭绝率	≥50%（今后 10 年或三世代内）	≥20%（今后 20 年或五世代内）	≥100%（今后 100 年内）

（6）近危（near threatened，NT）：当物种未达到极危、濒危或者易危标准，但是在未来一段时间后，接近或可能符合受威胁等级标准，该分类单元即列为近危等级。例如，囊管花（*Asystasia salicifolia*）、齿裂槭（*Acer acuminatum*）、两广猕猴桃（*Actinidia liangguangensis*）、海南藤春（*Alphonsea hainanensis*）等植物，以及貂熊（*Gulo gulo*）、兔狲（*Otocolobus manul*）、金钱豹（*Panthera pardus*）、美洲豹（*P. onca*）等动物都被认定为近危物种。

（7）无危（least concern，LC）：当物种被评估未达到极危、濒危、易危或者近危标准，该分类单元即列为无危等级。广泛分布和种类丰富的分类单元都属于该等级，如云南松（*Pinus yunnanensis*）、红松（*P. koraiensis*）、华山松（*P. armandii*）、思茅松（*P. kesiya* var. *langbianensis*）、杉木等植物。

（8）数据缺乏（data deficient，DD）：对物种无足够的资料，仅根据其分布和种群现状对其灭绝的危险进行直接或间接的评估，即可列为数据缺乏。例如，云南观音座莲（*Angiopteris yunnanensis*）、西藏皂帽花（*Dasymaschalon tibetense*）、盈江哥纳香（*Goniothalamus lii*）、贵州黄角苔（*Phaeoceros esquiirolli*）等，目前缺乏评估的详细资料，被认定为数据缺乏。

（9）未评估（not evaluated，NE）：未应用有关标准评估的物种即可列为未评估等级。此等级有待通过科学研究，确定其濒危等级，制定保护策略和措施。

基于不同的标准，中国也开展了大量的濒危物种调查与分类工作，取得了一系列成果。例如，蔡波等（2016）评估中国爬行动物的 3 目 32 科 133 属 461 种，结果显示，区域灭绝（RE）2 种、极危（CR）34 种、濒危（EN）37 种、易危（VU）66 种、近危（NT）78 种、无危（LC）175 种及数据缺乏（DD）69 种。中国受威胁（包括极危、濒危、易危）的爬行动物共计 137 种，约占总数的 29.72%，包括龟鳖目（Tesudines）31 种，有鳞目（Squamata）蛇亚目（Serpentes）67 种、蜥蜴亚目（Sauria）38 种，鳄形目（Crocodiliformes）1 种，高于 2014 年 IUCN 濒危物种红色名录评估的世界爬行动物受威胁比例（13.61%）。在此类所有受威胁物种中，受威胁比例最高的类群是鳄形目（100%）和龟鳖目（91.18%），第二是有鳞目蛇亚目（28.39%），第三是有鳞目蜥蜴亚目（20.21%）。

傅立国（1991）参考 IUCN 物种濒危等级标准，采用濒危、稀有（rare，RA）和渐危（VU）3 个等级进行受危害物种的等级划分。

（1）濒危：物种在其分布的全部或显著范围内有随时灭绝的危险。这类植物通常生长稀疏，个体数和种群少，且分布高度狭域。因栖息地丧失或破坏，或过度开采等原因，其生存濒危。

（2）稀有：物种虽无灭绝的直接危险，但其分布范围很窄或较分散，或属于不常见的单种属或寡种属。

（3）渐危：物种的生存受到人类活动和自然原因的威胁，这类物种由于毁林、栖息地退化及过度开采等原因在不久的将来有可能被归入“濒危”等级。

按照此标准，傅立国记载了388种中国濒危植物，其中濒危121种，渐危157种，稀有110种，包括蕨类13种，裸子植物63种，被子植物312种。

此外，中国发布了《国家重点保护野生动物名录》和《国家重点保护野生植物名录》，其使用两个等级，将中国特有、稀有或濒于灭绝的野生动（植）物列为一级保护，将数量较少或者有濒于灭绝危险的野生动（植）物列为二级保护动（植）物。《国家重点保护野生植物名录》包括一级保护植物51种，二级保护植物203种。《国家重点保护野生动物名录》包括一级重点保护野生动物96种或种类，二级重点保护野生动物160种或种类。《物种多样性研究与保护》（宋延龄等，1998）统计中国被子植物有4 000多种受威胁，其中1 000多种处于濒危状态。《中国生物多样性国情研究报告》（1998年）包括的濒危及稀有种中，有苔藓3种，蕨类102种，裸子植物63种，被子植物1 000种。

1984年国家环境保护委员会公布的第一批《珍稀濒危保护植物名录》，共发布389种植物，包括蕨类13种，裸子植物71种，被子植物305种，根据濒危状况分为3类：濒危、稀有、渐危，其中濒危的121种，稀有的110种，渐危的158种。原定的一级保护植物如下。

（1）水杉（*Metasequoia glyptostroboides*）：落叶乔木，柏科水杉属唯一现存种，中国特产的孑遗珍贵树种，第一批列为中国国家一级保护植物的稀有种类，有植物王国“活化石”之称。

化石表明水杉在中生代白垩纪及新生代曾广泛分布于北半球，但在第四纪冰期以后，同属于水杉属的其他种类已经全部灭绝。而中国川、鄂、湘边境地带因地形走向复杂，受冰川影响小，水杉得以幸存，成为旷世奇珍。

（2）桫椤（*Alsophila spinulosa*）：在距今约1.8亿万年前，桫椤曾是地球上最繁盛的植物，与恐龙一样，同为“爬行动物”时代的两大标志。闽南侨乡南靖县乐主村旁有一片亚热带雨林，它是中国最小的森林生态系统自然保护区，为“世界上稀有的多层次季风性亚热带原始雨林”，在那里有珍稀植物桫椤。

桫椤名列中国8种国家一级保护植物之首，是能长成大树的蕨类植物，又称“树蕨”。其茎直立，中空，似笔筒，叶螺旋状排列于茎顶端。

桫椤属在中国有2属14种和2变种，分布于西南和华南地区。以四川、贵州、重庆、云南、广西最为集中，数量最多，如著名的贵州赤水桫椤国家级自然保护区有2万多株桫椤在原生环境中与其他多种动植物同沐风雨、共生共荣，种群分布集中，生长良好，类型多样，双株并生，主干双叉、三叉等奇异株型桫椤随处可见，以树形优美多姿、苍劲挺拔蜚声海内外。广西百色靖西县底定自治区级自然保护区，6万株桫椤分布于1 000hm^2面积上，数量当属世界之最。四川自贡余花乡的“桫椤谷”，现存16 000多株桫椤，成片的桫椤生长在幽谷之中，呈带状分布，树形美观，叶如凤尾，形成壮美的景观。

（3）银杉（*Cathaya argyrophylla*）：松科常绿乔木，300万年前第四纪冰期后残留下来的植物，中国特有的世界珍稀物种，和水杉、银杏一起被誉为植物界的“国宝”。1955年被植物学家钟济新于广西桂林龙胜花坪林区发现，1957年陈焕镛教授定名新属——银杉属（*Cathaya*），意为“华夏”。

银杉分布在广西、湖南、四川、贵州四省（自治区）十县。《国家重点保护野生植物名录》将银杉列为一级保护植物，《濒危野生动植物种国际贸易公约》附录中列为附录Ⅱ物种，《森林法》“国家禁止、限制出口的珍贵树木名录”中列为限制出口树种。

银杉主干高大通直，挺拔秀丽，枝叶茂密，尤其是在其碧绿的线形叶背面有两条银白色的气孔带，每当微风吹拂，便银光闪闪，更加诱人，银杉的美称便由此而来！

（4）珙桐（*Davidia involucrata*）：蓝果树科落叶乔木，花型奇特，具有两片状如鸽翼的白色苞片，故被称为“中国的鸽子树”。

珙桐花奇色美，是1 000万年前新生代留下的古热带植物区系孑遗植物，在第四纪冰期，大部分地区的珙桐相继灭绝，只在中国南方（如湖北）的一些地区幸存下来，成为植物界的“活化石”。

（5）金花茶（*Camellia nitidissima*）：山茶科常绿灌木或小乔木，一种古老的植物，极为罕见，分布极其狭窄，全世界90%的野生金花茶仅分布于广西防城港市十万大山的兰山支脉一带。

金花茶花瓣金黄色，具蜡质光泽，是中国宝贵的种质资源，被誉为“茶花皇后”。其叶还是高级茶叶并能入药。

（6）人参（*Panax ginseng*）：五加科草本植物，孑遗植物，也是珍贵的中药材。其根部肥大，形若纺锤，常有分叉，全貌颇似人的头、手、足和四肢，故而称为人参。

古代人参的雅称为黄精、地精、神草，被人们称为“百草之王”，是闻名遐迩的“东北三宝”（人参、貂皮、鹿茸）之一，是驰名中外、老幼皆知的名贵药材。

（7）秃杉（*Taiwania flousiana*）：杉科常绿大乔木，孑遗植物，现仅存于中国台湾，云南怒江、高黎贡山和贵州雷公山一带及缅甸北部。秃杉于1904年在台湾中部中央山脉乌松坑海拔2 000m处被发现。

秃杉树干通直高大，紫红褐色的材质轻软散发出清香，纹理通直且有光泽，耐腐性强，易切削加工，不开裂反翘，是制作家具和建筑装修工程的珍贵材料。

（8）望天树（*Parashorea chinensis*）：龙脑香科常绿大乔木，树高达70余米，是世界上最好的船舶、车辆用材树种，仅产于云南（勐腊、河口）和广西（那坡、巴马、龙州等）。

望天树，意思是“仰头看天才能看到树顶”。1996年10月，世界野生生物基金会会长、英国爱丁堡公爵菲利普亲王在西双版纳热带植物园种植了一株望天树。

二、生物多样性面临的威胁

在漫长的历史进程中，有些生物不适应环境，数量逐步减少以至灭绝，而有些生物则会适应环境而逐渐进化，长存下去，这是自然选择的结果。即便是灭绝，也不是匀速的。在某一时段内，灭绝速度是缓慢的，是小规模的，该时段内的生物生存于比较稳定的环境中，其灭绝原因主要是竞争和捕食。环境发生巨变时（如地震、火山爆发等），灭绝是快速的，是大规模的。化石记录表明，从5亿年前的寒武纪大爆发开始，生物界至少经历过5次大灭绝事件（奥陶纪大灭绝、泥盆纪大灭绝、二叠纪大灭绝、三叠纪大灭绝、白垩纪大灭绝）。这些大灭绝，往往在一个较短的时期内，在多个大范围的生物地理区内，多种生物种类受到重创或灭绝，造成全球性的生物多样性的突然下跌。生物灭绝具有几个共同的特点：①数量大，生物历史上的几次大灭绝，一般都有20%以上的科、50%以上的属和75%以上的种灭绝；②范围广，灭绝是在全球范围内发生的，而不只是在一个局部的地区内；③灭绝只限于短暂的地质时期内（指地质学时期）。

人类的活动也加速物种的灭绝，近代的物种灭绝事件中，超过99%是由人类活动造成的。例如，生物多样性丰富的绝大多数发展中国家，由于经济和人口的压力，环境遭到破坏，生物多样性丧失更为严重。在过去的2亿年中，自然界每27年有一种植物从地球上消失（Raup, 1986）；每一世纪有90多种脊椎动物灭绝。随着人类活动的加剧，物种灭绝的速度不断加快，现在物种灭绝的速度是自然灭绝速度的 1 000 倍。据哈佛大学生物学家 Wilson 估计，每年最少有 5 万种无脊椎动物，即每天几乎有 140 种无脊椎动物由于热带雨林破坏而灭绝。由于毁林，每年至少有 1 种鸟和哺乳动物或植物灭绝。

由于人类活动，自然生态系统的消失速度比物种灭绝速度更快。热带雨林比原有面积减少了一半，1/3 的温带森林已被砍伐，温带雨林已成为濒危生态系统；湿地、红树林、珊瑚礁等急剧消失。自从生命在地球上形成以后，各种动物和植物就不断地生成和消失。新物种的生成和老物种的消失，本身是一种自然现象。然而，由于种种原因，目前地球上物种的消失速度大大加快，本来要过几百万年才会自然灭绝的物种，现在只要几十年就濒临绝种。

（一）物种灭绝加速

随着人类对自然界干扰的增加，越来越多的物种趋于灭绝，且物种灭绝的速度不断加快（图 7-2）。最近 400 年，已有 400 种（或亚种）鸟类和哺乳动物灭绝。国际鸟类保护组织《2004 年世界鸟类状况》报告，全球 1/8 鸟类，即 1 211 种面临灭绝。其中 966 种的数量不到 10 000 只，502 种的数量少于 2 500 只，77 种的数量不足 50 只。

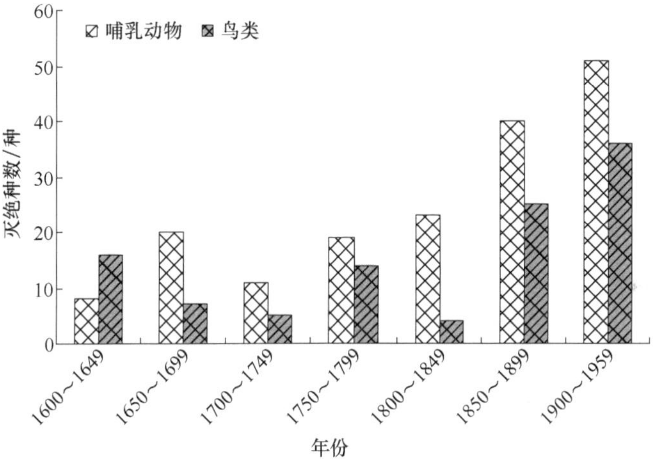

图 7-2　鸟类和哺乳动物物种灭绝速度图（Primack，1996）

当代物种的灭绝速度是以数年或数世纪计算的，而更新世是以百万年计算的（Soulé，1987）。更新世环境变化较为缓慢，气候变化把植被带缓慢地压缩到赤道或其他适宜的区域，因而更新世物种灭绝的同时，进化出许多替代物种，生物界仍然得以继续繁盛；而当代灭绝物种没有新的进化物种替代，主要是由于物种灭绝速度太快，远远超过新物种的产生速度，同时，物种进化所需的自然栖息地也被人类破坏，无法提供物种生存适宜的生态环境，因此，许多物种灭绝是不可避免的，而且缺乏新进化物种的代替或补充，物种的灭绝成为不可恢复和逆转的结局。

1. 国际灭绝物种

17 世纪，每 5 年有一种哺乳动物灭绝，到 20 世纪，灭绝速度已达每 2 年一种。目前鸟类每三年有两种灭绝，其他物种更难统计，物种灭绝具有加速趋势。绝大部分物种的灭绝都与人类的活动密切相关。现例举国际物种灭绝（包括灭绝和野外灭绝）案例及其原由，以便更翔实地理解此内容。

（1）旅鸽（*Ectopistes migratorius*）：分布于北美大陆，19 世纪达 20 多亿只。由于旅鸽肉味鲜美，欧洲人到北美洲后大量捕杀，野生种灭绝于 1900 年，人工饲养种灭绝于 1914 年。灭绝的原因：①为了提供人类居住的空间，许多旅鸽筑巢和取食的森林被砍或烧毁；②疾病可能引起大规模的死亡；③旅鸽越冬南迁可能遭受大暴风雨的毁灭性打击；④较低的繁殖率；⑤种群的减少使得残余个体分散，丧失交配和筑巢能力；⑥商业狩猎的巨大压力（Chiras and Reganold，2016），多种因素共同影响旅鸽的生存与繁育，导致该物种最终的灭绝。

（2）大海雀（*Pinguinus impennis*）：分布于大西洋的各个群岛。19 世纪初，这些岛屿上的欧洲移民不断增加，新移民以大海雀的肉和蛋为食，到 40 年代的短短几十年，大海雀被赶尽杀绝，至 1844 年最终灭绝。

（3）卡罗莱纳长尾小鹦鹉（*Conuropsis carolinensis*）：美国东部唯一的本土鹦鹉品种，一种非常“多情”的鹦鹉。1917 年，最后一对卡罗莱纳长尾小鹦鹉中的雌性去世，翌年，其配偶随之而去，至 1918 年卡罗莱纳长尾小鹦鹉宣告灭绝。

（4）渡渡鸟（*Raphus cucullatus*）：一种不会飞的鸟，仅产于非洲岛国毛里求斯。1681 年，最后一只渡渡鸟被残忍杀害，从此，地球上再也见不到渡渡鸟，仅出现在博物馆的标本室和画家的画中。

（5）小笠原鸽（*Columba* sp.）：分布于日本，距东京南部 800km 的小笠原群岛。1827 年英国军舰到达这座荒岛，1830 年船员们与玻利尼西亚人开始居住，1853 年群岛成为捕鲸船队的中转站，人类大量食用鸽子肉。随船带来的老鼠则贪婪地大吃鸽蛋。人们砍伐丛林作为渔船的燃料，鸽巢随之被摧毁，至 1900 年，猎食、阻断繁殖和毁坏栖息地的综合破坏导致小笠原鸽最终灭绝。

（6）红鸭（*Anatinae* sp.）：分布于印度的恒河、布拉马普特拉河等流域。1757 年起，印度逐渐沦为英国的殖民地，19 世纪末，原本沼泽遍布、交通不畅的红鸭栖息地开始遭到殖民者的侵扰，森林被开垦，惊飞的红鸭成为猎人们追逐的目标。1924 年野生红鸭灭绝，1942 年人工饲养的也灭绝，彻底宣告该物种在地球上消失。

（7）隆鸟（*Aepyornis maximus*）：又名象鸟，分布于非洲马达加斯加岛。17 世纪马达加斯加岛居民增至以前的十几倍，他们砍伐大片森林，破坏了隆鸟的栖息地，并捕杀其作为肉食，以其羽毛作为装饰品。至 1649 年，马达加斯加岛再无隆鸟身影。

（8）爪哇虎（*Panthera tigris sondaica*）：分布于印度尼西亚的爪哇岛。20 世纪初，爪哇岛上仍生存着近万只爪哇虎。20 世纪 50 年代爪哇岛人口剧增，随着生态环境遭到大面积的破坏，需要一定活动范围的爪哇虎急剧减少，直至 1980 年因无生存条件而灭绝。

2. 中国灭绝物种

中国已经灭绝的野生动物有犀牛（*Dicerorhinus* spp.）、野马（*Equus* spp.）、高鼻羚羊（*Saiga tatarica*）和新疆虎（*Panthera tigris lecoqu*）等。还有不少动物的灭绝未被人发现或确定。

（1）新疆虎：新疆虎是西亚虎的一个分支，主要生活在新疆中部由库尔勒沿孔雀河至罗布泊一带。新疆虎的个头仅次于东北虎，体长 1.6～2.5m，尾长约 0.8m，重 200～250kg。19 世纪至 20 世纪初栖息地被破坏，加之人类的捕杀，1916 年最后一次发现新疆虎。1979 年，印度召开的国际老虎保护会议宣布新疆虎灭绝的时间是 1916 年。

（2）普氏野马（*Equus przewalskii*）：又名蒙古野马。1881 年普热尔瓦尔斯基在新疆发现，定名为普氏野马。野生的普氏野马栖息于缓坡山地草原、开阔的戈壁荒漠及水草条件略好的沙漠、戈壁。1890 年，德国人从中国捕到 52 匹野马，长途贩运到汉堡后，仅剩 28 匹，其中的 8 匹繁殖了后代。普氏野马的最后一次观察记录于 20 世纪 60 年代，此后野外再无踪迹。20 世纪 60 年代被认为是普氏野马野外灭绝的时间。1986 年 8 月 14 日，中华人民共和国林业部和新疆维吾尔自治区人民政府组成专门机构，负责“野马还乡”工作，并在准噶尔盆地南缘、新疆吉木萨尔县建成占地 9 000 亩[①]的全亚洲最大野马饲养繁殖中心。随着 18 匹普氏野马先后从英国、美国、德国等国运回，野马故乡结束了无野马的历史。这是一个因原产地野外灭绝，因而采取回归引种，获得了较好效果的典型案例。

（3）高鼻羚羊：20 世纪 60 年代以前，在新疆准噶尔盆地、北塔山等地有不连续分布，栖息于荒漠或半荒漠草原地区，亦分布于哈萨克斯坦、蒙古国、俄罗斯、土库曼斯坦和乌兹别克斯坦。60 年代在中国等国再无踪影，属区域性灭绝。

（4）台湾云豹（*Neofelis nebulosa brachyurus*）：又名龟纹豹。20 世纪 60 年代尚有猎取记录，因森林的砍伐，对皮毛、豹骨的需求，其数量直线下降。1972 年，中国台湾不再有云豹，宣告其已灭绝。中国大陆及东南亚许多国家和地区仍有云豹，因此属于局部绝灭。

（5）白头鹳（*Ciconia* sp.）：一种大型涉禽，集群生活在沿海及内陆沼泽、泛洪区，被列为国家二级保护动物。从 20 世纪 50 年代后就一直无野生报道，因此，中国境内可能灭绝，灭绝年代不详，仅在中国科学院动物研究所和上海自然博物馆藏有标本。

（6）豚鹿（*Axis porcinus*）：仅在云南耿马和西盟边界发现过。20 世纪 60 年代调查时仅发现屈指可数的几只，80 年代再调查时，未发现，估计于 70 年代灭绝。

此外，一些原来宣布灭绝的物种，由于新的发现，是否灭绝需要进一步的研究。

（1）小齿灵猫（*Arctogalidia trivirgata*）：分布于印度、缅甸、泰国、老挝、越南、马来西亚、印度尼西亚，中国云南南部西双版纳的勐腊和勐养一带曾发现，主要栖息于热带沟谷雨林和季雨林及其林缘灌丛和草丛中。因其栖息生境大多被开垦种植橡胶，生存生境大面积消失。除 20 世纪 70 年代在勐腊曾获得 2 个标本，在景洪收购到 3 张皮外，80 年代后再无踪影。原估计灭绝于 80 年代。然而，2011 年在云南文山马关发现一头被当作野生动物交易的活动物，被鉴定为小齿灵猫。《中国生物多样性红色名录——脊椎动物卷》已将其列入濒危等级。

（2）镰翅鸡（*Falcipennis falcipennis*）：分布于小兴安岭及黑龙江下游，国外见于西伯利亚，典型的森林鸟类。其在中国境内灭绝是其栖息地丧失、降水量减少、旅游影响及道路发展等，使其生存环境发生改变所致。1986 年、1987 年调查时，已无踪影。2001 年新华社发布消息，黑龙江野生动物研究所经过 5 年调查，没有发现镰翅鸡，当地老百姓也已几十年没有见到。2001 年宣布该种在国内灭绝，但在俄罗斯远东地区尚有野生种（del Hoyo et al., 2014）；因此，IUCN 的 2016 年濒危物种红色名录中列为近危等级。

（3）冠麻鸭（*Tadorna cristata*）：又名凤头麻鸭，原产中国东北、日本、朝鲜、俄罗斯，喜成群，栖息于湖泊、河流、水塘、盐池、河口沼泽和草原等地带。人们曾于 1877 年、1913 年、1916 年分别发现野生种。直到 1964 年 5 月 16 日，在海参崴出现过一雄二雌三只。IUCN 的 2012 年濒危物种红色名录划为极危等级。

3. 濒危物种

在不久的将来可能会灭绝，而且致危因素仍然存在的物种称为濒危物种。中国的白暨豚、华南虎和海南长臂猿等属此类等级范畴。

（1）白暨豚（*Lipotes vexillifer*）：中国特有的一级保护野生动物，也是世界上 12 种濒危

---

① 1 亩≈666.67m^2，下同。

程度最高的动物之一，被誉为“水中的大熊猫”，仅产于长江中下游。由于其数量稀少，繁殖率低，难以大量繁殖，加之人类对其赖以取食的鱼虾进行过度捕捞、长江的过度开发、化工厂和医药工厂的污染、繁忙的运输水道导致很多白暨豚被船的螺旋桨打死打伤等，致其濒危。2007 年 8 月 8 日，长江白暨豚正式宣告功能性灭绝。所谓功能性灭绝，指某物种数量非常稀少，以至于自然条件下失去繁殖能力，但并不是表示其在地球上不存在。科学家估计白暨豚在长江中应有极少量存活。

（2）华南虎（*Panthera tigris amoyensis*）：亦称“中国虎”，中国的十大濒危动物之一、国家一级保护动物，1981 年被列入《华盛顿公约》附录 I 保护名单，野外已灭绝。野外灭绝是由于栖息地的破坏、人类活动的加剧、人类出于商业利益等原因的捕杀、以及华南虎的高度近亲繁殖等。

（3）海南长臂猿（*Nomascus hainanus*）：分布于海南霸王岭，主要栖息于热带雨林和南亚热带山地湿性季风常绿阔叶林中。由于分布区极狭窄、生境恶化、人类的过度干扰，种群数量仅有 18 只（2008 年），极危。此外，同科不同属的白掌长臂猿在中国仅分布于云南省临沧市西南部的南滚河自然保护区，现存数量较少；还有与海南长臂猿同属的白颊长臂猿（*N. leucogenys*），为越南、老挝、泰国三国交界地区的特有种，分布区非常狭窄，种群不足 350 只，也是高度濒危物种。

（4）金丝猴（*Rhinopithecus* spp.）：中国金丝猴包括川金丝猴（*R. roxellanae*）、滇金丝猴（*R. bieti*）、黔金丝猴（*R. brelichi*）、怒江金丝猴（*R. strykeri*）4 种，国家一级保护动物。长期以来滥捕滥杀是金丝猴濒危的主要原由。现金丝猴已全部列入 IUCN 的 2012 年濒危物种红色名录。

（5）绿孔雀（*Pavo muticus*）：在中国仅见于云南西部、中部和南部，由于栖息地生境的破坏、捕猎、农药毒杀和畜牧惊扰等，其种群形成小家族群点状隔离分布，野外分布的区域已经凤毛麟角，面临野生灭绝的危险。

（6）大熊猫（*Ailuropoda melanoleuca*）：中国特有种，主要栖息于中国四川、陕西和甘肃的山区。大熊猫以竹为主要食物，属食肉目动物，不仅集珍稀、濒危、特产于一身，而且非常古老，有“活化石”之称。与其同时代的古动物剑齿虎（*Machairodus* spp.）、猛犸象、巨貘（*Megatapirus augustus*）等均已因冰川的侵袭而灭绝，唯有大熊猫因隐退山谷而遗存。然而，支离破碎的栖息地和孤立分布的生存状态对于大熊猫的繁殖和抵抗自然灾害都十分不利。

（7）朱鹮（*Nipponia nippon*）：朱鹮当属中国最珍稀的鸟，这种被动物学家誉为“东方明珠”的美丽涉禽是一种人们一度认为已经灭绝的鸟类，其原为东亚地区特产鸟类，仅在中国、朝鲜、日本及俄罗斯有分布，但 20 世纪 60 年代后都失去了踪影。70 年代后期，中国鸟类学家开始寻找朱鹮，1981 年在陕西洋县姚家沟发现 2 窝共 7 只朱鹮。经人工繁殖，种群数量已达到 2 000 余只（2014 年），其中野外种群数量突破 1 500 余只，朱鹮的分布地域已经从陕西南部扩大到河南、浙江等地。

（8）扬子鳄（*Alligator sinensis*）：中国唯一的鳄种，长江流域特有的国家一级保护动物，喜欢栖息于湖泊、沼泽的滩地或丘陵山涧长满乱草蓬篙的潮湿地带。扬子鳄是远古北方仅存分布在温带的孑遗种类。安徽宣城建有世界上唯一的扬子鳄保护区——安徽扬子鳄国家级自然保护区。

（9）黑颈鹤（*Grus nigricollis*）：世界上唯一的高原生长、繁殖的鹤类，也是世界 15 个鹤属种中最晚被记录的一种鹤，分布于中国、印度、越南。黑颈鹤夏季在西藏繁殖，冬季迁至云贵越冬，少数还飞越喜马拉雅山至不丹越冬。其生存面临高原地区湖泊的开发利用、建渔场、修筑公路，以及大规模排水、改造沼泽、游牧区域扩展等威胁，另外还存在大量使用农药灭鼠灭虫、非法猎杀和捡拾鸟卵等现象威胁。中国在黑颈鹤的主要繁殖地、迁徙地和越冬地都建立了自然保护区。

（10）藏羚羊（*Pantholops hodgsonii*）：中国一级保护动物，分布于中国以羌塘为中心的青藏高原地区（青海、西藏、新疆），少量见于印度拉达克。近年极受世人瞩目，主要原因是1980年以来西方时装界对“藏羚绒披肩”，即“沙图什”的消费需求刺激了偷猎者对藏羚羊的猎杀。一些采金者也在对其肆意杀戮，致使生活在高寒地区的藏羚羊正以一年近万只的速度减少。近年来，经过中国政府的大力宣传和有效保护，该物种调整为易危物种。

（11）董棕（*Caryota obtusa*）：濒危种，分布于云南局部地区海拔700～1 500m的山地森林中，其既能生于土层较厚的立地，也可扎根于岩石缝中，幼苗在林下生长，需要一定荫蔽；常绿棕榈状乔木，高10～40m，胸径60～80cm。树干中下部常膨大如瓶状。20～30年才能开花结果，结果后即枯死；结果虽多，天然成苗率较低。一般地，5月和10月果实成熟。

（12）攀枝花苏铁（*Cycas panzhihuaensis*）：濒危种，分布于四川、云南等地，生于海拔1 100～2 000m的稀树灌丛中；抗旱、抗火、耐贫瘠；常绿棕榈状植物，高1～2m。四川南部首次发现的古老残遗苏铁属植物；部分植株开花结实，花期始于3月，9月种子成熟。

（13）大树杜鹃：濒危种，仅分布于云南局部海拔2 100～2 400m的常绿阔叶林中。幼树期耐阴，生长缓慢；常绿大乔木，高20～25m，最大地径达3.3m，仅存数十株；2～3月开花，10月果熟。大树杜鹃为杜鹃花属中最高大的乔木树种，属原始古老类型。

（14）香木莲（*Manglietia aromatica*）：濒危种，零星分布于云南和广西局部海拔800～1 500m的石灰岩山地；常绿乔木，高达30m，胸径可达1.4m。森林中多为上层大乔木，具有板根，主根发达，花期4～5月，果熟期9～10月；天然更新能力差。

（15）大果木莲（*Manglietia grandis*）：濒危种，仅分布于云南和广西局部海拔800～1 500m的山地峡谷，为阳性树种，多生于向阳东南坡或西南坡的沟谷及山腰中部；常绿乔木，高10～20m。因林地潮湿，种子发芽困难，林中几无天然更新幼苗；花期5～6月，果熟期10～11月。

（16）人参（*Panax ginseng*）：濒危种，主要分布于吉林、黑龙江等地，多生于海拔400～1 000m的针阔叶混交林下或落叶阔叶林下；喜阴湿冷凉气候，耐寒性强；多年生草本，主根肉质圆柱形或纺锤形，须根细长；通常3年生即开花，5～6年结果，花期6～7月，果期7~9月。

上述易于灭绝的物种，往往具有以下明显特征（周伟和李凤莲，2009），这些特征通常更多地聚合而形成综合效应。①地理分布区狭窄的物种，如海鸟；②只有一个和少数几个种群的物种，如美洲西南部的斑鳉（*Cyprinodon macularius*），一个种群只生活在一个池塘或湖泊中；③种群规模小的物种，对随机事件和环境改变较敏感；④种群大小正在衰落的物种；⑤种群密度低的物种；⑥需要较大生活空间的物种，如候鸟、洄游性鱼类；⑦个体较大的物种，因其有较大经济价值易受过度利用；⑧种群个体数增长速率低的物种；⑨不能有效扩散的物种，其难以穿越道路、农田和人为破坏的区域；⑩迁移的物种；⑪很少遗传变异的物种，其难以应付新的病害、捕食者和其他变化；⑫需要特殊生态位（niche）的物种，如湿地植物需要特殊而有规律的水位变化；⑬以稳定生态环境为特征的物种，如珊瑚；⑭长期或暂时群聚的物种；⑮被人类猎取或收获的种类。

（二）基因多样性减少

许多物种野生类型数量严重减少，濒临灭绝。一些动物只剩圈养或养殖类型，近亲繁殖严重，如斑羚（*Naemorhedus goral*）、白唇鹿（*Gervus albirostris*）、原鸡（*Gallus gallus*）、褐马鸡（*Crossoptilon mantchuricum*）和丹顶鹤（*Grus japonensis*）等。

（1）丹顶鹤：濒危物种红色名录划为濒危等级（2012 年），并列入《华盛顿公约》附录Ⅰ；分布于中国、日本、韩国、朝鲜、蒙古国、俄罗斯；栖息于开阔平原、沼泽、湖泊、草地、海边滩涂、芦苇荡以及河岸沼泽地带，有时也出现于农田和耕地中，尤其是迁徙季节和冬季。全世界的丹顶鹤总数至 2010 年仅有 1 500 只左右，其中，在中国境内越冬的有 1 000 只左右。

北方的繁殖地由于围垦湿地使沼泽面积缩小，以及人类干扰，如在初冬把芦苇全部割光，致使早春迁到此地的丹顶鹤无处营巢，过度捕捞鱼类也造成丹顶鹤食物不足等。此外，在迁徙途经地受到农民滥洒剧毒农药的威胁，严重影响其生存。已出现在冀东滦河口滩涂，农民用农药拌豆粒撒在地里防止别人家牲畜采食自家麦苗，却被丹顶鹤误食，导致 19 只丹顶鹤被毒死的案例。

（2）原鸡：国家二级保护动物，易危；分布于印度次大陆北部、东北部及东部，中国西南部和南部、东南亚国家的热带常绿灌丛及次生林，集群生活。其以植物的果实、种子、嫩竹、树叶、各种野花瓣为食，也食白蚁、白蚁卵、蠕虫、幼蛾等。热带雨林大面积消失和过度狩猎是导致原鸡数量下降的主要原因。

（3）褐马鸡：国家一级保护动物，中国特产珍稀鸟类；仅见于山西管涔山国家森林公园、河北西北部、陕西黄龙山和北京东灵山。2009 年野生褐马鸡数量为 17 900 只左右。

褐马鸡在保护区外有零星分布，农业及城市侵占是威胁其生存和繁衍的主要因素，砍伐森林及放牧家畜导致其栖息地退化；褐马鸡的尾羽，是畅销国外的名贵装饰品；越来越盛行的取卵为食严重威胁保护区褐马鸡的繁衍。

（4）白唇鹿：青藏高原特有高寒物种，国家一级保护动物、IUCN 和《2015 年濒危物种红色名录》划为易危等级；主要分布在青藏高原及其边缘地带的高山草原地区，包括青海、甘肃、四川（西部）、西藏、云南（北部）5 个省（自治区）的大部分或部分地区。

白唇鹿分布区域多属牧区，由于畜牧业扩大，草场退化，严重地影响其活动、取食和分布，致使青藏高原的边缘地带已呈岛状，居群间缺少基因交换，遗传逐渐衰竭，是目前威胁白唇鹿野外生存的重要因素。

（5）斑羚：国家一级保护动物；《中国濒危动物红皮书》（汪松，1998）划为易危等级。斑羚为典型的林栖兽类，栖息生境多样，从亚热带至北温带地区均有分布，可见于山地针叶林、山地针阔叶混交林和山地常绿阔叶林；分布于中国东北、华北、西北、华南及西南地区；尚见于尼泊尔、印度、缅甸及俄罗斯的西伯利亚。

斑羚栖于森林中，由于林木被大量砍伐，使其适宜栖息地不断丧失，生存空间日益缩减、分割，导致其致危。捕猎者大量捕杀以获取其肉、皮和制药的原料，是造成斑羚野生种群日渐稀少的另一因素。

（三）生态系统多样性破坏

栖息地的丧失和片断化，全球各类生态系统遭到严重破坏，致使很多生物失去栖息地；片断化的森林被退化土地所围绕，损毁了森林维持野生生物种群生存和重要生态过程的能力。许多河湾、湖泊湿地改造成农田，导致以此为栖息地的野生生物丧失生存和繁殖环境。森林储量骤减、草原退化、沙漠化严重、滩涂湿地消失、水体严重污染等，人类对自然无限地索取，造成野生生物繁衍生存需求的生态系统完整性和多样性被严重破坏，形成其片断化地残留或消失，严重威胁野生生物乃至人类自己的生存。

1. 单一种植/人工纯林

维持森林复杂性、整体性和健康状态，是现代林业思想的核心。保护土壤不受侵蚀，不能单靠树木本身，而应该更多地依赖于林下的枯枝落叶层、腐殖质层及低矮的下层灌木、草本或苔藓层的立体庇护。在坡地上，单纯的林木不足以有效防止表土的流失。

林业用地要强调保持和改善林分质量与景观结构的多样性。营造人工林或改造现存的人工林时，必须按照不同的生态位采用乡土树种，重视乡土树种在人工林中自然恢复的技术和措施，维持多层次森林结构的构建，解决传统人工林因生物多样性降低和层次结构简单化导致的一系列缺陷，实现其与天然林形成整体而发挥森林对野生生物保护、减缓气候变化、净化空气等方面的功能。

农业和林业的品种单一化，即农业为达到更高的收获量，往往种植单一的高产品种，使许多古老的珍贵品种逐渐绝迹。林业上，在采伐物种丰富的森林，单一种植目的树种，且培育技术不能保障原有乡土植物逐渐恢复的前提下，人工林和天然林呈现明显的异质斑块，导致森林生态系统整体性被破坏，致使各类生物失去其所需要的大尺度栖息地。基于生态系统片断化和人为单一栽培植物和家养动物的利用方式，野生近缘种和野生种的遗传资源正面临严重的威胁。

2. 围湖造田

围湖造田指将湖泊的浅水草滩人工围垦成为农田，或者成为工业或者其他用地。围湖造田的过度围垦，往往会损害湖泊自然资源，破坏湖泊生态环境和调蓄功能。中国的洪湖、鄱阳湖、洞庭湖、滇池等湖泊，均存在围湖造田的历史。太湖的实际面积受到泥沙淤积和人为围湖造田等因素的影响大大减小，尤其是湿地和滩涂。围湖造田严重破坏了湿地生态系统，导致其周边环境受到严重影响，也毁坏了以此为栖息地的野生生物的“家园”，因此，围湖造田不但造成水体污染、周边气候恶化，而且严重威胁生物多样性的维持。

3. 荒漠化

荒漠化的不断扩大，是人类面临的环境问题。人口压力使森林覆盖减少和家畜密度增加，导致过度放牧，加速了土壤的侵蚀，促进了荒漠的形成。例如，中国内蒙古境内的希拉穆仁草原，上千只的羊群在沙漠化日趋肆虐的草原上寻觅青草；甘肃省河西地区沙漠化趋势日益明显，石羊河流域，尤其是民勤县的生态环境严重恶化等，都与人类活动密切相关。森林和草原的荒漠化，与其他生态系统的片断化相同，破坏了野生生物繁衍生存的栖息地，最终导致其个体、种群和多样性急剧降低。

4. 森林和湿地农田化或转化为其他用途

印度尼西亚的热带森林面积位居世界第三，但目前该国的热带森林面积正在迅速减少。大面积热带森林被违法砍伐，其主要原因有两个方面：一方面，为了获得纸浆，促进造纸业发展；另一方面，是为了伐木造田，种植油椰子。这两个方面的利益驱使，短短几十年间印度尼西亚的热带雨林逐年减少。从生物燃料到肥皂，再到化妆品产业，很多产业的发展，都与被利用的植物及其野生生境休戚相关，如若不对种质资源和原生生境采取有效的保护措施，则难逃野生环境被破坏和遗传资源严重减少的厄运。

5. 草原退化

草原退化是指受自然条件和人为活动影响，草原生物资源、土地资源、水资源和生态环境劣化，导致生产力下降的现象或过程。草原退化主要包括草原沙化、草原盐渍化及草原污染等，导致原有的草原生态系统景观和功能劣质化、牧草产量和质量严重降低等一系列的变化。中国草原总面积 4 亿 hm^2，居世界第二，占全球草原面积的 1/3，占我国国土面积的 41.7%，其兼具经济和生态的多重功能（侯向阳，2010）。

导致草原退化的因素包括自然和人为两个方面。自然因素，如长期干旱、风蚀、水蚀、火灾、沙尘暴、鼠害和虫害等；人为因素，如过牧、滥垦、过伐等，是导致草原退化的主要因素。长期不合理甚至掠夺式的利用，从草原不断带走大量的物质，但草原得不到补偿，违背了生态系统中能量与物质平衡的基本原理，导致生态系统功能的紊乱、失调和衰退，使草原的生产力不断下降，最终草原极大退化。此外，过牧造成草原退化的同时，毒草化也严重危害着草原生态系统，其中以线棘豆（*Oxytropis filiformis*）、狼毒（*Euphorbia fischeriana*）两种毒草危害面积最大。草原退化进一步引起该生态系统的景观和生物多样性严重下降。

第二节　生物多样性的丧失

灭绝因素分为系统压力和随机干扰（Shaffer，1981）。①系统压力通常是指不可避免的强制性的变化和因素。例如，历史上的冰河时期，栖息地损失、破碎、污染和捕杀等，属无法改变的气候变化或人类活动引起的，其能导致大量的物种灭绝，由这些因素导致的物种灭绝称为确定性灭绝。②随机干扰由正常的随机变化和干扰引起，其一般不毁灭种群，而是削弱种群，使种群灭绝概率增加，由此因素引起的灭绝称为随机灭绝。

有的学者认为，物种灭绝受到生物学机制、物理学机制，以及人类活动的影响。①生物学机制：包括竞争机制、捕食者-猎物动态变化机制、种-面积效应机制、岛屿效应机制、病菌与病害的流行、第一冲击效应、最小可存活种群、外来物种入侵。②物理学机制：包括缓慢的地质变化、气候变迁、灾变事件。③人类活动：人类对地球生物区系的巨大冲击，包括新石器革命、农业的发展、工业革命。

无论何种灭绝或者物种的减少，生物多样性丧失的原因都包括自然和人为的原因，其中人为因素是造成生物多样性丧失的主要原因。自然因素包括自然条件的变化、生物竞争、物种退化和病菌与病害的流行；人为因素包括生境改变和破坏、掠夺式的开发利用、生境的退化与污染，以及生物入侵等。

一、自然因素

（一）自然条件的变化

1. 缓慢的地质变化

地球板块缓慢移动中，海域的产生和消失，以及由此而导致的大陆生态地理条件的缓慢变化，地壳整个布局的改变，破坏了原来的生存条件，同时又创造了新的生存环境。例如，二叠纪和三叠纪交界时期，超级大陆——联合古陆或泛大陆的形成使大量生存在大陆架上的海洋生物灭绝，同时又为陆地生物的进化创造了必要条件。在这一缓慢的地质变化中，裸子植物逐渐取代了蕨类植物，成为植被中的优势成分。

2. 气候变迁

每一个物种或分类群都有其固定的生活节律（生物钟），其调节幅度是有限度的。对于一个长期适应于某一特定气候的物种或分类群，其适应范围是一定的。例如，高纬度地区冬季的寒冷和一天还不到几小时的光照时间，使得长期生存在热带地区的植物种类难以适应。因此，气候的变化或变迁超过了某一物种或分类群的调节限度，可能导致该物种或分类群不可避免地走向灭绝。历史上几次气候变化和生物多样性的变化典型案例：①晚白垩纪全球气候的干旱化，使 38%的海生生物彻底灭绝，陆地动物遭受灭绝的规模更大；②古近纪始新世末期，由于气温迅速变冷，许多在古新世后期和始新世占优势的植物类群灭绝；③第四纪冰期的影响使大量的植物类群销声匿迹。

通常，分布在岛屿的物种在气候发生变迁的情况下更容易灭绝，主要是由于岛屿效应。①生境面积：一个岛屿仅仅由一种或少数几种相似的生境组成；相反，大陆生态系统中则存在着许许多多不同生境；一个新的物种侵入较小的岛屿通常很容易导致原来物种迅速地从岛屿上消失。②物种与其他物种竞争能力的下降：岛屿上的物种由于长期在相似的生境中生存，缺乏较多的竞争机会，自身逐渐失去对突然事件的应变能力。岛屿生物被隔离的时间越长，抵御外界侵袭的能力及对生境突然变化的应变能力就越弱，当受到突然事件及恶劣环境的较大冲击时，这些岛屿上的物种很容易灭绝。

3. 灾变事件

灾变事件有些是地球内部的自身运动所致，如海退现象、火山爆发、造山运动及海洋作用；有些则是来自外部空间的干扰，如太阳系中一些小行星和地球的相撞、超新星的爆炸等。

（1）海退现象造成生物区系危机：海退明显地使大陆架生物类群生存空间减少，导致种群数目的急剧减少，最终使大量物种灭绝。例如，二叠纪后期地球历史上最严重的生物区系危机可能是巨大的海退所致。气温的急剧变冷常常是生物区系发生严重危机的前兆。

（2）火山爆发和造山运动所引发的生物大灭绝：短时期内大量的火山爆发，其效应和小行星与地球相撞所产生的气候效应相似，大量的火山灰冲入大气层，加强了地球对光的反射能力，使辐射到地球表面的太阳光迅速减少，导致地球表面的气温急剧下降。

几次生物区系的危机均发生在火山爆发和造山运动时期，如奥陶纪后期、泥盆纪后期和白垩纪后期所发生的 3 次生物大灭绝事件均伴随着火山爆发和造山运动。大多数火山爆发的持续时间和生物大灭绝时期相吻合，以下典型案例可作为此结论的部分证据。

印度火山爆发导致恐龙灭绝：美国普林斯顿大学格塔·凯勒教授称，印度德干地盾的超级火山爆发很可能是恐龙灭绝的主要原因。火山爆发释放出大量的灰尘和气体，阻挡了阳光，并形成显著的温室气体效应。

峨眉山火山喷发：大约 2.6 亿年前的峨眉山火山大喷发，被称为“地球最大规模生物大灭绝”。《科学》刊文称，地球上有史以来最大规模的一次生物大灭绝，可能是四川峨眉山玄武岩火山大爆发导致。峨眉山火山大爆发，温度高达 700～800℃，巨量镁铁质熔岩瞬间进入海水中，就像冷水倒入热油锅中一样，引起极为猛烈的喷发。大量的火山尘埃和镁铁质岩浆携带大量的硫化物喷射到大气的平流层，形成富含硫酸盐的“云层”。这些不易消散的硫酸“云”，极大地阻挡和吸收阳光，导致短期内全球急剧变冷。同时，所形成的酸雨，对全球生物，尤其是海洋生物，造成极大的损害。

（3）来自外星系的灾变事件：长期以来，人们就一直猜测生物的大灭绝可能是由临近太阳系的星球或超新星的爆炸触发而产生的。其爆炸所产生的高能级辐射对地球生命是致命的。

（二）生物竞争

1. 种间竞争

竞争可能使一个物种的地理分布范围和数量减少。竞争往往发生在两种或两个居群同时利用同种资源或两者中一方个体数目的增加导致另一方适合度降低（居群大小、生长率等）的情况下，且生态习性相似的种往往构成镶嵌型分布，使两个竞争物种可能长期共存。

竞争的方式有两种。①资源利用性竞争：两种生物之间没有直接干涉，只有因资源总量减少而产生对竞争对手存活、生殖和生长的间接影响。例如，旱冬瓜林下种植草果，若上层郁闭度较大，光照多被旱冬瓜林冠利用和遮挡，林下光照满足不了草果基本生存和生长的需求，则严重影响草果生长甚至使草果死亡。②互相干涉竞争：如化感作用，植物或微生物的代谢分泌物对环境中其他植物或微生物有有利或不利的作用，如大量种植桉树、杉木等，对同一立地中其他树种或植物产生他感作用，进而造成林内生物多样性减少。

竞争的结果往往产生物种的变化。①两个物种或两个种群的生态位分化或占据不同的分布区。②一个物种或一个种群排挤掉另一个物种或另一个种群，造成另一物种或种群的消失。单纯的竞争很少导致物种灭绝，除非一个物种对其竞争物种的每一个分布地点都一致地占绝对优势，否则不可能使其竞争者完全消灭。

竞争通常伴随其他因素才会导致物种的灭绝。①只有在特殊情况下，如较小的岛屿、重大的地质事件及人类干扰，竞争才有可能使一个物种或种群灭绝。例如，在较小的岛屿上，一个新的物种的侵入有可能导致当地种的灭绝。②仅仅是竞争单一因素造成的物种或种群灭绝极少出现。

2. 猎物动态的关系

广义的捕食者，包括草食者、肉食者和寄生虫。捕食者和被捕食者的关系在长期协同进化过程中，逐步从单方的依赖变成双方的依赖，其种群数量亦常常围绕着一个平衡点按照一定的周期摆动。这对于维持生态系统的稳定性起着非常重要的作用。

外界的干扰会影响捕食者和被捕食者之间达成的平衡关系，并增加其摆动的幅度，进一步干扰可能导致一个种群的灭绝，或两个种群同时灭绝。捕食者的大暴发往往使某种猎物遭遇厄运。例如，松毛虫的大暴发使针叶林受到严重危害，导致原分布于美国东北沿海的松鸡灭绝和苍鹰（*Accipiter gentilis*）大暴发。

捕食者除自身的直接作用外，也间接影响着两个物种或多个物种之间的竞争。例如，在海水中，水獭的出现可以彻底消灭海胆，海胆则以多年生的海藻［海带属（*Laminaria*）］为食，在没有水獭的情况下，海胆的数量即增多，此时以一年生的海藻占绝对优势，而非多年生的海藻；相反，当水獭普遍出现时，海胆几乎消失，多年生海藻便占绝对优势，并最终使它的竞争者—— 一年生的海藻彻底消失（Frankel and Soule，1981）。

两个或两个以上物种间存在的关系表现为互利共生（mutualism）、偏利共生（commensalism）和协作（cooperation）3 种类型。①对一个物种有利，而对另外一个物种没有影响，称为偏利共生。②假如对两个物种都有利而并非生存竞争，这种关系称为协作。③两个物种共同生存于相同的生境中，彼此有利，两者分开以后双方的生存都受到较大影响，甚至导致死亡，这种关系称为互利共生，如一些豆科植物与固氮微生物间存在的关系。蚂蚁［蚁科（Formicidae）昆虫通称］和合欢（*Albizia* spp.）是互利共生的典型案例。合欢给蚂蚁提供居所和食物，蚂蚁保护合欢免受食草昆虫的损害。

次生灭绝是物种共生中最易发生的，即当一个物种灭绝时，许多其他的物种很可能因此灭绝。例如，对于每一种灭绝的鸟类、哺乳动物或昆虫，那些不能生活在其他寄主上（或体内）的寄生虫或细菌也会灭绝。通常，专一性高的物种，在其以食为生的一两个物种丧失后也会由于食物的缺乏而灭绝（奇文和伯恩斯坦，2017）。

（三）物种退化

近亲繁殖所致的物种退化和有限的基因库对物种未来生存构成严重威胁。最小可存活种群（minimum viable population，MVP）是指种群以一定概率存活于一定时间的最小种群大小

（MacArthur and Wilson，1967）。一个种群若大于 MVP 便可以有效地避免灭绝，若小于 MVP 则有可能很快灭绝。小于 MVP 所导致灭绝的可能途径包括 4 个方面。

（1）统计随机事件（demographic stochasticity）：当种群十分小时，其交配、生殖，以及幼子（幼苗）成活率等诸多因素中一个较小的障碍即可能导致种群大小迅速向下漂变，直到承受冲击的能力为零，即种群迅速缩小以至完全失去抵抗外界干扰的能力。

（2）遗传性衰退（genetic deterioration）：较小种群所包含的基因组必然小于较大的种群，意味着极端小种群将不可能产生足够的遗传变异以适应变化的外界条件。此外，较小的种群很有可能发生遗传漂变（genetic drift），该种群基因频率的变化已不是取决于自然选择，而是纯粹的随机性。

（3）社会性机能失调（social dysfunction）：主要是指当种群变得很小时，其一些行为特征便发生衰退。例如，一个不爱群居的物种，其种群的维持主要依靠雌雄个体能够相遇从而发生交配的概率大小。倘若该种群的分布过于稀疏，出生率便会下降。

（4）外来干扰（extrinsic forces）：外来干扰对于一个过小的种群危害性极大，反之，种群越大，影响就越小。外来干扰通常是地区性的。要在连续发生外来干扰的情况下幸存，一个种群的地理分布范围比种群数量显得更为重要。

当一个种群小于 MVP 时，上述 4 种可能的途径往往最终使该种群趋于灭绝。例如，圣赫勒拿岛距非洲大陆约 2 000km，是一座死火山岛，达尔文盛赞这里是“物种的天堂”，分布于此的圣赫勒拿岛红杉（*Trochetiopsis erythroxylon*）是此岛特有树种，在其他地区的野生种已经灭绝。当移民登陆此岛屿后，因圣赫勒拿岛红杉的木质优良，以及树皮可鞣制皮革，所以被大量采伐。1718 年，该物种已极为罕见。19 世纪后期，当亚麻（*Linum usitatissimum*）种植园开始建立时，圣赫勒拿岛红杉数量进一步减少。到 20 世纪中叶，只有一株圣赫勒拿岛红杉幸存，此株红杉是今天所有已知的栽培红杉的来源。

（四）病菌与病害的流行

和捕食者相似，病菌的生存通常建立在寄主具有生存活力的基础之上。这种相互依存关系的自然结果是形成“地方性平衡”（endemic balance）。

在长期的协同进化过程中，被寄生物种对病菌逐渐产生抗性，同时病原体的毒性也逐渐降低。病菌无时不有，然而致病程度则相对减弱。只有在长期存在的生态平衡被打破的情况下，该区域才有可能发生广泛的病害流行，从而导致物种灭绝事件的产生。“人类是导致至今我们所知道的绝大部分由于失去生态平衡而产生病害流行的直接或间接原因”（Frankel and Soule，1981）。

病害流行可能发生的两种情形：①当易受感染的寄主物种从不受病菌感染的区域传入病菌感染强烈的地区时，方会发生；②当病菌传入没有病菌传染的地区时，方会发生，在一个孤立发展的生物区系突然发生病害流行，通常会导致灭绝波（wave of extinction）的出现。

频繁接触是病害流行的必要条件：①居群内各成员的频繁接触为高毒性感染病菌的存活创造了必要的条件，如现代城市居民最容易遭受严重的流行病菌的感染，而史前人类由于分别在被隔离的较小区域生活，很少发生病菌的广泛传播；②如果一个物种的不同居群分别生存在较小的、相对隔离的地区，则可避免病菌的严重感染，从而避免因病菌的广泛流行而导致的灭绝；③许多物种的镶嵌分布可成功地避开病菌的严重感染，这也许是生物在漫长进化过程中逐渐发展起来的适应策略。

竞争、捕食和病菌等因素单独作用都不可能完全导致一个物种的灭绝，尤其对稳定发展的陆地生物更是如此。然而，它们中任何一个因素的存在，都造成物种增加能量和遗传上的负载，再加上某些时期内居群中个体寿命在一定程度上被缩短，会极大地改变生物居群的大小并缩小其分布范围。在这种情况下，一系列偶然事件的接踵而至极易将一个物种推向灭绝，物种灭绝中的第一冲击效应（first strike effect）即如此。

当一个强烈的冲击使其地理分布或其他适应体系支离破碎时，该物种很容易在一系列偶发事件中趋于灭绝。一个已建立起完善的适应体系的物种很难迅速灭绝。只有当一个事件是远远超过物种适应能力的突如其来的强烈冲击时，灭绝才可能发生。如果说第一冲击并不能成为导致物种灭绝的必要条件，至少会极大地加速这一过程。美国松鸡灭绝就是一个典型的例子，其灭绝经历了一系列的过程。

19 世纪松鸡遭到大量捕杀。1870 年松鸡仅生存于马萨诸塞州的一个小岛上；1908 年松鸡只剩 50 只。1908 年建立了 1 600 英亩[①]的保护区；1915 年岛上的松鸡已自然增殖到 2 000 只。1916 年以后，森林火灾、捕食者苍鹰大暴发和百年罕见的低温冻害天气，加之种群数量减少及性别比失调所引起的近交和家养火鸡的病菌传播流行，使松鸡在 1927 年锐减到 11 只雄鸡和 2 只雌鸡，1928 年底仅剩 1 只。1932 年 3 月 11 日该物种从地球上灭绝。

松鸡的灭绝过程可分两个阶段。第一阶段：大量无度捕杀对松鸡的生存造成史无前例的冲击，导致种群数量快速下降、分布范围迅速缩减；第二阶段：一系列接踵而至的生物学和物理学事件使该物种最终灭绝。

如果没有第一阶段的强烈冲击，第二阶段中任何一个事件的发生都不可能有如此巨大的效果。第一阶段人类的过度捕杀是造成松鸡最终灭绝的首要因素，这就是第一冲击效应的后果。

二、人为因素

什么原因使森林大面积减少，从而导致生物多样性的丧失？可能包括自然灾害（如地震、火山爆发等），但更为主要的是持续增长的世界人口和不断增强的人类活动，包括乱砍滥伐、乱捕滥猎、填海、围湖造田、过度开垦草原、过度放牧、过度利用土地和水资源、物种无序引入等，生境被改变和破坏、入侵物种猖獗等，是生物多样性丧失的主要原因。

（一）生境的改变和破坏

生境是指一个种群居住和生活的区域，为生物提供水、庇护所和其他许多的生存所需。某一生境被破坏或者改变，对生活在那里的植物和动物产生严重影响（Chiras and Reganold，2016）。

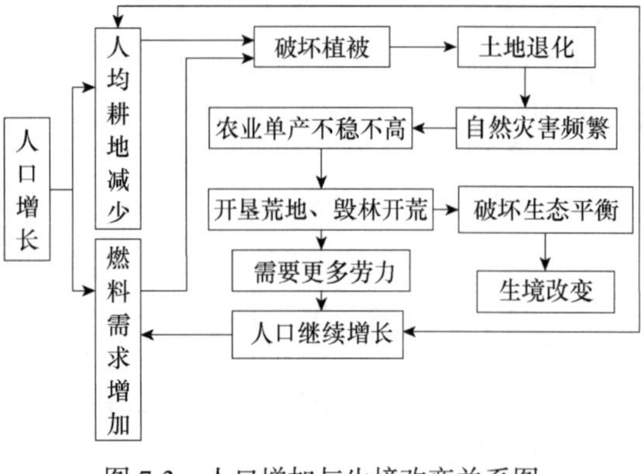

图 7-3　人口增加与生境改变关系图

1. 生境改变

现代医学技术及可靠的食物资源保障，增加人类的寿命，也导致世界人口呈指数式增长，造成人与土地之间尖锐的矛盾。人口膨胀导致对资源的利用不断增加，加之低效和不合理地利用自然资源，加剧了人地矛盾，大量开垦荒地，毁林开荒，城市扩张，开矿及高速公路，铁路，管道和大坝建设，造成生态失衡，改变了生物赖以生存的环境（图 7-3）。

2. 生境破坏

生境破坏即栖息地被破坏，是指人类活动

① 1 英亩＝4046.86m²，下同。

导致生物赖以生存的环境遭到毁灭。生境面积减少 90%时，生存于其中的物种将有 50%左右灭绝。因此，对生物多样性威胁最大的是生境的丧失，保护生物多样性最关键的手段就是保护生境。栖息地破坏包括栖息地丧失和栖息地片断化两个方面，前者是指栖息地面积的损失，后者是指大面积整体栖息地形成相互隔离的小面积斑块。栖息地破坏可导致许多物种的种群下降和灭绝。受胁因子分析发现，生境丧失和退化威胁到 89%的鸟类，83%的哺乳动物，91%的植物（蒋志刚和谢宗强，2008）。同样，片断化栖息地因难以满足物种生存最小面积需求，严重威胁物种或种群的生存。

1）栖息地丧失　　大规模的农业生产、过度放牧、森林采伐、水利建设、工业和商业活动，以及开矿、城市和道路建设、集约化的养殖业等，直接造成了野生动植物栖息地的丧失，间接导致了野生动植物的濒危（表 7-2）（Reid and Miller，1989；Primack，1996）。

表 7-2　促使物种灭绝和趋于灭绝的因素

濒危类型	物种类群	每种原因的百分率/%[①]					
		丧失生境	过度开发[②]	引进物种	捕食	其他	未知
灭绝	哺乳动物	19	23	20	1	1	36
	鸟	20	11	22	0	2	37
	猛禽	5	32	42	0	0	21
	鱼	35	4	30	0	4	48
趋于灭绝[③]	哺乳动物	68	54	6	8	12	—
	鸟	58	30	28	1	1	—
	猛禽	53	63	17	3	6	—
	两栖动物	77	29	14	—	3	—
	鱼	78	12	28	—	2	—

注：①一些物种受到多种因素的影响，因此有些行的百分率总和会超过 100%；②过度开发指为了各种目的，如商业、体育及其他杀害动物的行为；③受胁迫的物种或亚种，包括 IUCN 列名的濒危种、渐危种和稀有种

森林砍伐和紧随其后的开荒种地及草原过度放牧，既占据野生动植物固有的家园，又将野生动植物人为地分割成许多孤岛状的小种群，使其生存繁衍受到极大的影响。

栖息地退化或丧失、捕捉、环境污染排列于受威胁两栖动物致危因子的前 3 位（江建平等，2016）。对 408 种中国两栖动物的濒危状况进行评估表明，1 种灭绝，1 种区域灭绝，受威胁的两栖动物共计 176 种，占评估物种总数的 43.1%，明显高于《IUCN 濒危物种红色名录》（2015 年）的物种受威胁率（30.8%）。中国特有两栖动物 272 种，其中 48.9%属于受威胁物种，受威胁比例最高的是有尾目（63.4%），明显高于无尾目（39.0%）；受威胁比例最高的科是隐鳃鲵科（Cryptobranchidae）（仅有 1 种，100%受威胁）、小鲵科（Hynobiidae，86.7%）和叉舌蛙科（Dicroglossidae，78.1%）。有 11 个省（自治区）的受威胁物种数占本省（自治区）两栖动物物种总数的 30%及以上，前 3 位分别是四川（40.8%）、广西（39.2%）和云南（37%）。

对 12 目 55 科 245 属 672 种中国哺乳动物进行评估（蒋志刚等，2016），结果野外灭绝 3 种，区域灭绝 3 种，极危 58 种，濒危 53 种，易危 67 种，近危 153 种，无危 261 种，数据缺乏 74 种。受威胁哺乳动物共计 178 种，约占评估物种总数的 26.4%，高于《IUCN 濒危物种红色名录》（2014 年）评估的全球哺乳类受威胁比例（21.8%）；其中，过度利用排列于受威

胁哺乳动物致危因子之首，影响着 215 种哺乳动物的生存（126 种哺乳动物在本次评估中被列入受威胁等级，占 59%）。生境丧失和人类干扰排列于致危因子的第二位和第三位，分别影响着 198 种和 193 种哺乳动物的生存。在哺乳动物的所有致危因子中，由于自然灾害、毒杀、污染、疾病、意外死亡、物种入侵而濒危的物种均不超过 25 种，即中国哺乳动物的濒危主要是人类活动造成的，物种本身的进化原因对其影响基本可以忽略不计。

许多国家尤其是人口稠密的岛屿，绝大多数的原始生境都被毁坏。61 个热带国家中已有 49 个国家 50%以上的野生动物生境遭到破坏。在亚洲热带国家和地区，有 65%的野生生物的生境已不再存在，其中，孟加拉国 94%、斯里兰卡 83%、越南和印度均为 80%。尤其是亚洲灵长类动物的生境破坏更为严重，绝大部分原始生境都遭到破坏，只有为数不多的生境得到了保护（表 7-3）。

表 7-3　东南亚灵长类生境丧失的范围及现在对原有生境保护的百分率

物种	原有面积（×万 hm^2）	所剩面积（×万 hm^2）	丧失百分率/%	保护百分率/%
马来猩猩	5 530	2 070	63	2.1
合趾猿	4 651.1	1 698	63	6.8
加里曼丹岛长臂猿	3 950	2 530	36	5.1
门塔瓦岛长臂猿	65	45	31	22.9
中南半岛长臂猿	3 493.3	875.3	75	3.1
长尾猴	3 831.8	1 233.2	68	3.4
大鼻长尾猴	296.9	177.5	40	4.1
刚果杜埃叶猴	2 960	722.7	76	3.1
爪哇叶猴	432.7	16.1	96	1.6
法兰士叶猴	974	141.1	86	1.2

大面积天然森林转化为他用，造成森林锐减，破坏了野生生物赖以生存的生境，造成生物多样性丧失，是人类面临的十大环境危机之一。例如，热带湿润森林仅占地球面积的 7%，但以其为栖息地的物种数量占全球物种的 50%以上。全球原有热带雨林的面积为 1 600 万 km^2 左右，1982 年热带雨林面积仅剩 950 万 km^2，1985 年再次统计显示三年锐减 100 万 km^2 的热带雨林。

在生物多样性最丰富的热带地区，超过半数的自然栖息地已被破坏。全球每年有 18 万 km^2 的热带雨林消失（Primack 和季维智，2000），其中 8 万 km^2 完全毁灭，10 万 km^2 发生退化。如果以此速度估算，到 2040 年，除个别保护区外，热带雨林可能不复存在，许多栖息于热带雨林中的物种将随之消失。

在温带地区，自然的栖息地已几乎不存在（Wilcove et al.，1986），绝大多数的森林已被人类采伐了几遍，只在一些人类无法接近的山区，尚少量保留着原始栖息地斑块。

不同的生态系统，都存在着大量的生境破坏现象。

（1）常绿阔叶林：亚热带常绿阔叶林在中国的分布区占国土面积的 1/4。由于人为砍伐，大量被人工培育的杉木林、马尾松林以及次生灌丛甚至荒山所取代。除一些人迹罕至的地方保存有较好此类森林外（大多数已成立自然保护区），生境破坏和片断化现象十分严重。

（2）热带干旱林：与热带雨林相比，热带干旱林更适于被开垦发展农业和畜牧业。适中的雨量（150～2 000mm/年）使土壤中的矿质营养能被保存以利于植物的吸收，养分多保存于植被中，一旦其遭到破坏，土地退化随之发生，植被恢复极为困难。因此，此类森林的破坏对野生生物的生境毁坏几乎难以在短期内修复。中美洲干旱林区的人口密度比其邻近的雨林高出 5 倍以上，使中美洲太平洋沿岸落叶性的干旱林仅残存不到 2%。

（3）红树林：在非洲和其他热带地区，红树林被开垦种植水稻或者改造成虾［十足目（Decapoda）部分节肢动物的通称］和对虾（*Penaeus chinensis*）养殖场。东南亚有 15%的红树林被改造为水产养殖场；近 100 年中菲律宾一半以上的红树林遭到破坏；泰国在 1961～1979 年有 30%的红树林消失。

（4）湿地和水生生境：在过去的 200 年中，美国一半以上的湿地遭到破坏。这种现象在其他工业化国家和地区，如欧洲、日本也同样严重地发生。

土地荒漠化也是人类环境危机之一。荒漠化（desertification）是由于干旱少雨、植被破坏、大风吹蚀、流水侵蚀、土壤盐渍化等因素造成大片土壤生产力下降或丧失的自然或非自然现象。荒漠化是由以下一种或多种因素导致的：①由于人类活动，许多生物群落在季节性的干燥气候中退化导致荒漠化；②连续耕作（特别是在干燥多风的年份），引起土壤侵蚀和失去保水能力；③家畜如牛、绵羊（*Ovis aries*）和山羊（*Capra aegagrus*）对牧草的过度取食，砍伐木本植物作为薪材，导致生物群落进一步退化，土地失去表土层，最终形成荒漠。荒漠化一旦出现则很难逆转，沙尘暴就是荒漠化的一种警示。

2）生境片断化　　生境片断化（habitat fragmentation）也称生境破碎化，指原来连续成片的生境，由于人类活动的破坏和干扰，被分割而破碎，形成分散、孤立的岛状生境或生境碎片的现象，即生境的不断破坏形成生态岛。片断化的生境与原来生境具有显著的区别：①单位面积生境中，片断化后具有更长的边界线；②每一生境片断的中心到边界的距离极大缩短。

片断化的生态岛往往造成一个或多个物种生境在数量、质量或空间结构方面发生变化，导致物种多样性减少：①对某些物种，小生境不能够提供足够的空间和食物；②小生境所能支持的每一种群个体数可能达不到种群繁殖所需的个体数量，即种群个体数一旦降低到低于维持一个种群繁殖能力的个体数量——临界种群规模，其种群的繁殖受到限制，再也无法恢复最小种群数量；③太小的生境会引起大量的近亲交配，通常产生问题后代（Chiras and Reganold，2016）。

片断化改变了栖息地的空间结构和片断化内或片断化间的生态过程，如辐射流、水循环、营养循环、传粉过程、捕食者和被捕食者的相互作用等。栖息地片断化对鸟类的生态学效应主要体现在面积效应、隔离效应和边缘效应等（邓文洪，2009）。这些效应影响着鸟类的分布、基因交流、种群动态、扩散行为、种间关系和生活史特征等，最终影响鸟类的生存。

由于动物对片断化生境的适应能力差异，导致生境片断化对不同植物的种子传播产生了多样化的影响：①片断化生境通过影响动物的觅食行为改变种子（果实）搬运量；②片断化生境中食物资源可获得性的改变是影响动物对种子传播距离的重要因素；③生境片断化引起的传播媒介下降导致种子萌发率降低，还通过斑块微生境的光照、温度和湿度改变，其他植物生长的相互影响，真菌的感染及种子捕食者的增加而影响种子的萌芽率；对于能够活动于片断化生境中的传播动物，其仍能把种子直接传播到能发芽的适宜点中，从而使植物获得较高的种子萌发率及促进种群的建立（白冰等，2011）。

人类对生境进行干扰而形成片断化生境经历两个过程（Wiens，1989）：①林窗形成（gap formation）——干扰从生境内部开始；②片断形成（fragmentation）——干扰从生境外部开始。两种过程单独或协同作用均可导致生境片断化，协同作用时片断化加速。片断化最初出现两个现象：①各片断之间的隔离（isolation）；②内部小气候（microclimate）的变化（如太阳辐射、风和水分循环）。

进一步片断化将会引起片断中物理、化学和生物学因素的一系列变化，导致生态系统变化、物种局域灭绝和物种多样性下降、边缘效应等发生。

（1）生态系统的变化：此变化包括 3 个方面，即生境面积降低、剩余地区重新分布为非连续片断和养分循环变化。

生境面积降低：植物群落空间结构和种类组成、物种多样性和动态、植物功能群结构、种群更新格局和生殖生态等的变化，导致种群减小、边缘效应和种群迁出率增加，种群灭绝风险增加。片断面积可能小于物种所需的最小巢区或领域面积，即使片断面积较大，由于片断上的种群较小，也很难维持种群的长期生存。

剩余地区重新分布为非连续片断：非连续片断会影响生物种群的扩散和迁移；竞争、捕食和寄生等种间关系，往往造成避难岛的拥挤效应。片断周围栖息地的某些物种入侵到片断内，增加片断中物种和种群的密度，对片断内物种造成危害，促使其濒危。

养分循环变化：因土壤热量增加及由其引起的土壤微生物和无脊椎动物数量和活性、凋落物分解、土壤湿度等改变。

（2）物种局域灭绝和物种多样性下降：①破坏性干扰。一些种类会因生境遭破坏而有效性降低、异质性丧失而灭绝。因居住范围缩小使种群大小受限制，遗传多样性下降、纯合度增加而适合度下降。一些需要几种栖息地类型才能生存的物种因栖息地异质性减少而导致种群濒危或灭绝。②次生灭绝（secondary extinction）。片断化扰乱了群落内很多重要的相互作用，如竞争、捕食和寄生关系、互惠共生等，这些关系的破坏导致物种灭绝和多样性下降。外来物种的侵入，即许多外来种在新的生境内成为竞争胜利者，尤其在热性（如朝南向）边缘，物种迁入率下降或迁入受妨碍。

（3）边缘效应：边缘效应是指在不同群落或生态系统交错区，发生种的更大变异、种群密度增大的现象。片断越小则边缘比例增加，其相对重要性越大。片断的边缘效应大致有三个类型：①非生物效应——包括来源于不同结构基质环境条件的变化；②直接生物效应——包括直接由物理条件变化引起物种多度和分布的改变（如干燥、刮风和植物生长），以及在边缘或接近边缘物种的生理忍受能力；③间接生物效应——包括种间关系如捕食、寄生、竞争，生物传粉，草食作用，种子扩散等的改变。非生物效应是生物效应产生的前提和驱动力，生物效应则反过来影响非生物效应致其发生改变。边缘效应通过影响动物、植物和微生物而使片断化森林生态系统的结构（物种构成和生物多样性）与功能（能量流动和物质循环）发生改变，最终使片断化森林的恢复与重建变得极为困难与复杂（渠春梅等，2000）。

此外，片断的边缘将形成一个小气候和土壤特征的梯度。与林内相比，林缘的光合有效辐射、空气和土壤温度、蒸汽压差增加，空气和土壤湿度、死地被物层含水量下降，对风的开放程度增加，边缘小气候由“凉湿效应”转化为“干暖效应”。林缘附近凋落物的分解率最快可能是地温较高所致，后者加速菌类和其他分解有机物的活性，从而有利于提高土壤肥力。林缘干热和较多光照容易使耐温、耐旱、高光合作用的先锋植物侵入，从而改变植物群落结构及物种分布（马友鑫等，1998）。

栖息地片断化致使边缘物种或种群数量急剧增加，导致适宜于栖息地内部的生物物种数量减少，而适宜于栖息地边缘的生物生存，即景观破碎使得森林内部动物赖以生存的环境丧失，这些物种将被林缘或开阔地的物种代替。同时，森林内部的捕食者在无林地和林缘数量减少，而适应性广的捕食者增加。当栖息地斑块破碎到无真正的内部环境时，将引起物种的减少，甚至导致许多在栖息地内部生存物种的灭绝（廉振民和于广志，2001）。

（4）生态学后果：生境片断化的最普遍结果是生境异质性的损失，进而影响生物多样性及其生态系统功能，对以森林生态系统作为赖以生存的环境的植物、动物造成巨大的影响。

植物与植物群落。耐阴植物被局限在片断内部；从林内到林缘，次生性和喜光物种的幼苗和幼树、杂草种类、风媒和水媒植物增加，成熟并依赖脊椎动物传粉的树种数量减少，花粉和种子的传播媒介受损或丧失，影响植物传粉系统，引起生境隔离而导致生殖失败。

随着生境片断化，林木密度随之增大。当树木密度增大、林下植物叶片密度增加而林冠植物叶片密度减少，林冠开放度增加，此时，植物功能群结构不稳定，接近林缘的植物死亡率上升、种群更新能力下降，且种子库和幼苗密度发生变化，影响以后的群落特征。最终影响植物种群的结构，改变植物种群的生态学和遗传学特性，使边缘效应增加，植物种群生存的适宜生境减少，导致植物种群数量减少。同时，密度增大的林分，落叶量极大增加，叶子的凋落可使养分损失和死亡率增加。热带森林片断边缘 10～25m 的一条带内藤本和其他次生植被快速生长，森林植物的生物量、生产力发生极大变化，产生明显的边缘效应，严重影响喜光乡土物种更新和生长。

动物与动物群落。生境片断化对动物与动物群落产生隔离效应，造成搜寻能力降低，限制了动物的求偶和交配。

a．隔离效应。一些需要季节性迁移的物种可能会因片断间的隔离而无法正常迁移，导致种群濒危或灭绝，也可能造成物种扩散和建立种群的机会减少。许多林内的鸟、哺乳动物和昆虫，因其冒险进入开阔地，将遭受寻食于开阔地的鹰、猫头鹰和其他动物的捕食，因此，即使开阔地的距离较短被捕食动物也不愿穿过，长期被隔离于片断化生境中，造成连通度降低和连续性下降。例如，100m 宽的农田对许多无脊椎动物来说可能是难以逾越的障碍。

b．动物的搜寻能力降低。许多动物种类，无论是单一的个体，还是社会性的群体，都需要能够在分布区自由穿行，在生存环境的零散资源中觅食。由于栖息地被分割，物种被限制在狭小区域而不能从分散的资源中寻找所需食物，因食物不足导致繁殖和生存被限制。

c．对动物的求偶和交配产生限制，以致影响动物的繁殖。种群数量的下降，加速了动物的灭绝，每一个亚种群被限制在一定的区域，由于交配困难、遗传漂移和其他问题，种群可持续发展能力变得更加脆弱。

生境片断化改变了隐蔽条件的效能和物种的联系。杂食性的动物可能会沿着林缘增加种群数量，并在林缘大量捕杀昆虫和两栖动物；捕食动物较易深入栖息地内部，致使距林缘数百米深处的许多动物不能成功地繁殖。

片断化也缩短了家畜与野生动物之间的距离，使家畜的疾病更容易在没有抵抗力的野生种群内传播，增加了寄生率、捕食率和种间的竞争，放大了人类的影响。

通常森林生境片断化会经历几个阶段：①第一阶段——森林的大量采伐，森林本底中可看到零星的采伐斑块生境；②第二阶段——农田扩张，越来越多的森林被采伐掉变为农田或农地；③第三阶段——继续对土地进行开发和利用，开发的农田聚集成大片农用地，森林斑块零星分布在农田本底上。因此，形成了以人类活动为主的生境类型中零星分布着一些自然生境类型（片断化的林地）。

许多物种的保护均要求有大面积的自然生境，随着生境的片断化和斑块面积的不断缩小，适于生物生存的环境不断减少，将直接影响物种的繁殖、扩散、迁移和保护。

生境片断化的影响指标有斑块大小、斑块之间的距离和斑块数。生境的斑块密度分析和斑块密度等值线绘制，是分析生境片断化的新途径，从一个新的角度直观地说明生境片断化及人类活动对生境的影响。

（二）掠夺式的开发利用

生态系统多样性丧失对人类社会的影响。河流上中游森林破坏造成的水土流失和下游湖泊、湿地的围垦开发导致调节洪水能力减弱，是洪水发生的重要原因，与生态系统多样性功能的丧失关系密切。种群被过度利用的最直接原因是经济因素，野生动植物利用是许多国家和地区重要的产业和经济来源。当种群增长率低于种群作为资本获得的利率时，经济利益就通过种群的过度利用来实现。例如，乱砍滥伐森林、林地用途的改变、植物过度采集、乱捕滥猎动物、过度放牧造成土壤沙化等，都是人类掠夺式开发利用的典型案例。

1. 乱砍滥伐森林

"乱砍"是指违反森林经营的科学原理和规则，违反森林采伐的有关规定、规程，采用不科学的砍伐方式或在不应当采伐的森林中所进行的采伐。"滥伐"是指违反保护森林法规，无采伐许可证或不按采伐许可证规定在负责经营的范围内任意采伐国家、集体所有的森林或其他林木及公民自留山林木的行为（黄一尧，1987）。乱砍滥伐森林，最终造成动植物资源遭到破坏，水土流失严重，暴雨、旱灾、土地荒漠化等一系列环境问题。

2. 林地用途的改变

砍伐和焚烧森林植被而形成农田，地上植被一旦被毁，将引起森林生态环境效益的丧失、严重的流水侵蚀，其损失无法挽回。大面积咖啡（*Coffea* spp.）、橡胶树（*Hevea brasiliensis*）、香蕉（*Musa nana*）、油棕等经济植物的种植，多导致环境破碎化、生物多样性降低等。

全球生物质能源植物的大面积种植对生物多样性造成了严重影响，不但直接或间接侵占大片自然或半自然生态系统，造成生物原生栖息地的退化和消失，而且还易造成生态系统单一，改变生态系统结构与功能，加剧面源污染，引起外来种入侵，甚至增加转基因生物安全风险（胡理乐等，2014）。云南橡胶种植造成年土壤侵蚀及水源涵养损失价值约 8.35 亿元，还有不可估量的区域气候变化和生物多样性损失，扣除生态损失价值，橡胶种植的经济社会效益将大打折扣（刁俊科等，2016）。尽管也存在不同的观点，橡胶林初产期物种多样性较低，可能是林下郁闭度较大且胶园经营管理措施较多等导致的，而在盛产期和产量衰减期，多样性升高，可能是随着橡胶林龄增加，林下生态系统逐渐趋于稳定和人为干扰逐渐减少的缘故（黄先寒等，2017）。

3. 植物过度采集

造成物种消失的另一个原因是其具有较高经济价值而被过度猎取，为人类社会提供食物或其他有价值的资源（Chiras and Reganold，2016）。无论是狩猎、捕捞还是采集，过度开发都关乎收获，当收获速率超过生物维持其种群数量的能力时，则过度开发导致物种灭绝（奇文和伯恩斯坦，2017）。

过度开发几乎毁灭了一些可生产重要人类药品的植物。例如，长春花可产生两种生物碱——长春花新碱和长春花碱，分别为治疗霍奇金淋巴瘤和急性白血病的有效成分，此两种成分与其他化疗药物相结合，使得许多患者可能被完全治愈。在种植园开始种植长春花前，野生种群濒临灭绝（奇文和伯恩斯坦，2017）。中国众多重要的药用植物，如红豆杉、石斛（*Dendrobium* spp.）、重楼（*Paris* spp.）、天麻等，也有同样的经历。

4. 乱捕滥猎动物

过度利用已导致许多物种的种群下降、分布区缩小甚至物种灭绝（李义明，2001）。猕猴在 20 世纪 50 年代因过度捕捉出口，加上栖息环境的破坏造成种群数量剧减（傅立国等，1993）。

过度利用在发展中国家比较严重，特别是在非洲、东南亚和热带丛林地区，野生动植物的过度利用问题比较突出，大量被捕杀的野生动物进入市场交易。例如，1983～2000 年，东非和西非的类人猿（大猩猩和黑猩猩）种群下降了一半以上，主要原因是非法捕杀、森林采伐和埃博拉出血热的流行。非洲中部 80%的动物蛋白消费，以及农村和城市家庭每天多达 50%的蛋白质摄入量来自森林动物。每年有超过 100 万 t 的森林动物被宰杀后作为食物，足以供给 3 000 多万人一年每天 0.25lb①的“丛林汉堡”。旅鸽的最终灭亡缘于过度捕猎，森林的丧失既是直接因素，也是间接因素，即将动物集中于越来越小的区域，使其更易被捕获（奇文和伯恩斯坦，2017）。

河流筑坝、生境退化或丧失、酷渔滥捕和引进外来种，是中国内陆鱼类受威胁的主要因素。采用 IUCN 评估等级和标准，对中国 1 443 种内陆鱼类受威胁现状进行评估，结果是：灭绝 3 种、区域灭绝 1 种、极危 65 种、濒危 101 种、易危 129 种、近危 101 种、无危 454 种和数据缺乏 589 种。受威胁物种大幅度增加，其数目达 295 种，占已知中国内陆鱼类总数的 20.44%，但低于全球平均值的 29%（曹亮等，2016）。

5. 过度放牧造成土壤沙化

过度放牧、樵采和开垦，严重破坏了原有沙地的自然植被，导致土壤沙化趋于严重，加速沙化过程。中国草原面积约 400 万 km^2，90%的可利用天然草原已有不同程度的退化，有些正面临沙漠化的威胁（Smith and Smith，2009）。特别是存在“公地的悲哀”（Hardin，1968）的牧场，即由于牧民共享牧场或者开放的牧场，每个牧民都放养尽可能多的牲畜，造成超出牧场的载畜力而引起草场严重退化。

掠夺式的开发利用，造成许多无法化解的结果：①工业革命以来，大气的 CO_2 浓度提高了 30%；②人工固氮的总量已经超过了天然固氮总量；③人类利用的地表淡水，已经超过可用总量的 1/2；④近 2000 年来，大概有 1/4 的鸟类物种已经灭绝；⑤有 1/3～1/2 的陆地面积已经被人类活动所改变；⑥接近 2/3 的海洋渔业资源已经过捕或耗尽。

（三）生境的退化与污染

最微妙的生境退化是环境污染，包括工业和人类居住地释放的大量污水、工厂和汽车排出的废气，以及杀虫剂、化学品等。大气污染特别是酸雨、重金属以及难以降解的化学品富集于土壤，引起水域、大气和土壤污染，污染物沿着生态系统的食物链转移，使一些敏感物种种群数量减少或消失。海洋，特别是近海的海岸污染是物种减少的主要原因。污染不但对水体、空气质量和土壤理化特性造成较大影响，威胁着许多物种的适应性，而且影响着人类的健康。

有时环境污染是清晰可见和异常激烈的，如由海湾战争引起的大规模原油泄漏和油井大火。然而，有些污染是肉眼难以识别的，污染可能造成直接危害，也可能造成食物链的富集效应、富营养化、赤藻、酸雨和臭氧空洞，进而对生物多样性产生破坏作用，也严重威胁人类健康和安全。一般地，污染包括杀虫剂污染、水体污染和大气污染等。

1. 杀虫剂污染

雷切尔·卡森 1962 年所著的《寂静的春天》，以双对氯苯基三氯乙烷（DDT）和其他有

① 1lb=0.453 592kg，下同。

机氯杀虫剂为焦点，描述其被用于杀死植物上害虫和水体中蚊子的同时，进入食物链中杀死野生生物种群的过程。例如，鸟类取食大量接触过 DDT 并把它富集于自身组织中的昆虫、鱼和其他动物，导致鸟体内含有较高浓度的农药，鸟类常产下不正常的薄壳卵，孵化过程中极易被压碎，危害这些鸟类繁衍。此类危害在猛禽类，如鹰和雕尤其明显。因此，20 世纪 50 年代和 60 年代，猛禽数量减少最重要的原因是杀虫剂污染导致的繁殖失败。

猛禽处在食物链的终端，其对这些化合物尤其敏感。有毒的化学物质通过生物取食逐渐积累，在食物链终端达到较高的浓度。例如，DDT 浓度从湖水→水中浮游动物体内→以浮游动物为食的小鱼体内→吃小鱼的大鱼体内→以大鱼为食的鹗体内，浓度依次为 0.000 003ppm→0.04ppm→0.5ppm→2.0ppm→25ppm，最终浓度被放大到开始浓度的 8 333 333.3 倍，足见其对生物的危害。又如，游隼（*Falco peregrinus*）捕食海滨鸣鸟类，后者以鱼、水生动物和昆虫为食。因此，游隼的捕食行为将毒素浓度进一步提高，比直接以鱼类为食的鸟类遭到的危害更大。

一些工业化国家开始禁用有机氯杀虫剂。美国 1972 年通过了禁用这些农药的法律。采取禁用措施后，鸟类，如猎隼（*Falco cherrug*）、鱼鹰（*Pandion haliaetus*）、白头海雕（*Haliaeetus leucocephalus*）的种群得以恢复。然而，世界上许多国家仍然使用此类农药，其危害在持续中。

2. 水体污染

河流、湖泊和海洋成了工业废水排放和居民排污的场所，杀虫剂、除草剂、原油产品、重金属（如汞、铅和锌）、去污剂和工业废水直接杀死生物或改变环境，不再适合生物的生存；污染随着水流而大面积扩散，有毒化合物（杀虫剂、除草剂和重金属等）直接致死生物；营养物质（N、P 等，来自工业、生活废物、废水或耕作、退化的地表水等）导致富营养化→藻类滋生→掠夺光资源、释放毒素→生物多样性严重下降。水体污染，一方面对水生生物群落构成严重的威胁；另一方面，破坏食物资源、污染饮用水，对人类的健康产生直接和长期的危害。

3. 大气污染

大气污染包括酸雨、臭氧和有毒金属等多种污染。

（1）酸雨：冶炼工业和以煤、油为燃料的电力工厂在生产过程中，向大气释放大量的硝酸盐和硫酸盐，其与大气中的水分相结合形成硝酸和硫酸，这两种酸类化合物成为云层的一部分，并极大地降低雨水的 pH，形成酸雨。酸雨引起土壤和水体的 pH 降低，也对许多植物种类造成直接危害，如使鱼类直接死亡或失去繁殖能力，抑制微生物的分解作用，减慢矿物质循环的速率，降低生态系统的生产能力；树木生长衰弱易受虫害威胁、易感染各种病害等，都与酸雨有关。世界工业化地区的许多池塘丧失大部分的本地动物群落。

（2）臭氧：汽车、电厂和其他工业过程排放出内燃机内的燃料燃烧后的副产品，如碳氢化合物和一氧化氮，在阳光下，这些化合物与大气反应生成臭氧和其他次生化合物，并产生光化学烟雾，形成臭氧。臭氧对防止紫外线的辐射有着重要的作用。然而，近地面高浓度的臭氧可危害植物组织，使植物变得脆弱，如城市中心的树长得比郊区的快，但其韧性较差，就是臭氧作用的结果。

（3）有毒金属：含铅汽油、采矿、金属冶炼和其他工业生产过程释放出大量的铅、锌和有毒金属进入大气中，对植物和动物产生直接的毒害。

（4）全球性的气候变化：大规模工业化导致温室气体（CO_2、CH_4 和其他微量气体）的产生，其吸收地球以热量方式释放的能量，并减慢地球上热量释放的速度，把其反射到空间，形成类似覆盖在地球表面上的一层“毛毯”，造成温室效应。例如，大气层中 CO_2、CH_4 和氮氧化合物等气体，可以让阳光中可见光透过，但对地球向宇宙释放的红外线起阻碍作用，红外线被吸收转化为热量，造成球表面温度升高，这种现象称为温室效应（greenhouse effect）。

大量燃烧矿物燃料，如煤、油和天然气，使近 100 年（主要是近 50 年）大气中 CO_2 的浓度由 290ppm 升高到 367ppm，估计到 2030 年可达 400～550ppm。由于农业开发、畜牧业发展、垃圾堆中微生物的作用、热带林火和草地火灾及燃烧矿物燃料等，过去 100 年大气中 CH_4 的含量由 0.9ppm 提高到 1.7ppm。与 CO_2 相比，CH_4 对热的吸收能力更强。因此，20 世纪全球平均温度上升了 0.5℃，据估计，21 世纪可能上升 2～6℃。全球变暖对自然、社会和经济造成巨大的影响，主要可概括为 6 个方面。

（1）温带的变化：北温带和南温带气候将向两极扩展；北美洲东部落叶阔叶林将会以每年 5～10km 的速率向北迁移（最近的更新世冰期过后，气温回升，树木以每年 100～400m 的速度迁移回到北美洲）。

（2）热带的变化：对热带的影响比对温带小得多，但将对物种的组成（尤其候鸟种群）、植物繁殖时间及植被对火灾的敏感性产生巨大影响；热带地区的飓风会变得更加严重和频繁，这种因素决定着森林的结构和组成。

（3）海平面升高：温度升高会使高山冰川融化和格陵兰冰层收缩。在未来的 50～100 年中，冰川融化增加的水将使海平面升高 0.2～1.5m，其后果是淹没沿海地区的湿地群落。在湿地附近的居民住房、道路和防洪大坝成为物种迁移的直接障碍。据估计，海平面升高将会使美国沿海 25%～80%的湿地被淹没。例如，喜马拉雅冰川融化中，10 亿人可能将失去水源。一些地势较低的国家，如孟加拉国大部分的国土将会在 100 年左右消失。

海平面升高对珊瑚礁有极大的危害，因珊瑚生长对水域深度、光照与水流组合、水温有严格的要求。1982 年和 1983 年，太平洋不寻常的高温促使与珊瑚共生的藻类死亡，由此导致 18m 深处 70%～95%的珊瑚死亡。

（4）植物种群的变化：一些植物种类能够适应较高二氧化碳浓度而加快自己的生长速率，而一些适应性差的植物就不能快速生长。全球变暖已引起一些物种分布范围和分布区的改变，还可能极大地影响种群的繁殖率和死亡率，改变物种的自然节律（物候），导致物种的繁殖期或迁徙时间提前或推后。当温度和降水格局发生变化时，物种的分布会随之发生变化，因为物种总是倾向于分布在气候条件最适宜的区域（Parmesan，1996）。

（5）对动物种群的影响：①改变生境。植被是野生动物赖以生存的栖息环境，也是野生动物的食物来源。气候变化导致植被变化，相应地使动物的分布也发生变化（Masters et al.，1998）。气候变化对极地和湿地影响显著，湿地主要受高温与降雨量变化的影响。在内陆地区，随着温度的升高，湿地大面积缩小。全球变暖改变了区域的温度和降水格局，使动物的栖息生境发生变化，某些鸟类和两栖类甚至丧失了栖息生境；如全球变暖威胁到生存在两极的动物（南极洲浮冰上的企鹅）。②影响动物的地理分布。对那些受益于全球气候变化的动物种群，其分布范围会随着种群的壮大而扩展。例如，近年来频繁的极端气候事件，尤其是干旱，常会引起一些昆虫的大暴发，从分布中心向更大范围扩展。此外，全球气候变化可能增加某些物种潜在的分布区域。由于不同地区温度升高的不均衡，加上这些地区本身环境的差异，温度的升高对不同地区的野生动物生境产生不同的影响。气候变化对野生动物分布的影响，除了使其受到直接胁迫外，大多数都是温度升高引起其他环境因子改变，使其重新分布。随着全球气候变暖，北半球物候期提前，一些野生动物的分布区北移，动物的繁殖、种群变化都发生了不同程度的变化，有的物种甚至灭绝（马瑞俊和蒋志刚，2005）。

（6）昆虫种群的变化：大气二氧化碳浓度升高、温度上升、降雨分布不均、灾害性天气出现频次增加等全球气候变化，严重改变着农林生态系统昆虫群落的组成结构、功能和演替，使昆虫分布区域扩大，发生世代增多、生态适应性变异，从而影响原有的植物—害虫—天敌间的内在联系和各营养层间的固有平衡格局，最终导致一些害虫暴发成灾，一些昆虫种群数量下降，甚至一些昆虫物种灭绝（戈峰，2011）。因此，全球变暖与其他因素协同作用，特别是与栖息地破坏的协同作用，可能是21世纪生物多样性保护面临的最大挑战，应密切监测全球变化对生态系统的影响。

（四）生物入侵

外来种的引入会引起生态系统发生变化，降低了生物多样性及其保护能力，导致生态系统单一和退化，甚至使一些物种灭绝。自1600年以来，全世界的两栖类和爬行类，由于外来种的引入共有22个种灭绝。

外来种入侵往往具有以下作用：①外来种在竞争方面具有的先天优势——杂交优势、无融合生殖等；②外来种打破原来的生态平衡——使原来动物、植物和微生物之间长期协同进化所建立的地方性平衡被打破；③导致土著种栖息地的功能性片断化——引起土著种原来的连续分布间断和片断化，直接导致其生存能力和竞争能力极度降低，甚至使其原有的适应体系彻底崩溃，趋于迅速灭绝。

本书第八章探讨生物入侵相关内容，在此不赘述。

（五）战争和冲突

绝大部分生物多样性相关书籍未涉及战争和冲突对生物多样性的影响。奇文和伯恩斯坦（2017）论述了战争和冲突与生物多样性丧失的关系，其对野生生物种群的影响可能是毁灭性的，而且威胁到热带森林之类的环境。①战争引起巨大的人口迁徙，难民有时会迁往“靠山吃山、靠水吃水”的地方，从事刀耕火种的农业，并参与大规模森林砍伐及捕杀野生动物的活动。②战争导致危及野生动物、家畜及人类的地雷和未爆炸物扩散，其爆炸可能导致生态系统大范围破坏。③化学污染是战争的另一个副产品。④武装冲突经常扰乱农村社会。如果人们不再务农，则变得更加依赖自然资源（包括野生动物），冲突期间及冲突后将进一步加重环境负担，且这段时间政府和当地社区通常力量较为薄弱，不能控制非持续性开发。⑤军备本身也是生物多样性丧失的一个诱因。例如，一些国家的军事基地和其他设施曾发生有毒化学物质（包括放射性废弃物）污染空气、土壤和地下水，以及爆炸和修筑道路营房等破坏自然生态系统的事件。

（六）现代科学技术

现代科学技术对生物多样性具有双重影响，一方面人类可以应用现代科学技术保护生物多样性；另一方面，现代科学技术也可能对生物多样性产生不利影响甚至起到破坏作用（林育真和赵彦修，2013）。

（1）资源与能源消耗：工业化商品制造及其生产大量消耗资源和能源，直接威胁生物多样性的维持系统；大量商品消费造成的环境破坏后果，也对生物多样性构成严重危害。工业生产的“标准化”隐含着模式化的要求，它与多样性是相矛盾的。

（2）环境污染：正如前述的大气污染，都是工业化的产物。氯、氟和烃类物质的生产技术开创了制冷工业，但氟利昂却是耗竭大气臭氧层的元凶；燃煤工业发展不仅消耗不可再生的矿产资源，而且导致“温室效应”，使物种分布格局发生不利于其可持续发展的变动；大气

中 SO_2 增加造成的酸雨，引起大片森林毁灭和水生生物死亡；工业的许多重金属化合物和其他有毒物质的释放，毒害了陆地、淡水和近海的生物群落；伴随农药的大量施用，农田生态系统中的大量有益昆虫、土壤微生物及杂草的生存受到威胁，农药还通过径流而污染河道，使湿地和浅海的生态失去平衡；化肥的过度施用则导致土壤板结、盐碱化及有机质丧失，引起土地退化。

（3）先进技术加快物种消失速度：工业化提高了产能，但同时也加快了物种的流失。先进的大型机械，短期伐掉成片的森林或开垦大面积的草原，或在短期内筑成一座大坝，对珍稀濒危的生物造成生态灾难，导致物种的大量流失。

（4）交通工具现代化：现代化的交通工具，使人与人的距离缩短，利于人类的相互交流，但大量的污染如噪声也困扰了生活；同时，由于交通工具的便利，原先人迹罕至的地方，也成为新的开发地域，各种交通道路的修建，产生更多的“孤岛”，造成生境片断化。

（5）遗传育种技术现代化：遗传育种技术培育出许多高产优良的新品种，实现农业的“绿色革命”，但过分追求高产和优质，导致品种单一化，人类的生存越来越依赖于少数几种作物和畜禽，造成许多具有优良性状的种质资源丧失，极大地削弱了遗传多样性。“克隆”技术的出现，可能导致基因在复制过程中将个体自身的缺陷放大为整个物种的普遍缺陷。

第八章　生物入侵与生物多样性

植物资源的引种驯化，因其所需要时间短，投入人力、物力相对较少，见效相对较快，是丰富引入地植物种类较为经济的一种方法，其不仅可丰富种质资源，而且多引入良种，可满足新的需求，发展商品生产、珍稀植物保护、城市美化、环境保护等，具有重要意义（王慷林和李莲芳，2014）。引种驯化的外来种成为入侵种的概率约为 1/1 000，但入侵种往往具有生态适应广、生长发育迅速、繁殖力强、产生化感物质的特点，故具有较大的环境耐受性、较高的协同进化潜力，能破坏生态系统原有物种的共生关系，并通过传播疾病、竞争、捕食或与本地种杂交等方式，对本地种和生态系统造成巨大的危害。因此，研究外来种的入侵性和生态学效应、物种入侵过程的机制、外来种预测预警与管理，也是生物多样性保护的核心科学问题。

第一节　生物入侵的概念

一、本地种

本地种是指在其过去或现在的自然分布区域和自然扩散潜力范围内的物种、亚种或更低级的分类群。《韦氏词典》（1991 年）定义其为“自然起源于一个特定的地域或地区的物种”，《牛津生态学词典》认为本地种是“自然出现于一地的物种，因而既非随意也非有意引入”。

本地种是在当地进化的物种，或“在石器时代前就到达这些地方或在没有人类干扰前就出现于这些地方的物种”（Webb，1993，见彭少麟和向言词，1999）。林业有乡土树种和外来树种的概念，乡土树种（indigenous tree species）是自然分布或土生土长于当地的树种；外来树种（exotic tree species 或 introduced tree species）是从其他地理区域引种栽培、繁衍的树种（林学名词审定委员会，2016）。

二、外来种

认识一些重要概念，有利于进一步理解外来种及其入侵。

引进（introduction）：外来种通过人类活动转移到其过去或现在的自然分布范围及扩散潜力以外地区的过程，包括有意引进和无意引进。有意引进（intentional introduction）：用于农林牧渔生产、生态环境改造与恢复、景观美化、观赏等目的物种的引进。无意引进（unintentional introduction）：物种伴随着贸易、运输、旅游等活动传入。

物种引入后造成的后果及对其风险处理也有一些专有术语。①种群建立（population establishment）：物种在新栖息地成功繁殖，并能不依靠该系统以外的新基因物质就能维持生存的过程。②扩散（spread）：生物个体或繁殖体从一个生境转移到另一个生境的过程。③危害（harm）：指外来入侵物种对引入地的经济、环境和人体健康等方面已经或可能造成的不利影响。④风险（risk）：在一定时间内某一特定有害事件发生的可能性，可以用有害事件发生的概率表示。⑤风险评估（risk assessment）：是指为了决策的需要，以科学为基础对具有不确定性的事件或结果进行逻辑判断的一种过程。⑥外来物种风险评估（alien species risk assessment）：是指为了外来物种管理的需要，对外来物种传入、定殖、扩散的可能性及其造成危害的风险的评估。

外来种（alien species 或 exotic species）是指那些出现在其过去或现在的自然分布范围及扩散潜力以外地区的物种、亚种或以下的分类单元，包括其可能存活继而繁殖的部分、配子或繁殖体（IUCN，2000；李振宇和解焱，2002）。外来种包括狭义和广义的外来种。狭义的外来种是指被人类有意或无意带到其自然演化区域以外的物种。其强调物种被人为移动或引进，因此，不包括自然入侵的物种和由基因工程获得的物种或变种。广义的外来种认为只要是进入一个生态系统的新物种就是外来种，其包括自然入侵的物种、无意引进的物种、有意引进的物种、基因工程获得的物种或变种，以及人工培育的杂种。

外来种按照其影响，通常分为 3 种类型：①有益外来种——又称引进种，是对引入地的经济、生态等产生益处的种类，如玉米、小麦、大麦、阳芋（*Solanum tuberosum*）、辣椒（*Capsicum annuum*）、番茄（*Lycopersicon esculentum*）、落花生（*Arachis hypogaea*）、番薯（*Ipomoea batatas*）等；②中性外来种——在一定的条件下维持相对稳定的种类，如荷花玉兰（*Magnolia grandiflora*）、桉树属植物等；③有害外来种——又称入侵种，对引入地产生各种危害的种类，如凤眼蓝（*Eichhornia crassipes*）、薇甘菊（*Mikania micrantha*）、飞机草（*Eupatorium odoratum*）等。

Webb 等依照重要程度提出确定本地植物和外来植物的 9 条标准（彭少麟和向言词，1999）。①化石证据。更新世时期有无化石连续存在，无则意味着物种是外来种，但这不是定论性的。②历史证据。有文献记录引种可证明为外来种，早期的历史文献不能证明物种是本地种。③栖息地。局限于人工环境的种很可能是外来种。④地理分布。在植物中地理分隔虽然普遍存在，但物种出现在地理上不连续时，暗示该种有可能是外来种。⑤移植频度。被移植到多个地方的物种可能是外来种，本地种多出现于特定的地方。⑥遗传多样性。隔离的种群出现遗传差异，这种种群可能是本地种；外来种多有遗传变异，不同地方间出现均匀性。⑦生殖方式。完全进行无性生殖的本地种很少，缺乏种子生成的物种可能是外来种。⑧引种方式。物种入侵需要传播方式，解释物种引进的假说合理可行，说明物种是外来种。⑨同寡食性昆虫的关系。同亲缘关系近的本地种比，取食外来植物的动物较少。

三、入侵种

入侵种是从分布区以外引入，在当地的自然或人工条件下形成自我再生能力，给当地的生态系统或地理结构造成了明显损害或影响的物种（林学名词审定委员会，2016）。外来入侵种（alien invasive species）是指在自然、半自然生态系统或生境中定居下来的，对本地生物多样性产生影响并构成威胁的外来种。王瑞和王印政（2003）认为入侵种是由于其引入已经或拟将使经济或环境受到损害，或危及人类健康的外来物种。长期以来，花费大量人力、物力和财力都很难控制的外来杂草和害虫，都是外来入侵种，如紫茎泽兰（*Eupatorium coelestinum*）、喜旱莲子草（*Alternanthera philoxeroides*）、凤眼蓝、薇甘菊、松材线虫（*Bursaphelenchus xylophilus*）、美洲斑潜蝇（*Liriomyza sativae*）等。如前所述，外来种成为入侵种的概率约为 1/1 000。

四、生物入侵

生物入侵（biological invasion）是指某种生物从原来的分布区域扩展到一个新的区域，其后代可以繁殖、扩散并形成野化种群（Elton，1958；Mack et al.，2000）。其种群进一步扩散已经或即将造成明显的生态和经济危害后果。林学名词审定委员会（2016）认为，生物入侵是外来种在当地适宜的环境和缺少天敌的条件下，得以迅速增殖，扩大分布区，并对本地自然、社会和经济产生威胁的生态过程。

可以通过以下标准定义入侵种：①通过有意或无意的人类活动而被引入一个非本源地区域；②在当地的自然或人为生态系统中形成较强的自我再生能力；③给当地的生态系统或地理结构造成明显的损害或影响；④中国国内被引出其本源地的物种和来自其他国家的非本地种。

第二节　生物入侵的模式与机制

一、生物入侵的模式

1. 自然入侵

自然入侵是在完全没有人为影响的自然分布区域的扩展。植物通过根、茎、叶或种子的繁殖及水流、风、动物携带等传入，动物通过自身的飞行等扩散传播。例如，菊科的薇甘菊能产生大量种子，借由风力远距离传播，或以其蔓茎繁殖；鬼针草（*Bidens pilosa*）、小蓬草（*Conyza canadensis*）、野茼蒿（*Gynura crepidioides*）等，利用果实上的特殊结构进行种子传播；苋科（Amaranthaceae）的刺苋（*Amaranthus spinosus*）、皱果苋（*A. viridis*）、青葙（*Celosia argentea*），禾本科（Gramineae）种类则利用种子多而轻、可借风力传播的特性入侵。松树的种子在北美洲和欧洲主要依靠风力传播，或被鹦鹉带到一些新的地方，而在南非则主要通过外来的美洲松鼠（*Sciurus* sp.）传播。

2. 屏障去除后的入侵

屏障去除后的入侵是指人类去除天然屏障后，生物体能自然穿越而引起分布扩展。此方式是淡水生物入侵的常见模式。例如，七鳃鳗（*Lampetra japonicum*）于 20 世纪初期通过人工开凿的运河进入了北美五大湖区，扰乱了入侵水域原有的种群结构。

3. 人类无意带入

人类无意带入是指在人类改变了的环境中传播并扩展分布区域。交通工具（车轮）、人（鞋底、衣服）与动物（鸟粪）都是外来入侵种传播的主要载体；苗木运输、旅游、压舱水、工程建设、军队转移等是重要的途径。例如，白花鬼针草（*Bidens alba*）是菊科一年生草本植物，原产于热带美洲，多生于海拔 50～3 100m 的路边荒地、山坡及田间；由于瘦果冠毛具倒刺，可附在人类衣服或动物皮毛上，或随货物而传播，现已成为田野、路边、花坛、庭园常见的杂草之一。

促进意外运输的因子有：小型或隐性生殖体、有利于传输的进化和适应、与栽培养殖物种相似、与其他物种共生、船舶的压舱水和货物运输中无意夹带的入侵种等。例如，石茅（*Sorghum halepense*）、毒麦（*Lolium temulentum*）是夹带在进口的粮食中传入中国的，北美车前（*Plantago virginica*）是通过旅游者行李带入中国的。

4. 从动植物园或养殖场逃逸的物种入侵

本处是指那些从栽培植物和种植园中逃逸后逸生的种类，如荞麦（*Fagopyrum esculentum*）、圆叶牵牛（*Pharbitis purpurea*）、粉葛（*Pueraria montana* var. *thomsonii*）等。1876 年粉葛在美国的费城百年博览会上出现，当时专家认为其是一种耐寒、快速增长的地被植物，可帮助抑制水土流失。由于其生长迅速，长得遍地都是，从而获得一个新的绰号“通吃南部的藤蔓”。如今，葛藤遍布美国各州，对环境造成了严重的影响。粉葛是第一个被编进外来种史册的植物。

大量有意引入的物种有狩猎种（如驯鹿）或渔业种（各种鱼类）、林业种（如杨树、桉树、松树等）、牧业种［如早熟禾（*Poa annua*）、各种牧草、各种牲畜］、渔业促进种［如尼罗罗非鱼（*Oreochromis niloticus*）］、驯化种［如欧椋鸟（*Sturnus vulgaris vulgaris*）、鸵鸟（*Struthio* spp.）等］、生物控制种［如长脚黄蜂（*Polistes* spp.）］。

5. 人为有意引入

有意引进外来种的目的主要有农林生产、观赏、医药、生物防治和环境治理等，但不当的引种容易对经济和环境造成极大的危害。

Williams 报道 30 种传入美洲的杂草中，有 21 种是作装饰用引进的，7 种作为饲料，其余作为药用及染料等引进。在澳大利亚的 220 种外来杂草中，46%是作为有用物种而有意引进的，有 31%是作为观赏植物引进的。1947～1985 年，澳大利亚北部引进了 463 种禾本科和豆科（Leguminosae）植物作为牛的饲料，其中 13%成为杂草。

中国已知的 100 多种外来杂草中，有意引进的占 58%。例如，薇甘菊原产于中美洲、南美洲，20 世纪 40 年代被引入印度尼西亚植物园用于橡胶园的地面覆盖，借助于当地温暖潮湿的土壤，很快在印度尼西亚蔓延，并迅速扩展到马来西亚、菲律宾、泰国、印度、越南等国，给种植香蕉、茶叶、可可、甘蔗等的农民造成了重大的经济损失。薇甘菊繁殖力极强，还会产生异株相克物质抑制其他植物生长，从而造成植物成片枯死，使野生动物失去食物来源，对生态系统造成严重危害。目前，深圳 20%以上的林区都有薇甘菊分布，使国家级自然保护区——内伶仃岛 6～7hm^2 的森林退化成草丛（庞雄飞和李丽英，2000）。云南德宏傣族景颇族自治州也遭受大量薇甘菊危害，除对林地造成巨大危害外，当地种植的甘蔗也无法幸免。

原产于印度或美洲，在北美洲被视为观赏植物，而中国香港则称之为“香港四大毒草”之一的洋金花（*Datura metel*），易开花，结实量大，传播性强，一旦有适合的环境很容易成长，枝条横生呈块状扩展，极易占据生境。被称为“热带杂草”的马缨丹（*Lantana camara*）周围其他植物常很少见，排他性非常强；其茎上长有倒刺，一般动物也难以直接践踏走过；不仅种子量大，且其茎极易生根，分蘖扩繁能力极强，通过有性和无性繁殖，扩展侵入极易，是一种相当强势的侵略性植物。

19 世纪初，石茅作为牧草被引入南美洲，而今石茅是世界十大恶性杂草之一。20 世纪五六十年代，为提高渔业产量，尼罗尖吻鲈（*Lates niloticus*）被引入非洲第一大湖——维多利亚湖，该湖具有极高的鱼类多样性，引进尼罗尖吻鲈 20 年后，其捕获量有了较大的提高，但与此同时，当地特有的丽鱼科（Cichlidae）300 种中的 2/3 灭绝了。

在中国，有意引入的植物包括不同用途的植物。

（1）作为牧草或饲料：喜旱莲子草、紫苜蓿（*Medicago sativa*）、白花草木犀（*Melilotus albus*）、赛葵（*Malvastrum coromandelianum*）、大黍（*Panicum maximum*）、梯牧草（*Phleum pratense*）、牧地狼尾草（*Pennisetum setosum*）、苏丹草（*Sorghum sudanense*）、欧黑麦草（*Lolium persicum*）、大薸（*Pistia stratiotes*）、芒颖大麦草（*Hordeum jubatum*）、凤眼蓝等。

（2）作为观赏物种：熊耳草（*Ageratum houstonianum*）、剑叶金鸡菊（*Coreopsis lanceolata*）、秋英（*Cosmos bipinnata*）、堆心菊（*Heleniun bigelovii*）、万寿菊、加拿大一枝黄花、牵牛、圆叶牵牛、马缨丹、含羞草（*Mimosa pigra*）、红花酢浆草（*Oxalis corymbosa*）、韭莲（*Zephyranthes grandiflora*）、荆豆（*Ulex europaeus*）、蜘蛛兰（*Taeniophyllum glandulosum*）等。

（3）作为药用植物：肥皂草（*Saponaria officinals*）、决明（*Cassia tora*）、土人参（*Talinum paniculatum*）、望江南（*Cassia occidentalis*）、垂序商陆（*Phytolacca americana*）、洋金花、澳洲茄（*Solanum laciniatum*）等。

（4）用于恢复植被和进行城市绿化：大米草（*Spartina anglica*）等。

（5）作为食物：番杏（*Tetragonia tetragonioides*）、尾穗苋（*Amaranthus caudatus*）、落葵（*Basella alba*）、番石榴（*Psidium guajava*）、鸡蛋果（*Passiflora edulia*）等。

这 5 种入侵模式中绝大部分生物入侵事件都是人类活动直接或间接造成的，如徐海根等（2004）认为，无意和有意引进，是外来种引入的主要方式（图 8-1）。

二、生物入侵的场所

中国外来入侵植物物种数从南到北逐渐减少，物种密度由东南海岸向内陆递减，无霜期长、年降雨量丰富的地区，其外来入侵植物物种数较多，交通密度是决定物种密度的关键因子，纬度决定物种的组成（吴晓雯等，2006），符合纬度低的地区入侵物种数目较多的规律。外来种入侵的区域，通常是开放、环境适宜（农田、森林、海岸等）和灾变区域，生境类型不同，入侵的物种及其比例也存在差异（图 8-2）（徐海根等，2004）。外来种入侵的场所可归为 4 类。

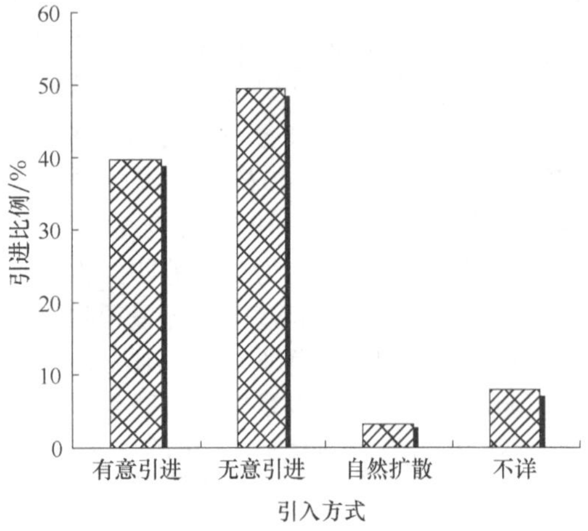

图 8-1　外来种引入的方式

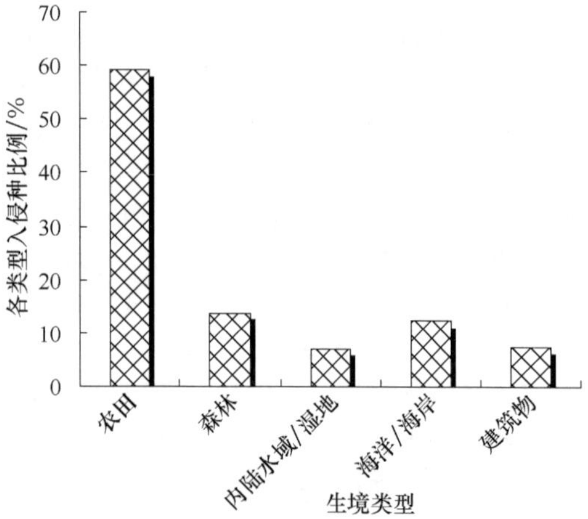

图 8-2　不同生境类型外来入侵种比例

（1）重要的港口、口岸附近，铁路、公路两侧。经国际货运传入的外来种往往首先在港口、口岸附近“登陆”，遇到适宜的环境条件建立小的种群而后开始扩散。火车、汽车携带的外来种容易在铁路、公路两侧定居、扩散。

（2）人为干扰严重的森林、草原。森林、草原生态系统本来是稳定的，但严重的人为干扰，如乱砍滥伐、过度放牧，使生态系统退化、生物多样性下降，为外来种入侵创造了良好的条件。

（3）物种多样性较低、生境较为简单的岛屿、水域、牧场。物种多样性低，自然抑制力也差，天敌数量少，外来种容易生存，外来种种群也容易扩增。

（4）受突发性的自然干扰（如火灾、洪水等）破坏后的生境。在这些生境，生态系统短时间内受到严重破坏，物种组成和群落结构变得简单，入侵种极易迅速占据大量的生态位而成为优势物种。

三、生物入侵的机制

外来种进入新的生态系统，最后能否成为入侵种有两个因素起作用：①进入新环境的外来种的自身特点（生物学特性）；②环境是否可被这个物种入侵。

1. 外来种的生物学特性

外来种通常具有传播能力强［入侵的关键，如薇甘菊、紫茎泽兰、凤眼蓝、水盾草（*Cabomba caroliniana*）等］、生态适应能力强（如紫茎泽兰、飞机草等）和繁殖能力极强（如薇甘菊、马铃薯金线虫等）等特点。外来种的生物学特性具体概括为6个方面。

（1）具有广泛的适应性：许多外来入侵种对各种环境因子的适应幅度非常大，可在多种生态系统和气候带中生存，对环境具有较强的忍耐力，如耐阴、耐贫瘠、耐污染等。这些特性使外来种在一些环境中较土著种更具有竞争优势，或能占据土著种不能利用的生态位。例如，飞机草分布于田间地头、水沟边、草场、山坡、林地、干旱贫瘠的荒坡地，甚至墙头和石缝都能生长，适应性非常强。凤眼蓝的生态适应性也极强，水库、湖泊、池塘、沟渠、流速缓慢的河道等是其适宜的生境，在稻田也常旺盛生长成为害草；即使在沼泽地及其他低湿的地方，凤眼蓝也可生长繁殖。湿地松粉蚧（*Oracella acuta*）具有极强的生态适应性，自从1988年侵入广东后，已在当地迅速扩散。有的外来种是杂交或突变的产物，可能具有亲代没有的特性，能入侵并生存于亲代不能存活的环境中。有的外来种进入新的环境后，发生光合途径的变化，如C_3植物进入温度较高的干旱地区，可能转变成C_4类型的光合途径，有利于其生存。植物侵入新环境后，出现协同进化，有利于其生存发展。

（2）繁殖能力强、速度快：入侵植物一般能够产生大量后代，或繁殖世代较短，或有性和无性繁殖同时发生，特别是入侵杂草往往都具有极强的无性繁殖能力，其营养体的片段进行营养繁殖，如根或地下茎的萌生和土壤的自然压条繁殖，使种群快速增长，土壤扰动小，会影响物种的续存（species persistence），但有助于其繁殖体的传播。飞机草、紫茎泽兰、薇甘菊、凤眼蓝等外来植物的有性繁殖有益于其长距离扩散，无性繁殖则宜在局部暴发，增加物种的竞争力，强烈地排挤其他物种，使外来植物种群在群落中占据优势地位。紫茎泽兰单株的种子产量达2.5万～10万粒，种子的发芽率高，幼苗生长快，幼龄期短，种群的增长迅速，产生种子多，世代更新极快，呈幂指数式增长。此外，入侵植物的开花结实量比本土植物大，种子成熟期短。例如，薇甘菊的花生物量占植株地上部分总生物量的38.7%～42.8%；在50cm×50cm的面积内有20 535～50 297个花序，82 140～201 188朵花，产生的种子通常为10万粒以上；从花现蕾、盛开、受精至种子成熟仅需15～17d（昝启杰等，2000）。

（3）生长速度快，种群密度高：例如，薇甘菊茎上的一个节夏季生长速度达 20cm/d，而一个节上的可萌发节达155个/年，一年的合计生长速度可超过1 000m，足见其入侵危害之巨大。

（4）传播方式多样，具有很强的扩散性：种子轻或种子具有特殊性，是外来物种适于传播和扩散的特性。例如，紫茎泽兰和薇甘菊种子千粒重仅约0.04g和0.10g；紫茎泽兰和飞机草的种子有冠毛，在风和流水等外力作用下能进行长距离扩散；果实可被动物取食，有黏附性结构和拟态性，有利于传播。少花蒺藜草（*Cenchrus pauciflorus*）带刺的种子能够轻易地附着在牲畜、人体、农机、车辆上四处扩散。松材线虫等通过木材运输、木质包装甚至船上的木质部分传播扩散。混杂在农产品中的植物种子要比一些昆虫更易成功地通过交通工具的运输到达遥远的地方；钻入木质包装箱中、相对寿命长的甲虫［鞘翅目（Coleoptera）昆虫的通称］，要比短命的果蝇（*Drosophila* spp.）具有更大的潜在危险。

（5）抗逆性强：对于旱、污染等不利条件抵抗能力强，如凤眼蓝能够在重金属严重超标和富营养化极严重的污水中旺盛生长。多数入侵物种都有此特性。

（6）比本地生物具有更大的遗传变异性：在入侵地可能通过自身变异或与当地物种杂交，

更旺盛地生长、繁殖、扩散，在与其他生物的竞争中占据优势。例如，琉璃繁缕（*Anagallis arvensis*）种子的寿命比原产地多年生植物种子的寿命长，在入侵地其相对于该科植物分布中心的迁移率高。

2. 入侵种与本地种的相互作用

入侵种与本地种的相互作用主要表现在 5 个方面。①缺乏天敌的控制。当入侵种到达一个新的生境后，没有原产地的天敌，不用在抵抗和捕食方面投入能量而把更多能量用于生长和繁殖，这样种群数目会迅速增大。②种间抑制。入侵物种作为新迁移者，与本地种间未形成相互抑制关系，有益于其迅速繁殖扩散。③外来种与本地种间的竞争。因外来种与本地种间缺乏长期的对生境等的竞争，其在生长和扩散中较本地种占优势。④外来种的协同入侵。若同一地同时有几个入侵种，则其强大的繁殖、生长和扩散能力及其相互间的协调入侵，对水体系统和生物多样性的破坏性将更强大。⑤杂交促进入侵。入侵种群与新的生境里本地种和外来种的种内和种间杂交减少奠基者事件中加性遗传变异（additive genetic variance，AGV）的损失，并产生新的基因型。杂交行为有助于入侵，如生长更快、种群数目更多、入侵性更强等，这些可能都是因为增加了遗传变异、产生了新的基因互作、掩饰或卸载了有害的隐性等位基因或者转移了有利的基因（Ellnrand et al.，2000，见邓雄等，2003）。

3. 群落的可侵入性

群落的可侵入性（invasibility）是指群落易受外来种入侵的程度，用于全面评价某群落或地区易遭受生物入侵的程度。群落可侵入性与外来种死亡率、区域气候、干扰水平、生态系统抵抗入侵的能力、本地种竞争和抗干扰的能力相关，影响可侵入性的因素包括入侵过程、入侵种特性、本地种和生态系统对入侵的抵抗性 3 个方面（张林艳等，2003）。一般认为物种组成较丰富的群落比物种组成简单的群落对生物入侵的抵抗力强。也存在相反的观点，即多样性高的群落因其生境条件较好，反而利于外来种入侵。

此外，对于群落的可侵入性的理论表明：①岛屿比大陆易入侵；②结构简单的群落比结构复杂的群落易入侵；③新世界（new world）比旧世界（old world）易入侵；④温带生态系统比热带生态系统易入侵；⑤热带岛屿比欧洲和北美洲的岛屿易入侵；⑥某一区域中参观者人数的增加会导致外来种数量的增加。

群落可入侵性存在一系列的假说，并有大量的案例支持（徐承远等，2001；徐汝梅，2003；张林艳等，2003；许凯扬和叶万辉，2003；王真辉，2007；万方浩等，2015）。

（1）多样性阻抗假说（diversity resistance hypothesis，DRH）：达尔文 1859 年在《物种起源》一书中写到“某一区域早已布满了生物，势必减少其他物种进入的概率”。Elton（1958）认为，结构简单的群落更容易被入侵，因为相对简单的植物和动物群落，其所达成的平衡更容易被打破，因此，在陆地上，与植物入侵阻抗性关系更大的可能是植物群落的结构。例如，小的岛屿（尤其是小的海岛）易于被入侵是由于本地种甚少。农田是人为简化了的群落，也是入侵和暴发最容易发生的地方。很多森林群落，只要是树冠层保持完整，植物就较难入侵。因此，群落的结构，有时比一个群落中具体有多少个物种对抗植物入侵更为重要。

基于这一思想，Elton 将其归纳总结为 DRH，即物种多样性高的生态系统比多样性低的生态系统对外来种入侵的抗性更高，多样性与入侵性呈负相关。因此，DRH 主要理论基础包括 3 个方面（万方浩等，2011）。①空余生态位：单一群落内部种间联系脆弱，具有相对较多的空余生态位，为外来种间接提供了生存空间，故此类群落可入侵性高。例如，岛屿生态系统比大陆生态系统易入侵。多样性高的群落与单一群落相比有较少的可利用资源，因此，不能为外来种提供生存所必需的条件，即物种多样性低的群落往往缺少占据同一生态位的本地竞争者，外来种易于入侵，外来种更可能在物种多样性高的群落中找到一个阻止它入侵的竞争对手（参看“空余生态位假说”）。②食物链和协同进化理论：外来种与本地生态系统其他营养级的相互关系会影响其入侵的概率。物种多样性越高的生态系统中，外来种天敌的数量就可能越多，特别是食物链中专性天敌的存在将极大地降低外来种定殖的可能性。同时本地生态系统中的物种经过长时间的协同进化，相互之间的联系非常紧密，这种联系在物种多样性高的群落中更加明显，使其在空间、营养与功能等各个层面对外来种具有不亲和性。③生态系统功能：多样性高的生态系统可以通过两个方面来缓冲入侵者对生态系统的干扰：一是减少外来种入侵的成功率；二是尽可能地降低入侵所带来的系统结构与功能的变化。生态系统功能由物种多样性决定，物种数量越多，生态系统功能就越强，其能量和物质的流动就越平衡，该区域内的资源保持完整并充分被利用，对入侵的抗性也较强。

DRH 从生态系统稳定性的角度，聚焦于入侵的初期阶段，认为高物种多样性所产生的抗性通常能阻止外来种进入，使其在有限的空间、资源条件下无法定殖和扩散。当然，较低多样性并不是入侵的条件而是后果。这就要求在检验 DRH 时，首先应明确生物多样性与外来种入侵的因果关系，不能仅根据单一的多样性数据解释入侵的发生；同样，依据 DRH 进行外来种风险分析时，也不能盲目地认为物种多样性低一定是造成本地区易被入侵的条件，而要结合时空和环境异质性，判断外来种的定殖概率。

（2）天敌逃避假说（enemy release hypothesis，ERH）：也称天敌释放假说。Keane 和 Crawley（2002）将 ERH 定义为外来种能够成功入侵新生境，是由于脱离了原产地协同进化自然天敌（如竞争者、捕食者和病原微生物）的控制作用，而本地竞争种的专性天敌几乎没有发生寄主转移，且入侵地广谱天敌对本地种的影响大于对入侵种的影响，形成了竞争释放，从而导致外来种分布范围扩大和数量增加。

ERH 基于 3 个论点。①天敌是植物种群的重要调节者。一个外来植物物种在被引入一个新的区域后，植食者和其他天敌的压力会减少，导致其在数量上的增长和空间分布上的扩张，即当植物种类传入一个新的地区后，食草动物和其他天敌的调节作用减弱，导致外来种分布范围及其丰度急剧增加。②天敌对本地种比对外来种有更大的抑制作用。在本地种占优势的植物群落中，有外来种、本地种及其专性和兼性天敌，两种天敌的作用使外来种与本地种的关系较为平衡。③天敌调节作用降低，植物可提高种群的增长。在外来种占优势的群落中，很少有专性天敌侵袭外来种，即本地专性天敌的控制作用微不足道，而兼性天敌对本地竞争者具有更大的影响，从而使其对外来种的竞争力降低。

（3）空余生态位假说（empty niche hypothesis，ENH）：达尔文在《物种起源》中曾提出“移入假说”（naturalization hypothesis），认为当入侵地具有与外来种生态位重叠的本地种时，外来种将很难入侵，因为同一生态位的本地种将对外来种形成巨大的竞争压力，而且外来种还可能成为本地昆虫或病原体的寄主。Elton（1958）基于这一观点，认为物种对一个群落入侵成功在于它占据了一个空生态位；相反则会失败。例如，岛屿群落及其他一些本地种比较少的群落，对外地种缺乏足够的“生物阻力”。然而，Simberloff（1997）认为，很多潜在的入侵种在到达海岛之后，会找不到传粉者和共生者，或者其他所需的本地生物，这也是抗拒入侵的一种形式。

万方浩等（2011）认为，ENH 主要基于 3 个方面的理论。①生态位竞争：即高斯原理（竞争排斥），认为在一个稳定的环境中，两个以上受资源限制但具有相同资源利用方式的物种，不能长期共存一处，即完全的竞争者不能共存。此理论假定物种在生态位中顺着一个特殊的资源梯度出现，若在一部分资源梯度中物种缺乏，则产生空余的生态位，入侵物种容易入侵成功；当新生境中资源匮乏时，外来种与土著种对资源的竞争激烈，限制了外来种进入的数量；当新生境中资源丰富时，将很少出现“完全的竞争者”，天敌与竞争者的缺乏导致了空余生态位的产生，导致外来种数量不断增加。②生态位反应：“生态位”是通过分析随时间与空间变化的生物体、物理环境（如温度、湿度、海拔等）和生物环境（食物资源、天敌等）间相互作用关系进行定义的。空间和时间的变化对物种共存具有重要作用，不同物种对变化因子的反应不同，大多数物种在不同时间段的相对反应活性也不同，空间的变化能为入侵种提供空间利用机会。如果本地种的相对活性低，入侵物种只要在空间和时间变化的条件下，获得生态位机会，就可利用空余的生态位进入生态系统。③生态位的非饱和性：生态系统中生态位是否饱和可以用生态位是否平衡表示。Chesson 和 Case（1986）论证了生态位的非饱和性：种群不会达到一个平衡点，故种群内的竞争仍然不断出现，说明更多的物种能在相同的资源上协同共存；种群是随机变化的，但种群灭绝需要一段相当长的时间，所以种群内竞争替代是缓慢的，物种可能通过其他有效的方式改变种群结构，如发掘空余生态位等；种群密度的变化或是环境干扰，如火灾、水灾等，反映生态位不平衡的特点，并造成更多空余生态位的产生。

生态位饱和是衡量生态系统中每一类资源的物种数量的指标，所以空余生态位的问题变成了是否能将没有使用的资源都定义为空余生态位。此外，空余生态位是一个包含多因素的概念，其与各种生态因子存在着复杂的关系，说明生物入侵过程的复杂性，也表明 ENH 与其他入侵假说存在一定的联系。

（4）资源机遇假说（resource opportunity hypothesis，ROH）：Davis 等（2000）通过整合可利用资源、干扰和环境波动因素与群落可入侵性之间的关系，提出 ROH，形成“定量的、分析的、系统的”入侵机制理论。这一假说认为一个植物群落未被利用的资源量增加时，其即变得更易于被入侵，即在大空间尺度上可利用资源是决定生态系统可入侵性的关键因素，群落具有入侵种必需的生态资源，包括食物、水分、光照、土壤等，而且这些生态资源大多不能被土著种有效利用，如果这个情形恰巧遇上可利用的外来繁殖体，便会发生生物入侵。

生物入侵包含多个要素，如区域性的气候、土壤肥力、环境受干扰的状况、自然天敌、管理机制、互利生物、本地植被类型、物种组成及本地种的竞争性等，生物入侵的过程依赖于资源量，但要达到入侵成功，还需要有足够的入侵个体。

ROH 的推论包括以下方面。①环境中资源供应的波动，可以通过周期性地获取外部资源或者是本地植物释放资源得以实现。与具有较稳定的资源供应速率的环境相比，资源供应速率波动的环境其入侵敏感性更高。②突然增加供给速率或降低有限资源消耗速率之后的一段时间，环境对入侵会变得更加敏感。③对可利用资源增加干扰、疾病或者害虫暴发后，资源供给的增加或本地植被捕获资源的速率降低，群落可入侵性增加。④当增加资源供应同本地植被最终捕获资源（或者是重新捕获资源）之间存在一个较长的间隔时，群落的可入侵性将会增加。⑤群落中引入食草动物会增加入侵敏感性，特别是对于营养丰富的群落，作用更明显。⑥植物群落物种的多样性与其入侵敏感性之间没有必然的联系。⑦植物群落的平均生产性能，与其入侵敏感性之间没有常规的联系（万方浩等，2011）。

（5）生态系统干扰假说（ecosystem disturbance hypothesis，EDH）：EDH 也称为“迁移前后干扰假说”（disturbance before or upon immigration hypothesis，DBUIH），即在自然或人为干扰下，本地生态系统中很多物种，因不能适应改变的环境致使自身种群衰退甚至灭绝，引起一些外来种顺应这些干扰所致的环境变化成功入侵（Baker，1974；Mack et al.，2000）。换言之，如果本地种不适应某个干扰，但外来种却适应，干扰即导致入侵。例如，驯化和迁移的植物和动物，可以对环境造成突然而剧烈的干扰，有可能促进入侵。栽培植物、放养牲畜及人类自身，通过对环境突发性的大规模干扰（如火灾，涝灾，牲畜放牧，耕作措施，湿地排水，环境污染，河流、湖泊中盐分和营养水平的改变等）常诱导生物入侵频繁发生。例如，森林大火烧掉多年生植物，为一年生外来种的侵入提供契机。人为干扰，如修建道路、城市化、垦荒、放牧等对土著群落的破坏大而且很大程度上改变小环境，同时促进外来种的传播，对入侵的促进作用一般都较大。

干扰与入侵的关系是复杂的，即干扰作用是多方面的，干扰过强，会降低群落生物多样性而促进入侵；适当的干扰则产生相反的效果，且干扰的时间与空间分布方式，并不影响干扰对植物入侵的作用。例如，草原生态系统的生物多样性相对单调，群落结构相对简单，生态一般比较脆弱，即使没有干扰也可能发生外来物种入侵，增加干扰入侵将更为强势，甚至减少干扰也能增加生物入侵（曾北危，2004）。

EDH 为外来有害生物的控制提供理论指导，即尽可能减少人为干扰将有助于维护生态系统的稳定性，提高对生物入侵的抗性，对于外来种的早期预防控制具有重要意义。同时，针对某一地区的防控策略要区分干扰的时间效应，入侵前干扰能为外来种入侵预警和预防提供参考，如减少脆弱生境的干扰因子、及时进行被干扰地区的生态修复等。

植物群落资源波动假说（fluctuation resources in plant communities hypothesis，FRPCH）与本假说较为近似，即当植物群落中未被利用的资源增加时易受外来种入侵。如果外来种与本地种的竞争强度不甚剧烈，在外来种易于捕获光、养分、水分等可利用资源的条件下，则入侵成功概率较大。该假说认为受干扰的环境中，本地植物不太可能占用所有的可利用资源，导致竞争较小，新物种的定居较为普遍，因此任何有限资源获取因子的增加都将导致群落对入侵抵抗性（invasion resistance）的减少。

（6）生态位机遇假说（niche opportunity hypothesis，NOH）：Shea 和 Chesson（2002）试图利用群落生态学理论作为解释生物入侵的框架而提出 NOH，其认为资源、天敌和物理环境 3 个因素决定一个入侵者的增长率均有随时间和空间而变化的特性，一个物种对这些因素时空变化反应的敏感性，决定其入侵能力。本地种缺乏对外来种没有足够的生物抵抗能力，容易引起外来种入侵。

物种在群落中共存是以生态位的分化为前提的，生态位相同的物种可能因竞争共同的资源而发生竞争排斥，不能稳定共存。生态位不仅表现物种对其生活环境的需求，而且表明物种在群落关系中的角色及其对生境的影响。生态位分化是维持物种共存的必要条件。除生境中的可利用资源外，环境因子等其他因素也影响生态位分化，促使多物种共存，这些因素包括 4 个方面。①时间的内在和外在变化，即时间生态位的分化。②空间的内在和外在变化，当空间本身被看作一种资源时，物种对空间资源的利用存在着权衡。③干扰和环境波动阻碍竞争排斥的发生，从而促进物种的共存。④环境因子及以上各因素之间的交互作用使得多物种共存（武玉学等，2010）。

群落物种共存也存在一些假说（表 8-1）（武玉学等，2010），可以支持生态位机遇假说。当然，如果物种间存在竞争能力差异而且没有生态位分化，那么系统将会很快发生竞争排斥并到达平衡状态，即竞争能力最强的物种将排除掉其他物种，并且系统的平衡点是全局稳定，换言之，不论物种的初始多度是多少（除 0 之外），系统最终将达到平衡状态。更新限制和扩散限制能够在一定程度上延缓竞争排斥。实际上，即使种间微弱的竞争能力差异，也需要极端的更新和扩散限制才能延缓竞争排斥（唐俊峰，2013）。

表 8-1　群落物种共存的几个假说

假说	理论
Lotka-Volterra 竞争模型（Lotka-Volterra competition model）	通过种间竞争，当物种对其同类种群个体的生长抑制大于对异类个体的抑制时，两个竞争的物种就能够稳定共存
竞争-拓殖权衡（competition-colonization trade-off）	在自然群落中，当种间竞争能力很不对称时，物种水平上竞争能力和拓殖的负相关关系，能够使物种在群落中共存
资源比例假说（resource ratio hypothesis）	认为植物生长由生境中最稀少的必需资源所决定，养分之间没有相互作用，如果生境内资源比例变化，两个（或多个）资源的限制就能够使两个（或多个）物种共存
更新生态位假说（regeneration niche hypothesis）	由于物种生活史对策各异，使得各种植物在种子生产、传播和萌发时所需要的条件不同，物种在其营养体竞争不利时，通过有利的繁殖更新条件得以补偿，即各物种的竞争优势在生活史周期上分散不同，从而促成物种共存
储存效应（storage effect）	在气候变化条件下，当植物遭遇不利于其生长更新的气候时，多年生植物通过种库、芽库、幼苗和长寿命的成年体等方式储存其繁殖潜力，在有利环境中继续生长繁殖，以达到共存
微生物介导假说（microbial mediation hypothesis）	由于植物对营养资源的需求有特化性，而与植物共生的微生物又往往能促进植物形成和利用特化的营养资源，占据特定的营养生态位，从而导致植物多物种共存

（7）群落物种丰富度假说（community species richness hypothesis，CSRH）：Elton（1958）认为群落对外来种入侵的抵抗性与群落中物种数量（即物种丰富度）成正比，即物种丰富的群落提供外来种所需足够生态位的概率不大，所以可以抵抗外来种的入侵。然而，大尺度的观测研究显示，群落生物多样性与群落可入侵性之间呈正相关关系，即物种组成更丰富的群落更容易被入侵。同时，资源有效性在大空间尺度上影响入侵性的作用更为重要。例如，多样性较高的草地群落遭到严重入侵，但在解释入侵性变化时，资源有效性比多样性所起的作用要大得多。资源供给与生物多样性分离时，其对入侵阻抗有相反的作用（Foster et al.，2002）。

（8）群落生态学假说（community ecology hypothesis，CEH）：这一理论与 NOH 近似。假说把“生态位机遇”作为阐述群落入侵的关键，认为成功的入侵者正是利用各种机遇的胜者，其在群落中缺乏专性甚至兼性天敌，波动的资源正好被入侵者利用，本地竞争者对资源的利用较入侵种差，且兼性天敌对其控制力很强，使其无法与入侵者竞争，物理环境也对后者有利。张林艳等（2003）详细论述了该假说 3 个方面的理论依据。①资源机遇，即外来种在相同的资源密度下比本地种具有更高的资源获取速率，外来种比本地种具有更低的维持生存的资源需求。同样，当被多种资源限制时，只要外来种总是比本地种有更高的反应强度，也可以入侵成功。外来种的这些竞争优势使其对入侵群落具有很大的影响，因为它将抑制或替代与其利用相同资源（生态位）的所有本地种的生长。②天敌逃避机遇，即天敌和资源对群落动态的作用是均衡的。一个外来种可能不受已存在于入侵群落的专性天敌影响从而获得相当大的优势，因为其已将自身专性天敌留下或在入侵的早期进程中将其丢弃，此时入侵种仅保存着极低的自身专性天敌密度。入侵群落的兼性天敌对入侵种的侵袭能力变化较大，对成功的入侵种而言，兼性天敌或许无法对其进行有效侵袭。再者，外来种因来自遥远地区而没有专性天敌。③物理环境、资源和天敌的相互作用。物理环境对入侵的限制作用十分重要，许多外来物种具有很宽的环境忍受力，此外，外来种如果能保持其维持生存的资源需求不增长，或其对资源增加比本地种具备更强的反应，其将取得优势。

（9）繁殖压力假说（propagule pressure hypothesis，PPH）：Williamson（1996）提出 PPH，解释了生物入侵的初期阶段，认为外来种的繁殖压力决定了入侵发生的程度，繁殖压力越大，外来种在传入地成功定殖的概率就越高。

Lonsdale（1999）将繁殖压力概念引入描述生物入侵的朗斯德勒方程：入侵程度＝繁殖压力×可入侵性。其认为，大多数入侵种最后是不能定殖的（十数定律），成功入侵必须包含扩散、定殖、存活3个要素，因此传入和灭绝之间的平衡决定一个地区实际外来种的数量。存活率则包含4个要素，即与土著种竞争下的存活率、在天敌作用下的存活率、随机事件（如干旱、洪水）作用下的存活率、不利条件（如热带种传入低温地区、陆地种传入水生环境）作用下的存活率。无论是无意传入还是有意引入，增大传入种数量都能增大入侵种的繁殖压力，生态系统的可入侵性取决于干扰水平、土著种丰富度等，繁殖压力和可入侵性将共同决定入侵发生的程度（万方浩等，2015）。

（10）内在优势假说（inherent superiority hypothesis，ISH）：不同学者对土著种和入侵种的竞争关系存在多种观点，但Hufbauer和Torchin（2007）认为"物种在特定方面具备内在的优势"，形成ISH。这一假说认为外来种之所以能够成功入侵，是由于其本身具有特定性状（包括形态、生理、生态、遗传、行为等方面的特征），使其在环境适应、资源获取、种群扩张等方面与其他物种，尤其是入侵地物种相比具有更好的表现。ISH主要关注外来种的入侵性，其内容可以涵盖包括传入、定殖、潜伏、扩散、暴发的整个入侵过程，因为入侵种的优势性状可能在入侵的各个阶段发生作用。

这一假说也基于两个方面的理论。①入侵生物学中的"马太效应"。成功入侵的物种往往是原产地的优势种和（或）广布种，具备长期进化形成的相对优势，同时物种的丰富度越高，其分布范围往往越广，因此分布广、数量多的物种比分布范围窄而数量少的物种具有更多机会扩散到新环境。一些外来种在不同环境条件下进化获得更多的变异，反过来使其具有忍受更广泛的生态条件、利用更多的资源类型并抵抗大量潜在天敌的能力或性状，其为入侵物种的"马太效应"。②达尔文归化假说。达尔文认为尽管与本地种亲缘关系较近的物种更可能对新生境有很好的适应特征，但是传入后本地种将对其形成巨大的竞争压力，而且还可能成为本地昆虫或病原体的寄主，所以容易在新生境定殖的物种往往是多样化的，并且可能更多的是与本地种亲缘关系较远的物种，因为它们更容易在新生境中找到合适的生态位（万方浩等，2011）。

（11）竞争力增强的进化假说（evolution of increased competitive ability hypothesis，EICAH）：Muller-Scharer等（2004）认为，由于入侵地缺乏天敌，入侵物种防御物质需求下降，选择压力使其对有限的生物资源进行再分配，将抵御天敌的生物资源转移到生长和繁殖方面，形成竞争力增强的进化假说。EICAH将资源、天敌、竞争者对入侵种入侵能力的影响系统相联系，认为丰富的资源能够提高入侵种的生长速度、存活率及繁殖力，生长速度和存活率的提高能够使入侵种体型增大，从而增加入侵种的生物量。当天敌存在时，入侵种的生长速度、存活率下降，其体型大小也随之降低，影响外来种的生物量。因此，当入侵种在没有天敌存在的环境中生存时，能够提高其生长速度、存活率以及繁殖力，从而增加其生物量，使其成为一个成功的入侵种。

EICAH也基于3个方面的理论基础。①快速进化的遗传学基础。一些物种在入侵后能够在生态系统中占据主导地位，因为其能够在短时间内产生遗传变异，使其迅速利用环境中的资源，获得更大的竞争优势。这种变异与这个新环境的选择压力相关，入侵种进入与原产地完全不同的新生境后，能迅速而有效地对新环境做出适应与进化反应。由于生境改变而导致的选择压力（如天敌）的改变是外来种发生适应性进化的重要原因；生物入侵过程中伴随着丰富的遗传变异，如杂交、多倍化、基因"权衡"、一些特殊基因的作用及染色体重组等，为少数基因型的成功入侵提供了自然选择基础。由于遗传漂变或繁育系统的变异等原因，许多入侵种的种群遗传多样性较低，因此与入侵特性相关的遗传特性能够稳定遗传。②“生长与防御”资源分配的权衡。外来种对天敌的防御是有成本的，生长和防御有权衡关系。竞争力增强的入侵种长时间脱离专性天敌制约后，会将其用于防御天敌的资源生成新生境中利于竞争的性状，如更大的体型和更强的繁殖能力，即“生长与防御”资源分配的权衡。入侵种种群比原产地种群具有更低的防御能力，入侵种会进化出较高的生长特性，并且这种生长特性会提高其对缺乏天敌控制环境的适应性。因此 EICAH 认为植物生长和防御资源的分配处于平衡状态时，由于在入侵地缺乏植食动物的攻击，植株的进化选择倾向于弱防御能力、高生长活力；可以生长得更高、产生更多的生物量，并繁殖更多的后代，大幅度地提高对土著种的竞争力，在没有天敌存在的条件下，物种明显要生长得更加旺盛。③适应性进化。从原产地过渡到新环境的过程中，入侵种在入侵地新的选择压力作用下把用于抵御天敌的资源进行重新分配，使其在生态环境适应方面产生重大变化，从而适应新环境的生活条件，以其强大的繁殖能力迅速产生大量后代，在失去自然天敌调控时，种群数量的激增加速其传播扩散速度，最终暴发成灾。此外，在传入期和定殖期，入侵种可以通过生理、形态等的可塑性适应新环境，即能够在新的环境中产生维持其生存所必需的形态、生理等特征，进而通过适应性表型的进化在随后扩散期中引起大范围危害（万方浩等，2011）。

EICAH 也称入侵的适应性进化，即外来种入侵最主要的选择压力来源于环境条件的变化，其必须迅速而有效地对新环境做出反应。由于缺乏天敌，新环境对入侵者选择方式的变化表现为适应基因型选择增强而防御选择减弱，因而快速出现表型变化，即表型可塑性（phenitypic plasticity），对于那些遗传多样性比较低同时又占据多样化生境的入侵种，表型可塑性和入侵能力的正相关可能是一条普遍法则，而非特例。成功的外来种在新栖息地的环境条件下，竞争能力往往强于处于相似生态位的土著种，在这种情况下外来种可以通过排斥土著种而获得成功。

EICAH 跟前述 NOH、CEH，以及后述 MFH 在理论上较为近似。

（12）新式武器假说（novel weapon hypothesis，NWH）：Callaway 和 Aschehoug（2000）提出 NWH，此后不断完善。NWH 认为，某些外来入侵植物能产生一些化学物质，其可以发挥较强的化感作用或者成为植物和土壤微生物之间相互作用的调节者，由于不同区域的植物群落共同进化的轨迹不同，被入侵群落的植物对这些化学物质缺乏适应性，即外来植物分泌的化感物质可以高度抑制受体群落植物的生长。因此，这些物质就成了外来植物入侵的新式武器。此外，天敌缺失使外来植物可能会向着产生更多的化感物质方向进化，化感作用提高外来种的竞争力，由此将天敌功能与化感物质相互联系起来（吴锦容和彭少麟，2005）。

NWH 可应用于外来种的适生性分析，其理论原理也可运用于生态修复。植物化感物质最终是在土壤中和其他植物、动物、微生物发生作用，在对外来植物入侵的地域进行生态修复时，要考虑对土壤等进行改良，降低土壤中的化感物质浓度，并选用对化感物质耐受的植物种类。此外，可利用化感作用比较强的植物控制另外的入侵物种。例如，某些入侵植物释放的阿魏酸、对羟基苯甲酸、苯甲酸等可作用于土壤中的微生物，经过硝化和反硝化过程减少土壤的 N_2O，可减少环境污染（黄益宗等，1999）。

与 NWH 相近的还有“新防卫假说”（novel defense hypothesis，NDH）（Lankau et al.，2004）和 EICAH。NDH 认为外来入侵植物不仅可以通过化感作用抑制入侵地的植物，还可以通过拒食、延迟发育和毒性作用等减少植食性昆虫和大型动物对其本身的危害或取食，从而实现成功入侵，该假说强调化感物质可以通过对天敌或竞争者产生作用而帮助外来植物入侵。

（13）互利助长假说（mutualist facilitation hypothesis，MFH）：Simberloff 和 von Holle（1999）认为，多个物种以各种方式促进彼此的入侵，提高其在入侵地生存的概率或加剧对入侵地生态环境等方面的影响，导致潜在加快入侵种数量的增长。这也是外来种的协同入侵，即很多生物入侵过程中存在着外来种之间的协同作用，通过几种外来种的相互配合而入侵。换言之，物种间通常存在竞争、捕食、寄生、互利共生、共栖等关系，当外来种与其他物种表现出互利助长的关系，其有可能突破当地生态系统的障碍而入侵，引起整个生态系统的崩溃，因此，MFH 也称入侵崩溃假说（invaional meltdown hypothesis，IMH）。

例如，一个外来种携带着病原体或寄生虫侵入新栖息地，结果疾病在对病原体或寄生虫更为敏感的相似土著种中流行。入侵种因失去竞争对手而得到扩展，这样该外来种及其病原体或寄生虫都成功入侵。

外来种 80%以上都是人类有意或者无意引入的，因此，人类本身就是互利助长入侵中最大的参与者。目前生态系统越来越容易被外来种入侵，其中一个很重要的因素是一些潜在的互利助长入侵参与者早已被人类携带至不同生态系统中，从而使生态系统具有产生互利助长入侵作用的条件（Richardson et al.，2000，见万方浩等，2011）。

Davis 等（2000）指出，“生态学家应该立即着手一个基本的任务：将生物入侵的研究从一个分散的、闲谈逸事性的话题变为一个具有预测性的科学”。万方浩等（2011）认为，从属性方面应重点关注生物入侵的三要素，即入侵过程、入侵种和入侵地（表 8-2）。

表 8-2　部分生物入侵假说的属性与意义

入侵假说	关注对象	主要关注阶段	关注层面	研究尺度	内在因子	人类是否参与	行动指南
繁殖压力假说	入侵过程	传入	个体/种群	区域	生物	是	加强检疫和风险分析，实施早期预警和监测
互利助长假说	入侵过程	传入、定殖、扩散	种间关系	区域	生物	是	加强检疫和风险分析，减少协同传入
多样性阻抗假说	入侵地	传入、定殖、暴发	生态系统	本地	生物	否	以维持物种多样性为原则的生态修复
空余生态位假说	入侵地	传入、定殖、暴发	生态系统	本地	非生物	否	以培育特定形状土著种为原则的生态修复
生态系统干扰假说	入侵地	传入、定殖、暴发	生态系统	本地	非生物	是	以减少或实施人为干扰为原则的生态修复
资源机遇假说	入侵地	传入、定殖、暴发	生态系统	本地	非生物	是	以减少资源浪费、降低资源波动为原则的生态调控
天敌逃避假说	入侵种	定殖、扩散	种间关系	区域	生物	否	指导风险分析和生物防治
新式武器假说	入侵种	定殖、扩散	个体/种群	区域	生物	否	指导风险分析、早期扑灭和减害措施
内在优势假说	入侵种	定殖、扩散	个体/种群	本地	生物	否	指导风险分析、早期扑灭和减害措施
竞争力增强的进化假说	入侵种	潜伏、扩散	个体/种群	区域	生物	否	指导风险分析、早期扑灭和减害措施

许凯扬和叶万辉（2003）综述了群落进化历史、群落结构、繁殖体压力、干扰和胁迫 5 个影响入侵的主要因素与外来入侵的关系（表 8-3）。当然，随着近年研究的深入，一些观点/假说会有越来越多的证据支撑，但很多观点也存在一定的不确定性，或者会存在更大的争论。

表 8-3　有可能降低群落被外来种入侵的因素

因素		理论或实际观察的实例
群落进化历史	长期的人类干扰	西半球比东半球有更多的入侵植物
	长期的激烈竞争	岛屿可入侵性比大陆要高
群落结构	生物多样性丰富	物种多样性或物种功能群多样性丰富的群落可入侵性低
	强烈的物种间相互作用	理论模型
	土著物种间竞争强度低	物种竞争趋于最小的顶级群落内部被入侵的机会少
	入侵互惠种的缺乏	固氮生物缺乏的群落可入侵性较低
	草食动物的存在	放养草食动物降低了草地群落可入侵性
繁殖体压力	传播媒介力量微弱	河流两边生境可入侵性高
	生境的破碎化程度低	破碎化斑块及其边缘可入侵性高
干扰	正常干扰体系的维持*	对火、放牧和林窗等干扰的适当控制或降低群落可入侵性
胁迫	养分利用率低*	养分高的生境可入侵性增加
	水分可利用率低	水资源缺乏的地方可入侵性低
	光能可利用率低	很多入侵种入侵到森林边缘就停止了
	极端条件	目前几乎没有实验证实

*为已证实的因素

4. 生境变化

一般认为生境受到干扰有利于生物入侵的发生，但也不完全这样，即过强的干扰导致物种多样性下降而促进入侵，适当的干扰则结果相反。在缺乏干扰的情况下，一些本地种会暴发，使物种多样性降低，群落的抵抗力减弱。入侵可能使群落特征改变，反过来影响群落受干扰的难易程度。

从整个生物圈的角度分析，全球气候变化将引起气候带范围发生改变，结果必然会改变物种与资源的分布区域，最终促进入侵。例如，CO_2 浓度增加会延缓草原的演替进程，为外来种入侵提供了更多的机会。氮化合物的增加使外来种能侵入一些原本土壤较贫瘠的地区，生长缓慢的土著种则在竞争中处于不利地位；气候变暖使原产于热带的外来种分布范围增大，喜暖的 C_4 植物可能取代 C_3 植物；干旱与半干旱地区降水量的增加使得外来种能够侵入这些地区。全球气候变化促进了生物入侵，反过来生物入侵在全球范围内影响生物群落的结构与功能，继而反馈性地影响全球环境，因而全球气候变化对生物入侵的促进将对地球环境产生长远的影响（徐承远等，2001）。

物种成功入侵并造成危害，往往是综合因素的作用。邓贞贞等（2015）的研究表明，豚草（*Ambrosia artemisiifolia*）的成功入侵与其自身入侵性、生境可入侵性和人类干扰密切相关：①豚草具有极高的繁殖体压力、高水肥利用效率、化感作用、表型可塑性和遗传多样性；②生境具有适宜豚草生长的气候条件和可利用资源，生物多样性较低，且缺乏天敌和高竞争力的土著植物；③国际贸易、耕作等人类活动及全球变化对豚草的入侵性和生境可入侵性具有促进作用。

第三节　生物入侵的危害

外来入侵种严重威胁着生态系统的结构与功能，破坏生态系统的完整性，加速物种灭绝，造成生物多样性的丧失（桑卫国等，2006），其结果是经济损失巨大、生态环境破坏严重和威胁人类健康等。

一、经济损害巨大

现代农业（包括传统农业、林业、渔业、园艺及许多原材料工业）大部分依赖于物种资源（种、品系、组织器官、基因或基因片段）的交换，这种有目的地共享生物多样性资源（引进与交换），一方面使得特定生态系统或特定区域得到巨大的经济效益；另一方面，生物资源的引入与交换在缺乏科学而严格风险-效益评价体系管理与监控下造成的经济与生态损失也是巨大而惨重的（万方浩等，2002）。外来种入侵农田、森林、牧场、水域等，导致农作物、林木、牧草减产，河道阻塞，造成巨大的经济损失。例如，水盾草的侵扰会引起水库和池塘水平面上升，导致渗漏的增加、灌溉渠道堵塞和杂草泛滥；大量水盾草死亡后腐烂耗氧，对渔业造成危害；茂密的水盾草妨碍湖泊和水库的娱乐、农业和美学功能。

1. 整治污染，劳民伤财

有些外来入侵植物大量繁殖，覆盖河道、湖泊等水体，形成厚重的垫状物，阻止水流、堵塞航道、影响水上交通和旅游业。有些在田间沟渠内大量繁殖，使水流不畅，影响农田排灌，形成生态污染。修复这些设施，费工、费时、费电，且影响设施利用的时效性，造成极大浪费。

2. 入侵病害，危害巨大

外来物种入侵引起的人畜病害，往往造成巨大的经济损失。

（1）泛滥于中国西南地区的外来植物紫茎泽兰因含有毒素，马、羊取食后引发气喘病，曾使四川省凉山彝族自治州减产。

（2）由美国传入的甘薯黑斑病，对甘薯产区造成极为严重的损失，1963 年调查，中国 20 个省市估计损失鲜薯 500 万吨以上，喂食病薯造成上万头耕牛中毒死亡。

（3）马铃薯晚疫病起源于墨西哥，19 世纪 40 年代传到欧洲和南美洲。1845～1847 年，马铃薯晚疫病在爱尔兰暴发并引起大饥荒，致使 800 万居民中约 100 万人死亡和超过 150 万人流落他乡。

3. 农业

外来入侵物种往往对农作物造成严重危害，导致巨大的经济损失：①直接与作物竞争水、肥、光，导致作物生长受阻，直接影响作物产量和品质；②释放成分复杂的多种化学物质，抑制作物生长；③直接取食作物的根、茎、叶、花和果实等器官；④传带植物病毒，引发病害。

据报道，中国未防治区域外来杂草引起的损失每年高达 15 亿元人民币（孔祥海，2004）。例如，1988 年稻水象甲（*Lissorhoptrus oryzophilus*）在河北省唐海县暴发成灾，受灾面积达 33 万 hm^2。水稻受害后，一般产量损失 5%～10%，严重田块达 40%～60%，少数田块基本无收成（李先誉，1997）。

此外，农产品价格过低也导致农民无力防除外来入侵种。评价外来种的危害，也需要花费大量的人力、物力和财力。

4. 林业

与农业类似，外来入侵物种也对林业造成严重的危害，如褐云杉天牛（*Tetropium fuscum*）由欧洲输入货品的木材垫板进入加拿大，为害各种云杉（red spruce, white spruce, black spruce）的活立木，导致 10 000 多株树木枯死，并且对加拿大的林业资源构成威胁。

1982 年松材线虫入侵中国，扩散蔓延极为迅速，至 1999 年发生面积约 7.4 万 hm^2。1988 年湿地松粉蚧被人为携带传入广东，至 1999 年扩散至 35.24 万 hm^2，其中受害面积达 23.16 hm^2。1982 年在珠海市马尾松林内发现松突圆蚧（*Hemiberlesia pitysophila*），至 1996 年发生面积达到 80.9 万 hm^2，并以平均每年 6 万～7 万 hm^2 的速度递增并向西北等方向蔓延。1979 年入侵的美国白蛾（*Hyphantria cunea*），至 1998 年发生面积达到 9.9 万 hm^2，仅山东省受害的林木花卉就高达 17.29 万株。20 世纪 30 年代日本松干蚧（*Matsucoccus bergiana*）传入中国，1996～1998 年，每年在吉林、辽宁、山东、江苏、浙江等省的发生面积约 11 万 hm^2；辽宁每年约 3 万 m^3 松树木材蓄积量遭受损失（国家林业局，1998）。

5. 畜牧养殖业

外来入侵种对畜牧养殖业也产生较大的危害，体现在 3 个方面。①一些入侵植物繁殖能力、适应能力极强，并具有化感作用，在草场与牧草竞争阳光、水分和肥料，造成牧场退化。例如，少花蒺藜草（*Cenchrus pauciflorus*）生命力极强，传入某一地段后迅速繁殖，在光、水和肥的竞争中优于其他牧草，从而抑制其他牧草生长，造成草场质量下降，优良牧草产量降低。②一些入侵植物具有带纤毛的种子和花粉，引起马属动物的哮喘病，即具有分叉的纤毛种子被马属动物吸入后可直接钻入气管和肺部，引起组织坏死甚至死亡。有些入侵物种，不同发育阶段对牲畜的危害不同。例如，虽然少花蒺藜草幼苗期各种草食动物喜食无危害，但结籽成熟期果实的刺可刺伤口腔形成溃烂，草食家畜食入成熟刺苞的果实后，刺附着在肠胃等消化道的侧壁上，被黏膜包入形成结节，影响正常的消化吸收功能，造成畜体消瘦，严重时可造成肠胃穿孔引起死亡。牲畜因此类伤害死亡后，解剖表明其胃内有大小不等的毛球，肠壁上有大量大小不等的害草结节。刺苞混入皮毛中降低产品质量，减少养殖户的经济效益。③一些入侵植物体内含有毒物质，牲畜误食后能引起中毒甚至死亡。

此外，还有大量危害的案例。例如，对养蜂业威胁较大的蜂螨（*Tropilaelaps* spp.）侵入新西兰，估计造成 2.67 亿～6.02 亿美元的经济损失，并迫使蜂养殖业者改变其经营方式，若要缓解危机，第一阶段的资金投入可能需要 130 万美元之巨。

牛瘟（rinderpest）是一种病毒病，在 19 世纪 90 年代通过感染的牛传入非洲，随后在非洲稀树草原地区的牛科（Bovidae）动物中传播，改变了非洲绝大部分大陆地区的哺乳动物组成；25%的牧民在 20 世纪初期因牛瘟肆虐而死于饥荒。

6. 渔业

外来鱼种的引入，不仅危害本地鱼种，而且对本地鱼种的经济造成巨大的危害。例如，20 世纪 80 年代以来，生长在云南高原深水湖——抚仙湖中的大理裂腹鱼（*Schizothorax taliensis*），因为银鱼（*Hemisalanx prognathus*）的大量繁殖，产量从 60 年代的年产 400 000～500 000kg 下降到 2002 年的仅 1 000kg，经济损失巨大。又如，扁吻鱼（*Aspiorhynchus laticeps*），俗称新疆大头鱼，属于中国特有的一级保护种类，有“古鱼类活化石”之称，1967 年，博斯腾湖渔场的新疆大头鱼收获量曾达到 255 000kg，占当年鱼类总收获量的 15%。然而，1974 年，新疆大头鱼渐渐消失，究其原因是由于食肉型河鲈（*Lateolabrax japonicus*）的引进，使该鱼种已在原最大产地博斯腾湖绝迹，现仅存于塔里木水系（陈小华和游志能，2011）。一些入侵植物连片生长，封闭水面，降低水中溶氧量，造成鱼类呼吸困难，影响鱼类生长和捕捞，使大量鱼塘废弃，造成极大损失。

7. 全球贸易

全球进口总值迅速增长。经济全球化和国际贸易自由化，使生物安全成为各国国家安全的重要组成部分。随着全球国际贸易、旅游和交通的迅速发展，外来生物入侵的危险日益增加，外来物种入侵已经对全球的生态和经济造成了巨大的损失。如国际贸易中，木材等通常被用来包装货物的材料本身就很可能携带蜗牛、蛞蝓等软体动物，甲虫等外来物种，给进口国造成经济和生态灾难。因此，《实施卫生与动植物检疫措施协议》要求成员国的检疫单位确定以下标准：①使人类、动植物免遭有害生物、疾病入境、立足或扩散的风险；②防范、限制有害生物入境、立足或扩散所造成的其他破坏。这些措施也需要花费大量的人力和物力资源。

8. 旅游观光

每年数亿人次的越境旅游使观光客作为媒介，造成外来入侵种入侵的风险大增。水果、种子的入境可能带进入侵的昆虫、微生物，影响农业。旅行者有意携带植物活体，最终构成入侵事件的主体。携带的果实或种子等，也能成为潜在的入侵种，其也能在国家间传播寄生虫和疾病。保护区的旅游会促进入侵生物的扩散，进而威胁整个生态系统。例如，褐根腐病（*Phytophthora cinnamomi*）主要就是靠人类活动传播的。

外来入侵种的管理固然由检疫单位处理，公私旅游部门也应意识到此问题的严重性，务必进行相关的教育倡导。大量的检疫、教育，造成公共资源的巨大压力。例如，2002 年中国检疫部门共截获各类有害生物 1 310 种共 22 448 批次，分别是 2001 年的 2.5 倍和 4.4 倍。随着旅游业的不断发展，外来入侵物种的传播将更为频繁，我们务必严格防范有害生物种类的入侵。

二、生态环境破坏严重

1. 破坏物种多样性

外来入侵物种造成当地许多物种灭绝，从而使得生物多样性丧失的第一导因是生境破坏和破碎化，第二个重要的因素则是生物入侵（Wilcove et al.，1998；Sala et al.，2000）。例如，云南省有 432 种土著鱼类，其鱼类种数占中国淡水鱼总数的 42.2%（陈银瑞等，1998），但大规模的鲢（*Hypophthalmichthys molitrix*）、鳙（*Aristichthys nobilis*）等鱼类的引种和繁养，导致云贵高原许多土著或特有鱼类濒危（Xie and Chen，2001），使约 1/3 的云南土著鱼类受威胁或濒危，其中湖泊鱼类的濒危种占比高达 2/3（乐佩琦和陈宜瑜，1998）。再如，洱海原有 17 种土著鱼种，引入波氏栉鰕虎鱼（*Ctenogobius cliffordpopei*）等 13 种外来鱼类后，造成 5 种土著鱼，如洱海特有鲤（*Cyprinus carpio*）和云南裂腹鱼（*Schizothorax yunnanensis*）等处于濒危状态；泸沽湖的麦穗鱼（*Pseudorasbora parva*）等外来鱼种也造成裂腹鱼的绝迹（王献溥和刘玉凯，1994；王献溥和宋朝枢，2006）。云南滇池草海 20 世纪 60 年代曾有 16 种高等植物，但随着凤眼蓝的大肆“疯长”，大多数本地水生植物，如海菜花（*Ottelia acuminata*）等失去生存空间而灭绝，到 90 年代草海只剩下 3 种高等植物，鱼类也从 68 种下降到 30 种（丁建清等，1996）。

据对全球脊椎动物的统计，941 种濒危动物中有 18.4%受到外来物种的威胁。美国鱼类及野生动植物管理局认为，濒危物种名单中的 160 种濒危动物与外来物种的入侵有关。另有估计，由于外来物种的竞争和捕食美国 958 种濒危物种中约 400 种面临灭绝的威胁。在世界某些地方，多达 80%的濒危物种面临外来物种的威胁。

2. 破坏遗传多样性

外来物种与本土近缘物种之间、入侵种之间有可能发生杂交，从而改变本土物种基因型在生物群落基因库中的比例，造成一些植物的近亲繁殖和遗传漂变，改变整个系统的演化方向。有时这种杂交能产生抗逆性更强的后代。例如，加拿大一枝黄花可与假蓍紫菀（*Aster ptarmicoides*）杂交，在华北和东北国产落叶松（*Larix* spp.）产区种植日本落叶松（*L. kaempferi*），在海南国产海桑属（*Sonneratia*）产区栽培从孟加拉国引进的无瓣海桑（*S. apetala*），都存在遗传多样性受威胁问题。白皮松（*Pinus bungeana*）疱锈病，1860 年最初在俄国的欧洲部分松树上发现，1865 年此病侵入北美洲的五叶松（*P. parviflora*）和东方白皮松上，1890 年几乎毁灭美国的全部白皮松。

3. 破坏生态系统功能和景观

外来物种凭借生态适应、繁殖、传播能力强的优势，通过与本土物种在阳光、水分、养料、生态位等多方面的竞争，以及化感（植物）、捕食（动物）等，进而压制或排挤本地物种，疯狂占据本地物种的生态位，形成单优势种群，危及本地物种的生存，导致物种的消亡与灭绝、原有植物群落的衰退和消失，改变群落或生态系统基本的生态学特征（图 8-3），如群落中的优势种、生态系统的物理特征、营养循环及植物的生产力，导致局部或区域性的生物多样性减少，破坏入侵地生态系统的平衡，对农业生态系统的结构和功能构成威胁。

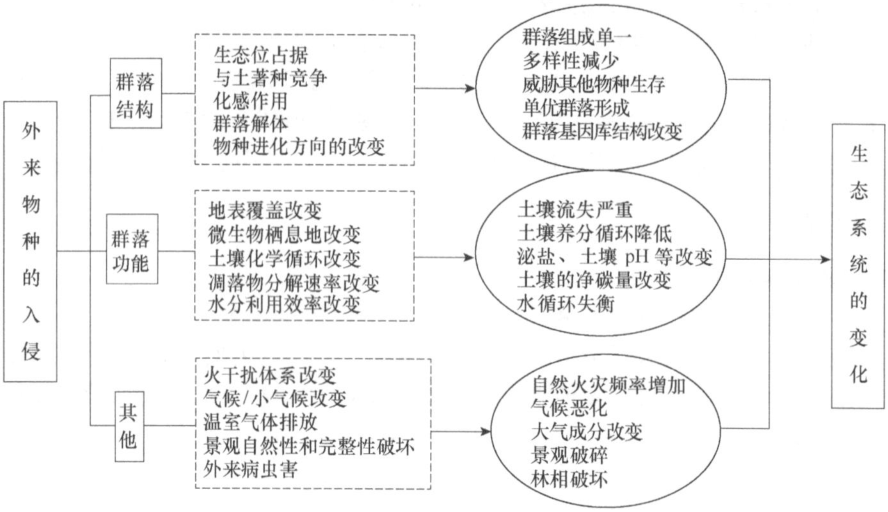

图 8-3　入侵种对生态系统服务的破坏

4. 土壤保持和营养改善能力降低

某些外来植物在营养代谢过程中沉积某些物质，从而改变周围土壤的化学成分，使周围的本土植物难以正常生长而失去竞争能力。例如，引入美国的柽柳（*Tamarix chinensis*）有泌盐特性，尤其在干旱地区泌盐能力更强，其枯枝落叶引起土壤盐渍化，使本土植物杨树和柳树等难以生存而被取代。植食性动物的取食和践踏加速土壤流失的情况在世界各地（尤其是岛屿）均有发生，如南非的喜马拉雅塔尔羊（*Hemitragus jemlahicus*）在塔玻山脉自然保护区每年造成 5 300kg/hm^2 净干重牧草损失，占总产量的 73%；在 11 个月的时间里使 8mm 的表层土壤流失。

紫茎泽兰由中缅边境传入中国云南省，现已在西南地区蔓延成灾。紫茎泽兰侵入草场、林地和撂荒地，很快形成单种优势群落，导致原有的植物群落衰退和消失。由于对土壤肥力的吸收力强，极大地消耗土壤养分，对土壤可耕性的破坏极为严重（强胜，1998）。

5. 水分保持和水质提高能力降低

入侵的外来植物主要通过比本土植物多用或少用降水而影响当地水文循环，破坏本地水生态平衡。在南非，大片山地水源保护区被外来乔木和灌木入侵，如海岸松（*Pinus pinaster*），这些植物的生长消耗大量水分，造成出山的溪流量明显减少。

6. 对火灾和虫害的控制和抵抗能力降低

自然火灾发生格局是自然生态系统动态的重要组成之一，外来生物入侵后改变这一格局，则对自然生态系统造成重要影响。例如，美国西部的本土植物主要为多年生、成熟慢的植物，常常避过火灾易发季节，但当外来 1 年生植物旱雀麦（*Bromus tectorum*）入侵该地后，6 月初即成熟，成熟后 1～2 周就干枯，极易引发火灾，而且火灾过后又迅速恢复生成为建群种，对原有自然生态系统造成严重破坏。

7. 气候变化

气候变化也可能产生更有利于外来物种建立种群和扩散的条件，相似地，当地气候的适宜程度改变使土著物种和土著群落之间的相互作用性质发生改变。气候和景观的性质为物种地理分布设置最终限制，也决定物种生长和生存的季节性条件。当气候改变时，农产品生产、贸易模式也会随之改变，此时，适合在热带条件生长的粮食作物在高纬度/高海拔地区更富有竞争力。在新气候区内，源于热带的外来入侵物种污染当地作物的机会也会增加。

此外，气候变化影响植物的生存，降低其对入侵者的抵抗能力。同时，这些受影响的植物更易受到昆虫或病原生物危害，降低其自身的竞争力。例如，B 型银叶粉虱（*Bemisia tabaci* biotype B）源于欧洲，极易入侵感染多种植物，并具有抗药性。近年 B 型银叶粉虱入侵大洋洲，并迅速蔓延，但其蔓延受到原生银叶粉虱生物型及其寄生蜂的阻碍。入侵型与原生型及其寄生蜂的互动受到气候变化的影响。以上案例表明：①贸易压力迫使多国接受可能威胁其生态系统的生物活体；②原生生物多样性极其脆弱；③气候条件在生物型的互动中扮演重要的中介角色。

气候变化对入侵物种最大的影响也许是改变扰动生态系统极端气候事件的频率和强度，从而使生态系统易于受到物种的入侵，如人类通过白令海峡，为入侵物种种群的扩散和成长提供额外的机会。气候改变时的干旱和严寒也许能够在频率和强度上有所改变，导致树木易于遭到昆虫的攻击。例如，能够导致本土植物死亡的干旱事件，能在植被上形成缝隙或缺口，这种空白的生态位能被外来入侵物种很快占据。洪水的频率、强度和历期的改变，能影响入侵物种的种群补充，并使其逃离已不适宜的原产地。例如，在一次大洪水中含羞草从达尔文植物园逸出，洪水带着含羞草种子进入穿过卡卡杜国家公园（Kakadu National Park）的阿德莱德河（Adelaide River），成为澳大利亚全境和世界其他地区一个严重的物种入侵问题。

三、威胁人类健康

许多植物入侵种的植株有毒，甚至某些器官（果实或种子）有剧毒。一些外来入侵物种能直接或间接地危害人类健康，如豚草花粉对人的健康危害较大，可造成过敏性哮喘、鼻炎、皮炎，每年同期复发，病情逐年加重，严重的会并发肺气肿、心脏病乃至死亡；毒麦含毒麦碱，人误食含 4%毒麦碱的毒麦粉，可引起头晕、昏迷、恶心、呕吐、痉挛，重者可引起中枢神经系统麻痹而死亡；牲畜误食恶性入侵杂草石茅或吸入其花粉，可引起腹泻、气喘、鼻腔流血、流脓，对马致死率极高（万方浩等，2012）。红火蚁（*Solenopsis invicta*）叮咬人体，褐家鼠（*Rattus norvegicus*）传播流行性出血热病症等，都显示入侵物种对人类健康的危害。

茄科（Solanaceae）的颠茄（*Atropa belladonna*）、水茄（*Solanum torvum*）、曼陀罗（*Datura stramonium*）等含有一定的毒素，不恰当取食危害人畜生命安全。有的植物入侵种是某些昆虫的寄主，或易滋生蚊蝇，可传播疾病。少花蒺藜草的毛若刺到人身体上，会引起发炎，几天后才能痊愈。

第四节　生物入侵的控制

控制生物入侵的主要措施包括法规防治、扑灭、生物防治、综合治理等。

一、法规防治

控制外来种传播危害的最直接手段就是阻止其传入，即检疫（quarantine）。美国 1912 年第一部《植物检疫法》生效；中国 1991 年通过《中华人民共和国进出境动植物检疫法》。通过立法采取强制手段禁止危险性的外来种传入，是控制外来种的首要措施。

《生物多样性公约》第八条规定：防止引进、控制或消除那些威胁生态系统、生境或物种的外来物种。

《中华人民共和国海洋环境保护法》第二十五条规定：引进海洋动植物物种，应当进行科学论证，避免对海洋生态系统造成危害。《中华人民共和国农业法》第六十四条第一款规定：从境外引进生物物种资源应当依法进行登记或者审批，并采取相应安全控制措施。

诸如此类的国际法和各国法律、法规都对有害动植物、病原菌等入侵立法，开展严格检疫检验，从源头阻断其入侵，避免造成重大损失。

二、扑灭

有害外来种传入新区后，为彻底消灭这一外来种所采取的行动，是一种紧急措施。对小的区域入侵物种或尚未扩散逃逸的野生居群组织人力实行扑灭等，是阻断有害物种扩展蔓延的有效措施。例如，云南德宏傣族景颇族自治州为了防治薇甘菊的进一步扩散，采取群众性群体清除扑灭的方式，获得一定的防治效果。在入侵有害物种尚未大面积扩散成为优势种群前开展扑灭更为有效。

三、生物防治

生物防治至今已有百余年的历史。其突出特点是：环境安全，经济合算，效果持久，如稻田养鱼治草等。从原产地引入食性较专一的天敌控制外来杂草是杂草生物防治的主要方式之一。美国、加拿大、澳大利亚、南非主要采用此法。例如，赤眼蜂防治玉米螟、红胸叶虫釉小蜂（*Tetrastichus brontispae*）控制椰子红胸叶虫（*Brontispa logissima*）等，都取得良好效果。

1983 年台湾省从关岛引进红胸叶虫釉小蜂防治可可椰子红胸叶虫。1983～1986 年先后在高雄县等遭受红胸叶虫危害的椰树上释放釉小蜂共 106 次，共计 143 082 只成蜂，各地区释放次数为 1～14 次，寄生率可达 90%以上。该蜂释放后都能在各地繁殖生长，构成种群，且能自行分散至邻近椰子产区，获得明显的防治成效。红胸叶虫釉小蜂可寄生于红胸叶虫体内，该蜂在 25℃，70%～80%空气相对湿度时完成一个世代需 19～21d。海南人工饲养繁殖椰心叶甲釉小蜂对椰心叶甲进行生物防治，效果明显：椰心叶甲釉小蜂释放到田间 30d、60d、90d 和 120d 后，每株椰子树平均虫口减退率分别为 23.98%、43.90%、66.67%和 70.73%。总寄生率 30d 后为 53.62%，60d 后达 37.09%；平均株寄生率 30d 后为 31.51%，60d 后为 34.53%（周祥，2008）。

中国近年开展较多生物防治工作，也产生大量的防治方式（表 8-4）。

表 8-4　中国部分生物防治方式

方式	防治的生物种类	防治对象
引进天敌	日光蜂	苹果绵蚜
	孟氏隐唇瓢虫	吹绵蚧
	丽蚜小蜂	温室粉虱
	西方盲走螨	李始叶螨
	智利小植绥螨	二斑叶螨
	黄色花蝽	储粮害虫
	花角蚜小蜂	松突圆蚧
	苏芸金杆菌戈尔斯德亚种 HD-1	鳞翅目害虫
	豚草卷蛾	豚草
	叶甲	喜旱莲子草
移植天敌	大江瓢虫（浙江）	柑橘吹绵蚧（湖北）
	白虫小茧蜂（海南）	紫胶虫的白虫（广东）
国内天敌	赤眼蜂	农林害虫（每年 67 万～100 万 hm^2）
	平腹小蜂	荔枝蝽象
	丽蚜小蜂	温室白粉虱
	瓢虫	蚜虫（成虫人工饲料配方）
	草蛉	蚜虫、白粉虱（人工饲料及人工卵）
	食蚜瘿蚊	蚜虫
昆虫杀虫剂及寄生菌等	棉铃虫病毒杀虫剂	棉铃虫
	斯氏线虫（*Steinernema carpocapsae*）与异小杆线虫（*Heterehabditis megidis*）	钻蛀性和土栖性害虫
	蝗虫微孢子虫	东亚飞蝗、亚洲小车蝗、宽须蚁蝗、白边痂蝗、皱膝蝗等
	小菜蛾病毒和 Bt 复合	小菜蛾（效果 76%～92.5%）
	球孢白僵菌（*Beauveria bassiana*）	大豆食心虫、玉米螟和松毛虫等 40 多种农林害虫
	卵孢白僵菌（*B. tenlla*）	地下害虫蛴螬
	绿僵菌属（*Metarrhizium*）	蝗虫及鳞翅目害虫
	蜡蚧轮枝菌（*Verticillium lecanii*）	温室白粉虱
	虫霉属（*Entomophthora*）	蚜虫
抗	昆虫信息素——性诱剂	棉铃虫
	杀虫抗生素——阿维菌素	虫螨
	井冈霉素	水稻纹枯病
	公主岭霉素	禾谷类作物黑穗病、白粉病
	农抗 120	瓜果、蔬菜白粉病、炭疽病

四、综合治理

农药的不合理使用带来 3 个方面的问题，即抗性、残留、再猖獗。滥用农药破坏生物安全，污染生态系统，危及人类健康。有害生物综合治理（integrated pest management，IPM）是当前国际上普遍公认并广泛采用的有害生物治理策略。

预防为主，治理为辅，是防治外来物种入侵的有效策略。因此，预防外来物种的入侵，应该做到 5 个方面。①建立健全法律法规，依法管理。制定外来入侵物种管理法规，建立外来入侵物种的名录制度、风险评估制度、引进许可证制度，在环境影响评价制度中增加有关外来入侵物种分析的内容。②加强检疫封锁，防止外来物种的入侵和扩散。以《中华人民共和国环境保护法》《中华人民共和国进出境动植物检疫法》《中华人民共和国植物检疫条例》等法律法规为依据，严格检疫执法。③加强监测普查，建立外来入侵物种监测和报告制度。④加强风险评估，建立早期预警系统。⑤加强宣传，提高全民防范意识，减少在旅行、贸易、运输等活动中引入外来入侵物种的可能性。

第五节　外来入侵物种状况

一、中国外来入侵物种名录

中国政府高度重视外来物种入侵情况，实时发布外来物种名录，以利于国家的防控工作。

2003 年 1 月 10 日，中华人民共和国国家环境保护总局和中国科学院联合公布《中国第一批外来入侵物种名单》，包括①植物（9 种）：紫茎泽兰、薇甘菊、喜旱莲子草、豚草、毒麦、互花米草（*Spartina alterniflora*）、飞机草、凤眼蓝和石茅；②动物（7 种）：蔗扁蛾（*Opogona sacchari*）、湿地松粉蚧（*Oracella acuta*）、强大小蠹（*Dendroctonus valens*）、美国白蛾、非洲大蜗牛、福寿螺和牛蛙（*Rana catesbeiana*）。

2010 年 1 月 7 日，中华人民共和国环境保护部（简称环境保护部）和中国科学院联合制订了《中国第二批外来入侵物种名单》，包括①植物 10 种：马缨丹、三裂叶豚草、大薸（*Pistia stratiotes*）、加拿大一枝黄花、蒺藜草（*Cenchrus echinatus*）、银胶菊（*Parthenium hysterophorus*）、黄顶菊（*Flaveria bidentis*）、土荆芥（*Chenopodium ambrosioides*）、刺苋和落葵薯（*Anredera cordifolia*）；②动物（9 种）：克氏原螯虾（*Procambarus clarkii*）、桉树枝瘿姬小蜂（*Leptocybe invasa*）、稻水象甲、红火蚁、苹果蠹蛾（*Cydia pomonella*）、三叶草斑潜蝇（*Liriomyza trifolii*）、松材线虫、松突圆蚧和椰心叶甲（*Brontispa longissima*）。

2014 年 8 月 15 日，环境保护部与中国科学院发布《中国外来入侵物种名单（第三批）》，包括①植物 10 种：反枝苋（*Amaranthus retroflexus*）、钻形紫菀（*Aster subulatus*）、鬼针草（*Bidens pilosa*）、小蓬草、苏门白酒草（*Conyza bonariensis* var. *leiotheca*）、一年蓬、假臭草（*Praxelis clematidea*）、刺苍耳（*Xanthium spinosum*）、圆叶牵牛和长刺蒺藜草（*Cenchrus pauciflorus*）；②动物（8 种）：巴西龟（*Trachemyss cripta elegans*）、豹纹脂身鲇（*Pterygoplichthys pardalis*）、红腹锯鲑脂鲤（*Pygocentrus nattereri*）和尼罗罗非鱼（*Oreochromis niloticus*）、红棕象甲（*Rhynchophorus ferrugineus*）、悬铃木方翅网蝽（*Corythucha ciliata*）、扶桑绵粉蚧（*Phenacoccus solenopsis*）和刺桐姬小蜂（*Quadrastichus erythrinae*）。

2016 年 12 月 12 日，环境保护部与中国科学院经认真调查和研究，联合制订《中国自然生态系统外来入侵物种名单（第四批）》，包括①植物 11 种，包括长芒苋（*Amaranthus palmeri*）、垂序商陆（*Phytolacca americana*）、光荚含羞草（*Mimosa bimucronata*）、五爪金龙（*Ipomoea cairica*）、喀西茄（*Solanum aculeatissimum*）、黄花刺茄（*S. rostratum*）、刺果瓜（*Sicyos angulatus*）、藿香蓟、大狼杷草（*Bidens frondosa*）、野燕麦（*Avena fatua*）和水盾草；②鱼类 1 种，即食蚊鱼（*Gambusia affinis*）；③昆虫 6 种，包括美洲大蠊（*Periplaneta americana*）、德国小蠊（*Blattella germanica*）、无花果蜡蚧（*Ceroplastes rusci*）、枣实蝇（*Carpomya vesuviana*）、椰子木蛾（*Opisina *arenosella*）和松树蜂（*Sirex noctilio*）。

二、中国外来入侵物种概况

统计显示，目前入侵中国的外来生物已达 400 余种。在 IUCN 公布的全球 100 种最具威胁的外来生物中，中国已经有 50 余种。近 10 年来，新入侵中国的外来入侵生物至少有 20 余种，平均每年递增 1～2 种。入侵物种包括不同类群，来自五大洲（图 8-4、图 8-5）（徐海根等，2004，部分修改）。中国已经成为遭受外来入侵生物危害最严重的国家之一，面临的防治形势越来越严峻。

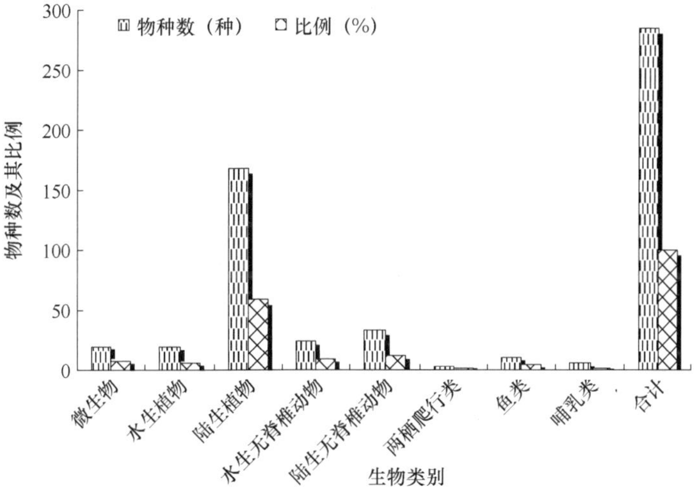

图 8-4　中国外来入侵物种各类群的分布

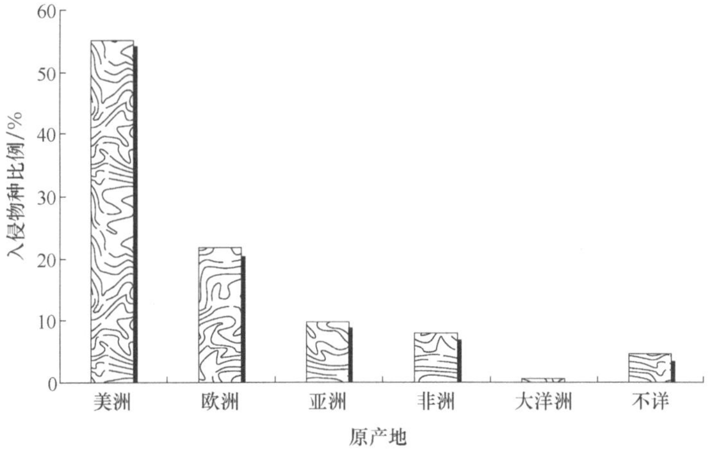

图 8-5　中国外来入侵物种原产地分布

中国各省、自治区和直辖市都遭到外来入侵物种不同的侵害，可通过案例清晰呈现。

（1）北京遭 54 种外来有害生物入侵：约有 54 种有害生物入侵北京（吴雍欣，2010），大多数原产于北美洲、南美洲、欧洲、亚洲，90%为一至两年生的草本植物，其特点是秋季繁殖最强，传播迅速，大面积扩散，对农田、果园、林业危害严重。较为严重的植物包括三裂叶豚草、豚草、意大利苍耳（*Xanthium italicum*）、毒麦等。

（2）三峡库区遭受 93 种外来有害生物入侵：以紫茎泽兰为代表的 93 种外来有害生物入侵作为中国重要植物资源库和物种基因库的三峡库区（陆楠，2014），威胁库区本土生物发展的同时，对库区的生物种群结构、水土流失控制、土壤营养循环、生物多样性造成严重影响。

（3）海南频遭 100 多种外来生物入侵：海南省有 100 多种外来入侵生物，成为中国外来生物入侵与危害最为严重的地区之一（安锋等，2007），以美洲斑潜蝇、水椰八角铁甲（*Octodonta nipae*）、蔗扁蛾、椰心叶甲、香蕉枯萎病危害为甚。自 2002 年海南发现椰心叶甲疫情以来，受害的包括椰子、王棕（*Roystonea regia*）等 11 种棕榈科植物，2010 年受害棕榈科植物株数达 930 万株。

（4）部分省的外来入侵生物：浙江省（70 种），植物有喜旱莲子草、豚草、毒麦、凤眼蓝和石茅等；动物有蔗扁蛾、福寿螺和牛蛙等。山东省（15 种），包括豚草、凤眼蓝、大米草、美国白蛾等。广东省（100 多种），植物包括薇甘菊、喜旱莲子草、互花米草、飞机草、凤眼蓝等植物 93 种（王芳等，2009）；动物有福寿螺、牛蛙等 13 种（顾党恩等，2012）。湖北省（163 种），其中以菊科最多，有 32 种（俞红，2014）；动物有福寿螺和牛蛙。

白帆（2012）基于大尺度数据资料的对比研究，获得中国外来入侵植物分布格局及入侵风险评估结果，具体如下。①中国外来入侵高等植物包括 66 科 233 属共 384 种，以菊科、禾本科、豆科、十字花科和伞形科（Apiaceae/Umbelliferae）的分布更具有普遍性，苋科、大戟科和茄科的分布以其下苋属、大戟属、茄属植物更具代表性。②草本植物占所有入侵植物的主体，分布范围广泛，扩散能力强；木本植物主要分布在中国南方，扩散依靠贸易和运输线途径；水生高等植物比例最少。③入侵物种丰富度南方和沿海地区较多，入侵物种的相对丰富度东多西少。④决定中国入侵植物总体分布格局现状的环境因子是自然环境。⑤只在南方分布和倾向于南方分布的热带物种在入侵物种中占多数，花期长，种子重，对环境条件要求更严格专一；倾向于北方分布和只在北方分布的温带物种以秋季结实散种为主，种子轻，可适应更广泛的生境，更易受社会环境影响，具有更强入侵性和潜在扩散风险。⑥各省份加权平均入侵性指数和入侵物种丰富度呈负相关，体现了物种入侵性和生态系统可入侵性的权衡。⑦各省份综合入侵风险的高危地区是中国东部居中或沿海地区，在全球变暖背景下，北纬 33°线以北的河北、山东、河南和江苏的入侵植物防治工作更应受到高度重视。⑧外来入侵植物尤以禾本科草本植物、果实和种子较小的、在秋季完成生殖生活史、花期长为 3～5 个月的入侵植物以及 C_4 植物和克隆植物的入侵风险更高。

三、中国危害严重的部分外来入侵物种

中国是外来入侵物种危害较大的国家，外来入侵物种对物种构成、农林生态系统和人民生命财产都造成了巨大的危害，其中薇甘菊、紫茎泽兰、飞机草、凤眼蓝、牛蛙、红火蚁等危害极大（李振宇和解焱，2002；徐汝梅，2003b；徐汝梅和叶万辉，2003；徐海根等，2004；农业部外来物种管理办公室，2006；陈集双和姜永厚，2006；万方浩，2010；万方浩等，2005，2011，2012；任国荣和戴建兵，2010；陈为民和朱有为，2011；严靖等，2016）。

1. 薇甘菊（*Mikania micrantha*）

菊科多年生草质藤本，世界十大害草之一。原产于中美洲、南美洲，现已广泛传播到亚洲热带地区，成为当今世界热带、亚热带地区危害最严重的杂草之一。1919 年薇甘菊作为杂草在中国香港出现，1984 年在深圳发现，2008 年之后已广泛分布在珠江三角洲地区。薇甘菊在云南西南部（德宏傣族景颇族自治州）危害巨大，目前已广泛分布在北纬 24°以南的地区，并逐渐向北扩散。

薇甘菊种子细小而轻，且基部有冠毛，易借风力、水流、动物及人类活动而远距离传播，也可随带有种子、藤茎的载体、交通工具传播。亦可无性繁殖，迅速占据山谷、河溪两侧的湿润地带，成为“植物杀手”，表现为：①通过产生化感物质抑制其他植物的生长，快速传播并成为单优势薇甘菊群落，通过对森林、农田、经济作物、园林绿化植物攀缘覆盖而产生巨大的危害；②生长迅速，遇草覆盖，遇树攀缘，并形成严密的覆盖层，使其他植物在无法进行光合作用及受物理重压的双重不利条件下，生长不良甚至死亡。

2. 紫茎泽兰（*Eupatorium adenophorum*）

菊科多年生草本或半灌木状植物，又名破坏草。20 世纪 40 年代初从中缅、中越边境传入中国云南南部（Xie et al.，2001），现已广泛分布于西南地区，并扩散到广西、湖北，分布海拔 330～2 500m，85%的入侵地海拔 800～2 100m，其扩散经历了 5 个时间区段（王瑞，2006）。云南临沧、昆明，四川西昌，广西百色，贵州黔西南布依族苗族州是紫茎泽兰多度较高的地区，紫茎泽兰整体上有向东和向北扩散的趋势，除云南、广西、贵州、四川、重庆、西藏和湖北外，广东、海南、福建、台湾、湖南、江西、浙江、上海、安徽、江苏、河南都是紫茎泽兰的潜在分布区；青海南部、甘肃南部、陕西南部、山东南部也有被紫茎泽兰入侵的风险；辽宁和吉林与朝鲜半岛毗邻的部分地区也可能被紫茎泽兰入侵（卢志军，2005）。

紫茎泽兰喜欢温暖、湿润的环境，在林间、草地、沟边、河边、路边均能生长。其危害主要包括 4 个方面。①在入侵地带定殖后，紫茎泽兰以其惊人的繁殖力及种子快速传播的特性，通过竞争和化感作用，抑制其他植物生长，导致原有植物衰退和消失，使其在入侵地带成为唯一的优势种群。紫茎泽兰入侵天然草场 3 年后，其覆盖程度可达 90%以上，牧草几乎消失。②紫茎泽兰的抗逆性极强，对土壤要求不严格，即使在干旱瘠薄的荒地、隙地、墙头、石缝里也能生长，这些特性使得其对农作物和经济植物的产量、森林的更新、草地的维护有极大破坏性。③吸收土壤肥力强，极大地耗损土壤肥力，如使土壤中的速效氮、速效磷和速效钾的含量显著下降，促进入侵地带土壤的严重退化。因此其又被称为“绿色杀手”“植物食人鱼”。④种子、枝叶等有毒，可引起牲畜腹泻、气喘、鼻腔糜烂流脓等病症。种子和花粉会引起马属动物哮喘，种子上带钩的纤毛被牲畜吸入后直接往气管和肺部钻，引起这些组织坏死和牲畜死亡；用紫茎泽兰茎叶垫圈或下田作沤肥，会引起牲畜蹄子腐烂、人的手脚皮肤发炎，导致幼树衰弱甚至死亡、田块减产。

紫茎泽兰入侵后，侵占大片的农田、果园、稀疏林地、草地、路边和间隙空地，且一旦定殖，其发达的地下根茎和大量种子将很难被清除，造成西南大部分地区农业、林业、畜牧业严重的经济损失，成为生态环境的“绿色灾难”。

3. 飞机草（*Eupatorium odoratum*）

菊科多年生草本植物，又名香泽兰。原产于中美洲，现在南美洲、非洲、亚洲热带地区广泛分布。20 世纪 20 年代作为香料植物引入泰国，1934 年于云南西双版纳首次发现，1936 年在海南尖峰岭发现，现已侵入广东、广西、台湾、贵州、香港、澳门等地，并向亚热带进犯。

飞机草生长迅速、繁殖力强，生长在路边、池埂、堤坝、草场、山坡、林地、荒坡地、田间地头，甚至墙头和石缝里。飞机草生长与扩张有选择性，其趋肥趋水性比其他植物更强，在缺少天敌制约的情况下，更多地向土壤肥沃、雨水充足的地方蔓延，造成多种多样的危害。①分泌化感物质，排挤本地植物，影响林木生长和更新，使草场失去利用价值。当其长到 15cm 或更高时，会明显侵蚀土著物种，释放的化感物质有较强的异株克生作用，可抑制邻近植物生长，还能使昆虫拒食。②叶有毒，含香豆素类的有毒化合物，引起人的皮肤炎症和过敏性疾病。误食嫩叶引起头晕、呕吐，引起家畜、家禽和鱼类中毒。用叶擦皮肤可引起红肿、起泡。③影响粮食作物、桑树、花椒、香蕉（*Musa nana*）等的生长，降低产量。④堵塞水渠，阻碍交通。⑤导致野生名贵中药材失去生存环境。

4. 凤眼蓝（*Eichhornia crassipes*）

雨久花科（Pontederiaceae）浮水草本植物，俗称水葫芦。1884 年，原产于南美洲委内瑞拉的凤眼蓝被送到美国新奥尔良的博览会上，来自世界各国的人见其花朵艳丽无比，便将其作为观赏植物带回各自的国家；1901 年作为花卉引入中国。凤眼蓝繁殖快，有净化水质的作用，20 世纪五六十年代还作为猪饲料推广。

以种子和匍匐枝繁殖，繁殖力强，生长迅速。漂浮在水库、湖泊、池塘、沟渠、河道的水面上生长，造成大量危害：①堵塞河道、影响航运、阻碍排灌；②降低水中溶氧量，影响水生生物的生长，降低水产品产量；③单一成片发生，破坏本地水生生态系统；④大量吸附重金属等有毒物质，死亡后沉入水底，构成对水质的二次污染；⑤滋生蝇，对人们的健康构成威胁。

在非洲，凤眼蓝遍布尼罗河；在泰国，凤眼蓝布满湄南河；美国南部沿墨西哥湾内陆河流水道，被密密层层的凤眼蓝堵得水泄不通，不仅导致船只无法通行，还造成鱼虾绝迹，河水臭气熏天。水体的富营养化又促成凤眼蓝的疯狂繁殖，成片聚集的“绿岛”不仅堵塞河道，影响通航，更严重的是其已成为破坏江河生态平衡的罪魁祸首。云南滇池，也曾因为凤眼蓝疯狂蔓延而被专家称为患上“生态癌症”的湖泊。

5. 豚草（*Ambrosia artemisiifolia*）

菊科一年生草本植物，又名艾叶破布草、美洲艾。原产于北美洲，1935 年发现于杭州。现分布于东北、华北、华中和华东等地约 15 个省（直辖市），1989 年调查时，豚草已经形成了沈阳、南京、南昌、武汉 4 个扩散中心。

危害较多。①豚草花粉是人类花粉过敏症的主要病原之一，引发过敏性鼻炎和支气管哮喘等变态反应症。②吸肥能力和再生能力极强，在土壤中吸收较多的氮和磷，造成土壤贫瘠，还遮挡阳光，严重影响作物生长，导致作物减产；植株高大粗壮，成群生长，有的刈过 5 次仍能再生，种子在土壤中可保持生命力 4～5 年，一旦发生难于防除。③释放多种化感物质，对禾本科、菊科等植物有抑制、排斥作用。④叶子中含有苦味物质和精油，奶牛食入后带有恶味，引起牛奶品质下降；⑤豚草传播病虫害，如甘蓝菌核病、向日葵叶斑病和大豆害虫等。

6. 毒麦（*Lolium temulentum*）

禾本科越年生或一年生草本植物，又名黑麦子、小尾巴麦、闹心麦。1954 年在从进口小麦中发现，现在河南、江苏、安徽、湖北、云南等地都有发现。

毒麦混于麦类等农田中，是一种有毒的恶性杂草。①产生毒麦碱，人误食引起中毒，轻者发生头晕、昏迷、呕吐、痉挛等症状，重者中枢神经系统麻痹甚至死亡。毒麦中毒还可致视力障碍，尤其以未成熟的毒麦或在多雨季节收获时混入收获物中的毒麦毒力最大。②牲畜误食中毒，一般表现为腹痛、趴卧、步态不稳、口吐白沫等症状，严重时呼吸衰竭、瞳孔散大，呈昏睡状态。③与旱地作物争夺水肥，使作物减产，影响产量和质量。

7. 石茅（*Sorghum halepense*）

禾本科高粱属（*Sorghum*）多年生草本植物，又名约翰逊草、阿拉伯高粱等。原产于地中海，现广泛分布于北纬 55°～南纬 45°的世界主要农业产区。20 世纪初从日本引进中国台湾栽培，现已扩散到海南、香港、广东、广西、福建、江苏、四川、安徽、天津、北京、上海、黑龙江、辽宁、山东、河南、陕西等地。

石茅以种子和地下根茎繁殖，其喜肥沃、湿润及疏松的土壤，生长在温暖、湿润、夏天多雨的区域，混杂于栽培多种作物的田间、菜园、柑橘幼苗栽培地、葡萄园、烟草地，以及沟渠附近、河流及湖泊沿岸，是世界十大恶性杂草之一，中国将其列为检疫性杂草，其危害较广。①石茅易与高粱属作物杂交，使高粱属植物的产量降低、品质变差。②其根的分泌物或腐烂的叶、茎、根等，能抑制作物种子萌发和幼苗生长，是谷类作物、棉花、苜蓿（*Medicago* spp.）、甘蔗、大麻类（*Cannabis* spp.）等 30 多种作物田里的主要杂草。③石茅是高粱属作物的许多害虫和病害的寄主。④石茅具有一定毒性。苗期和在高温干旱等不良条件下，体内产生氢氰酸，牲畜误食导致中毒。⑤石茅繁殖能力非常强，通过种子和地下发达的根茎繁殖，使入侵地的生物多样性明显降低，对本土植物危害较大。

8. 加拿大一枝黄花（*Solidago canadensis*）

菊科多年生草本植物，又称黄莺草、麒麟草或幸福草。原产于北美洲，曾作为观赏植物引种到世界各地，后逸生为杂草，扩散至欧洲（奥地利、保加利亚、丹麦、芬兰、法国、德国、英国、匈牙利、意大利、南斯拉夫、波兰、挪威、罗马尼亚、瑞典、瑞士、西班牙等）、亚洲（中国、韩国和日本等）和大洋洲（澳大利亚）。1935 年作为观赏植物引入中国上海。从山坡林地到沼泽地均可生长，常见于农田、城镇庭院、郊野、荒地、河岸、高速公路和铁路沿线等处，已扩散到浙江、江苏、安徽、江西、湖北、台湾、河南、辽宁、四川、重庆、湖南、广东和云南等地（董梅等，2006）。

其为一种野性十足的“霸王草”、生态杀手，具有极强的繁殖能力和快速侵占力，根状茎发达，传播速度快，生长优势明显，生态适应性广阔，造成巨大危害。①抑制入侵地其他植物的生长。与周围植物争夺阳光和肥料，占据本地物种生态位，使本地种失去生存空间，直至死亡。②改变生态系统的结构和功能。随着生境片断化，残存的次生植被常被该种分割、包围和渗透，使本土生物种群进一步片断化，造成一些植被的近亲繁殖和遗传漂变。③通过形成大面积单优群落，降低物种多样性，破坏景观的自然性和完整性。④侵入果茶桑园、农田、菜地及周围地带，与果树、茶树、桑树等争夺养分和水分，同时由于其植株高大，导致这些植物光照条件不良，进而减产。⑤产生大量花粉，导致人畜过敏，危害人畜健康。

9. 互花米草（*Spartina alterniflora*）

禾本科多年生草本植物，俗称大米草。起源于美洲大西洋沿岸和墨西哥湾，1979 年从美国引进，目的是保滩护岸、改良土壤、绿化海滩和改善海滩生态环境。

互花米草具有支持根和呼吸根等根系，能在缺氧的土壤中呼吸和在松软的底质上固着生长。常生长于潮间带，耐盐耐淹，抗风浪，种子随风浪传播，其危害较广。①与沿海滩涂本地植物竞争生长空间，致使大片红树林日趋衰退，甚至消失，威胁本地生物多样性。②侵占航道，淤塞港口，影响各类船只出入港，造成海上渔业、运输业甚至国防的损失和不便。③破坏近海生物栖息环境，使沿海贝类、蟹类、藻类、鱼类等各种生物窒息死亡，影响滩涂养殖。④争夺营养，使海带、紫菜等产量下降。⑤影响海水交换能力，导致水质环境恶化，并诱发赤潮。

10. 喜旱莲子草（*Alternanthera philoxeroides*）

苋科多年生草本植物，俗称水花生。原产于南美洲，世界热带、亚热带和暖温带地区广泛本土化，1892 年出现于上海附近岛屿（李振宇和解焱，2002），1934 年于浙江宁波发现其分布。20 世纪 50 年代后，南方将此草作为猪饲料引种扩散，后逃逸为野生。以无性繁殖为主，地下根系庞大，在节处可反复生出幼芽到达地面成为新幼苗，在强光或很荫蔽的地方均可生长。现江苏、江西、湖北、福建、云南、四川、重庆、广西和北京都有分布。

喜旱莲子草常形成匍匐茎稠密交错的毯状单种优势群落，可覆盖水面，堵塞航道，危害作物，滋生蚊蝇，破坏景观生态，其危害可概括为 7 个方面。①堵塞航道，阻止水流，影响水上交通。②抑制其他植物生长，使群落的物种单一化。③覆盖水面，造成鱼类呼吸困难，影响鱼类生长和捕捞。④在农田与作物竞争肥、水和光，导致作物减产。⑤在田间沟渠内大量生长，造成水流不畅，影响农田排灌。⑥入侵公园、林地、草坪、荷塘、河流、湖泊等，破坏风景名胜，影响旅游业。⑦滋生蚊蝇，危害人类健康。

11. 马缨丹（*Lantana camara*）

马鞭草科多年生直立或半藤状蔓性常绿小灌木，又称为五色梅、五彩花、七变花、三星梅、臭花、龙船花、臭草、山大丹、如意花等。原产于美洲热带地区，初期作为一种观赏植物被引入各国，后逸为野生。现已广布于热带、亚热带和温带地区，分布于约 50 个国家，已入侵地区主要为太平洋沿岸及众多太平洋岛屿国，如菲律宾、新西兰、澳大利亚、泰国、柬埔寨、越南、马来西亚、印度尼西亚、美国和中国等。1645 年马缨丹作为观赏花卉引入中国台湾，现已扩散至海南、云南、广东、广西、福建、香港、重庆等地（林英等，2008）。

马缨丹繁殖能力强，喜高温、高湿和阳光充足的环境，耐干旱，不择土壤，植株迅速蔓延，排挤当地植物，在全球范围内侵占大面积的牧场、果园和森林，被 IUCN 列为世界上“100 种最严重的入侵生物”之一，危害极大。①马缨丹是一种有毒植物，人类和牛、马、绵羊及狗等摄食叶片或果实均可中毒，而且没有特效解毒药；中毒家畜的存活率极低，幸存者也无继续饲养价值；马缨丹叶提取物为毒性物质，以侵袭肝胆系统为主，引起肝脏中毒性变化和胆囊的增生性变化，以及诱发胆结石（徐彬和孔小明，2000）。②大量食用未成熟的绿色果实也会引起中毒，儿童最易误食而中毒。③是农场、牧场、林场中鼠类、有害昆虫等的藏身之处，严重影响咖啡、椰子、油棕、橡胶、香蕉及甘蔗等作物的生长。④破坏生态环境。马缨丹向土壤释放化学物质以阻止其他植物种子发芽，破坏植物的生物多样性，改变相关动植物群落的组成；也通过化感作用，破坏本土植被，引起坡地被侵蚀，造成水土流失。在云南一些人为干扰大的地方，马缨丹形成大面积的单优群落，甚至侵入疏林和林缘，严重影响当地的农业生产和生活。

12. 湿地松粉蚧（*Oracella acuta*）

同翅目粉蚧科（Pseudococcidae）松粉蚧属，又名火炬松粉蚧。在美国大西洋沿岸各州湿地松种植区广为分布。1988 年随引种材料由美国的佐治亚州传入中国广东省台山市，1990 年 6 月首次在该市红岭种子园采穗的松梢上发现。该虫对幼苗、大树均能危害。据调查，受害松林的生长量较健康林减少 25%～30%。该虫传入中国后，呈迅速传播蔓延的势头，已被列为国内森林植物检疫对象加以控制。该虫可以忍受冬季低温，有继续向北扩散的可能性。

13. 强大小蠹（*Dendroctonus valens*）

鞘翅目小蠹科（Scolytidae）海小蠹亚科（Hylesininae）。原产于北美洲和中美洲地区；1998 年在中国山西省晋城沁水首次被发现，可能随美国进口木材引入，现已扩展到河南、河北和陕西，危害油松（*Pinus tabuliformis*）、华山松和白皮松（*P. bungeana*）等，是重要的检疫性林业有害生物。

强大小蠹主要危害已成材且长势衰弱的大径级立木，在新鲜伐桩和伐木上危害尤重。雌虫首先侵袭树木，蛀入内外树皮到形成层，木质部表面也被蛀食。雌虫侵入之后不久，雄虫进入坑道，当达到形成层时，雌虫首先向上蛀食，连续向两侧的垂直方向扩展坑道，直到树液流动停止。当树液流动停止时，雌虫向下蛀食，可达到根部。成虫和幼虫沿主坑道向四周群集取食韧皮部、形成层，当沿树干、树根取食一周形成环剥时，形成层输导组织被切断，树木死亡。

14. 松材线虫（*Bursaphelenchus xylophilus*）

滑刃目滑刃科（Aphelenchidae）伞滑刃属，是国际上公认的重要检疫性有害生物，松树的毁灭性病害。日本、韩国、美国、加拿大、墨西哥、葡萄牙、中国等均有发生，但危害程度不一，其中以日本受害最为严重。1982 年于南京市中山陵首次发现，在短短的十几年内，已蔓延至江苏、浙江、安徽、山东、湖北、湖南、广东、福建、江西、重庆、贵州、云南 12 个省（直辖市）113 个县（市、区），并流行成灾。

松墨天牛（*Monochamus alternatus*）是松材线虫的主要传媒昆虫。松材线虫致病力强，寄主死亡速度快；传播快，且常常猝不及防；一旦发生，治理难度极大。耐久型松材线虫幼虫通过松墨天牛补充营养的伤口进入木质部，然后蜕皮形成成虫，寄生在树脂道中。在大量繁殖的同时移动，逐渐遍及全株，并导致树脂道薄壁细胞和上皮细胞的破坏和死亡，造成植株失水，蒸腾作用降低，树脂分泌急剧减少和停止，针叶陆续变为黄褐色乃至红褐色，萎蔫，最后整株枯死。感染松材线虫病的松树，通常是松墨天牛取食的对象，翌年松墨天牛羽化时又会携带大量的线虫，并“接种”到健康的松树上，导致病害的扩散蔓延。

松材线虫侵入树木后，外部症状的显著特点是：先是针叶失水，褪绿，继而变褐，针叶全呈红黄色，而后整株枯死。其发展过程可分为 4 个阶段：①外观正常，树脂分泌减少或停止，蒸腾作用下降；②针叶开始变色，树脂分泌停止，通常能够观察到天牛或其他甲虫侵害和产卵的痕迹；③大部分针叶变为黄褐色，萎蔫，通常可见到甲虫的蛀屑；④针叶全部变为黄褐色，病树干枯死亡，但针叶不脱落。感染树木至干枯死亡阶段时树体上一般有多种害虫栖居。

15. 烟粉虱（*Bemisia tabaci*）

半翅目粉虱科（Aleyrodidae），俗称小白蛾。1889 年首先在希腊被发现。其分布范围广泛，目前除南极洲尚未发现外，其他大洲均有分布。烟粉虱在中国有记载始于 1949 年，分布于广东、广西、海南、福建、云南、上海、浙江、江西、湖北、四川、陕西、台湾等地。

烟粉虱为多食性害虫，其寄主范围非常广泛，多达 600 余种，如烟草（*Nicotiana tabacum*）、番茄、番薯、木薯、棉花，以及十字花科、葫芦科（Cucurbitaceae）、豆科、锦葵科（Malvaceae）植物等，并且新的寄主范围还在不断扩大。在自然条件下，一般以卵或成虫在杂草上越冬。成虫在植株内或植株间短距离扩散，借风或气流长距离迁移。危害较多，概括为 4 个方面。①直接刺吸寄主植物的汁液，导致植物衰弱。危害叶菜类，如甘蓝（*Brassica oleracea*）、花椰菜（*B. oleracea* var. *botrytis*），受害叶片萎缩、黄化、枯萎；根菜类，如萝卜，受害表现为颜色白化、无味、重量减轻；果菜类，如番茄受害，表现为果实不均匀成熟。造成棉花叶正面出现褐色斑，虫口密度高时有成片黄斑出现，严重时导致蕾铃脱落，影响棉花产量和纤维质量。②若虫和成虫分泌的蜜露污染植物产品，诱发煤污病，阻碍植物进行光合作用，严重时导致作物绝收。③传播 70 多种植物病毒，引发植物病害。危害蔬菜、观赏植物、棉花、烟草等。④引起多种植物生理异常现象。

16. 稻水象甲（*Lissorhoptrus oryzophilus*）

象甲科（Curculionidae）害虫，又称为稻水象。1988 年在河北省唐山市唐海县首次发现，现少量分布于河北、广西和台湾等地。

中国南方每年发生 2 代，成虫在田边、草丛、树林落叶层中越冬，主要通过运送稻草等进行远距离传播，成虫飞翔或借水流也能传播。其重要的寄主植物是水稻，其次是禾本科、泽泻科（Alismataceae）、鸭跖草科（Commelinaceae）、莎草科、灯心草科（Juncaceae）等杂草。此虫繁殖快，危害时间长，危害面广，且成虫、幼虫均可危害。对水稻等作物危害极大：

①啃食水稻嫩叶正面叶肉，严重时仅留叶脉，影响水稻生长；②幼虫在稻根部钻食新根，造成水稻插秧后缓苗慢或断根，使水稻生长不良，分蘖减少。受害严重时，水稻根系被全部吃光，植株萎缩黄化，造成漂秧，直至死亡。

17. 椰心叶甲（*Brontispa longissima*）

鞘翅目铁甲科（Hispidae）害虫，又名椰棕扁叶甲、椰子红胸叶甲、椰子刚毛叶甲、红胸叶虫、椰子铁甲、椰子叶甲、椰心潜甲等。成虫惧阳光，喜聚集在未展开的心叶基部活动，见光即迅速爬离，寻找隐蔽处，具假死现象。成虫能飞翔（300～500m），借助气流进行一定距离的自然扩散。远距离传播借助于各个虫态随寄主（主要是种苗、花卉）调运而人为传播。干旱有利于此虫的发生。

椰心叶甲是一种毁灭性害虫，对4～5年生的棕榈科幼树危害严重，特别危害未展开的叶。①椰心叶甲以成虫和幼虫危害心叶，在未展开的心叶取食椰子叶肉组织，轻则造成寄主叶片出现狭长褐色条纹，重则引起椰叶皱缩、卷曲、叶片枯死乃至植株死亡。②虫害削弱树势，导致受害树不耐干旱，易感病害，易遭受台风危害。③该虫还危害王棕等11种棕榈植物，其危害植物种类达37种。

18. 美洲斑潜蝇（*Liriomyza sativae*）

双翅目潜蝇科（Agromyzidae）斑潜蝇属多食性斑潜蝇。自1994年在中国海南首次发现后，现已扩散到除西藏等少数地区以外的中国各地，成为威胁蔬菜生产的一种主要害虫。成虫具有趋光、趋绿和趋化性，对黄色趋性更强，有一定飞翔能力，主要随寄主植物的叶片、茎蔓甚至鲜切花的调运而传播。

该虫是一种危险性检疫害虫，危害极大。①分布广、危害重、寄主多，被危害植物多达33科170多种，其中以豆类、瓜类、茄果类、伞形花科、菊科等受害最重，受害率30%～100%，减产30%～40%，甚至绝收。成虫吸取植物叶片汁液；卵产于植物叶片叶肉中；初孵幼虫潜食叶肉，主要取食栅栏组织，并形成隧道，隧道端部略膨大；老龄幼虫咬破隧道的上表皮爬出隧道外化蛹。幼虫和成虫的危害可导致幼苗全株死亡，造成缺苗断垄；成株受害，可加速叶片脱落，引起果实日灼，造成减产。②通过取食，幼虫和成虫还可传播病害，特别是传播某些病毒病，降低花卉观赏价值和叶菜类食用价值。

19. 蔗扁蛾（*Opogona sacchari*）

鳞翅目辉蛾科（Hieroxestidae）扁蛾属，是近年来随巴西木（*Dracaena fragrans*）的大量进口而从国外传入中国的一种突发性、危害性极大的检疫害虫，属广谱钻蛀性害虫（匡红梅等，2003；鞠瑞亭等，2004）。成虫爬行能力强、速度快，可像蜚蠊（*Blattaria* spp.）一样短距离跳跃，还可快速飞行，一次飞行距离最远可达10m左右。成虫喜阴暗，常隐藏于树皮裂缝或叶片背面。幼虫在寄主内分散入侵蛀食，被害植物内常常有几十头虫，多的可达100多头。

除严重危害巴西木、瓜栗（*Pachira macrocarpa*，俗称发财树）等观赏植物外，还危害甘蔗、玉米、阳芋、茄子等多种经济作物，对园林绿化、花卉苗木及农业生产造成严重威胁。①幼虫在树皮内蛀食，使枝叶逐渐萎蔫枯黄，并造成整株枯死。例如，幼虫在巴西木的皮层内蛀食，然后蛀食木质部，受害组织形成上下左右的隧道，皮层则常被食空，仅剩薄薄一层外表皮，皮下充满粪屑，表皮上有排粪孔和通气孔。通常3年生以上的木段受害最重，1m长的木段内可有幼虫数十头。②取食植物生长点，导致植株死亡。③幼虫取食玉米的嫩芽，后钻入茎秆取食，或蛀破玉米苞叶，进入内部取食玉米粒。④危害甘蔗。初龄幼虫在叶鞘内侧取食，成长后的幼虫蛀入蔗茎内取食，形成上下左右的隧道，严重时蔗茎被蛀空并填上粪粒。除蔗叶外，任何部位都可被蛀食。老熟幼虫在危害处的茎内织茧化蛹。⑤危害香蕉的除根和叶缘尖以外的所有部分，主要危害花序。⑥从破口处钻入，向中央危害，严重影响甘薯和阳芋的发芽和品质。

20. 红火蚁（*Solenopsis invicta*）

蚁科（Formicidae）害虫，又称为入侵红火蚁、外来红火蚁、赤外来火蚁，通称为火蚁。原产于南美洲，2005 年初陆续在广东、广西、湖南、福建等省（自治区）发现。

红火蚁为杂食性社会性昆虫，无特定寄主，其分工严密，喜群聚，好攻击，造成极大危害和影响。①啃噬作物的种子、果实、幼芽、嫩茎与根系，造成农业减产。②捕食蚯蚓、天敌幼虫和成虫，以及其他捕食性蚂蚁种类，对生态环境中土栖性动物造成危害，导致生态系统捕食者组成的单一化。③叮咬牲畜，偶尔会杀死小牛、猪仔或其他家畜、家禽。④红火蚁偏爱在地下和阳光充足的地方建巢，也可将巢建于人类栖居地区的人造环境，如墙缝、配电箱等相对温暖的设施中，造成电线短路或设施故障，危害灌溉系统、农田收割、搬运设备，导致农田耕作机器设备损坏，造成不必要的维修费用。⑤叮咬人类，严重者甚至引发过敏性休克，造成死亡，因而限制户外休闲娱乐活动、旅游业，降低公共场所的价值。⑥通过捕食、筑巢等行为，改变地表生态系统结构，使土壤环境恶化。

21. 牛蛙（*Rana catesbeiana*）

两栖纲无尾目蛙科（Ranidae）大型食用蛙，又称菜蛙。原产于北美洲落基山脉一带，是北美洲最大的蛙类。1959 年自古巴引入，由于牛蛙的肉味鲜美、营养丰富，1986 年始在中国中部和南部大量饲养。北京、天津、山东、河南、江苏、上海、浙江、福建、台湾、广东、广西、安徽、湖南、甘肃、四川、云南和新疆等地有人工饲养的种群，一些牛蛙逃逸或被弃养，逐步形成可以自然繁衍的野化种群，并危害当地两栖类物种。

牛蛙具极强的入侵和扩散能力，成为一些本地两栖类种群数量下降或灭绝的主要因素之一。其危害表现在：①牛蛙是杂食性动物，捕食多种两栖动物，而且排挤其他两栖类和强占其栖息地，致使许多土著两栖动物种群减少甚至灭绝；②多数土著蛙类的繁殖季节和产卵生境与牛蛙重叠，被牛蛙捕食的压力越来越大，一旦土著种消失过多，其保护农作物和维持生态平衡的作用将极大丧失（李成和谢锋，2004）。

22. 福寿螺（*Ampullaria gigas*）

瓶螺科（Ampullariidae）瓶螺属软体动物。原产于南美洲亚马孙河流域。20 世纪 70 年代引入中国台湾，1981 年由巴西籍中国人引入广东。1984 年后，福寿螺已在广东广为养殖。由于过度养殖，加上味道不好，它被释放到野外并大量繁殖。

福寿螺危害越来越大：①适应环境的生存能力极强，生长繁殖快、产量高，因此可迅速扩散于河湖与田野，导致水体富营养化和水质恶化等环境问题；②其食量大且食物种类繁多，能破坏粮食作物、蔬菜和水生农作物的生长，已成为广东、广西、福建、云南、浙江、上海、江苏等地的有害入侵物种；③每只福寿螺含广州管圆线虫幼虫多达 3 000～6 000 条，轻度感染者会有轻度的头痛及低热，严重者会有较重的神经系统病变。

23. 非洲大蜗牛（*Achatina fulica*）

柄眼目玛瑙螺科（Achatinidae）大型陆栖蜗牛，又称东风螺、菜螺、花螺、法国螺。原产于非洲，现广泛分布于亚洲、美洲等地的湿热地区。中国的福建、广东、广西、云南、海南、台湾等地有分布。栖息于菜地、农田、果园、公园、橡胶园杂草丛生、树木葱郁、农作物繁茂的阴暗潮湿环境和富含腐殖质的土壤里、枯草堆、洞穴中，以及树枝落叶和石块下。中国于 1992 年将非洲大蜗牛作为唯一的软体动物列入进境植物检疫危险性有害生物名单（周卫川和陈德牛，2004）。

非洲大蜗牛有“田园杀手”之称，危害极大：①该蜗牛食性杂，繁殖力和抗逆性强，可危害 100 多种草本、木本、藤本植物，甚至吃光植物枝叶，危害极大；②吃掉大量的本土植物，改变栖息地生境，竞逐原生蜗牛，改变食物链，进而改变本土生态系统；③其是许多人畜寄生虫和病原菌的中间宿主，尤其是传播结核病和嗜酸性脑膜炎，食用则危害极大。

24. 红耳龟（*Trachemys scripta elegans*）

泽龟科（Emydidae）滑龟属，也称巴西龟。其生长速度快、繁殖率高、易存活，对饵料具有极强占有率及对生存空间占据的优势；原先被作为宠物饲养。

红耳龟一旦放生到野外，会大量掠夺其他生物的生存资源，使同类物种的生存空间受限。①与扩散地区的本土龟类争食，抢夺栖息地和产卵场所，排斥、挤压原著龟的生存空间。②与不同种龟交配，导致本土龟类的遗传结构改变，一旦这种恶性循环开始，本土龟类也就走向了消亡。③是传播沙门杆菌的罪魁祸首。研究表明，约 85%的养殖龟类（尤其是幼龟）都携带有副伤寒沙门杆菌。已证明该病菌可自变温动物传播给恒温动物，美国每年约有上百万人感染此病菌，其中 14%的病例由龟类传染。

四、其他外来入侵物种危害的案例

以下八大物种入侵案例严重威胁生态环境，影响生物多样性和人类正常生产、生活。

1. 从新奇的宠物到沼泽霸主

在美国佛罗里达州南部，缅甸巨蟒原本是人们豢养的宠物。但后来人们不愿照料这些 20 英尺[①]长的大蛇，便把它们放生到沼泽中。一段时间以后，这些巨蟒竟然在沼泽地国家公园建立起一个完整的根据地，杀死其他动物，如鳄鱼、小牛等被巨蟒缠死的现象常出现，威胁当地动物生存。现在，有 3 万多条缅甸蟒蛇出没于沼泽地国家公园，而且这个数字还在不断增长。这种外来的蟒蛇天敌很少，而当地许多濒临灭绝的动物时常受到它们的侵害。

2. 吸血鱼的进攻

七鳃鳗（*Lampetra japonica*）是一种嗜血的海生无颌鱼类，20 世纪初期通过人工开凿的运河进入了北美五大湖区，从此便打乱了这里的平静，其杀死很多珍贵的特产鱼类，如白斑红点鲑（*Salvelinus leucomaenis*）和白鲑鱼（*Coregonus* spp.），对当地鱼类造成严重威胁。

3. 重复入侵

麦加利岛是世界自然遗产之一，更是一个被入侵者严重破坏的典型。19 世纪早期，海豹和企鹅（*Spheniscus* sp.）的猎杀者到来，随之而来的老鼠在岛上开始大量繁衍。为了灭鼠，水手们又把猫带了过来，猫却一直在猎食岛上的鸟类。20 世纪 80 年代生态环境保护主义者开始致力于彻底铲除这些猫。到 2000 年，这项工作终于完成。可是，当猫消失后，老鼠的数量开始剧增，10 万只饥饿的老鼠将把这里的植被破坏殆尽。

4. 疯狂的黄色狂蚁

印度洋中一个小岛上，成群的黄色狂蚁（*Manica* sp.）正在享受饕餮盛宴，生物学家认为它们将彻底毁灭当地的生态系统。蚁群把蚁酸喷向岛上标志性的红色陆地蟹并将它们杀死。蚂蚁爬上树木、藤本植物，袭击那些以浆果为食的鸟类，从而影响树木种子在岛上的传播。黄色狂蚁被认为是地球上攻击性最强的 100 种动物之一，人类至今也没有找到阻止它们蔓延的良策。

---

① 1 英尺＝0.3048m，下同。

5. 令人厌恶的剧毒入侵者

甘蔗蟾蜍被引进到澳大利亚，是为了对付大肆破坏当地甘蔗的甲壳虫，但很快它们便在那里“称王称霸”。对绝大多数动物而言无论是蝌蚪还是成年甘蔗蟾蜍都是剧毒的，因此那些不幸吞食了甘蔗蟾蜍的蛇、蜥蜴和鳄鱼迅速被毒死。

6. 是否该重新命名鼠岛

1780 年，一艘日本船只沉没在阿留申群岛一个遥远的小岛边，船上的挪威大鼠逃离沉船上岛。这些挪威大鼠偷食岛上的海鸟蛋并迅速繁殖，由于岛上没有树木，海鸟的数量急剧下降，并造成岛上超过 60%的鸟类和爬行动物的灭绝，直到后来该岛被命名为“鼠岛”。

鼠岛之所以著名，是因为该岛为美国政府用于保存栖息地，抵制外来入侵物种进行的一项实验。2008 年，一包一包的老鼠药洒遍整个 11 平方英里①的鼠岛，2009 年 6 月，生物学家宣布鼠岛上的老鼠暂时得到控制。

7. 永别了，加拉帕戈斯山羊

当达尔文到达加拉帕戈斯群岛时，他被这里稀有珍奇的野生动物，如海鬣蜥（*Amblyrhynchus cristatus*）、乌龟（*Chincmys reevesii*）、海狮（Otarriinae 科多属多种）、海豹（海豹科 Phocidae 多种）、海獭（*Enhydra lutris*）、鹈鹕（*Pelecanus onocrotalus*）、信天翁（*Diomedea* spp.）、反舌鸟（*Turdus merula*）、火烈鸟（*Greater flamingo*）等惊呆了。这里被称作“独特的活的生物进化博物馆和陈列室”。

外来猪和山羊毁坏岛上产卵动物的巢穴，破坏当地的植被。猪和山羊迅速繁殖并逐渐野性化，对当地的生态环境造成毁灭性破坏。现超过 90%的山羊已被剿灭。

8. 红火蚁大规模入侵美国

红火蚁原分布于南美洲巴拉那河流域，包括巴西、巴拉圭和阿根廷等国家，在 20 世纪初因检防疫的疏失而入侵美国南方。成群的红火蚁入侵住房、学校、草坪等地，与人接触的机会较大，叮咬现象时有发生。被其叮咬后有如火灼伤般疼痛感，其后会出现如灼伤般的水泡；红火蚁同时也啃咬电线，经常造成电线短路甚至引发小型火灾。

---

① 1 平方英里=2.589 988 1km^2，下同。

第九章　生物多样性的保护与管理

生物多样性对人的重要性，就如空气和水——当其丰富充足时，人们也许不认为其弥足珍贵，然而，当其稀缺时，将对人们的生活、生产，乃至生命造成不便，甚至威胁生命。随着生物多样性丧失、生态环境恶化，人类生存环境质量日益变差，资源、环境乃至人类健康受到的负面影响，现已为人类共同感知。由此，生物多样性的保护和有效管理，成为全人类共同的使命和责任。现如今，生物多样性保护和环境可持续发展成为人类共同关注的焦点和热点，世界各国都通过积极有效的途径和方式保护生物多样性，保护人类共同的家园。

第一节　生物多样性保护原则和策略

一、保护的基本原则

《全球生物多样性策略》（WRI et al.，1992）对生物多样性保护制定了一系列原则，包括如下几个方面。

（1）每种类型的生物都是唯一的，也是人类应予以重视的。

（2）生物多样性保护是一项产生重大的地区、国家和全球效益的投资。

（3）生物多样性保护费用与利益应在国家间以及国内的公民间公平分担和共享。

（4）保护生物多样性是可持续发展的一部分，在改变世界范围的经济发展格局与实践中将起推动作用。

（5）生物多样性保护基金增加本身并不能减缓生物多样性的损失，增加的基金的有效利用需要政策和制度的改革为其创造条件。

（6）分别从地区、国家和全球的发展考虑时，生物多样性保护的重点会有所不同。这些都是合理的且要一并考虑。所有的国家和地区在保护其生物多样性方面都会获得效益，其重点不应仅仅集中于几个物种丰富的生态系统或国家。

（7）只有公众保护意识极大提高，并且决策人获得制定政策的可靠信息时，生物多样性保护才能持续进行。

（8）保护生物多样性的行动必须在由生态标准和社会标准共同确定的尺度上来计划与完成。活动的重点不仅在荒芜的保护区，还应包括人们生活和工作的地方。

（9）文化多样性与生物多样性紧密相连。人类对生物多样性的采集知识、利用和管理都依赖于文化多样性。同样的，保护生物多样性通常也有助于加强文化的完整性和建立正确的价值观。

（10）增强公众参与意识、增加大众受教育和获取信息的机会以及树立公共机构较大的责任感是生物多样性保护的根本。

二、保护的预防原则

生物多样性的唯一性、不可恢复性，要求生物多样性保护工作必须建立在以预防为主的保护策略上。

1992 年举行的联合国环境与发展大会通过的《关于环境与发展的里约热内卢宣言》第十五条提出：为了保护环境，各国应按照本国的能力，广泛采取预防措施。遇有严重或不可逆转损害的威胁时，不得以缺乏科学充分确定证据为理由，延迟采取符合成本效益的措施防止环境恶化。这个著名的“预防原则”随即被写入联合国《二十一世纪议程》和《生物多样性公约》。

三、生物多样性保护策略

《全球生物多样性策略》（WRI et al.，1992）一书中的 5 项关键策略目标为有效的行动指明了方向。

（1）保护生物多样性策略必须是以国内和国际政策为纲领、促进生物资源的持续利用和生物多样性保持为目标。

（2）需要为当地社区的有效保护工作创造条件并给予鼓励，保护生物多样性的行动必须在人们工作与生活的地方深入开展。

（3）必须加强保护生物多样性的设施，并更加广泛地应用。世界上的保护区是极其重要的保护生物多样性的设施。与诸如动物园、植物园、种子库等迁地保护设施相结合，保护区能够保护世界生物多样性的大部分，而且有助于发挥其效益。

（4）人类保护与持续利用生物多样性的能力必须大大加强，发展中国家尤其如此。只有当人们懂得生物多样性的分布和价值，明白生物多样性怎样影响他们自己的生活和追求，而且学会管理以达到在不降低生物多样性的前提下满足自身的需要时，保护才能获得成功。

（5）保护行动必须通过国际合作和国家规划予以促进。减缓生物多样性损失的国际合作需要更为有效的国际机制（international mechanisms）的协助。

第二节　生物多样性保护途径

生物多样性保护通常有两种途径，即就地保护（*in situ* conservation）和迁地保护（*ex situ* conservation）。此外，一些学者认为应包括回归引种（reintroduction）。

就地保护是指在生物的原产地开展对生物及其栖息地的保护工作，即“通过保护物种栖息地、维护自然种群等措施，在野生动植物的原产地对其设施保护的方式”（林学名词审定委员会，2016）。此途径是生物多样性保护最有效的措施。建立各种类型的自然保护区，包括自然保护区群、风景名胜区、禁猎区、庇护所、自然保护小区等，对有价值的自然生态系统和野生生物生境进行保护，以保护生态系统内生物的繁衍与进化，维持系统内的物质能量流动与生态过程。湿地和国家公园也是重要的保护方式。

迁地保护是指将生物多样性的组成部分移到其自然生境之外进行保护。迁地保护又称异地保护，是通过引种、扩繁等手段将濒危野生动植物从原产地转移到条件良好的人工可控环境或适宜生境实施保护的方式（林学名词审定委员会，2016），其保护途径包括动植物园、水族馆、种子库和基因库等。

回归引种是指将一种植物/动物释放到其以前生存过但现在已经灭绝的地方并加以管理。例如，麋鹿（*Elaphurus davidianus*）是中国特有的世界珍稀动物，与大熊猫齐名。它头脸像马、角像鹿、尾像驴、蹄似牛，俗称“四不像”。随着“让麋鹿回归故乡野生放养”的提出，1986 年 8 月 13 日，39 头麋鹿从英国伦敦装箱起飞，然后从上海运到大丰，把其放入江苏省大丰麋鹿国家级自然保护区内。今天，大丰麋鹿国家级自然保护区是目前世界上最大的野生麋鹿放养地，即其回归保护区。

第三节　自然保护区

自然保护区是中国就地保护的主体，而风景名胜区、森林公园、自然保护小区、农业野生植物保护点、湿地公园、地质公园、海洋特别保护区、种质资源保护区等是补充保护体系。

一、自然保护区的概念

一般认为，保护区（protected area）是“受到人为保护的特定自然区域”。

自然保护区（nature reserve）是对有代表性（或有重要保护价值）的自然生态系统、珍稀濒危野生动植物物种的天然集中分布区、有特殊意义的自然遗迹等保护对象所在的陆地、陆地水体或者海域，依法划出一定范围予以特殊保护和管理的区域（《中华人民共和国自然保护区条例》，1994年；林学名词审定委员会，2016）。例如，珍稀动植物的集中栖息或分布区、重要的自然景观区、水源涵养区、具有特殊意义的自然地质构造和重要的自然遗产和人文古迹等。

在此，需要理解自然保护区相关的一些重要概念。

自然遗迹（nature relics）：自然界在其发展过程中天然形成并遗留下来的，在科学、文化、艺术和观赏等方面具有突出价值的自然产物。

地质遗迹（geological relics）：在地球形成和演化的漫长地质历史时期，受各种内外动力作用而形成并遗留的自然产物，可分为地质构造、地质景观和地质灾害三类，如特殊地质构造、地质剖面、奇特地质景观、珍稀矿物、奇泉、瀑布、地质灾害遗迹等。

古生物遗迹（remains of ancient organisms）：在不同地质历史时期形成的古生物化石，包括保存在地层中的生物遗体或其活动痕迹，如古人类化石、古脊椎动物化石、古植物化石、古微生物化石，以及反映古人类和古生物活动的遗迹化石等。

保护区：用于生物多样性、自然及文化资源保护，并通过法律和其他有效手段进行管理的特定区域。

庇护所（refuge）：天然存在的或人为提供的、能使生物免受捕食者袭击或不良环境条件损害的适宜栖息地，也指野生动植物的保护区。

禁猎区（sanctuary）：为保护特有动物或珍稀濒危动物而依法设立的禁止或严格控制狩猎的区域，也称动物保护区。

生物圈保护区（biosphere reserve）：联合国教科文组织（UNESCO）开展的人与生物圈计划的重要组成部分，是指受到保护的陆地、陆地水体、海岸带或海洋生态系统的代表性区域。其不仅具有一般自然保护区所具有的保护功能，还具有促进资源可持续利用和自然保护区与社区协调发展的功能，以及开展科学研究、教育、监测、培训、示范和信息交流等功能。

荒原保护区（wilderness area）：拥有大面积未经人类破坏或破坏较轻的陆地或海域，且没有永久性或大片人类聚居地的保护区。该类保护区的管理要求长期保存其自然特色，保护自然环境质量，隶属IUCN保护区分类体系的Ⅰb类，属于严格管理的保护区，也称为荒野区、荒野地保护区。

国家公园（national park）：以科学、教育、娱乐和旅游为目的，为保护具有国家或国际重要意义的自然区域而划定的陆地或海域。该类保护区的管理是在保护自然生态系统、物种及其生境或地貌的同时为人类提供娱乐和游憩的场所；属于IUCN保护区分类体系的Q类。

物种栖息地保护区（habitat/species management area）：为保护特定物种及其栖息地而建立的保护区。其允许采取各种人为措施保证物种的生存和繁衍，维持栖息地的稳定性；属于 IUCN 保护区分类体系的Ⅳ类。

景观保护区（protected landscape/seascape）：由于自然作用或人与自然长期相互影响而产生的，美学、文化、生态价值突出且生物多样性丰富的陆地或海域。其通常景观优美、生物物种多样丰富、土地利用模式独特，并且拥有反映本土风俗习惯、生活方式与信仰的社会组织；属于 IUCN 保护区分类体系的Ⅴ类。

资源保护区（natural resource conservation region）：拥有大面积未经改变的自然生态系统，为自然资源持续利用而划定的保护区。该类保护区主要保证生物多样性及其他自然资源得到长期的可待续利用，并提供自然产品和环境效益，以满足社区和国家发展的要求；属于 IUCN 保护区分类体系的Ⅵ类，也称为资源管理保护区。

中国自 1956 年建立第一个自然保护区——广东鼎湖山国家级自然保护区后，已初步形成类型比较齐全、布局比较合理、功能比较健全的中国自然保护网络。①截至 2013 年年底，中国共建立各种类型、不同级别的自然保护区 2697 个，总面积 146.3 万 km^2。国家级自然保护区 407 个，面积 94.0 万 km^2，占中国自然保护区总面积的 64.3%，占陆域面积的 9.8%。②截至 2012 年年底，建立森林公园 2855 处，规划总面积 17.4 万 km^2，其中国家级森林公园 764 处，省级森林公园 1315 处；建立国家级风景名胜区 225 处，面积约 10.4 万 km^2，省级风景名胜区 737 处，两者面积占中国陆域面积的 2.0%；建立自然保护小区 5 万多处，面积 1.5 万多平方千米。②至 2012 年年底，共建有各级、各类海洋保护区 240 多处，总面积达 8.7 万 km^2；建成国家级农业野生植物保护点 179 个；湿地公园 468 处，国家级水产种质资源保护区 368 个，面积超过 15.2 万 km^2；建有各级、各类海洋保护区 240 多处，总面积达 8.7 万 km^2（中华人民共和国环境保护部，2014）。

二、建立自然保护区的意义

自然保护区的建立，不仅能保护物种多样性、生态系统和景观多样性，而且对保护区周边社区的环境、人类的生产和生活，以及科学技术研究具有重要的影响，也对国际交流产生一定的作用。

1. 提供生态系统的天然本底资料

保护区内的物种、生态系统、自然景观等都保持原始或自然演替状态，展示和反映所处区域自然界的天然本底状况。保存的受干扰较少的生态系统或景观地段是极为珍贵的自然界原始“本底”。

中国 90%的陆地生态系统类型、85%的野生动物种群和 65%的高等植物群落、25%的原始天然林、50%以上的自然湿地和 30%的典型荒漠地区，均在自然保护区内（中华人民共和国环境保护部，2014）。

2. 动物、植物种类及其群落的天然储存库

自然保护区内生物多样性在物种、基因和生态系统层次都非常丰富，这些层次的多样性能够得到长时间完好的保存；保护各种类型的生物群落及其赖以生存的环境，对一些濒危和珍稀物种的继续生存和繁衍具有极为重要的意义。

自然保护区具有多种多样的生物物种和自然群落，具有在其面积范围内，使动植物物种生存和繁衍，并能自然平衡发展的功能。同时自然保护区内还含有多种地貌、土壤、气候、水系及独特的人文景观单元。自然保护区是不可复制，不能完全靠语言文字陈述，仅

能通过自然展示的“自然之书”。

3. 进行科学研究的天然实验室

自然保护区通常保存有较完整的生态系统、丰富的物种及其赖以生存的、较接近自然状态的环境及其他自然历史遗迹，为生物学、生态学、地质学、古生物学、环境科学及资源科学等学科的研究提供必不可少的场所，成为设立在大自然中的天然实验室。

随着科学的发展，对某些珍稀动物或植物进行科学的培育和繁育，使之为人类提供新的更多优质品种，也是自然保护区开展的一项实验活动。

自然保护区内的野生动植物中有许多种类是反映环境优劣的指示物种，其对空气、水文和植被等污染、破坏状况十分敏感，定位定点对自然保护区此类生物指示物种受危害的程度进行观察可起到监测环境的作用。

科学研究是自然保护区工作的灵魂，既是基础性工作，又是开拓性工作，是实现对自然资源有效保护与合理开发利用的关键。

4. 进行公众教育的博物馆

自然保护区的自然景观、展览馆、各种视听材料及精心设计的导游路线等，可极大提高参观者的环境保护意识和科学文化素质，自然保护区成为向广大公众普及自然科学知识的重要场所。

通过身临其境的知识普及和认知，提高全民保护自然资源的积极性和科学素养。利用简明、生动、灵活多样的方式，向广大群众进行宣传，让群众逐步认知建设自然保护区的意义和保护自然对人类生存及可持续发展的重要性，把保护自然资源和环境变成广大群众的自觉行动。

5. 生态旅游活动

优美的自然景观、完整的生态系统、珍贵的动植物或地质剖面、火山遗迹等，给予身临其境的旅游者极大的享受和放松，是人类精神层面不可替代的需求。自然保护区对旅游者具有极大的吸引力，特别是以保护自然风景为主要目的的自然保护区，更是游客向往之地，可满足人类精神文化生活的需求，成为生态旅游的重要区域。

把具有旅游特征的景观区划为向社会公众开放的旅游区，为公众提供了集探索、教育、宣传、鉴赏和娱乐等为一体的游憩休闲场所，不断发挥和扩大自然保护区在国内外的影响，进而吸引更多的人关心、支持和帮助自然资源的保护、自然保护区的管理和建设工作。

生态旅游是生物多样性和文化保护的重要武器，是实现旅游可持续发展的重要手段。保护区是理想的生态旅游地，是支撑世界生态旅游重要的区域。

6. 维持生态系统平衡

自然保护区由于保护了天然植被及其组成的生态系统，在改善环境、保持水土、涵养水源、维持生态平衡等方面具有重要的作用。自然保护区内茂密的原始森林，涵养水源，保护土地与环境，调节气候，为区域的环境、社会和经济发展做出积极的贡献。

7. 维护周边社区经济和社会可持续发展

自然保护区内缓冲区和实验区的划分，变绝对保护为相对保护，既保障核心区的绝对保护，又为周边社区民众提供生存和发展的条件，进行社区共管，既可促进本地和周围地区自然环境的改善，维持自然生态系统的良性循环，又可提高当地群众的生存环境质量；在促进当地农业生态环境逐步向良性循环转化，提高农作物产量和质量，减免自然灾害等方面都发挥着重要的作用。

自然保护区有着丰富的自然资源，对可更新资源，如野生动物和植物资源等，在人为提供特殊保护的条件下，合理开发利用一部分野生动植物资源，不会使其种群结构发生太大变化，不影响其正常生息和繁衍，合理利用还可有效刺激种群的繁衍发展。因此，发挥自然保护区的资源优势，按照生物自然更新的规律，在自然资源承受能力范围内与生物种群及其数量相适宜的条件下，积极发展种植业、养殖业、采集业、加工业和具有地方特色的手工艺品产业等，不断提高自然保护区的利用价值。有效的利用可促进自然保护区更为有效的保护，反之，良好的保护，为资源可持续利用奠定基础，两者相得益彰。

8. 利于国际交流

人类共同生活在一个地球上，陆地、水体和大气的连接、传递，使地球各部分之间进行能量和物质的交换，因而一个地区的变化往往会影响另一个地区乃至整个地球的变化。不同国家建立的自然保护区通常在地理上或生物学上是相互联系的，许多迁徙物种在跨国保护区或是相邻保护区内往返。

迁徙物种的保护和管理，需要国与国之间的共同保护和联合行动。同时，有关自然保护区科学研究进展和保护区网络的信息数据也需要通过国际合作与交流共享。因此，中国自然保护事业的发展和自然保护区建设管理水平高低也将对全世界产生影响。例如，中国云南西双版纳国家级自然保护区与老挝建立的跨国界自然保护，就是一个国际交流的成功例子。

三、自然保护区的效益

与其他自然资源类似，自然保护区也具有生态、社会和经济三大效益。

1. 生态效益

自然保护区利用其所具有良好的自然生态系统，丰富的生物物种和群落，以及优美的环境景观，使有关自然保护区的理论能在自然保护区内得以实践和操作，充分发挥在生态方面的巨大效益。例如，许多自然保护区既是水源地，也是生态环境最好的旅游地。

自然保护区的生态效益可用以下 6 个方面衡量：①保护野生生物物种和生物群落的大小；②明显体现水源涵养和调节气候的能力；③减少土壤侵蚀和水土流失的面积；④促进生态演替的顺利进行；⑤生物资源和自然环境价值的高低；⑥生物多样性的保存量与增加系数。

2. 社会效益

由于自然保护区能够作为向公众介绍、传播和展示自然保护重要性的良好场所，因而有着广泛的社会影响力和感染力。社会效益可概括为 4 个方面：①展示自然界丰富多彩的变化和存在；②展示人与自然界相互依存的关系，为人类认识自然提供真实而可观、可见和可体验的场所；③展示环境科学、生命科学和其他科学的特点及相互依赖和协调发展的场景；④展示世界各国自然保护领域的成果、技术和交流与合作，激发人们保护自然的意识、热情和自觉性。

3. 经济效益

通过自然保护区的建立和有效管理，使保护区本身和周围地区获得一定的经济收入和资金积累。经济效益主要体现在 7 个方面：①农作物、畜产品和水产品的增产；②保存水源和向周围及下游地区持续供应无污染的优质水；③促进环境、生物、医学等学科高新科技产品的研究与发展；④种植业和养殖业的发展与利用；⑤增加当地旅游和其他服务性收入；⑥潜在的生命科学研究；⑦优质无污染和绿色食品的研究与生产。

四、自然保护区的功能区划

根据保护对象及其周围环境的特点以及管理需要，将自然保护区划分为具有不同功能的区域，称为自然保护区的功能区划。

自然保护区按其内部结构可分为三个部分，即核心区、缓冲区和实验区。

1. 核心区

核心区是自然保护区内未受人类干扰或仅受最低限度干扰的，典型性、代表性、原生性生态系统保存最好，珍稀濒危动植物集中分布的区域。

该区域需要严格保护与管理，严禁任何采伐和狩猎等，主要任务是保护，以保持其物种多样性，使之尽量不受人为干扰。

核心区具有以下特点：①自然环境保存完好，自然景观十分优美；②生态系统内部结构稳定，演替过程能够自然进行；③集中本自然保护区特殊的、稀有的野生生物物种。

核心区可以有一个或几个。核心区的面积一般不得小于自然保护区总面积的 1/3。在核心区内可允许进行科学观测，在科学研究中起对照作用。不得在核心区采取人为的干预措施，更不允许修建人工设施和机动车辆进入，禁止参观和游览人员进入。

2017 年 10 月 7 日《国务院关于修改部分行政法规的决定》将《中华人民共和国自然保护区条例》第二十七条第一款修改为“禁止任何人进入自然保护区的核心区。因科学研究的需要，必须进入核心区从事科学研究观测、调查活动的，应当事先向自然保护区管理机构提交申请和活动计划，并经自然保护区管理机构批准；其中，进入国家级自然保护区核心区的，应当经省、自治区、直辖市人民政府有关自然保护区行政主管部门批准。”此规定从法律角度限定自然保护区的核心区允许的相关获得范围。

2. 缓冲区

缓冲区是指在核心区外围，为保护、防止和减缓外界对核心区造成影响和干扰所划出的区域。缓冲区是自然性景观向人为影响的自然景观过渡的区域，其功能主要是保护核心区的生态过程和自然演替，减少外界人为干扰带来的冲击，为绝对保护物种提供后备性、补充性或替代性的栖居地。缓冲区可以包括一部分原生性的生态系统和由演替类型所占据的次生生态系统，也可包括一些人工生态系统。

缓冲区有两个方面的作用：①进一步保护核心区不受侵害和减缓侵害；②保护区内定位科学研究的主要区域，可以适当采样和采集标本，以及进行有限制的观赏型旅游活动。

3. 实验区

实验区位于缓冲区的外围，包括部分原生或次生生态系统、人工生态系统、荒山荒地等，也包括传统利用区和受破坏的生态系统恢复区，其地域范围一般比较大。

实验区是为探索自然资源保护与资源可持续利用的有效结合途径，在自然保护区外围区划出的区域；此区域可以用于适度集中建设和安排科学实验、教学实习、参观考察、项目经营与必要的办公、生产生活基础设施等。实验区要同时实现保护、科研和资源利用等多重目标。

在保护好物种资源和自然景观的原则下，实验区内可进行以下活动和实验。

（1）有计划地发展本地所特有的植物和动物资源，建立栽培和驯化试验的苗圃、种子繁育基地、树木园、植物园和野生动物饲养场，进行生物资源永续利用和再循环方面的实验研究。

（2）在实验区内可以进行一定规模的幼林抚育、次生林改造、林副产品利用、荒山荒地造林等活动。

（3）建立科学研究的生态系统观测站、标准地、实验室、气象站、水文观察点、物候观测站，用收集到的数据和资料对生态系统进行对比和研究。实验区的一切科学实验活动要有利于保护目标的实现和保护区的可持续发展，要对实验活动的规模、类型和强度作必要的限制。

（4）进行大专院校的教学实习，设立科学普及教育的标本室和展览馆及陈列室、野外标本采集地。

（5）可开展旅游活动。具有旅游资源和景点的自然保护区，经过调查和论证后，在实验区内可划出一定的点、线或范围，构成自然保护区的生态旅游区。旅游区除风景观赏和景点游览外，还有其独特的生态旅游方式，如组织观鸟、丛林探秘和跨树冠桥等项目，不仅使游人领略到大自然美丽的风光，还可受到关于自然保护和野生生物学知识的教育。例如，西双版纳勐腊的望天树景区，即为跨树冠桥的典范；云南高黎贡山自然保护区、铜壁关自然保护区是组织观鸟的好去处。

《国务院关于修改部分行政法规的决定》将《中华人民共和国自然保护区条例》第二十九条第一款修改为“在自然保护区的实验区内开展参观、旅游活动的，由自然保护区管理机构编制方案，方案应当符合自然保护区管理目标。”第二款修改为“在自然保护区组织参观、旅游活动的，应当严格按照前款规定的方案进行，并加强管理；进入自然保护区参观、旅游的单位和个人，应当服从自然保护区管理机构的管理。”从法律法规方面界定自然保护区实验区的旅游活动规范。

五、自然保护区的类型

1. 国际自然保护区分类

自从 1872 年美国建立世界上第一个自然保护区——黄石国家公园（Yellowstone National Park）以来，全世界各国陆续建立各种类型的自然保护区，由于保护对象、管理目标和管理级别的不同，各国保护区的名称也是五花八门，各有特色。除去在城市中建造的人造公园外，全世界与自然界有关的保护区名称，据初步统计有 44 种（表 9-1）。

表 9-1　世界自然保护区的名称

序号	名称	序号	名称
1	人类学保护区 anthropological reserve	14	受管理的自然保护区 managed nature reserve
2	生物保护区 biological reserve	15	受管理的资源区 managed resources area
3	生物圈保护区 biosphere reserve	16	多种经营管理区 multiple use management area
4	鸟类保护区（禁猎区）bird sanctuary	17	国家动物保护区 national fauna reserve
5	保护区 conservation area	18	国家森林 national forest
6	保护公园 conservation park	19	国家禁猎保护区 national game reserve
7	联邦生物保护区 federal biological reserve	20	国家（级）自然保护区 national nature reserve
8	动植物保护区 fauna and flora reserve	21	国家公园 national park
9	动物保护区 fauna reserve	22	自然区 natural area
10	森林和动物保护区 forest and fauna reserve	23	自然生物保护区 natural biotic reserve
11	森林保护区（禁伐区）forest sanctuary	24	自然地标地 natural landmark
12	禁猎保护区 game reserve	25	自然纪念地 natural monument
13	猎物避难所 game sanctuary	26	自然保育区 nature conservation reserve

续表

序号	名称	序号	名称
27	自然公园 nature park	36	州立（级）公园 state park
28	自然保护区 nature reserve	37	严格的自然保护区 strict nature reserve
29	公园 park	38	严格的保护区 strict reserve
30	景观保护区 protected landscape	39	野生生物管理区 wildlife management area
31	保护区域 protected region	40	野生生物保护区 wildlife reserve
32	省立（级）公园 provincial park	41	野生动物避难区 wildlife refuge
33	保护区 reserve	42	野生动物禁猎区 wildlife sanctuary
34	资源保护区 resource reserve	43	原野地 wildness area
35	科学保护区 scientific reserve	44	世界遗产地 world heritage site

为解决保护区类型各不相同的问题，世界自然保护联盟（IUCN）、国家公园和保护区委员会（CNPPA）于 1978 年提出保护区的分类、目标和标准，提出 10 个保护区类型（表 9-2）。

表 9-2　IUCN 和 CNPPA 自然保护区名称

序号	名称	序号	名称
1	科研保护区/严格的自然保护区	6	保护性景观
2	受管理的自然保护区/野生生物禁猎区	7	世界自然历史遗产保护地
3	生物圈保护区	8	自然资源保护区
4	国家公园与省立公园	9	人类学保护区
5	自然纪念地/自然景物地	10	多种经营管理区/资源经营管理区

1984 年 CNPPA 指定一个专家组开始修改保护区的分类标准，经过多次的讨论和完善，1993 年 IUCN 形成一个“保护区管理类型指南”。指南中最后将保护区类型确定为 6 种（表 9-3）。

表 9-3　IUCN 自然保护区名称

序号	名称	序号	名称	序号	名称
1	自然保护区/荒野区	3	自然纪念地	5	受保护的陆地景观/海洋景观
2	国家公园	4	生境/物种管理区	6	受管理的资源保护区

2. 中国自然保护区分类

中国的自然保护区类型是在自然保护区逐步发展中建立的，最早建立的自然保护区（1956 年的广东鼎湖山，1958 年的云南勐养、勐腊，黑龙江丰林等自然保护区）都是森林类型自然保护区。随着自然保护区数量的增加，保护区的保护对象也由原来仅是森林类型慢慢扩大到森林、野生动物和野生植物类型。

1980 年底中国共建 72 处自然保护区，保护区的类型有两种生态系统类型（森林生态系统和湿地生态系统）、野生动物类型、野生植物类型及地质遗迹类型共 5 种。

进入 20 世纪 80 年代，中国自然保护区进入快速发展的第一个阶段，自然保护区的类型也在逐步增多，除上述 5 种以外，又出现了荒漠生态系统、草原生态系统、海洋生态系统和古生物化石类型的自然保护区。

1985 年，国务院批准的《森林和野生动物类型自然保护区管理办法》中提出森林和野生动物类型自然保护区的概念。1993 年国家环境保护局（现为中华人民共和国生态环境部）批准《自然保护区类型与级别划分原则》（GB/T 14529—93），按保护对象将自然保护区划分为自然生态系统类、野生生物类和自然遗迹类 3 个类别 9 个类型（表 9-4）。中国政府先后制定有关自然保护区的《风景名胜区管理暂行条例》（1985 年）、《森林和野生动物类型自然保护区管理办法》（1985 年）、《中国自然保护纲要》（1987 年）、《中国生物多样性保护行动计划》（1994 年）、《中国自然保护区发展规划纲要（1996—2010 年）》（1997 年）、《中华人民共和国自然保护区条例》（1994 年颁布，2017 年修订）、《中国生物多样性保护战略与行动计划（2011—2030 年）》（2010 年）等，并进一步制定《中国生物多样性保护林业行动计划》、《中国农业部门生物多样性保护行动计划》、《中国海洋生物多样性保护行动计划》、《中国湿地保护行动计划》和《大熊猫移地保护行动计划》等，使主要部门的活动纳入国家行动计划之中。

表 9-4　自然保护区的分类

类别	类型	类别	类型	类别	类型
自然生态系统类（67.13%）	森林生态系统类型 草原与草甸生态系统类型 荒漠生态系统类型 内陆湿地和水域生态系统类型 海洋和海岸生态系统类型	野生生物类（31.76%）	野生动物类型 野生植物类型	自然遗迹类（1.11%）	地质遗迹类型 古生物遗迹类型

不同的自然保护区保护的重点不同，表 9-5 列举中国 8 个具有明确而独特保护对象的自然保护区。

表 9-5　自然保护区的保护对象

自然保护区	重点保护的对象或类型	重点种类
长白山国家级自然保护区	动植物资源	人参、红松、梅花鹿（*Cervus nippon*）、东北虎等
西双版纳国家级自然保护区	动植物资源和热带雨林等	望天树、云南石梓（*Gmelina arborea*）、四数木（*Tetrameles nudiflora*）、版纳青梅（*Vatica xishuangbannaensis*）、亚洲象（*Elephas maximus*）等
卧龙国家级自然保护区	大熊猫（*Ailuropoda melanoleuca*）	大熊猫、金钱豹（*Panthera pardus*）、金丝猴（*Rhinopithecus* spp.）、白唇鹿（*Cervus albirostris*）、小熊猫、雪豹（*Uncia uncial*）等
大丰麋鹿国家级自然保护区	麋鹿（*Elaphurus davidianus*）	麋鹿、白鹳（*Ciconia ciconia*）、白尾海雕（*Haliaeetus albicilla*）、丹顶鹤（*Grus japonensis*）、河麂（*Hydropotes inermis*）等
大山包国家级自然保护区	黑颈鹤（*Grus nigricollis*）	黑颈鹤、灰鹤（*Grus grus*）、苍鹰（*Accipiter gentilis*）、美洲隼（*Falco sparverius*）、鵟（*Buteo* spp.）、白尾鹞（*Circus cyaneus*）、斑头鸺鹠（*Glaucidium cuculoides*）等
扎龙国家级自然保护区	丹顶鹤	丹顶鹤、白鹤、白头鹤（*Grus monacha*）、白枕鹤（*Grus vipio*）、蓑羽鹤（*Anthropoides virgo*）、白琵鹭（*Platalea leucorodia*）等
可可西里国家级自然保护区	藏羚羊（*Pantholops hodgsoni*）	藏羚羊、野牦牛（*Bos mutus*）、藏野驴（*Equus kiang*）、藏原羚（*Procapra picticaudata*）、白唇鹿、棕熊（*Ursus arctos*）等
青海湖国家级自然保护区	鸟类	斑头雁（*Anser indicus*）、棕头鸥（*Larus brunnicephalus*）、渔鸥（*Larus ichthyaetus*）、鸬鹚（*Phalacrocorax* sp.）等

此外，根据行政级别中国的自然保护区可划分为不同级别：①国家级自然保护区，在中国或国际具有极高的科学、文化和经济价值，由国务院批准；②省级自然保护区，由省级政府批准；③市级和县级自然保护区，由市县级政府批准。

六、自然保护区的选建

根据中国的实际情况，凡具备以下 6 个条件之一的都可以向政府申请批准建立自然保护区：

（1）代表各种不同自然地带的典型自然生态系统类型，如森林、草地、山地、水域、湿地、滩涂、荒漠、岛屿等地域；

（2）自然生态系统或物种已遭到破坏而又有重要价值，亟待恢复的地区；

（3）自然生态系统比较完整，自然演替明显，野生生物种源丰富的地区；

（4）国家规定保护的野生动物、候鸟或具有重要科研、经济价值的野生动物主要的栖息地区；

（5）国家规定保护的野生植物或典型而有特殊保护意义的植被、有特殊价值的植物原生地或集中成片的地区；

（6）有特殊保护意义的地质剖面、冰川遗迹、岩溶、温泉、瀑布、化石产地等自然历史遗迹地。

在新建自然保护区前，主管部门应当从以下几个方面衡量其是否满足建立自然保护区的条件：

（1）反映自然地带或地区自然环境与生态系统的特点；

（2）生态系统的结构和功能比较稳定，受人为影响相对较小；

（3）具有濒危的生物物种的种源和数量，同时当地生态条件又适合这些种源的扩大和再生；

（4）有足以保证被保护自然群体生存、繁衍和发展的空间；

（5）自然保护区的建立，将会得到周围群众、单位和当地政府的理解、接受和支持；

（6）自然保护区的建立，将不会对当地的经济建设和群众生产生活的总发展构成不良影响；

（7）能预见自然保护区周围地区短期或长期的经济发展，不会对自然保护区的永久存在构成威胁，不会使自然保护区所保护的对象消失、灭绝；

（8）自然保护区的建立，能为科学研究、宣传教育和欣赏自然提供场地和机会。

七、自然保护区网与生境走廊

通常，单个自然保护区具有一定的局限性：①不能有效地处理保护区内连续的生物变化；②只重视单个保护区的内容而忽略整个景观的背景，不可能进行真正的保护；③单个保护区只是强调种群和物种，而不强调其相互作用的生态系统；④在策略上应趋向于保护高生物多样性的地区，而不是保持地区生物多样性的自然性与特征。

因此，Noss 和 Harris（1986）提出自然保护区网模式，即节点—网络—模块—走廊（node-network-modules-corridors）模式，生境走廊作为生物迁移通道，把不同地点的保护区连成大范围的保护区群网，获得较为理想的保护效能。

生境走廊，指保护区之间或保护区与其他隔离生境之间连接的通道。通常包括：①动物交配、繁殖、取食、休息而需要周期性在不同生境类型中迁移的廊道；②异质种群中个体在不同生境斑块间的廊道，以进行永久的迁入与迁出，在基因流动及在当地物种灭绝后重新定殖（重新饲养繁殖）。

生境走廊的功能：①提供野生动物居住的生境；②作为移动的廊道。

保护区间的生境走廊应以每一个保护区为基础考虑，特别要考虑下列因素：①保护目标生物的类型和迁移特性；②保护区间的距离；③在生境走廊会发生怎样的人为干扰；④生境走廊的有效性等。

为了保证生境走廊的有效性，应以保护区之间间隔越远则生境走廊越宽的要求设置生境走廊。因为分布范围宽的大型动物，如肉食性的哺乳动物，为了进行长距离的移动，需要有内部生境走廊，如在50m宽的生境走廊中黑熊不可能远距离移动。应根据动物的平均大小，估计生境走廊的最小宽度（如狼12～22km，狮5.0km等）。

八、自然保护区的评价

评价自然保护区首先应制定评价标准，根据中国自然保护区目前的实际情况，应当建立合理的自然保护区评价体系。在评价时，应从典型性、脆弱性、多样性、稀有性、自然性、面积适宜性、科研价值、感染力、潜在保护价值、保护有效性等方面加以考虑和评定。

1. 典型性

自然保护区应是某一种自然生态系统的典型代表，应能表现出当地自然地貌的特点。例如，西双版纳国家级自然保护区包含有热带雨林区；珠穆朗玛峰国家级自然保护区地处古北界生物地理区南部，北部地区为高寒灌丛草原生态系统，南部为半湿润山地森林生态系统。

2. 脆弱性

自然保护区的脆弱性，表现在生境、群落和物种对环境改变的敏感程度。一般地，脆弱的生态系统具有很高的保护和研究价值。例如，喜马拉雅山南部半湿润山地森林生态系统、北部高寒灌丛草原生态系统都是异常脆弱的生态系统，具有明显的垂直分带现象，有常绿阔叶林、针阔叶混交林、灌丛、草甸、冰缘冰雪等生态系统类型。每一种垂直带的宽度多则千余米，少则数百米，对外界环境的变化异常敏感，人类破坏以后根本无法恢复，决定了对该地区进行保护的重要性。

3. 多样性

多样性指在单位面积里，自然生态系统中各种动植物群落最多最全面的地带，包括由于局部地区的小气候、地形、坡向、坡位、母岩、土壤、土地利用和生产实践上的不同而造成的多种多样的生物群落。例如，西双版纳记录有高等种子植物5000多种，占中国高等植物种类的12%。被列为国家重点保护的珍稀、濒危植物60种，占中国珍稀、濒危植物的16%。林木茂密而层次结构复杂，在100m^{2}样地上，有乔木60多种。保护区已鉴定的高等植物约3890种，其中国家重点保护植物有望天树、版纳青梅、苏铁（*Cycas revoluta*）、藤枣（*Eleutharrhena macrocarpa*）、黑黄檀（*Dalbergia fusca*）、滇南风吹楠（*Horsfieldia tetratepala*）、千果榄仁（*Terminalia myriocarpa*）、四数木、大叶玉兰（*Magnolia henryi*）、红椿（*Toona ciliata*）、粗枝崖摩（*Amoora dasyclada*）、桫椤（*Alsophila* spp.）等53种。保护区内森林覆盖率已增加到95.7%，苏铁、桫椤、鸡毛松（*Podocarpus imbricatus*）等古热带植物活化石已成为植物群落的主要成分。保护区内栖息着539种陆栖脊椎动物，约占中国陆栖脊椎动物的25%；鸟类429种，占中国鸟类的36%；两栖动物47种，爬行动物68种，占中国两栖爬行动物的20%以上；鱼类100种，分属18科54属，占中国鱼类总属数的40%，占鱼类总种数的27%。其中，亚洲象、秃鹫（*Aegypius monachus*）、白腹黑啄木鸟（*Dryocopus javensis*）、金钱豹、印支虎

(*Panthera tigris corbetti*)属世界性保护动物；野象、野牛、懒猴、白颊长臂猿、印支虎、犀鸟（犀鸟科 Bucerotidae 多种）等 13 种列为国家一级保护动物，占中国一级保护动物总数的 19%；绿孔雀（*Pavo muticus*）、穿山甲（*Manis pentadactyla*）、小熊猫、金猫（*Catopuma temminckii*）、菲氏叶猴（*Trachypithecus phayrei*）等 15 种，列为国家二级保护动物，占中国二级保护动物总数的 30%，是世界物种多样性较丰富的自然保护区。

4. 稀有性

自然保护区应是某种群落或稀有动植物种群（其他地区则很难见到）集中分布地和避难所。珠穆朗玛峰国家级自然保护区内有国家一级保护动物雪豹、藏野驴、长尾叶猴（*Semnopithecus entellus*）、熊猴（*Macaca assamensis*）、喜马拉雅塔尔羊、金钱豹、红胸角雉（*Tragopan satyra*）、棕尾虹雉（*Lophophorus impejanus*）、黑颈鹤、玉带海雕（*Haliaeetus leucoryphus*）等，有二级保护动物 22 种。有国家公布的第一批重点保护植物 11 种。长尾叶猴、熊猴、喜马拉雅塔尔羊为喜马拉雅特有种。西双版纳国家级自然保护区是中国分布有亚洲象的两个保护区之一（另一个为云南省南滚河国家级自然保护区）。

5. 自然性

自然保护区应是未受或很少受到人为活动影响的地区，充分表现出自然现状、自然构造和自然特征。

6. 面积适宜性

自然保护区面积的大小，可按以下三点确定：①可能情况下，自然保护区面积应尽可能大一些，以保护尽可能多的物种，野生动植物种类的密度越大，意味着自然生态系统的稳定性越大；②如果可能，保护区邻近的一些周边土地也应划出予以保护，以便扩展保护区的面积，即要考虑该自然保护区的主要保护对象，在单位面积上可容纳和今后种群繁衍能力及发展的数量；③在一个相似生境内设立保护区时，如果有选择余地的话，应建大型的保护区。当然，要结合当地实际情况，因地制宜，合理划定自然保护区的面积。

7. 科研价值

自然保护区应具有多学科的科学研究内容，或可进行同自然保护区内的物种资源和遗传资源有关的科学探索，如在自然保护区中发现治病新药或是适用于农业增产的生物品种，其研究价值就较高。

8. 感染力

随着科学的发展和认识的深入，人类对自然界许多物种的价值有了新的发现。在未全面研究和了解某一群落和物种的特殊价值前，自然界任何群落和物种的价值是相等的。然而，由于人类感觉和审美观点的不同，对群落和物种的亲近和重视程度不一样，因而对主观上认为美丽而有价值的群落和物种就备受喜爱和重视，导致不同群落和物种有着不同的感染力。

9. 潜在保护价值

有些地域曾有较好的生态系统，但由于多种原因，如森林的采伐、沼泽的围垦等遭到破坏和损害，在这种情况下，如能进行适当的人工管理或通过自然的改变，生态系统可以得到恢复和改善，成为有价值、可建立自然保护区的地区。

10. 保护有效性

自然保护区保护、管理和建设的优劣，有关自然保护的政策制定是否适应实际需求，自然保护区能否长久持续地保持和显示自然生态系统的原貌，保护区土地面积和权属是否稳定，自然保护区与周围社会环境是否协调都显示着其有效性。

第四节 湿地保护

湿地与森林、海洋并称为全球三大生态系统，在抵御洪水、调节气候、涵养水源、降解污染物、应对气候变化、维护全球碳循环和保护生物多样性等方面，发挥着不可替代的重要作用，被誉为“地球之肾”、“物种宝库”和“储碳库”，是保障国家生态安全和经济社会可持续发展的重要战略资源和稀缺资源（李修松，2015）。因此，湿地是自然界富有生物多样性和较高生产力的生态系统，是生物多样性保护重要的方式之一，每年2月2日为“世界湿地日”。至2012年年底，中国湿地总面积5360.26万hm^2，湿地率5.58%，受保护湿地面积2324.32万hm^2，湿地保护率由2003年的30.49%提高到2012年年底的43.51%。

一、湿地的概念

1. 湿地定义

美国鱼类及野生动植物管理局（United States Fish and Wildlife Service，USFWS）于1956年首次定义湿地（wetland）为“表面有暂时或永久的浅层积水，以挺水植物为特征，包括各种类型的沼泽、湿草地、浅水湖泊，但不包括河流、水库和深水湖的地域”。

加拿大的Holta定义湿地为“水淹或地下水位接近地表或浸润时间长，从而促进湿成和水成过程，并以水成土壤、水生植被和适应潮湿环境的生物活动为标志的土地。”这一定义综合考虑湿润的土壤、水分和生物条件。英国E. Maltby在*Waterlogged Wealth*中阐述“湿地是水支配其形成、控制其过程和特征的生态系统的集合，即在足够长的时间内足够湿润使得具有特殊适应性的植物或其他生物体发育的地方”。此定义强调了水分因子，却忽视了土壤和植被。狭义的定义通常认为湿地是一类由生产者（湿生、沼生、浅水生植物）、消费者（湿生、沼生、浅水生动物）和分解者（由介于水体与陆生生态系统之间的过渡类群组成）组成的水生、陆生生态系统界面相互延伸扩展的重叠空间区域，由于土壤浸泡在水中，所以特征植物得以生长（董婵等，2014）。

1971年在伊朗的拉姆萨尔缔结《关于特别是作为水禽栖息地的国际重要湿地公约》（简称《湿地公约》），主要目的是防止湿地损失，有效地保护湿地。《湿地公约》要求：各缔约国要保护各自领土内的湿地，在土地利用计划中应包括湿地保护计划；每个缔约国至少需指定一处湿地，列入国际重要湿地名册中；各缔约国在其境内应建立自然保护区，以促进湿地的有效保护。并定义湿地为：天然或人工、长久或暂时性的沼泽地、泥炭地或水域地带，静止或流动、淡水、半咸水、咸水体，包括低潮时水深不超过6m的水域。这是一个广义的定义，将湿地扩展到海岸地带的珊瑚滩、海草床、滩涂、红树林、河口、河流、淡水沼泽、沼泽森林、湖泊、盐沼及盐湖。林学名词审定委员会（2016）也给出近似的定义，即“天然或人造、永久或暂时之死水或流水、淡水、微咸或咸水沼泽地、泥炭地或水域。包括低潮时水深不超过6m的水域”。

中国1992年7月加入《湿地公约》。至2017年，中国具有国际重要湿地57个，建成湿地自然保护区602个、国家湿地公园试点898个，湿地保护率达49.03%。

1979年USFWS在“美国湿地和深水栖息地的分类”一文中，更新湿地定义为“陆地和水域的交汇处，水位接近或处于地表面，或有浅层积水。具有以下一至数个特征：至少周期性地以水生植物为植物优势种；底层土壤主要为湿土；每年的生长季节，底层有时被水淹没。”但这一定义仍然被认为是狭义的。

可以简单地认为，湿地是“水体和陆地之间的过渡地段，具有特殊的生物群落”（徐琪和蔡立，1995；佟凤秦和刘兴土，1995）。因此，湿地必须具有以下三个特点之一：①周期性地生长有适应此环境的水生植物；②地层以排水性不良的水成土（hydromorphic soil）为主；③每年生长季节植物底层在部分时间里被水淹没。

2. 湿地的分类

湿地的分类如下。

（1）从人类干扰的角度可分为：自然湿地和人工湿地。

（2）从水分含盐量的角度分为：淡水湿地、半咸水湿地和咸水湿地。

然而，湿地分类往往是考虑各种综合因子而进行的，如《湿地公约》的湿地分类，不仅考虑人类干扰的程度，也考虑水分的含盐量（表 9-6）。

表 9-6　湿地的分类系统

大类	小类
Ⅰ海洋和海岸湿地	（1）浅海水域，（2）海床，（3）珊瑚礁，（4）岩石性海岸，（5）沙质海滩与砂石海滩，（6）河口水域，（7）潮间带泥滩、沙滩或盐滩，（8）咸水沼泽，（9）红树林/潮间带林地，（10）海岸性咸水湖，（11）海岸性淡水湖，（12）三角洲
Ⅱ内陆湿地	（1）河流/溪流/小河：长期性，（2）河流/溪流/小河：间断性，（3）淡水湖：长期性，（4）淡水湖：季节性或间断性，（5）咸水湖或沼泽：长期性，（6）咸水湖：季节性或阶段性，（7）淡水沼泽/池塘：长期性，（8）淡水沼泽/池塘：季节性或阶段性，（9）泥炭藓沼泽，（10）苔原/高山湿地，（11）灌木为主的沼泽，（12）树木为主的沼泽（包括沼泽林），（13）淡水泉（包括绿洲），（14）地热湿地
Ⅲ人工湿地	（1）养殖池塘（鱼/虾塘），（2）农用池塘/小储水池，（3）灌溉地（包括灌渠、稻田），（4）季节性泛洪的农田，（5）盐田/盐碱滩，（6）水库/拦河坝/坝区，（7）砾石场/烧砖厂/取土场，（8）污水处理厂，（9）运河

陆健健（1990）在《中国湿地》中按照《湿地公约》确定的湿地定义，将中国湿地分为 22 种类型。季中淳（1991）提出以水源补给、地貌类型、水动力条件和优势植物进行海岸湿地的分类，提出潮上带湿地（高位湿地）、潮间带湿地（中位湿地）和潮下带湿地（低位湿地）的概念。此后，陆健健（1996）认为，滨海湿地是海平面以下 6m 至大潮高潮位之上与外流江河流域相连的微咸水和淡浅水湖泊、沼泽以及相应河段间的区域，分潮上带淡水湿地、潮间带滩涂湿地、潮下带近海湿地和河口沙洲离岛湿地 4 个子系统及若干型，并对各个子系统和型进行界定。《中国湿地保护行动计划》提出沼泽湿地、湖泊湿地、河流湿地、浅海滩涂湿地及人工湿地 5 种类型。

田自强（2011）认为，中国湿地的分类，应关注 5 个方面的原则。①水：湿地的储水量，持存时间，水的质量及水分的周转；②生物：鸟类、两栖类、爬行类、昆虫、鱼类、兽类等动物及水中的植物，特别是挺水植物，其有无、种类及生长情况都是重要内容；③土壤：潜育化、泥炭等；④污染：污染的类型、整治情况等；⑤人为活动：捕捞、狩猎及开垦。因此，根据中国湿地的特征，将中国湿地分为自然湿地和人工湿地，然后再分为若干大类和小类（表 9-7，原表稍作调整）。

表 9-7 中国湿地类型

湿地类别	大类	小类	具体特征	湿地类别	大类	小类	具体特征
自然湿地	海洋湿地	浅海湿地	水深 6m 以下的湿地	自然湿地（续）	沼泽湿地	固定的沼泽湿地	淡水池和沼泽
			水深 6m 以上的湿地				泥炭沼泽
		沿海湿地	泥滩湿地、红树林三角洲				高山/冰原湿地
			沙滩湿地			季节性湿地	木本沼泽湿地
			砾石滩湿地				淡水温泉/绿洲
			砾崖湿地			地热湿地	季节性淡水沼泽
			陡崖湿地	人工湿地		农业湿地	水田湿地
		珊瑚礁滩湿地	礁滩湿地				农家池塘、水池
			礁崖湿地				季节性湿地、耕田
	盐湖湿地		盐沼湿地			水培湿地	淡水水培湿地
	河流湿地	固定河流湿地	河流水域				虾池
			泛滥湿地				海岸海产品饲养地
			三角洲湿地			盐业开发	盐湖、盐池
		间隙河流湿地	季节干涸河流湿地			水利湿地	水库
			游弋河道湿地				堰塞湖（橡胶坝）
	湖泊湿地	固定湖泊湿地	淡水湖湿地				人工运河、水渠
		季节性湖泊湿地	间隙淡水湖湿地			污水处理场所	
		盐湖湿地	固定/季节性盐湖湿地（内陆）				

中华人民共和国国家林业局（简称国家林业局）发布《中国湿地资源》（2012 年），表明中国现有 100hm^2 以上的各类湿地总面积为 3848 万 hm^2（不包括香港、澳门和台湾的数据），其中，自然湿地面积 3620 万 hm^2，占中国湿地面积的 94.07%，人工湿地（人工湿地类有多种型，但从面积和湿地功能的重要性考虑，仅调查库塘湿地 1 型）面积 229 万 hm^2，占中国湿地面积的 5.95%。《中国湿地资源》确定中国湿地 5 类 28 型（表 9-8，表中未包括人工湿地——库塘湿地）。

表 9-8 中国自然湿地类型及其面积

湿地类别	类型	面积/万 hm^2	占总湿地的比例/%
近海与海岸湿地	浅海水域、潮下水生层、珊瑚礁、岩石性海岸、潮间沙石海滩、潮间淤泥海滩、潮间盐水沼泽、红树林沼泽、海岸性咸水湖、海岸性淡水湖、河口水域、三角洲湿地共 12 型	594	15.44
河流湿地	永久性河流、季节性或间歇性河流、洪泛平原湿地共 3 型	821	21.34
湖泊湿地	永久性淡水湖、季节性淡水湖、永久性咸水湖、季节性咸水湖共 4 型	835	21.70
沼泽湿地	藓类沼泽、草本沼泽、沼泽化草甸、灌丛沼泽、森林沼泽、内陆盐沼、地热湿地、淡水泉或绿洲湿地共 8 型	1370	35.60

人工湿地（constructed/artificial wetland，CW/AW）是一种由人工建造和监督控制的、类似于天然湿地的系统，由砾石、卵石及砂土等基质构成，底部封闭成不透水层，底面具有一定的坡度，并选择适应饱和水状态及高污染物浓度的植物物种，其中生长好氧或厌氧微生物种群和小型动物，利用系统中物理、化学和生物的三重协同作用实现废水的处理。鉴于此，其分类方式更多（董婵等，2014）。湿地分类主要考虑以下两个方面。

（1）按植物的存在状态划分：根据植物的存在状态，人工湿地划分为浮水植物人工湿地、浮叶植物人工湿地、挺水植物人工湿地和沉水植物人工湿地。

（2）按系统布水方式划分：从工程设计角度出发，按照系统布水方式的不同，人工湿地可划分为三种类型，即表面流人人工湿地（surface flow constructed wetland，SFCW）、潜流型人工湿地（sub-surface flow constructed wetland，SSFCW）和复合垂直流人工湿地（composite vertical flow artificial wetland，CVFAW）。不同类型人工湿地对特征污染物的去除效果不同，并具有各自的优缺点。

二、湿地的功能

湿地在生物多样性保护和环境治理中具有不可代替的作用，其与其他生态系统相同，同时具有生态、经济和社会三大效益。

1. 湿地的生态效益

（1）生物多样性维持：依赖湿地生存、繁衍的野生动植物极为丰富。天然的湿地环境不仅为众多野生植物提供生存环境，也为野生动物、鸟类、鱼类等提供丰富的食物和良好的生存繁衍空间。很多水禽繁殖和迁徙离不开湿地，湿地也被誉为“鸟类的乐园”。例如，湖滨、河口、近海及海岸湿地，是鱼类、甲壳类动物的栖息地及产卵区。因而，湿地是重要的遗传基因库，对维持野生物种种群存续、筛选和改良，以及物种多样性保护发挥着重要的作用。

（2）物质循环和能量流动：①湿地生态系统中，物质和能量沿食物链从绿色植物转移到昆虫、小型鱼虾等食草动物，再经水禽、两栖动物、哺乳动物等食肉动物，部分有机物被微生物分解进入再循环，部分积累起来；②由于各营养级的呼吸作用及最后的分解作用，能量大部分转化为热量散失。平均蛋白质生产达 9g/（$km^2 \cdot a$），是陆地生态系统的 3.5 倍，有些湿地植物生产量比小麦的平均生产量高 8 倍。因此，湿地被认为是地球上最富有生产力的生态系统之一。

（3）水量调蓄：湿地含有大量持水性良好的泥炭土、植物及质地黏重的不透水层，使其具有巨大的蓄水能力。其能在短时间内蓄积洪水，然后用较长的时间将水排出，调蓄洪水，防止自然灾害，即在暴雨和河流涨水期储存过量的降水，均匀地把水放出，减弱危害下游的洪水，在旱季又能提供水源。例如，三江平原沼泽湿地蓄水达 $46.97 \times 10^8 m^3$，能将下游（如菜咀子站）的洪峰减弱 76.2%。此外，大量的湿地植物覆盖在水面，可降低水面蒸发、蒸腾量，保持湿地的蓄水效能。

（4）气候调节：水面、土壤水分和植物叶面的水分蒸腾，使得湿地与大气之间不断进行广泛的热量交换和水分交换。湿地通过蒸腾作用能够产生大量水蒸气，不仅可以提高周围地区空气湿度，减少土壤水分流失，还可诱发降雨，调节局部地区的气候。例如，三江平原湿地一个生长季节水的总蒸发量就达 $86 \times 10^8 m^3$，其中植物蒸腾量为 $47 \times 10^8 m^3$，对气候起着调节作用。湿地还能以有机质的形式储存碳元素，减少温室效应。

（5）毒物降解和防治污染：湿地素有“地球之肾”之称。湿地生态系统利用水生植物，通过生物和化学过程使有毒物质降解和转化（包括沉淀、吸附、离子交换、络合反应、硝化、反硝化、生物转化和微生物分解等复杂过程），并吸收营养物质，将其累积在泥层之中，具有降解有毒和污染物质、净化水体的作用。例如，利用湿地生态系统处理污水，基建投资和运转费用都不高，效果却不亚于一般的污水处理厂；芦苇和香蒲（*Typha angustata*）等湿地植物，能大量吸收水域和泥土中的镉、铜、锌等重金属，因而被广泛应用于污水处理系统中。通常，根系越发达、生长越旺盛的植株，其净化污水的能力也越强。此外，湿地内丰富的植物群落，能够吸收大量的 CO_2 气体，并放出 O_2，湿地中的一些植物还具有吸收空气中有害气体的功能，能有效调节大气组分。沼泽还能吸收空气中的粉尘及其携带的各种菌，从而起到净化空气的作用。

（6）堤岸保护和盐水防治：湿地的植被可以抵御波浪、海潮、台风和风暴的冲击，防止对海岸、河岸的侵蚀。沼泽、河流、小溪等湿地向外流出的淡水限制海水的回灌，沿岸植被也有助于防止潮水流入河流，保证生态系统的淡水供应。

2. 湿地的经济效益

（1）丰富的动植物产品：中国鱼产量和水稻产量都居世界第一位；湿地提供的莲、藕、菱（*Trapa* spp.）、芡实（*Euryale ferox*）、菰（*Zizania latifolia*）及浅海水域的一些鱼、虾、贝、藻类等是富有营养的食品。一些湿地动植物还可入药；有许多动植物是发展轻工业的重要原材料；湿地动植物资源的利用还间接带动加工业的发展。中国的农业、渔业、牧业和副业生产在相当程度上要依赖于湿地提供的自然资源。例如，碎米莎草（*Cyperus iria*）、灯心草（*Juncus effusus*）、香蒲等是极好的手工编织材料，芦苇是较好的造纸原料。

（2）水资源供给：湿地是水资源的“储存库”和“净化器”，其强大的水文调节和循环功能，可以有效储存、滞留降水和地表径流，并补充地下水。众多的沼泽、河流、湖泊和水库在输水、储水和供水（直接供水或补充地下水）等方面发挥着巨大作用。许多湿地都是重要的水源地。同时，湿地净化大量废水、污水为可利用的水源，是水循环中极其重要的环节。

（3）矿物资源的利用：湿地中有各种矿砂和盐类资源。中国的青海、西藏、内蒙古、新疆等地的碱水湖和盐湖，分布相对集中，盐的种类齐全，储量极大。盐湖中，不仅储藏大量的食盐、芒硝、天然碱、石膏等普通盐类，而且还富集着硼、锂等多种稀有元素。中国一些重要油田，大都分布在湿地区域，湿地的地下油气资源开发利用，在国民经济中的意义重大。

3. 湿地的社会效益

（1）能源和水运：湿地能提供多种能源，水电在中国电力供应中占有重要地位，中国水能蕴藏占世界第一位，达 6.8×10^8kW，有着巨大的开发潜力。中国沿海多河口港湾，蕴藏着巨大的潮汐能。湿地的开阔水域为航运提供条件，沿海、沿江地区经济的快速发展，很大程度上受惠于此。

（2）观光与旅游：湿地具有自然观光、旅游、娱乐等美学方面的功能，中国有许多重要的旅游风景区都分布在湿地区域。例如，滇池、洱海、太湖、西湖等都是著名的风景区，除可创造直接的经济效益外，还具有重要的文化价值。滨海的沙滩、海水是重要的旅游资源，还有不少湖泊因自然景色壮观秀丽而让人向往，是旅游和疗养胜地，如海南三亚、山东青岛等。

（3）教育与科研价值：湿地生态系统、湿地的“物种基因库”特性（多样的动植物群落）、濒危物种等，在科研中具有重要意义，其为教育和科学研究提供对象、材料和试验基地。一些湿地中保留着过去和现在的生物、地理等方面演化进程的信息，在研究环境演化、古地理方面有着重要价值。

三、湿地植物

在湿地动植物研究中，湿地植物的研究相对较多。

1. 湿地植物的定义

简单地说，以湿地环境为栖息地的植物均可称为湿地植物，更广泛的是指积水或过湿土壤中生长并完成其生活史的植物。或者主要是指在地表过湿或有季节性积水或常年积水地段生长良好的植物的统称（董婵等，2014），包括水生植物（挺水、浮叶、漂浮、沉水植物）、沼生植物、湿生植物和盐生植物等。湿地植物衍生出相关的湿地植物群落（wetland plant community）、湿地植被（wetland vegetation）等概念。

湿地植物群落：在湿地环境相对均匀地段内，有规律地共同生活在一起的各种植物的组合。

湿地植被：生长在地表过湿、季节性或常年积水、土壤潜育或有泥炭的地段上，以湿生植物和水生植物为主群落组成的植被类型。

2. 湿地植物的特征

湿地植物具有水生植物和陆生植物的双重特性，是水生植物和陆生植物之间的过渡类型，有人称其为“两栖植物”。因此，湿地植物既有水生植物的主要特性，同时，也部分兼有陆生植物的特征。具有特别的外形或构造的湿地植物，明显包括 8 个方面的特征（赵魁义等，2008；田自强，2011）。

（1）通气组织发达：许多湿地植物的根、根状茎、茎等具有气腔和通气组织，叶、茎和根部均有细胞间隙与气腔相通连。植物本身全部或部分生存在淹没或超饱和水的土壤中，根系构成满足植物对空气的需求，适应于水中空气的含量，这是湿地植物适应多水环境的重要特征。例如，芦苇的地下根状茎十分发达，长达数米，在其地上茎、地下茎和不定根内都有通气组织，细胞间隙大，可以储藏空气，成为其代谢过程中气体交换的储藏室。

（2）特殊的叶型结构：有些水生植物全株沉于水中，只有繁殖期花葶伸出水面。沉水植物生于水中，形成对水环境的特殊适应性。例如，叶柄膨大、叶片膨大变厚，气囊状的储存空气的组织结构，可满足植物足够的气体需求，并具有在水中漂浮的能力；叶的气孔存在于与空气接触的一面，大多具有较厚的蜡质层，叶片结构中海绵组织发达，或叶在水中变成丝状，以增加叶片在水中与气体的接触面。例如，苦草（*Vallisneria spiralis*）是沉水草本植物，生于湖底，叶基生，线形，花小，佛焰苞管状，有丝状长柄，伸到水面，受精后，螺状卷曲，沉回水下发育。由于水中光线暗，氧气含量少，形成的柔细叶片可随水流波动，减少阻力，亦是对水中环境的适应。

（3）持水功能较强：泥炭藓（*Sphagnum* spp.）类植物的叶具有特殊的形态和结构，其绿色细胞和透明细胞具有水孔，水从水孔进入叶内，像海绵一样吸收水并储存于细胞中，其吸水量大，保水性能强，持水量是其体重的 10～30 倍。

（4）无性繁殖能力强，形成密丛型：某些湿地植物的分蘖节位于地表，每年从分蘖节向上长出新的茎和叶，向下生长不定根，便于从地表获得氧气。随着泥炭的不断堆积，其分蘖节不断上移，年复一年生长，形成草丘。

（5）根的结构特殊：湿地植物具有呼吸根和支柱根的特殊结构。例如，红树植物生长在海滨淤泥质土壤中，周期性受潮水冲积影响，使红树植物根具有特殊的生态适应特征。从主干侧向发育支柱根、板状根，具有抗浪抗风作用，防止植物被潮水冲倒；从土中向地面生长笋状“U”形呼吸根，便于直接从空气中吸收氧气，即分化出支柱根和呼吸根分别构成不同的功能根。

（6）“胎生”繁殖：红树的果实成熟后仍留置树上，其种子在果实内发芽，形成绿色棒状胎轴，发育到一定程度即与果实一起坠入淤泥中，数小时内可扎根生长成为新植株，呈现果先于落地前萌发的“胎生”现象。例如，幼苗下落正遇涨潮而被海流带走，由于幼苗包被的间隙含有空气，可漂浮海流之上，当漂浮到海滩上时，便扎根生长。

（7）食虫习性：一些营养贫乏沼泽中，地表微隆起，无地下水补给，主要靠大气降水补给，无机养分极其贫乏，生长在这种生境的湿地植物不得不靠捕捉昆虫，通过消化动物蛋白质以补充氮、磷、钾等养分的不足。圆叶茅膏菜（*Drosera rotundifolia*）即是一种食虫植物，叶基生呈莲座状，叶片近圆形，叶线长出很多刚毛。当昆虫碰到叶面，即被刚毛分泌的一种液体黏住。这种液体含有一种消化酶，能消化虫体，并吸收作为养料。

（8）旱生结构：藓类泥炭结构疏松，长期干旱时水分侧流和蒸发后得不到补充，水位降低，土壤干燥，不能保障对植物水分的经常性供给，或者由于泥炭层的冻结，影响植物对水分的吸收，水中高腐殖酸含量也使植物吸收水分困难。因此，长期适应泥炭藓沼泽干旱与洪涝两种生境条件交替变化的湿地植物，还发育有旱生结构特征，如植株矮小，叶片小而革质化，角质层厚或叶片纤细具光泽，这些特征能减少叶面的水分蒸腾，保障其形成既能适应多水生境又能在缺水生境中得以生存繁衍的结构。

3. 湿地植物的种类

随着研究的不断深入，对湿地植物的种类和数量认知不断发展，揭示湿地植物种类和数量差异较大（表 9-9）。

表 9-9 中国湿地植物的种类和数量

年份	论著/论文	作者	植物数量
1952	华东水生维管束植物	裴鉴和单人骅	32 科 53 属 80 种
1980	中国水生维管束植物图谱	王宁珠等	61 科 145 属 317 种
1983	中国水生高等植物图说	颜素珠	54 科 120 属 317 种
1990	中国湿地	陆健健	319 种
1995	中国湿地植物初录	赵魁义和陈跃东	156 科 437 属 1388 种
1999	中国湿地植物区系	赵魁义	214 科 663 属 2043 种
2008	中国常见湿地植物	张树仁	100 科 288 属 633 种

董婵等（2014）参考 2003 年国家林业局编制的《全国湿地资源调查总报告》，统计了中国的湿地植物种类（表 9-10）。《中国湿地资源》（国家林业局，2012）使用的数据与其相同。

表 9-10 中国湿地植物数目统计

植物类别	科	属	种	代表性植物
苔藓植物	64	139	267	凤尾藓科（数目最多）、泥炭藓、青藓科、柳叶藓科、蔓藓科
蕨类植物	27	42	70	金星蕨科（数目最多）、蹄盖蕨科、木贼科
裸子植物	4	9	20	麻黄科、买麻藤科、松科、杉科
被子植物	130	625	1919	禾本科（数目最多）、蓼科、毛茛科、莎草科、菊科、藜科、唇形科
总计	225	815	2276	其中包括国家一级保护植物 6 种：水松、水杉、中华水韭、宽叶水韭、莼菜和长喙毛茛泽泻

此外，还有人将湿地植被分为 7 个植被型组 16 个植被型 180 个群系。随着各地更多人工湿地公园的兴建，研究的不断深入，湿地植物种类和数量不断增加。例如，云南湿地野生和习见栽培的植物就有 163 科 597 属 1775 种（李恒，2009）。

四、湿地动物

湿地动物是指终生或生活史的某一个特定阶段，如胚胎发育、摄食生长或繁衍后代必须依赖于湿地的动物。湿地是独特的水生和湿生生境，水的不断流动变化和水位周期性的涨落造就复杂和多样化的栖息小生境，不仅生长着种类繁多的湿地植物，同时还生存和栖息着种类浩繁的野生动物，包括湿地两栖类、爬行类、鱼类、鸟类、水生哺乳类、水生昆虫和无脊椎动物等，成为湿地生态系统中不可缺少的组成部分（赵魁义等，2008）。

中国湿地类型多样、分布面积广，因而孕育着丰富多样的湿地野生动物。已记录湿地共有兽类 7 目 12 科 31 种；鸟类 12 目 32 科 271 种；爬行类 3 目 13 科 122 种；两栖类 3 目 11 科 300 种。此外，鱼类、甲壳类、虾类、贝类等脊椎和无脊椎动物种类繁多，资源丰富。中国湿地野生动物具有 4 个方面的特征。①湿地野生动物涵盖 7 个生态地理群，野生动物资源丰富。②湿地中的野生动物，多为能够适应水域也能适应陆域两种生存环境的种类。③湿地鸟类绝大部分为迁徙性鸟类，周期性往返于繁殖地和越冬地。④湿地兽类、鸟类、爬行类、两栖类中，有国家重点保护的野生动物共计 20 目 36 科 98 种，占 4 类动物总数的 13.5%；其中有兽类 5 目 9 科 23 种，鸟类 10 目 18 科 56 种，爬行类 3 目 6 科 12 种，两栖类 2 目 3 科 7 种。

（1）湿地甲壳类：全世界共有 7500 多种，是一个比较庞大的动物类群，大部分为海产种类，淡水种类不多。中国海域的甲壳类动物中，目前已知的蟹类有 600 余种，虾类有 300 余种，磷虾 42 种。

（2）湿地两栖类：中国两栖动物共有 3 目 11 科 45 属 300 种。以东洋界动物区系成分占优势，古北界成分次之，广布种较少。国家重点保护种类有 2 目 3 科 7 种，主要分布于秦岭、淮河以南，其中西南地区种类最多。两栖类中无足目仅有版纳鱼螈（*Ichthyophis bannanicus*）1 种，生活于云南西双版纳地区湿地；有尾目大多是水栖湿地种，如中国大鲵（娃娃鱼，*Andrias davidianus*）、贵州疣螈（*Tylototriton kweichowensis*）、东方蝾螈（*Cynops orientalis*）等；无尾目数量较多、分布甚广。

（3）湿地鸟类：中国共有湿地鸟类 12 目 32 科 271 种，主要由鹤类、鹭类、雁鸭类、鸻鹬类、鸥类、鹳类等组成，此外尚有少量猛禽和鸣禽，其中有许多珍稀濒危物种。被列为国家重点保护的湿地鸟类共 10 目 18 科 56 种，其中，被列为国家一级重点保护的有 12 种，国家二级重点保护的共 44 种。在亚洲 57 种濒危鸟类中，中国湿地内有 31 种，占 54%；全世界雁鸭类 166 种，中国湿地有 50 种，占 30%；全世界鹤类 15 种，中国记录到 9 种，占 60%；此外，还有许多属于跨国迁徙的鸟类。湿地鸟类是湿地野生动物中最具有代表性的类群，根据居留型可分为夏候鸟、冬候鸟、留鸟和旅鸟 4 类。北方的寒温带和温带以夏候鸟和旅鸟占优势，南方的亚热带和热带，以冬候鸟和留鸟为主。很多迁徙鸟在北方繁殖，到南方越冬。

（4）湿地爬行类：中国已知的 412 种爬行动物中，有 3 目 13 科 49 属 122 种属于湿地爬行动物。动物区系统计结果显示，东洋界成分仍占明显优势，其中龟鳖目除陆龟科（Testudinidae）外，蛇亚目游蛇科（Colubridae）的部分种类分布于中国南部，属东洋界成分。古北界成分主要为蜥蜴目（Lacertiformes）鬣蜥科（Agamidae）的一些种类。广布种不多，常见的有乌龟、鳖（*Trionyx sinensis*）、赤链蛇（*Dinodon rufozonatum*）、蝮蛇（*Agkistrodon halys*）

等。国家重点保护种类有 3 目 6 科 12 种。

（5）湿地兽类：中国湿地兽类有 31 种，隶属于 7 目 12 科，约占中国兽类总种数的 6.2%。国家重点保护种类有 5 目 9 科 23 种。与湿地两栖类和爬行类不同，湿地兽类的广布种成分较多，生活在水中或经常活动在河湖湿地岸边，如白暨豚、江豚（*Neophocaena asiaeorientalis*）、水獭（*Lutra lutra*）、水貂（*Neovison vison*）等；适合潮湿多水生活条件的有麋鹿、大麝鼩（*Crocidura lasiura*）、田鼠（仓鼠科 Circetidae 多属多种）等；经常出没于湿地的兽类有川西北沼泽的獾（*Meles meles*）、藏原羚，三江平原沼泽湿地的狼、黑熊（*Ursus thibetanus*）、狍（*Capreolus capreolus*）等。

（6）湿地鱼类：中国鱼类约有 3000 种，其中湿地鱼类有 1000 余种，占中国鱼类种数的 1/3。湿地鱼类由内陆湿地鱼类、近海海洋鱼类、河口半咸水鱼类和过河口洄游性鱼类构成。

内陆湿地鱼类：有 13 目 38 科约 770 种（包括亚种，下同）。其中北方区以鲑科（Salmonidae）、茴鱼科（Thymallus）、狗鱼科（Esocidae）、江鳕科（Gadidae）等耐寒性较强的鱼类为主，此外还有一些鲤科（Cyprinidae）、鳅科（Cobitidae）和刺鱼科（Gasterosteidae）的种类；西北高原区生活着适应高原急流、耐旱耐盐的鳅科及青海湖的裸鱼（*Gymnocypris przewalski*）；江汉平原区的鲤鱼类特别丰富，是中国淡水渔业中心；华南区和西南区均以鲤科、鳅科和鲇科（Siluridae）种类为主。沼泽湿地是多种鱼类产卵和繁殖的场所，如三江平原沼泽湿地是冷水性鱼[如鳇鱼（*Huso dauricus*）、大麻哈鱼（*Oncorhynchus keta*）、鲟鱼（*Acipenser sturio*）]的繁殖地。

近海海洋鱼类：划分 3 个区。黄海、渤海区生活有鱼类约 250 种，著名种类有小黄鱼（*Pseudosciaena polyactis*）、鳕鱼（*Pollachius pollachiu*）、太平洋鲱（*Clupea pallasi*）等；东海区是中国主要浅海渔场区，生活有 700 多种鱼类，主要的大种类有带鱼（*Trichiurus japonicus*）、大黄鱼（*Pseudosciaena crocea*）、小黄鱼、鳓（*Ilisha elongata*）、真鲷（*Pagrosomus major*）、海鳗（*Muraensox cinereus*）等；南海区生活有鱼类 800 种，经济鱼类主要有鲷（*Hapalogenys* spp.）、蓝圆鲹（*Decapterus maruadsi*）、沙丁鱼（*Sardina melamosticta*）、金钱鱼（*Scatophagus argus*）、金枪鱼（*Thunnus thynnus*）、鲣鱼（*Katsuwonus pelamis*）、旗鱼（*Histiophorus orientalis*）、鲨鱼等。

河口半咸水鱼类共有 60 种，过河口洄游性鱼类有 20～30 种。

近年随着湿地研究的深入，上述数据变动将会较大，数据仍在不断更新中。

第五节　迁地保护

迁地保护主要是建立野生动物救护中心、植物园、动物园、水族馆、种质库和基因库，对野生物种和遗传基因进行保护。这种方法主要针对极度濒危的物种。

一、迁地保护的目的

迁地保护是就地保护的补充，是物种无法适应野外生存条件下最为有效的保护方式，具有重要的意义，体现在以下 4 个方面。

（1）并不是以人工种群代替野生种群，而是增加濒危物种的种群数量。

（2）利用现代科学技术作为辅助手段，在有限的空间内创造濒危动植物生存的必要条件，通过保证其食物供应，治疗受伤、生病个体，采取节育或人工授精，淘汰某一年龄段个体等，进行人工管理，调整种群的遗传结构和种群结构，减少随机因素对小种群的影响，使迁地种群的有效种群数量达到最大，并处于最佳年龄结构。

（3）当迁地种群上升到一定数量时，通过对人工驯养个体进行野化训练，在适宜的生境中不断地释放迁地种群的繁育后代，补充野生种群，以增加野生种群的遗传多样性。

（4）建立自然状态下可生存种群是迁地保护的最终目标。迁地保护是生物保护中不可缺少的一个途径，是对就地保护的重要补充，与就地保护相辅相成。

二、迁地保护的意义

迁地保护作为物种保护重要的途径之一，具有不可替代的作用。

（1）迁地种群在生物学和社会生物学基础研究中，可以作为野生个体的代用材料。许多濒危物种，人类并不了解或不完全了解其生物学价值、进化意义和社会经济价值，在野生种群濒危和极稀少的情况下，迁地种群可以提供研究其潜在价值的替代材料。对笼养种群的研究，能深入了解该物种的基本生物学特性。

（2）对迁地种群的管理可以取得管理野生种群的经验。稀有或濒危种群的就地保护工作中，野生种群对胁迫压力十分敏感，其管理上具体的方法和经验获取较为困难，所需时间较长，迁地保护可以弥补这方面的不足。

（3）迁地种群是野生种群遗传多样性提高的途径之一。濒危种群具有较低的遗传多样性水平，其原因是隔离小种群的遗传漂变和近交衰退。通过对迁地种群制订严格的繁育计划，可以提高种群的遗传多样性，迁地种群繁育后代的野放，将丰富野生种群的遗传多样性，促进野生濒危种群的保护，即迁地保护种群的个体能定期地放到野外，维持自然种群的数量和遗传变异性。

（4）迁地保护为原生境已严重破坏的物种提供最后的避难所。一些位于食物网顶端的大型哺乳动物，需要大面积连续的自然生态环境才能生存，由于人类活动的干扰，许多大型哺乳动物已失去其生存的环境。例如，东北虎的主要栖息地东北林区，因原始针阔叶混交林所剩无几，又被纵横交错的公路网和农田分割成一个个孤岛，并被大量的人类活动区所包围，东北虎栖息地之一的安图县，人口密度已达 29 人/km^2，远远超出东北虎的生存阈值（县级地区人口密度超过 20 人/km^2时，东北虎将消失）（王振堂，1993；王振堂和申亨哲，1996）。一方面东北虎野外生存的环境几乎丧失，另一方面东北虎野生种群数量增多，必然威胁当地人的正常生活，迁地保护成为东北虎保护的重要途径。植物方面如全世界仅存一株的普陀鹅耳枥，数量稀少的百山祖冷杉和银杉等，迁地保护是其最佳的保护途径。

（5）迁地保护对重要经济植物（特别是重要的药用植物）保护具有巨大的现实意义。例如，人参、杜仲等，这些药用植物一旦在野外被发现，总是被采伐殆尽，以致目前找不到一株野生的杜仲。迁地保护的种群能自我繁殖，可减少为展览和研究目的从野外收集个体的需要。

（6）迁地保护能为新生境中创建新的生物群落提供物种资源。通过迁地保护的方式，可以在新的环境中（如树木园、植物园、野生动物养殖园等）形成一些新的种群，如大熊猫种群、苏铁种群等。

（7）迁地保护设施是进行公众生物多样性和生物保护教育的主要基地。动物园、植物园、水族馆等一方面发挥了比学校教育更为直观的作用，另一方面，展览有助于公众了解保护其野外种群的重要性。

三、迁地保护的原则

迁地保护是为了更好补充就地保护的不足，因此，当物种存在下列情况时，应该进行迁地保护。

（1）物种原有的生境破碎呈斑块状，或原有生境消失。例如，东北虎、大熊猫等，自然生态环境已经无法满足其最低需求，因此，建立了长白山国家级自然保护区（保护东北虎）、卧龙国家级自然保护区（保护大熊猫）等，在保护区内开展驯养繁殖等，补充自然繁衍的不足。

（2）物种的数目下降到极低的水平，种内难以进行交配。当一个濒危物种的野生种群数量低于 1000 只时，应当进行人工繁育，迁地保护是保护该物种的一项措施。目前迁地保护手段常常等到物种数量极低、濒临灭绝时才应用，其效果显然不如当其种群数量尚多但已面临生存危机时，提前对其进行迁地保护为好。所以，对于那些个体数目虽然较多，但已经出现生存危机的物种，也应该考虑进行迁地保护。

（3）物种的生存条件突然恶化。这类物种常常具有极窄的生态位阈值，适应能力较差，当生境条件的某一个或某几个生态因子突然恶化时，将导致该物种的灭绝。例如，20 世纪 80 年代中期，四川大熊猫栖息地突然发生竹子大面积开花枯死，大熊猫由于食物短缺而面临生存危机，此时进行迁地保护是必要的，待环境状况恢复后再进行野外放生。

四、迁地保护的方法

1. 动物园

传统上，动物园（zoo）把重点放在大型脊椎动物特别是哺乳动物上，因为这些种类能引起一般公众的极大兴趣，激发公众对野生动物保护的热情。如果对保护某些野生动物有兴趣，即有捐款的企事业或民众，这样可以促使设立这些物种的保护区，并使其他数千种分布于这些环境的动物和植物也得到保护。这些动物可称为“旗帜种”（flag species）。然而，动物园的建立有忽视昆虫和其他无脊椎动物的巨大危险。

全世界动物园保存有 50 万头陆生脊椎动物，包括 3000 种哺乳动物、鸟类、爬行类和两栖类。全球 12%的鸟类、1/4 的哺乳动物和 1/3 的鱼类已濒临灭绝。动物园需要培育不易从野外捕捉到的稀有种和濒危种活种群。因为濒危种自然环境已被人类活动严重破坏，动物园养殖可能是许多种类存活的唯一机会。

世界各地动物园中的 274 种稀有哺乳动物中仅约 10%的种是能自我持续的笼养种群。因此，动物园的一项主要工作是设计和发展建立（含繁殖）稀有和濒危种群所需要的设备和技术，为在野外重新定殖物种发展新的方法和研究项目。现在，一系列技术已用于物种的繁殖（表 9-11），以解决这些种类繁殖率低的问题。

表 9-11　提高繁殖率的部分技术

技术名称	案例
交叉抚养（cross-fostering）	秃鹫每年仅产一窝蛋，但如果这窝蛋被移走，母鸟将产下并饲养第二窝蛋，如果将第一窝蛋给另一近缘种鸟抚养，则每年每只雌秃鹫会产两窝蛋
人工孵化（artificial incubation）	将采集的卵放在标准孵化条件下，幼仔早期易受攻击阶段，人工仔细照料和喂食，稍大后释放到野外或笼养
人工授精（artificial insemination）	当动物园仅有一头或很少几头稀有个体时，可以采用此法

续表

技术名称	案例
胚胎移植（embryo transfer）	能增加一些稀有动物的繁殖量
其他技术	单性别培育物种（当仅残留一个个体时）、种间杂交（cross-species hybridization）、诱发冬眠和滞育技术、遗传检测技术、亲缘谱系技术和克隆技术

2. 水族馆

公开的水族馆（aquarium）传统上都趋于展览一些稀有的和有引诱力的鱼类，再辅以海豹、海豚和其他海洋哺乳动物表演。当前的主要任务是发展繁殖技术，以便稀有种类能在水族馆中保存繁衍，在某个时候放回到野外，而且水族馆的种类不需到野外采集。

饲养海洋哺乳动物和大型鱼类的一个实际问题是其需要庞大水体。一种可能的方法是利用小的、有保护的天然水体建设介于野生和人造条件之间的生境。例如，由于堤坝、水闸、水污染、船桨、噪声等原因，白暨豚现仅保留野生个体约 200 头，科学家已在河道“U”形弯曲形成的湖中成立养护繁育中心。

3. 植物园/树木园

植物园（botanical garden）、树木园（arboretum）的主要目的是搜集、培育珍稀濒危植物。

全球有 1500 家植物园，栽培着至少 3.5 万种植物，占世界植物种类的 15%以上，加上温室、私人花园及其他人工栽培的野生植物，在栽培条件下生存的植物种类达 7 万种以上。世界上最大的植物园英国皇家植物园栽培有 2.5 万种植物，约占世界植物种类的 10%，其中 2700 种植物是 IUCN 红皮书上的受威胁种类。

植物比动物容易保持在控制条件下，植物容易通过种子、扦插、根茎和组织培养繁殖，并栽培扩大种群。大多数植物都有对光照、水分和矿物质的共同基本要求，这些在温室和花园中都容易满足。

按照功能与形式中国植物园体系可分为观赏植物园、高山或山地植物园、自然或野生植物园、园艺植物园、主题性植物园、社区植物园。植物园应该是集植物资源迁地保护与开发利用、科学研究，以及对公众进行科普教育和环境保护教育于一体的综合性对外开放机构。

4. 种子库与基因资源库

（1）种子库（seed bank）：在低温下，种子的新陈代谢下降，种胚的营养消耗缓慢，为保存植物种类的变异性，将大多数植物的种子长时间在冷、干条件下储藏于种子库中，待以后发芽长成新植株。其具有较野外或常温保存种子活力更持久的特点，可较为长期以种子储藏的形式保存种质资源。

种子库保存的种子，也可能出现下述问题：①因故障或设备损坏而毁坏；②能量储备耗尽和有害变化的积累使之逐渐失去发芽力；③对于大型的、生活期长的种类，恢复种子的活力可能花费极大财力和消耗很长时间；④约有 15%“顽固的”（recalcitrant）种子，既不休眠也不耐低温储藏。因此，也需要种子样本定期播种、生长、成熟结实，然后储存新的种子样本。当然，野生种的种子需讲究采集策略，应优先采集那些有灭绝危险的、特有的、孑遗的、能重新回播自然的、有潜在经济价值等的物种的种子。

（2）基因资源库（genome resource bank）：基因资源库是一种长期保存野生生物遗传变异的手段，不能取代就地保护和迁地保护。为更好保护种质资源，中国多个部门建立了特有的基因资源库。例如，中国科学院在上海细胞生物学研究所和昆明动物研究所分别建立细胞库。其中昆明动物研究所收集有 170 余种野生动物的细胞，如滇金丝猴（*Rhinopithecus bieti*）、黑麂（*Muntiacus crinifrons*）、毛冠鹿（*Elaphodus cephalophus*）、赤斑羚（*Naemorhedus cranbrooki*）等。随着细胞生物学和发育生物学的发展，人们将可能通过细胞培养和核移植技术培育已经灭绝的野生动物。

此外，中国科学院昆明植物研究所建立了中国西南野生生物种质资源库，中国医学科学院建立了药用植物种质保存库，中国农业科学院建立了作物种质资源库，都保存有大量的生物种质资源。

种子库和基因库的建立，具有其意义：①为就地保护和迁地保护种群保存遗传多样性；②减少饲养个体数目，延长个体的繁殖寿命；③为改良家养动物品质和种间杂交提供了野生种源；④为地理隔离种群之间基因交流提供途径。

五、迁地保护的局限性

与自然保护区、湿地、国家公园等就地保护的方式相比，迁地保护在规模、数量、保护功效等方面，都存在一定的局限性。

1. 规模的局限性

（1）场所：迁地保护场所在数量上和面积上是有限的。以云南省为例，虽然迁地保护区域广，内容相对较多，包括西双版纳热带植物园、昆明植物园、昆明树木园、昆明野生动物园、昆明动物园、西双版纳热带作物园、西双版纳药物园等，但相较于云南省拥有的国家级自然保护区，众多的省级、州市级、县级自然保护区，迁地保护无论是面积还是保护数量都极为有限。

（2）种群规模：为防止遗传漂变，迁地保护种群至少要维持数百个个体。然而，因土地面积有限，任何一个动物园和植物园均难以做到这一点。

（3）经费：迁地保护的成效，取决于政策和经费的连续性。地域经济良好，投资动物园、植物园建设和维护的经费相对充足，才可能扩大保护种类和数量。然而，这些迁地保护区通常不可能持续地获得充足的经费。

（4）危险性：迁地保护通常集中在一个相对较小的区域，存在着整个种群被突发灾害，如火灾、飓风或流行病摧毁的危险。

2. 保护功效的局限性

迁地保护在物种选择、繁殖/培育等方面，存在较大的局限性。

（1）遗传资源保存不利：在许多动物园、植物园和野生动物园中，不同的亚种、不同的生态型个体常常混养在一起，使得物种的遗传成分混杂。

（2）保护种类疲弱：迁地保护的物种有时会受到有意识的人工选择干扰，如挑选驯服的、野性弱的个体进行繁育，或者采集易于繁殖栽培的植物保存等，因此得不到期望的目标。

（3）适应性变弱：动物具有复杂精细的行为发育模式，其行为的养成需要社会交际空间和环境。迁地保护的动物濒危种群常生活在封闭的、面积较小的人造环境中，缺乏植被和地形提供隐蔽条件，并不时有人类的干扰。在这种环境中长大的动物一般产生行为障碍：①个体不能正常发育和形成不正常的印痕；②由于缺乏亲代哺育和群体交流，个体行为不正常；③缺乏野外生存所必需的觅食、逃避天敌的行为技巧，等等。因此，迁地保护种群的个体可能会丧失在自然环境生存的本领，难以在野外长期存活。例如，笼养繁殖的动物，因无学习技能的机会，若将其再放回野外，可能不会识别野生食物或探测水源。而且人工饲养许多世代的动物，也许由于动物园的食物而发生口器和消化酶的变化，当将这种变化了的动物放回到野外时，其难以自然取食食物而导致生存障碍。长期栽培的植物也与动物类似，往往不易适应多变的自然环境。

（4）较低水平的遗传多样性：迁地保护种群的遗传背景可能会更加狭隘，被收集到的保护个体并不能完全包含该物种所有的基因型，在这种情况下，迁地保护种群不能避免遗传漂变和近交衰退的加剧，因此造成遗传多样性的进一步丢失。对于濒危物种，迁地保护虽然能保证其暂时免遭灭绝威胁，但仍需要就地保护不断地充实其遗传资源库，否则，缺乏多样性的迁地保护，很难维持物种繁衍对遗传多样性的需求。

（5）遗传变异性低：遗传变异是物种进化和选育的基础。迁地保护种群可能仅代表该物种基因库的有限部分。例如，一个笼养种群的最初个体是从温暖低地收集的种质资源，可能在生理上不能适应从前由该种占据的寒冷地带。此外，迁地保护场所保护的物种拥有的生境条件，远远优于其原来的生境，故不可能产生向着适应栖息地变化方向定向的演化，所以，迁地保护的濒危物种由于长期受到无意识的人工选择，并不能获取有利于进化的遗传多样性，也就不能适应变化的环境条件。

第十章　生物多样性编目和监测与评价

生物多样性研究和保护很大程度上依赖于编目监测和评价的结果，因而编目和监测等在《生物多样性公约》和《二十一世纪议程》中，均被列为各缔约国需要开展的工作。国际生物科学联合会（IUBS），联合国教育、科学及文化组织（UNESCO）和国际地圈生物圈计划（IGBP）等国际组织共同参与的国际生物多样性计划（DIVERSITAS），把“生物多样性的编目与分类”“生物多样性的监测”列入核心项目。

第一节　生物多样性编目和监测

一、基本概念

编目，顾名思义就是编制名录，即对地球上存在的生物类群进行鉴定并汇集成名录。简单的编目，往往是编制分类单元的亲缘关系和等级关系。然而，通常指的编目强调对现有的类群进行登记和评估。生物多样性编目（inventory）是指对基因、个体、种群、物种、生境、群落、生态系统、景观或它们的组成成分等实体（entity），进行调查、分类、排序、数量化和制图，并对这些信息进行分析或综合的过程（Heywood，1995）。

生物多样性监测（monitoring）是指为确定与预期标准相一致或相背离的程度，对生物多样性进行的定期或不定期的监视（surveillance）（Hellawell，1991）。Goldsmish（1991）把监测定义为在一定目的下为反映某个或多个特定参数的变化而进行的活动。本质上，生物多样性监测是随着时间和空间的变化对生物多样性的反复编目，其反映的是生物多样性的变化。因此，编目和监测关系密切，方法相近。

编目解决的是一些基础科学问题，如生物多样性的格局、物种多样性与环境的关系；监测反映的是变化，其提供生物多样性管理的依据，如对某一地区的保护措施是否有效、某特定物种是否解除濒危状态等（贺金生和纪力强，2001）。

二、编目和监测的方法

编目和监测的程序包括编目设计、资料收集、补充调查、资料鉴定和名录编制或数据库建立等环节。

（1）编目设计：根据编目的目的，选定地域范围及类群，规定编目条目和格式，制订实施计划和经费预算。最重要的是把所采取的方法和目标紧密联系。

（2）资料收集：尽可能全面地收集和利用有关区域和类群已发表和未发表的资料，包括各类分类学论文、论著，动植物志，标本采集和鉴定记录，动植物贸易记录和个人交流资料等。

（3）补充调查：在资料收集的基础上，对一些不完整数据，根据编目设计的要求进行补充采集调查。

（4）资料鉴定：对资料和标本进行整理和鉴定，汇总全部资料和鉴定标本结果。

（5）名录编制：将以上整理的资料（包括收集和补充调查的部分）编制成名录，并及时录入数据库。

编目分为一般编目和保护编目。①一般编目是为了登记、评估和监测生物资源，涉及的类群和生境范围要求尽可能多样。②保护编目为环境监测和保护提供依据，多数是监测项目，主要涉及对环境变化敏感和具有生态代表性的类群，通常应包括脊椎动物、植物和陆生节肢动物的类群（袁德成，1997）。

为了达到编目的基本要求，满足监测目的，有必要对编目项目进行设计，制定采样方案和编目标准。为此，首先要确定编目项目的目标和信息收集范围。调查对象的分布和生活周期（包括活动习性及气候变化的影响）及栖息环境务必列入编目内容。项目和监测可使用经费、时间和人力资源也是项目设计和选择调查方法时应考虑的因素。因此，项目编目要遵循 5 个方面的原则（袁德成，1997；贺金生和马克平，2000；贺金生和纪力强，2001）。

（1）目标明确：明确编目和监测项目的目标，以此为依据确定编目的类型，从而进一步确定对象、地理范围、调查和分析方法及结果汇总方式等，即把编目和监测方法与目标紧密联系极为重要，不可忽略。

（2）深度和广度结合：在满足编目目标要求的前提下，既要能体现时间、空间和对象的广泛性，又要有所突出，有所侧重，优先选择。在一些区域必须长期定点定位进行调查，在另一些区域则只进行不定期的抽样调查；对一些重点类群开展深入全面的调查，非重点类群则进行普查。

（3）标准化：包括采样方法（工具和操作）标准化、采样方案（样方大小和布局、采集频度和重复）标准化及记录格式标准化，以保证调查结果的可比性和校验性。

（4）调查信息的完整性和最大化：在设计采集信息时，要尽可能充分地考虑与调查对象有关的各种变异因素，如空间分布的差异（海拔、坡向、生境等）和时间变化（季节、年度周期性）。在设计调查项目时，结合生态学知识，从统计学角度进行调查设计，尽可能增加信息获取量和数据分析量，实现编目的完整、翔实和可靠。

（5）可行性：务必实事求是地考虑可用的经费和人力资源、调查方法是否能为调查者接受，以及采样设计是否可行等影响调查的主观和客观因素，并尽量选择分类基础较好且容易鉴定的类群作为编目和监测的对象，保证调查方案实施的可行性和可操作性。

三、编目和监测的意义

生物多样性编目和监测最主要的目的是为管理者服务，给其在为保护生物多样性制订土地利用规划、评价环境影响等方面提供必要的信息。根据联合国经济合作与发展组织（Organization for Economic Cooperation and Development，OECD）关于可持续发展指标的压力—状态—响应模式（图 10-1）（Stork et al.，1995），生物多样性监测必须回答如下问题：①所监测的目标面临何种压力?这些压力处于何种程度？②哪些影响生物多样性的因素正在改变或已经改变？③管理某一监测目标（物种、种群、生态系统）的政策是否起作用？同时，生物多样性编目和监测提供最基本而又最重要的生物学信息，其可应用于一些基础学科，如系统学、生态学、行为生物学等领域，也可应用于一些应用学科，如生物技术、土壤学、农学、林学、水产学、保护生物学及环境科学等（Heywood，1995）。

生物多样性编目的重要性，主要体现在 6 个方面。

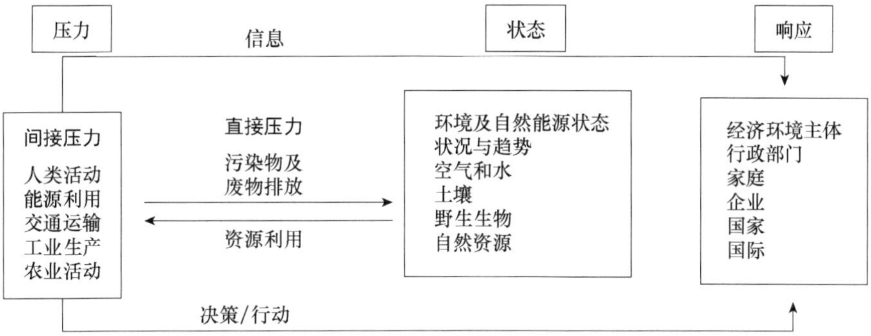

图 10-1　联合国经济合作与发展组织（OECD）生物多样性可持续监测模型

（1）编目为生物多样性研究提供基础而准确的数据。生物多样性编目，包括物种的编目，是研究植物个体、种群、生态和进化的基础，也是人类认识和了解区域物种最直接的手段，如确定某一区域已鉴定物种的名录，可直接提供物种的地理或栖息地分布信息。公信度高的、使用广泛的物种编目数据库对于生物多样性科学发展具有至关重要的作用（洪德元，2016）。例如，建立于 2001 年的世界植物物种名录（The Plant List，TPL，www.theplantlist.org），收录包括被子植物、裸子植物、蕨类植物和苔藓植物等 642 科 17 020 属的植物名称，被植物学研究者广泛应用，并作为多方面研究的基础数据。此外，整合分类学信息系统（Integrated Taxonomic Information System，ITIS，https://www.itis.gov/）、全球生物物种名录（Catalogue of Life，CoL，http://www.catalogueoflife.org）和物种 2000（Species 2000，http://www.sp2000.org/；中国于 2006 年加入，创建了中国节点）等，与国际机构和各国相互合作，创建了一个普遍认可与国际标准一致的生物物种名录，为研究者提供了可信的物种数据。

（2）编目是生物多样性保护的需要。物种数量及其分布的清单是评价和保护生物多样性的基础。物种多样性是遗传多样性的载体和生态系统多样性的基本功能单位，物种是生物多样性保护的首要对象，因而，要保护物种，就应对所保护的物种登记造册，即进行编目工作。编目的某些内容，如基于物种生存现状获得的物种濒危等级，是确定保护优先次序和实施保护计划的主要科学依据。此外，可直接利用编目数据进行区域范围物种多样性特征的分析和比较，确定特有性集中地区和物种高度丰富地区，据此确定重点保护的区域。

（3）编目可直接用于指导生产实践。重要经济物种的编目数据，往往对生产具有重要的指导作用。例如，从野生资源中鉴定、选择有经济价值的物种及其产品，从野生资源中筛选、鉴定有价值的变异或新种，通过对其扩繁用于生产实践，维持或提高农田生态系统的生产力，以及通过鉴定对人类有害或有益的有机体，对其防范或利用从而提高人类的健康水平。

（4）编目可作为自然监测的一个重要手段。某一地区的物种种类和分布的变化可通过编目进行监测，并可选择某些环境敏感类群作为环境指示类群进行长期的跟踪编目，达到环境监测的目的，反映出编目和监测是自然保护中紧密联系的两个环节；如果对物种的实际数量或者物种多度都不能给予比较准确的评价，则更无从满足监测目标的需求。

（5）编目内容直接反映人类对自然界生物种类认识的深入程度，实现对人类生存具有重要意义的生态系统的维持，了解生态系统的过程是必不可缺的基础环节；同样，维护人类的生存环境的质量，认识生物多样性的美学价值也是必要基础。换言之，通过编目所揭示的自然界物种及其反映特征，是人类认识自然、维护生存环境或生态系统决策和措施不可或缺的基础，只有建立在准确编目基础之上，方可实现人与自然可持续地和谐共处。

（6）编目为评价环境影响等提供必要的信息。通过对编目资料深入分析，可确定人类活动对生物多样性的影响，以便采取措施减少对环境的危害；认识气候变化及其他形式的自然环境变化的作用和可能影响，为自然资源的可持续管理提供科学依据。

四、编目和监测的内容

生物多样性的编目通常包括物种多样性、遗传多样性和生态系统多样性的编目。①物种多样性的编目是生物多样性层次中最容易理解和操作的一个层次。通常采用一定区域内物种的总和作为该区域物种多样性的度量。②遗传多样性的编目涉及监测遗传变型（genetic variants），定性定量调查其在物种内或居群内的分布情况（Avise，1994，见贺金生和马克平，2000）。③生态系统多样性的编目一般在生态系统和景观水平上进行，其优点是容易记录和操作，容易监测人类活动引起的生态系统和景观变化趋势，并且在生物多样性保护和持续利用等方面具有重要意义（贺金生和纪力强，2001）。贺金生和马克平（2000）、贺金生和纪力强（2001）对生物多样性编目和监测的内容进行了详细的论述。

1. 物种多样性的编目和监测

物种多样性的编目包括个体（单一物种）、多类群和种群水平的编目。

（1）单一物种（single-species）的编目和监测：指对重点物种，如关键种、外来种、指示种、重点保护种、群落的建群种或有代表性物种的编目和监测。

（2）多类群（multiple-taxa）的编目和监测：包括研究地点或区域的深入编目（intensive site or region inventory）及生物多样性的快速编目（rapid inventories；Heywood，1995）。多类群编目包括深入编目和快速编目 2 类。①深入编目，针对一个地点或地区，编制该地点或地区的动植物名录。②快速编目，对那些多样性状况不太清楚的地区迅速收集、分析和交流多样性信息，如对生物多样性具有指示作用的指示种进行编目和评估，就是快速编目的一种形式。通常采用偶遇法（visual survey，VES）、样带法（strip transects）和可变面积样带法（variable-area transects）等方法进行快速编目。

（3）种群的编目和监测：包括两个方面的内容。①在特定时间和特定地方种群的内禀增长速率（内禀增长速率：在给定的物理和生物条件下，具有稳定年龄组配的种群最大瞬时增长率）、平衡（population equilibrium）时的种群大小、不同年龄和性别的个体结构，属种群编目的内容；②随着时间和空间种群的动态变化，包括出生率、死亡率、迁入、迁出及基因频率（gene frequencies）的变化等，属种群监测的内容。

2. 遗传多样性的编目和监测

遗传多样性的编目包括居群间、居群与物种间、物种间的编目。遗传多样性监测多以形态学性状为主的表型分析和分子水平监测为主要的手段。

（1）居群内个体间：包括 6 个方面的内容。①居群内遗传变异的大小；②居群内个体间的血统关系；③居群内的交配制度；④居群内是否存在近亲交配及怀疑近交衰退（inbreeding depression）的理由；⑤个体性别不均（sex-biased）扩散的遗传效应；⑥具有迁移特性个体的地理起源。

（2）居群和物种间：含 4 个方面的内容。①一个物种内是否存在遗传方面具有明显特征的进化谱系（genetically distinct evolutionary lineages）；②居群间遗传分化的程度如何；③生物地理与遗传分化的关系；④居群间基因流（gene flow）程度如何。

（3）不同物种间：主要分析 4 个方面的内容。①物种间系统发育的关系；②物种间遗传分化的程度；③关系密切的物种之间个体或居群是否可以明显区分；④物种间分化的相对年代。

3. 生态系统和景观类型的编目和监测

生态系统和景观类型的编目与监测，最关键的是如何取样可代表整个区域的特征。大范围植地开展调查是进行生态系统和景观编目的基础，但由于受人力和物力的限制，一些新的技术，如“3S”技术和差距（GAP）分析方法通常被采用作为生态系统和景观类型编目的调查工具或方法。

目前，开展较多的是森林生态系统的编目和监测。对各种森林系统类型的生境、结构特征、物种组成、优势种种群结构及一些生理生化特征等进行研究，建立相应的数据库，是传统森林生物多样性编目的内容。如今，设置固定大样地，对森林结构进行长期动态观测，成为更为通用的方法。例如，广东鼎湖山、海南尖峰岭、云南西双版纳、湖北神农架、吉林长白山等地，由中国科学院、中国林业科学院等单位，设置一定面积和数量的固定样地开展长期观测。

文化多样性也是生物多样性保护研究的重要课题。近年来，中央民族大学（薛达元教授、龙春林教授等）、中国科学院昆明植物研究所（裴盛基研究员、王雨华研究员等）组织的研究团队，在传统知识体系的调查和编目方面，取得了较好的结果（王雨华，1999；张玲玲，2013；关晴月，2016；朴金丽，2016；王云靓，2016；邵桦，2017；樊冬梅，2017）。2014 年环境保护部也发布《生物多样性相关传统知识分类、调查与编目技术规定（试行）》，对促进中国少数民族地区拥有的与生物多样性保护和生物遗传资源可持续利用相关传统知识的保护、传承、利用以及公平分享惠益，指导相关传统知识的分类、调查和编目，具有重要的意义（薛达元和杜玉欢，2014）。

第二节　生物多样性的评价

《生物多样性公约》（以下简称《公约》）的有关条款对生物多样性评价提出了要求。《公约》第 7 条要求缔约国：（a）查明对保护和持续利用生物多样性至关重要的生物多样性组成部分，要顾及附件 1 所载指示性种类清单；（b）通过抽样调查和其他技术，监测依照以上（a）项查明的生物多样性组成部分，要特别注意那些需要采取紧急保护措施及那些具有最大持续利用潜力的组成部分；（c）查明对保护和持续利用生物多样性产生或可能产生重大不利影响的过程和活动，并通过抽样调查和其他技术监测其影响；（d）以各种方式保存并整理依照以上（a）、（b）、（c）项从事查明和监测活动所获得的数据。此外，《公约》第 14 条也涉及了对生物多样性受到严重不利影响进行评估的内容。

生物多样性的评价包括各种内容，如生物多样性价值评价、生物多样性综合评价、森林生物多样性评价、农业生物多样性评价、湿地生物多样性评价等。

一、生物多样性综合评价

生物多样性综合评价是基于物种、遗传、生态系统和景观的多样性，应用多种方式系统地搜集各种生物多样性现状、压力和保护措施的信息，采用压力—状态—响应的评价方法，对其做出定性或定量分析和判断，并对生物多样性保护提出建议的过程。

1. 生物多样性评价的步骤和范围

生物多样性评价的过程包括如下三个基本步骤（丁晖和秦卫华，2009）。

（1）搜集信息。由于生物多样性信息的庞大性和复杂性，生物多样性信息收集是一项艰巨的工作。显然，评价者不可能亲自对所有评价的内容开展实地监测而获取数据，评价者主要依赖现有数据收集、整理和分析开展评价。数据的获取状况很大程度上决定评价指标的择定，因而制定合理的信息收集策略是非常重要的。

（2）分析判断。借助生物多样性评价体系对搜集的相关信息进行分析判断是生物多样性评价的关键步骤，建立生物多样性评价体系，包括指标的择定、量化、权重设置、评价等级的划分和综合模型的建立等过程。

（3）提出建议。评价最终的目标是为生物多样性管理提出建议，评价的结论将体现在今后的决策中，评价所提出的建议将成为决策的依据。

生物多样性评价主要包括以下三个方面的内容（丁晖和秦卫华，2009）。

（1）生物多样性现状评价：包括对不同层次生物多样性的评价，如遗传多样性水平、物种多样性水平和生态系统多样性水平；也包括对生物多样性不同组成成分的评价，如对植物多样性、动物多样性和微生物多样性的评价，以及对森林生态系统多样性、湿地生态系统多样性和海洋生态系统多样性的评价等。此外，还包括对生物多样性价值的评价，如对生物多样性直接使用价值、间接使用价值、潜在使用价值和存在价值的评价，以及对其价值可持续利用的评价。

（2）生物多样性威胁评价：目前公认的对生物多样性的威胁主要来自 5 个方面。①生境丧失、片断化和退化，或生态群落改变为其他用途；②野生资源的过度利用；③生物引种；④土壤、水和大气的污染和毒化；⑤气候变化。生物多样性威胁评价主要是评价上述因素的影响程度，辨别主要威胁因素。

（3）生物多样性保护评价：包括对相关法律、机构、人力资源、政策、保护设施、科学技术、信息管理、宣传教育、公众参与、国际合作以及可持续利用生物多样性组成成分的评价。

按评价范围的空间尺度划分，生物多样性评价也可分为全球水平（global level）、区域水平（regional level）、国家水平（national level）、地方水平（local level）、保护区水平（protected area level）等评价。

2. 建立评价指标体系的原则

评价生物多样性，最重要的是选择评价指标，建立生物多样性评价指标体系应遵循以下 5 个方面的原则（Mace and Baillie，2007；UNEP and WCMC，2009；Jones et a1.，2011；曹铭昌等，2013；吴火和，2006）。

（1）科学客观性。指标的科学客观性是评估结果客观准确的根本保证。选取的指标应具有真实的科学理论基础，具有可靠的可验证数据来源。具体指标的选取应建立在对生物多样性学科充分认识、深入研究的基础上，客观、真实地反映评价目标生物多样性状态、压力和响应等内容及三类指标的内在联系。指标体系必须能够全面地反映生物多样性评价的各个方面，符合生物多样性评价的目标内涵。具体指标的选取必须具有科学依据，指标应目的明确、定义准确，所运用的计算方法和模型也必须科学规范，才能保证评价结果的真实和客观。

（2）代表简明性。指标应具有代表性和典型性，准确地反映生物多样性现状、变化趋势及威胁因素，为政策制定者提供科学依据。理论上，设置的指标越多越细、越全面，反映客观现实也越准确。然而，随着指标量的增加，数据收集和整理分析的工作量成倍增长，而且指标划分过细，难免发生指标与指标的重叠，造成综合评价的不便和混乱。此外，为了便于数据收集和处理，也应对评价指标进行筛选，选择反映评价区域可持续发展特征的主要指标构成评价指标体系，摒弃一些与主要指标关系密切的从属指标，使指标体系较为简洁明晰，便于事半功倍地开展评价。

（3）系统稳定性。生物多样性评价是一个具有高度复杂性、不确定性、多层次性的开放系统，要求系统合理地组织和规划评价信息。指标体系中每一个层次和领域的总体目标必须是一致的，指标体系的建立必须要保障评价目标和评价指标有机地联系起来，组成一个层次分明的整体。应力求简洁，指标间应尽可能独立，尽量选择那些有代表性的综合指标和主要指标，辅之以一些次要指标。同时，指标体系内容不宜变动过多、过频，应保持其相对稳定性，这样可以比较容易地分析被评价系统的发展过程和状况。

（4）实用操作性。指标体系运行过程中应具有很强的可操作性，可以用定量指标，也可以用定性指标。在构建评价指标体系时，应在尽可能简明的前提下，挑选一些易于计算、容易取得并且能够很好地反映实际情况的指标，使得所构建的指标体系具有较强的可操作性；如果有些指标难以量化，而这些指标对评价又很重要，可以用定性指标进行描述，在实际评价时再选取适当的方法进行量化处理。此外，选择的指标应具有较高的成本效率，监测费用可接受，是在当前社会经济和科技条件下易于获取和可操作的指标。

（5）理解可比性。选取的指标应简单明了，容易理解，能够被社会公众接受，专家和管理者通过简单的培训，就能运用生物多样性指标进行评估。同时，评价指标体系中的指标，要具有统一的量纲，以便于在不同区域对同一生物多样性资产进行计量评估时的比较。

3. 生物多样性评价体系的建立

2002 年召开的《公约》第六次缔约方大会确定了“到 2010 年在全球范围内大幅度降低生物多样性丧失的速度”的目标，并要求各国制定生物多样性评价指标，开展生物多样性评估。不同时期，根据各自领域的研究情况，各国学者提出了多种生物多样性评价体系。例如，万本太等（2007）根据科学性、代表性和实用性的原则，提出生物多样性综合评价的 5 个指标，即物种丰富度、生态系统类型多样性、植被垂直层谱的完整性、物种特有性、外来物种入侵度，据此确立了生物多样性综合评价方法。

（1）生物多样性供决策指标体系：Reid 等（1993）基于压力—状态—影响—响应的模式，提出由 21 个指标组成的指标体系，旨在提供地方、国家、区域和全球水平评价生物多样性状况和趋势的框架，帮助规划和建立优先领域，以指导生物多样性决策，因此称为生物多样性供决策指标体系（表 10-1）。

表 10-1　生物多样性供决策指标体系

类别	指标
压力	当地居民利用的物种的数量或百分比
状态	物种丰富度（物种数量、单位面积物种数量、每种生境类型的物种数量）
	受到灭绝威胁的物种或种群的数量或百分比
	特有种的数量或百分比
	受到灭绝威胁的特有种的数量或百分比
	物种风险指数（群落中单位面积特有种数量×自然群落中已经消失物种的百分比）
	具有稳定和增长种群的物种（种群）的数量或百分比
	具有稳定和减少种群的物种（种群）的数量或百分比
	保护区受威胁物种的数量或百分比
	保护区特有种的数量或百分比
	结构上占优势的外来种面积（省、国家或生态区）的百分比
	大于 1000km^2 的由外来种占据的地块面积（省、国家或生态区）的百分比或范围

续表

类别	指标
影响	外来种占结构上优势改变为当地物种占结构上优势的速率
	与过去 30 年相比，国家（生态区）作物（牲畜）数量增加的百分比
	与过去 30 年相比，国家（生态区）作物（牲畜）品种数量增加的百分比
	作物亲缘系数
响应	迁地保护保存的受威胁物种的数量或百分比
	具有可育迁地保护种群的受威胁物种的数量或百分比
	处于严格保护下的面积（省、国家、生态区或群落类型）的百分比或范围
	迁地保护作物和牲畜的增加值（数量和百分比）
	过去 10 年重新栽植的作物增加值（百分比）

（2）2010 年生物多样性目标评价指标：根据 2002 年《公约》缔约方大会通过的 2010 年生物多样性目标，讨论并提出 2010 年生物多样性目标评估指标（表 10-2）（丁晖和秦卫华，2009）和生物多样性目标评估的临时框架（表 10-3）（徐海根等，2010）。

表 10-2　2010 年生物多样性目标评价试行和暂定指标

重点方面	立即试行的指标	将由咨询机构或工作组制定的可采用指标
生物多样性各组成部分的现状和趋势	选定生物群落、生态系统和栖息地的规模方面的趋势	受威胁物种现状的变化（正在编制的危机物种清单指标）
	选定物种的数量和分布趋势	具有重大社会经济意义的驯养动物、作物和鱼类的遗传多样性趋势
	保护区的覆盖范围	
可持续利用	氮沉降	可持续管理下的森林、农业和水产养殖生态系统的面积
		可持续来源提供的产品所占比例
		外来入侵物种的数目和产生的代价
生态系统的完整性及生态系统提供的货物和服务	海洋营养指标	对淡水和其他可能生态系统的应用
	水生生态系统中的水质	生态系统的连续性/支离破碎
		人类造成的生态系统失效事件
		依靠生物多样性资源生存的社区中的居民健康和福利
		在食物和医药方面利用的生物多样性
传统知识、创新和做法的现状	语言多样性的现状和趋势及讲土著语言者的人数	将由《公约》第 8（j）条和相关条款工作组确定的其他指标
获取和惠益分享情况		将由获取和惠益分享问题工作组确定的指标
资源转让情况	为正常《公约》所提供的官方发展援助（经合组织发展援助委员会的统计委员会）	技术转让指标

表 10-3　2010 年生物多样性目标评估的临时框架

目的	目标
（1）促进生态系统、生境和生物群系的多样性保护	世界上各生态区域至少 10%的面积得到有效保护
	对生物多样性具有特殊意义的区域得到保护
（2）促进物种多样性保护	恢复、保持某些生物类群的种群数量或降低其减少速度
	受威胁物种的状况得到改善
（3）促进遗传多样性保护	农作物、牲畜和经济林遗传多样性，鱼类和野生动植物及其他珍贵物种得到保护，相关的土著知识和当地知识得以保存
（4）促进可持续利用和消费	利用生物多样性开发的产品得到可持续管理，且对产地的管理与生物多样性保护目标相一致
	减少了对生物资源的不可持续消费或对生物多样性的影响
	任何野生动植物物种不受国际贸易的威胁
（5）减轻了因生境丧失、土地利用变化和土地退化及不可持续的用水所造成的压力	降低了自然生境丧失和退化的速度
（6）控制来自外来入侵物种的威胁	控制了主要潜在外来入侵物种的入侵途径
	对威胁生态系统、生境或物种的主要外来物种已制订管理计划
（7）致力于解决气候变化和污染对生物多样性威胁的问题	维护并加强生物多样性组成部分适应气候变化的能力
	减轻污染及其对生物多样性的影响
（8）维持生态系统提供产品和服务及支持生计的能力	维持生态系统提供产品和服务的能力
	维护对（特别是贫困人口的）可持续生计、当地食品安全和卫生保健具有支持作用的生物资源
（9）维护土著和当地社区的社会文化多样性	保护传统知识、创新和做法
	保护土著和当地社区对其传统知识、创新和做法的权利，包括分享惠益的权利
（10）确保公平和公正地分享使用遗传资源所产生的惠益	所有遗传资源的转让均按照《公约》《粮食与农业植物遗传资源国际条约》和其他适用条约开展
	与资源提供国分享遗传资源的商业利用和其他利用所产生的惠益
（11）缔约方已提高执行《公约》的资金、人力、科学和技术能力	按照《公约》第 20 条，向发展中国家缔约方提供新的和额外的资金，以便其有效地履行《公约》规定的义务
	按照《公约》第 20 条第 4 款，向发展中国家缔约方转让技术，以便其有效地履行《公约》规定的义务

曾志新和罗军（1999）基于遗传多样性、物种多样性和生态系统多样性三个层次，从多样性、稀有性、濒危性、稳定性、干扰性等方面，提出一套评价生物多样性的指标体系、评价方法和评价标准。

丁晖和秦卫华（2009）根据压力—状态—响应（pressure-state-response，PSR）框架的原理和对生物多样性保护的研究成果，建立生物多样性评价的 PSR 模型（图 10-2），并根据生物多样性评价的规律和生物多样性保护的需求，建立 4 个指标层、3 个准则层指标、17 个指标层指标和 64 个分指标构成的生物多样性评价指标体系。其中，①指标层（R）为生物多样性综合评价指数；②准则层指标（R_i）由生物多样性现状、生物多样性受到的威胁、保护生物多样性的措施 3 个指标组成；③指标层指标（R_{ij}）包括森林生态系统多样性、湿地生态系统多样性、草原生态系统多样性、荒漠生态系统多样性、海洋生态系统多样性、植物多样性、动物多样性、微生物多样性、生物多样性价值、自然生境破坏程度、野生资源的过度利用程度、外来种入侵程度、环境污染程度、气候变化程度、生境恢复与改善水平、自然保护区建设管理水平和迁地保护水平 17 个指标；④分指标，指标一般由多个分指标组成，共有 64 个分指标；每个分指标提供一个或多个参数，共 101 个参数。

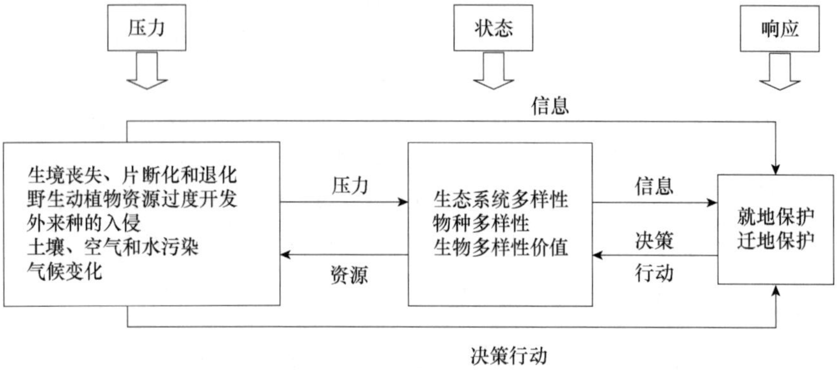

图 10-2　生物多样性评价 PSR 模型

此外，傅伯杰等（2017）也认为，构建生物多样性评估指标体系，应包括压力、状态（包括趋势，状态的变化方向即为趋势）和响应三大类指标，其中压力指标包括气候变化、污染、氮沉降、生物入侵、城市化和景观破碎化 6 项主题指标；状态和趋势指标包括物种丰富度、珍稀性、特有性、物候等 6 项主题指标；响应指标包括自然保护区建设和可持续经营两项主题指标（表 10-4）。

表 10-4　生物多样性评估指标体系

指标类别	主题指标	具体指标
Ⅰ压力	1 气候变化	（1）气温变化；降雨变化；极端气候事件
	2 污染	（2）主要污染物排放量
	3 氮沉降	（3）氮盈余
	4 生物入侵	（4）入侵物种种数
	5 城市化	（5）土地利用：人类居住和各产业发展与建设使用的土地总量增加情况
	6 景观破碎化	（6）景观破碎度指数
Ⅱ状态和趋势	1 物种丰富度	（7）物种丰富度
	2 珍稀、濒危物种	（8）红色清单指数
		（9）植物的极小种群大小
	3 特有种	（10）特有植物和动物物种丰富度
		（11）地球生命力指数
	4 指示物种	（12）蝴蝶和鸟类的种群大小
	5 物候	（13）物候期
	6 海洋营养指数	（14）海洋营养指数
Ⅲ响应	1 自然保护区建设	（15）自然保护区覆盖率
	2 可持续经营	（16）森林管理委员会（FSC）认证的森林面积百分比

针对日益严峻的生物多样性丧失形势，国际社会于2010年通过了《2011—2020年生物多样性战略计划》，其采用“压力—状态—惠益—响应”模型，建立了评估2020年目标进展的指标体系。该指标体系包括生物多样性状态、生态系统服务、压力和响应4个方面，涉及17个一级指标、42个二级指标（徐海根等，2016）。相应的，中国2020年生物多样性目标的评估指标，亦包括17个一级指标和42个二级指标（表10-5）（中华人民共和国环境保护部，2014；徐海根等，2016）。

表10-5　中国2020年生物多样性目标的评估指标

一级指标		二级指标及其含义
生物多样性状态	1 生态系统宏观结构	（1）指森林、湿地、草地、沙漠等生态系统的面积及其比例的变化；还可对天然林面积进行单独分析；（2）活立木总蓄积量：指一定区域范围土地上所生长着的全部树木的蓄积量之和
	2 生态系统健康状况	（3）天然草原鲜草总产量；（4）海洋营养指数：指海洋渔获物的平均营养级，反映海洋食物链的长短，进而反映海洋生态系统的抗干扰能力和完整性
	3 物种多样性	（5）红色名录指数：指受威胁物种在濒危等级、种群数量等方面的变化，表示特定生物类群濒危等级的总体变化
	4 遗传资源	（6）生产上使用的传统品种资源，可反映传统遗传资源的保护、生态系统服务状况
生态系统服务	5 生态系统提供的服务	（7）产品提供功能：生态系统提供给人类的可以在市场中进行交换的产品或服务，主要包括粮食和畜牧产品等；（8）调节功能：水源涵养功能、固沙功能、土壤保持功能
	6 直接依赖于当地生态系统产品和服务的社区健康与福祉的变化	（9）农村居民家庭人均年纯收入；（10）天然林资源保护工程区贫困人口数量
压力	7 环境污染	（11）废水年排放量；（12）工业废水中化学需氧量年排放量；（13）废气中二氧化硫年排放量；（14）废气中烟尘年排放量；（15）工业固体废弃物年排放量；这些指标表明环境污染对生物多样性构成的威胁；（16）农药年施用量；（17）化肥年施用量，说明农业活动对生物多样性的影响程度，高的氮投入和氮失衡常对生物多样性构成重大威胁
	8 气候变化对生物多样性的影响	（18）气候变化对生态系统的结构和功能、物种和遗传资源的分布与增长所造成的影响
	9 外来入侵种危害程度	（19）每20年新发现的外来入侵种种数；（20）口岸截获有害生物的批次和物种种数
响应	10 就地保护体系	（21）自然保护区的数量；（22）自然保护区的面积；（23）风景名胜区的数量；（24）风景名胜区的面积；（25）森林公园的数量；（26）森林公园的面积；（27）国家级水产种质资源保护区的数量；（28）国家级水产种质资源保护区的面积；（29）海洋特别保护区的数量；（30）海洋特别保护区的面积；（31）保护小区的数量；（32）保护小区的面积
	11 政策和规划的实施	（33）国家重点生态工程的实施情况和发布省级生物多样性保护战略与行动计划的数量
	12 生境保护与恢复	（34）国家重点生态工程实施区域森林蓄积量
	13 污染控制	（35）烟气脱硫机组装机容量及其占全部火电机组的比例；（36）城市污水处理率；（37）工业固体废物综合利用率

续表

一级指标		二级指标及其含义
响应	14 资源综合利用	（38）可再生资源利用量：太阳能热水器、太阳能灶的数量；（39）处理农业废弃物工程年产气量
	15 不同年份通过	（40）Google 检索到有关中国生物多样性的条目
	16 与生物多样性保护与持续利用有关的知识	（41）有关生物多样性保护论文的数量
	17 生物多样性保护相关资金的投入	（42）天然林资源保护工程、野生动植物保护及自然保护区建设工程、湿地保护工程的资金投入

二、区域生态系统多样性评价

史作民等（1996）针对不同区域尺度上同一类型的生态系统，提出 6 项评价原则和一套包括生态系统多样性、特有性、代表性、稀有性、稳定性、自然性、保护价值、可接近度、人类干扰、自然灾害和保护现状指标的分层次评价指标体系（表 10-6）。

表 10-6 区域生态系统多样性评价指标及其等级化依据

评价指标		等级化依据
多样性	生境类型多样性	生境类型多少、面积大小、异质化程度
	结构多样性	空间结构和营养结构（如食物链、食物网等）的复杂程度
	物种多度	物种类型和种群的绝对数量
	物种相对多度	物种类型和种群在不同区域尺度上的相对数量
特有性	生境特有性	生境类型在不同区域尺度上的特有程度
	群落特有性	生物群落类型在不同区域尺度上的特有程度
	物种特有性	物种在不同区域尺度上的特有程度
代表性	生境代表性	生境类型在不同区域尺度上的代表性高低
	群落代表性	生物群落类型在不同区域尺度上的代表性高低
	物种代表性	物种在不同区域尺度上的代表性高低
稀有性	生境稀有性	生境类型在不同区域尺度上的稀有程度
	群落稀有性	群落类型在不同区域尺度上的稀有程度
	物种稀有性	物种在不同区域尺度上的稀有程度（分布范围、生境专一程度、种群大小等）
稳定性	抵抗力稳定性	生态系统抵抗外来干扰的能力
	恢复力稳定性	受外来干扰后，生态系统的恢复能力
自然性		外来种的侵入、人类活动的威胁破坏
保护价值	科研价值	在物种进化、群落演替、育种、气候变化和环境监测等方面科研价值的大小
	社会价值	在自然保护的教育和宣传、人类的休闲和娱乐等方面发挥作用的大小
	经济价值	生态系统组成成分及其自身开发利用的直接和间接经济价值
可接近度		距离人类集聚区的远近、交通便利程度等
人类干扰	直接干扰	生态系统内各种自然资源的开发利用程度
	间接干扰	生态系统周边地区的开发利用强度、大气和水环境的污染程度等
自然灾害		自然灾害发生的频度、强度、持续时间、破坏程度等
保护现状		保护管理措施、经济投入、科学研究的深度和广度、保护人员素质等

生物多样性中生态系统的评价，往往也离不开生态系统受威胁等级评估，因为其是认识生物多样性丧失的重要手段。陈国科和马克平（2012）依据生态系统分布或生态系统功能短期衰退；生态系统分布或生态系统功能长期衰退；生态系统当前分布范围小，而且生态系统分布范围收缩，生态系统功能衰退，生态系统分布点极少；生态系统分布面积极小 4 个方面，提出生态系统受威胁等级评估标准与方法（表 10-7）。

表 10-7 生态系统受威胁等级评估标准

标准	次级标准及其阈值	受威胁等级
A. 生态系统分布或生态系统功能短期衰退	1. 过去 50 年内分布的下降幅度	
	≥80%	极危
	≥50%	濒危
	≥30%	易危
	2. 未来 50 年分布的下降幅度	
	≥80%	极危
	≥50%	濒危
	≥30%	易危
	3. 从过去到未来的 50 年内，分布的下降幅度	
	≥80%	极危
	≥50%	濒危
	≥30%	易危
	4. 过去或未来 50 年，生态系统功能丧失的程度及范围	
	a-非常严重，至少一个重要生态过程（≥80%）	极危
	b_1-非常严重（≥50%）	濒危
	b_2-严重，至少一个重要生态过程（≥80%）	濒危
	c_1-非常严重，至少一个重要生态过程（≥30%）	易危
	c_2-严重，至少一个重要生态过程（≥50%）	易危
	c_3-比较严重，至少一个重要生态过程（≥80%）	易危
B. 生态系统分布或生态系统功能长期衰退	1. 过去 500 年内生态系统分布的下降幅度	
	≥90%	极危
	≥70%	濒危
	≥50%	易危
	2. 过去 500 年，发生非常严重功能衰退的生态系统分布	
	≥90%	极危
	≥70%	濒危
	≥50%	易危
C. 生态系统当前分布范围小，而且生态系统分布范围收缩，生态系统功能衰退，生态系统分布点极少	1. 生态系统的分布范围（结合下列 a、b 和 c 项具体规定中的任一条）	
	≤100km^2	极危
	≤5 000km^2	濒危
	≤20 000km^2	易危
	a-生态系统分布范围持续收缩	

续表

标准	次级标准及其阈值	受威胁等级
C. 生态系统当前分布范围小，而且生态系统分布范围收缩，生态系统功能衰退，生态系统分布点极少	b-至少一个重要生态系统过程发生严重功能衰退	
	c-生态系统分布点	
	1	极危
	≤5	濒危
	≤10	易危
	2. 生态系统占有面积（结合下列 a、b 和 c 项具体规定中的任一条）	
	≤10km^2	极危
	≤500km^2	濒危
	≤2 000 km^2	易危
	a-生态系统分布范围持续收缩	
	b-至少一个重要生态系统过程发生严重功能衰退	
	c-生态系统分布点	
	1	极危
	≤5	濒危
	≤10	易危
D. 生态系统分布面积极小	生态系统面临严重的潜在威胁	
	≤5km^2	极危
	≤50km^2	濒危
	≤100km^2	易危

靳芳等（2007）开展了中国森林生态系统生态服务功能及其评价的研究，提出了森林生态系统评价指标体系构建原则，包括如下几个。①可操作性原则。所选取的指标应具有可监测性，指标内容简单明了，概念明确，容易获取。纯粹理论意义上的指标体系是毫无意义的，是否选取实用的指标对该指标体系能否推广具有重要的影响。②系统性原则。森林生态系统服务功能评价指标体系是一个多属性、多层次、多变化的体系，表现在空间层次上及森林建设类型上。因此，评价标准和指标体系不仅要反映森林生态系统的机制，而且还要反映对区域功能的促进，即森林系统与环境、社会经济系统的整体性和协调性。③科学性原则。森林生态系统服务功能评价指标体系要建立在科学的基础上，并能反映评价对象的本质内涵。每个指标应含义明确，简便易算，评价方法易于掌握。④可比性原则。森林生态系统服务功能评价指标体系中的指标要具有统一的量，以便于在不同区域对同一类型森林效益计量评价时进行比较。⑤全面性原则。森林生态系统服务功能评价指标体系作为一个有机的整体，应能够反映和测度被评价系统的主要特征和状况；在时序上，既有静态指标，又有动态指标，以全面正确地评价其综合效益。⑥独立性与稳定性原则。指标间应尽可能独立，且指标体系内容不宜变动过多、过频，应保持其相对稳定性。⑦可接受性原则。应使指标体系中的各项指标能为大多数人理解或接受，尤其是比较主要的指标更是如此。根据这些原则，靳芳等构建森林生态系统服务功能效益评价指标体系框架，包括 A 级 2 个，B 级 8 个，C 级 22 个。其中 A 级含直接经济效益、间接经济效益，而 B 级含林业产值、涵养水源、固定 CO_2、营养物质循环与储藏、净化空气、水土保持、维持生物多样性、防风固沙等功能指标。

此外，张颖（2010）开展中国城市森林环境效益评价，李俊生等（2010）对中国国家级自然保护区景观多样性监测与评价技术进行了研究，并提出了国家级自然保护区编目原则，将国家级自然保护区划分为5种类型。这些工作，对区域/行业生物多样性的相关评价，均具有重要的参考价值。

三、湿地生物多样性综合评价

张峥等（1999）借鉴有关区域生态系统评价的理论，选取多样性、代表性、稀有性、自然性、稳定性和人类威胁等指标并进行分级化处理，提出、制定了一套湿地生态系统评价指标体系（表10-8）。

表10-8　湿地生态系统评价指标体系

评价		分级
多样性	物种多样性	A. 湿地内物种极丰富
		B. 湿地内物种较丰富
		C. 湿地内物种中等丰富
		D. 湿地内物种较少
	生境类型及结构多样性	A. 湿地生态系统组成成分与结构复杂，类型很多
		B. 湿地生态系统组成成分与结构较复杂，类型较多
		C. 湿地生态系统组成成分与结构较简单，类型较少
		D. 湿地生态系统组成成分与结构简单，类型单一
代表性		A. 在全球范围或同纬度地区内有突出代表意义的湿地
		B. 在全国范围或生物地理区内有突出代表意义的湿地
		C. 具有相应地区典型特征的湿地
		D. 代表性一般的常见类型湿地
稀有性	物种濒危程度	A. 湿地内有全球性珍稀濒危物种
		B. 湿地内有国家重点保护一类动物或一类、二类植物
		C. 湿地内有国家重点保护二类动物或三类植物
		D. 湿地内有区域性珍稀濒危物种
	物种分布状况	A. 湿地物种地理分布极窄，仅有极少产地的地方性物种
		B. 湿地物种地理分布较窄，虽广布但局部少见及生物地理分布区边缘的物种
		C. 湿地物种为广布种
	生境稀有性	A. 世界范围内唯一或重要的湿地
		B. 国家或生物地理区内唯一或重要的湿地
		C. 地区范围内稀有或重要的湿地
		D. 常见类型的湿地
自然性		A. 未受人类侵扰或极少侵扰，保持原始状况，自然生境完好，核心区未有人类影响的完全自然型湿地
		B. 已受到轻微侵扰和破坏，但生态系统无明显结构变化，自然生境基本完好，核心区未受

续表

评价		分级
自然性		到或较少受人类影响的受扰自然型湿地
		C. 已遭到较严重的破坏，生态系统结构发生变化，但无大量引入物种，自然生境退化，核心区受到中等强度人类影响的退化自然湿地
		D. 自然生境遭到全面破坏，原始结构已不存在，有大量的人为修饰迹象，外源种大量引入，核心区受到很大影响，自然状况基本已为人工状况所替代的人工修复型湿地
稳定性	物种生活力	A. 湿地内主要或关键性物种需特化生境，物种适应性差，繁殖力低
		B. 湿地内主要或关键性物种需较为特化生境，生活力、繁殖力较低，适应性较差
		C. 湿地内主要或关键性物种不需特化生境，生活力与繁殖力较强
	种群稳定性	A. 湿地内生物个体数量少，密度低，最小生存种群很难维持
		B. 湿地内生物个体数量较多，密度低，或个体数量少，密度高，最小生存种群不易维持
		C. 湿地内生物个体数量多，密度高，最小生存种群可以维持
	生态系统稳定性	A. 湿地生态系统不成熟、结构不完整或不合理，很脆弱
		B. 湿地生态系统较成熟、结构不完整或不合理，很脆弱
		C. 湿地生态系统处于顶级状态，结构完整合理，较稳定
人类威胁	直接威胁	A. 人类侵扰活动强度大，核心区受到较大威胁的湿地
		B. 有少量侵扰活动存在，核心区受到一定威胁的湿地
		C. 人类活动很少，核心区未受干扰的湿地
	间接威胁	A. 湿地为开发区所环绕
		B. 湿地周边地区有未开发生境
		C. 湿地与另一湿地毗邻或为未开发生境所环绕

四、县域生物多样性评价

为指导和规范生物多样性调查工作，原环境保护部（现中华人民共和国生态环境部）以《全国生物物种资源调查技术规定（试行）》（2010 年第 27 号公告）为基础，制定了县域生物多样性调查与评估技术规定。这些技术规定于 2017 年 12 月公告，包括《县域陆生高等植物多样性调查与评估技术规定》《县域植被多样性调查与评估技术规定》《县域陆生哺乳动物多样性调查与评估技术规定》《县域鸟类多样性调查与评估技术规定》《县域两栖类和爬行类多样性调查与评估技术规定》《县域昆虫多样性调查与评估技术规定》《县域大型真菌多样性调查与评估技术规定》《县域生物多样性相关传统知识调查与评估技术规定》《内陆鱼类多样性调查与评估技术规定》《内陆浮游生物多样性调查与评估技术规定》《内陆大型底栖无脊椎动物多样性调查与评估技术规定》《内陆周丛藻类多样性调查与评估技术规定》12 个。规定了县级水平上各类生物调查和评价内容、方法及其规范，是县级行政级别生物多样性调查与评价的依据。

五、生物多样性价值评价

生物多样性的价值包括直接价值、间接价值、潜在价值和伦理价值。这些价值的评价，目前主要关注经济价值和生态价值的评价。

1. 生物多样性经济价值评价

生物多样性的经济价值评价，一般包括三种方法：①基于个人支付意愿(willingness to pay, WTP ）的直接经济价值评价方法；②利用实际或替代市场的间接经济价值评价方法；③针对生物多样性价值在空间上流动的现象，基于定量分析的过程-效益经济价值评价法（郭中伟和李典谟，1999）。

（1）直接经济价值评价方法：以支付意愿作为指标衡量生物多样性的价值，是一种目前国际上较为通行的方式。经济评价的基本原则是个人对环境服务或资源的支付意愿，支付意愿可以表示一切商品的价值。支付意愿是“人们一切行为价值表达的自动指示器”，因而可以判定一切商品和效益的价值。商品的价值可以用如下公式表示：

任何商品的价值＝人们对该商品的支付意愿

支付意愿又由实际支出和消费者剩余两部分组成：支付意愿=实际支出（商品价格）+消费者剩余。

一个与支付意愿相关的经济度量方式是人们对环境损害补偿的接受意愿（willingness to accept，WTA），支付意愿和接受意愿可能有差异。在实际工作中，两者都被用于经济价值评价。在直接评价方法中，需要通过试验或问询调查做出选择。

所谓试验就是通过人们对所评价内容的实际经历，获得其支付意愿。例如，分析者要知道多少人有生活在一个改进水质城市的支付意愿，则在一些城市公布水的质量和财产税，然后统计有多少人打算为改进水质和较高的税收迁入该城市，即通过有支付愿意的人数调查和统计，计算其直接价值。

问询调查包括两种方式，分别以获得分级为目的和以获得价值为目的。①条件分析法。类似于条件价值法，是对提问者希望获得的喜好进行分级，分级随后能够被分析者根据市场的时间价格定位。②条件价值法，也称为调查法或假设评估法。以得到价值为目的的方式，通过直接对人们进行询问，描述或表明其对一些在商品或服务供给上的变化或者避免变化的支付意愿，或者是对放弃或忍受变化的支付意愿或称接受赔偿意愿。这两种方式也包括诸多的方法。

（2）间接经济价值评价方法：间接经济价值主要通过生态功能体现如下方面。①提供生物进化所需的生态演替与生物进化所需的丰富物种和遗传资源；②生物多样性在形成和维护生态系统结构和功能方面所具有的作用；③生态系统的服务功能。通常从服务功能入手，运用市场价值法、替代市场法、保护费用法、恢复费用法等方法对其经济价值进行估计。

间接经济价值评价方法是从实际的和被观察的市场出发，根据相关信息，导出偏好的技术。间接的技术可以分为两组：替代市场方法和常规市场方法。①替代市场方法。买与卖的商品或服务通常作为关注环境产品的替代物。当购买这些私有商品时，每个人表明对市场化私有商品和环境产品的偏好。替代市场方法包括了享受技术和常用产品函数技术。后者包括旅游成本方法、预防行为技术方法、享受价值法、费用支出法、市场价值法等。②常规市场方法。这种方法对被影响的环境服务使用市场价格，或者如果市场价格不够精确的话，可以用影子价格调整。这一类包括了剂量-反应技术和替换成本方法。

（3）过程-效益经济价值评价法：生物多样性价值的过程-效益评价法是针对由于资源占有与使用上的分离所造成利益无法共享而提出的，其着重分析价值形成的过程和所产生的效益。此方法分析过程包括 3 个方面/步骤。①定性地辨识被评价生物多样性资源所产生的某种效益，其中含 3 种途径：判定所要评价生物多样性的一个使用价值；判定该价值所产生的一个效益；判定价值的流动通道。②定量地分析生物多样性资源产生效益的过程，其通过 3 个步骤实现：即在明确所要评估效益的基础上，分析价值在通道上的行为；模拟价值形成与流动及实现效益的过程；对过程进行定量分析，确定价值在不同时间和空间上对效益形成的贡献。③定量地评价生物多样性的经济价值，含4个步骤：在过程分析的基础上，定量地确定效益的量值；利用常规市场价值法或替代市场价值法，先定量被评价的某种环境效益的效果；再根据这些效果的市场价格评价环境效益的经济价值；以效益经济价值作为生物多样性所提供的一个环境服务的经济价值，实现对生物多样性一个方面经济价值的评估。

徐慧和彭补拙（2003）研究国外生物多样性经济价值评价方法，将其归类为3种评价方法（即市场价格法、替代市场法和模拟市场法），并对几种方式进行比较分析（表10-9）。实际上，模拟市场法与上述的以支付意愿作为指标衡量生物多样性价值的评价法是相同的。

表10-9　生物多样性经济价值评价方法的比较

方法	适用范围与条件	优点	局限
市场价格法	有市场价格的物品	简便易行，结果较客观	只能评估直接实物使用价值；低估存在消费者剩余的物品的价值
替代市场法	旅行费用法适用于生物多样性保护区的旅游价值的评估	比较成熟	忽略了时间价值、非使用者和非当地效益；存在取样偏差；对游客的多目标游览的估计不足
	影子价格法要求被评估对象有市场替代物	评估间接使用价值	难以找到能完全替代环境服务的物品
模拟市场法	条件价值法研究要求样本人群具有代表性，对所调查的问题感兴趣并且有一定的了解；要有充足的资金、人力和时间	评估非使用价值	存在信息偏差、战略偏差等偏差；WTP与WTA不一致；确定相关群体的困难性；价格与范围的敏感性；评估结果的可信度变化幅度大

2. 生物多样性生态价值评价

生态价值往往是容易被人们忽略或者遗忘的。傅伯杰等（2017）构建了生态系统服务指标体系，对生态价值进行评价。这一体系包括供给服务、调节服务和文化服务3个类别，其中，供给服务包括淡水、食物、木材和纤维、基因和生物资源4项主题指标，调节服务包括气候变化减缓、地区微气候调节、空气质量调节、自然灾害调节、洪水调节、侵蚀调节、水质调节和病虫害调控8项主题指标，文化服务包括休闲娱乐、文化遗产、文化多样性3项主题指标（表10-10）。

表10-10　生态系统服务评价指标体系

指标类别	主题指标	人类受益类别	具体指标
Ⅰ供给服务	1 淡水	健康	（1）产水量
	2 食物	健康	（2）农作物产量（粮食）
			（3）草地牧草产量（牲畜）
			（4）水草产量（水产品）
	3 木材和纤维	生产要素：林业、其他工业	（5）森林地上生物量
	4 基因和生物资源	生产要素：制药业、农业、其他工业	（6）物种丰富度
Ⅱ调节服务	1 气候变化减缓	安全	（7）生态系统碳固定
	2 地区微气候调节	健康	（8）实际蒸散量
	3 空气质量调节	健康	（9）释氧量和滞尘量

续表

指标类别	主题指标	人类受益类别	具体指标
Ⅱ调节服务	4 自然灾害调节	安全	（10）森林覆盖率
	5 洪水调节	安全	（11）湿地和冲积平原面积/洪水风险区面积
	6 侵蚀调节	安全	（12）土壤保持量
	7 水质调节	健康	（13）植被覆盖度
	8 病虫害调控	生产要素：林业、农业、食品工业	（14）植物物种丰富度
Ⅲ文化服务	1 休闲娱乐	健康	（15）绿地和湿地景观覆盖率
	2 文化遗产	健康	（16）世界遗产
	3 文化多样性	自然多样性	（17）物种丰富度
			（18）生态系统类型多样性

六、外来种危害评价

有害生物风险分析无论是从保护农业生产、保护生态环境方面，还是从促进贸易发展方面考虑都是十分必要的，是建立入侵生物预警系统和防范其入侵的重要途径（陈晨，2007）。而对外来种危害的评价更是防范外来种进一步危害的重要工作。

刘莉（2007）以加拿大一枝黄花为案例，运用成本-收益分析的方法，从经济和环境影响及防控成本角度评价了加拿大一枝黄花的经济和环境危害。刘莉认为同种入侵种在不同的适生地也会产生不同的影响，面对不同的情况，必须要区别对待，时刻关注其发展。此外，防控某些危害性很大的外来入侵植物，最可行的办法就是尽可能地在外来有害物种的快增期前将其控制住，同时也提高了防控投入的效率。

徐海根等（2004）以《国民经济行业分类》（GB/T 4754—2002）为主要依据，结合外来入侵种对国民经济不同行业危害的特点和研究需要，建立以外来入侵种为起点，以为害对象隶属的国民经济行业为基本框架的外来入侵种直接经济损失评价分类体系（表 10-11）。此外针对农林业，提出了应选择一些主要和次要入侵种，来评价它们对农林业经济的危害（表 10-12、表 10-13）。

表 10-11　外来入侵种直接经济损失评价分类体系

门类	大类	说明
农林牧渔业	农业	农业外来入侵种对粮食、油料、棉花、麻类、糖料、烟叶、药材、蔬菜、花卉、水果、坚果、茶、香料作物和其他作物种植的危害
	林业	林业外来入侵种对林木培育和种植的危害
	畜牧业	农业外来入侵种对牲畜饲养的危害
	渔业	外来入侵种对海水养殖的危害
交通运输、仓储和邮政业	道路和水上运输业	外来入侵种对水上运输的危害
	仓储业	外来入侵种对农产品仓储的危害
水利、环境和公共设施管理业		外来入侵种对城市绿化、游览景区等公共设施管理的危害
人类健康		外来入侵种对人类健康的危害

表 10-12　外来入侵种农业经济损失评价

类别	主要评价对象	次要评价对象
病害	马铃薯癌肿病、大豆疫霉、水稻细菌性条斑病、棉花黄萎病	甘薯黑斑病、番茄溃疡病、玉米霜霉病、木薯细菌性枯萎病、烟草环斑病毒病、鳞球茎茎线虫、香石竹枯萎病菌、菊花叶枯线虫
虫害	稻水象甲、美洲斑潜蝇、烟粉虱、温室白粉虱、福寿螺、美国白蛾、棉铃虫	非洲大蜗牛、马铃薯甲虫、苹果绵蚜、苹果蠹蛾、葡萄根瘤蚜
杂草	喜旱莲子草、反枝苋、皱果苋、藿香蓟、豚草、三裂叶豚草、野塘蒿、一年蓬、紫茎泽兰、飞机草、裸柱菊、凤眼蓝、阿拉伯婆婆纳、银花苋等 170 种	
鼠害	褐家鼠、小家鼠	

表 10-13　外来入侵种林业经济损失评价

类别	主要评价对象	次要评价对象
病害	松材线虫、落叶松枯梢病菌、松针红斑病菌、落叶松癌肿病菌、松癌锈病菌	桉树青枯病菌、油橄榄癌肿假单孢杆菌、油橄榄孔雀斑病菌、桉树焦枯病菌、杨树花叶病毒、杨树大斑溃疡病菌
虫害	日本轮干蚧、松突围蚧、湿地松粉蚧、美国白蛾、强大小蠹	双钩异翅长蠹
鼠害		褐家鼠、小家鼠

第三节　生物多样性信息系统的建立

生物多样性信息系统（BIS）是在编目的基础上，用系统思维的方法，以计算机科学和现代通信技术等为生物多样性保护和持续利用提供决策服务的信息系统。生物多样性信息系统可分为信息系统技术和技术支撑系统两大部分。信息系统技术包括数据库、信息管理与展示、模型和专家系统等。技术支撑系统包括硬件、系统软件和网络设施等。

生物多样性信息系统由 4 部分组成。

（1）数据库：根据生物多样性的不同层次、利用价值及保护措施，建立各类数据库，如物种数据库、标本数据库、濒危物种数据库、遗传资源数据库、种质资源数据库、生态系统数据库、资源生物数据库、就地保护和迁地保护数据库、生境数据库等（表 10-14）。

表 10-14　部分国际生物多样性信息系统数据库

数据库	网址	内容
NatureServe	http://www.natureserve.org/	北美洲和南美洲的物种分布和生活史数据
AntWeb	https://www.antweb.org/	全球蚂蚁数据
AnAge	http://genomics.senescence.info/species/	动物衰老和寿命数据
FishBase	http://www.fishbase.org/	世界鱼类数据
WoRMS 登录	http://www.marinespecies.org/	世界海洋生物物种

续表

数据库	网址	内容
China Biodiversity Information System，CBIS	http//www.kew.org/	中国植物、动物、微生物的分类、分布、生境、保护等级与措施、图片等
National Specimen Information Infrastructure，NSII	http://www.nsii.org.cn/2017	中国国家标本资源平台：标本资源的标准化整理、整合与共享平台
Chinese Field Herbarium，CFH	http://www.cfh.ac.cn/	中国自然标本馆：生物多样性信息网络平台
Chinese Virtual Herbarium，CVH	http://www.cvh.ac.cn/	中国数字植物标本馆：中国植物标本及相关植物学信息
AmphibiaWeb	http://www.amphibiaweb.org/	两栖和爬行动物生活史的数据
Millennium Seed Bank，Royal Botanic Gardens，Kew	http://data.kew.org/sid/	全球植物种子数据
United States Department of Agriculture，USDA	http://plants.sc.egov.usda.gov/	北美洲植物分布与生活史数据
Plant Trait Database，TRY	https://www.try-db.org/	全球范围内多种来源的植物功能性状
Integrated Taxonomic Information System，ITIS	https://www.itis.gov/	生物物种分类信息
Species 2000	http://www.sp2000.org/	已知所有动物、植物、微生物物种的名录
Catalogue of Life，CoL	http://www.catalogueoflife.org	综合性和权威性的全球物种索引
The Plant List，TPL	www.theplantlist.org/	世界所有已知植物名称网上搜索
Biodiversity Conservation Information System，BCIS	http://www.biodiv.gov.cn	评估对物种、生境和景观形成威胁的因素的范围和特性
International Species Information System，ISIS	http://www.worldzoo.org	全球动物园和水族馆所饲养的活的动物信息
Biodiversity Information Network，BIN21	http://www.bdt.org.br/	生物多样性方面确切和有用的信息
Global Biodiversity Information Facility，GBIF	http://www.gbif.org	存储和提供世界范围内有关生物多样性研究的第一手资料
Botanical Garden Conservation International，BGCI	www.bgci.org	全球植物园的基本信息、珍稀和受威胁植物的栽培信息、栽培的园艺技术信息等

（2）生物多样性图形库：关键地区的植被图、珍稀物种分布图等。

（3）模型库：生态系统时空动态模型、种群动态模型、生存分析力及生物多样性动态模型预测生物多样性的动态变化。

（4）专家系统：珍稀濒危物种保护、自然保护区规划与管理、生态系统管理、生物多样性恢复及生物资源可持续利用的专家系统。

例如，中国森林生物多样性监测网络（Chinese Forest Biodiversity Monitoring Network，CForBio，http://www.cfbiodiv.org）于2004年建立，涵盖不同纬度带的森林植被类型，包括北方林、针阔混交林、落叶阔叶林、常绿落叶阔叶混交林、常绿阔叶林及热带雨林。截至2015年年底，该网络已经建成13个大型森林固定样地和61个面积1～5hm^{2}的辅助样地，样地面积已达340多公顷，占全球24个国家和地区组成的森林生物多样性监测网络的1/5，标记的木本植物（胸高直径≥1cm）1600多种共150多万株，占全球森林生物多样性监测网络的1/4。此外，设置鸟类和两栖动物监测样地200多个、样线450余条、样点430多个，建立了18个海洋生态监控区，在青海省“三江源”建立了生态监测体系，对15个农业野生植物保护点开展监测，获取了连续5年的监测数据。

第十一章　全球的生物多样性

森林砍伐、植被破坏、滥捕乱猎、外来种的入侵等，造成生物物种正在以每天几十种的速度消失。物种一旦消失，就永不再生，并通过食物链引起其他物种的消失。基于此，全人类都在呼吁保护生物多样性，并付诸行动。保护生物多样性，了解生物多样性现状，并制定保护的对策，是人类应该采取的行动。1992 年 5 月内罗毕会议通过了《生物多样性公约协议文本》，并于 1992 年 6 月 5 日联合国环境与发展大会期间开放签字，1993 年 12 月 29 日生效。每年 5 月 22 日被定为国际生物多样性日。

第一节　全球生物多样性概述

全球有 5000 万～10 000 万种物种，但经科学家鉴定描述过的仅 140 多万种（表 11-1）（McNeely et al.，1990）。目前科学家对高等植物和脊椎动物了解得比较多，对个体较小而数量巨大的微生物和昆虫了解得比较少。

表 11-1　世界生物多样性概貌

类群	已描述的物种数/种	类群	已描述的物种数/种
细菌和蓝藻菌	4 760	甲壳动物	38 000
藻类	26 900	其他节肢动物和小型无脊椎动物	132 461
真菌	46 983	昆虫	751 000
苔藓植物	17 000	软体动物	50 000
裸子植物（针叶植物）	750	海星	6 100
被子植物（有花植物）	250 000	鱼类（真骨鱼）	19 056
原生动物	30 800	两栖动物	4 184
海绵动物	5 000	爬行动物	6 300
珊瑚和水母	9 000	鸟类	9 198
线虫和环节动物	24 000	哺乳动物	4 170
总计	1 435 662		

随着全球生物多样性研究的深入，不同类型的物种数目不断更新（表 11-2）（蒋志刚，2016），但争论持续存在。

表 11-2　不同学者/机构估计的地球各类物种数

提出者（依年份排序）	生物种类	物种数量/万种	提出者（依年份排序）	生物种类	物种数量/万种
Erwin （1982）	热带雨林节肢动物	3000	Paton et al.（2008）	全球植物	35.0699
Raven （1985）	大型生物	300～500	Mora et al.（2008）	海洋鱼类	1.98
May （1988）	全球动物	1000～5000	Mora et al.（2011）	全球生物	870±130
Hawksworth （1991）	全球真菌	160	Mora et al.（2011）	海洋生物	220±18
Hodkinson and Casson（1991）	全球昆虫	184～257	Miller（2011）	全球植物	30
Grassle and Maciolek （1992）	全球海洋生物	1000	Jackson and Miller （2015）	全球植物	30
Grassle and Maciolek （1992）	维管植物	27	Reptile Data Base （2015）	爬行动物	1.0272
Gaston and Williams （1993）	昆虫	500	Zhang and Gilbert （2015）	全球植物	30～35
Briggs and Snelgrove （1999）	海洋生物	20	Zhang and Gilbert （2015）	苔藓	1.6
Prance et al.（2000）	全球植物	30	Zhang and Gilbert （2015）	蕨类	1.3
Govaerts （2001）	全球植物	42.2	Zhang and Gilbert （2015）	裸子植物	0.1
Bramwell （2002）	全球植物	42.2	Zhang and Gilbert （2015）	有花植物	26
Palmer et al.（2004）	全球植物	26.8	American Museum of Natural History （2016）	两栖动物	0.7493
Wilson and Reeder （2005）	哺乳动物	0.5436			
Thorne （2007）	全球植物	26	IUCN（2016）	哺乳动物	0.5515
Thorne and Reveal （2007）	全球植物	25.33	BirdLife International（2016）	鸟类	1.0426
Bebber et al.（2007）	鸟类	1.1997	FishData（2016）	全球鱼类	3.32

第二节　全球物种分布格局

一、全球物种特有性

当物种自然分布范围有一定限制时，称为特有现象（endemism）和特有性。一般不属于世界性分布的生物属和种，都可以称为分布区内的特有属、特有种。例如，大熊猫在自然界中仅分布在中国四川、甘肃、陕西毗邻地区，因此是中国特有种。特有性的程度有很大差异，大部分集中在少数国家，主要分布在热带、亚热带地区。

不同地区的动物、植物区系中，特有性的程度也因不同地区历史和自然条件等呈现较大的差异。例如，新喀里多尼亚有特有植物 1400 种，占该地区植物种类的 89%，哺乳类特有种 2 种，爬行类特有种 21 种；马达加斯加特有植物达 4900 种，占该地区植物种类的 82%，哺乳类特有种 86 种，爬行类特有种 234 种，两栖类特有种 142 种。澳大利亚是物种特有性最高的国家之一。

二、生物多样性热点地区

生物多样性并不是均匀地分布于全世界各个国家。全球生物多样性主要分布在热带森林。仅占全球陆地面积 7%的热带森林，容纳了全世界半数以上的物种（Wilson，1988）。

1. 划定热点地区的基本原则

热点地区概念在 1988 年首先被英国科学家诺曼·麦尔提出，他认识到这些热点生态系统在很小的地域面积内包含极其丰富的物种多样性。生物多样性热点地区，通常是物种最丰富并且受威胁最大的地区。保护国际（Conservation International）的主席罗塞尔·米特梅尔说："这些生物多样性热点地区是地球上环境最紧迫需要保护的区域，划定热点地区的价值在于更明确认定保护的优先区域，必须立刻行动起来以避免失去更多这样不可替代的地球生命宝库"。

评估热点地区的标准主要有两个方面：特有种的数量和所受威胁的程度。①植物被用作评价特有物种数量的一个指标，每个热点地区都有近 50%的高等植物是当地特有种。②所受威胁程度用栖息地丧失的比例衡量。每个热点地区都丧失了原始面积的 70%，甚至有的地区现在还不到原始面积的 10%。例如，对棕榈油需求的不断增加导致加里曼丹岛大片热带雨林消失殆尽，对野生动物的栖息地和生存环境造成威胁。东美拉尼西亚岛生态环境剧烈退化、喜马拉雅和东阿佛蒙塔尼山脉与众不同的生态系统等，都是入选热点地区的条件之一。

2. 全球生物多样性热点地区

热带生物学研究重点委员会（NAS，1980，Myers，1988）根据生物多样性的丰富程度、高度的特有种分布，以及森林被占用速度等因素，确定了 11 个需要特别重视的热带地区作为生物多样性热点地区：厄瓜多尔海岸森林、巴西"可可"地区、巴西亚马孙河流域东部和南部、喀麦隆、坦桑尼亚山脉、马达加斯加、斯里兰卡、缅甸、苏拉威西岛、新喀里多尼亚和夏威夷。

热点地区（Hot-Spots'area）即物种高度丰富、特有种高度集中又面临极度威胁的地区，确定的指标为至少包括 1500 种特有维管植物，且原始植被的丧失率大于等于 70%的地区。根据此标准，Myers 确定了 10 个世界生物多样性热点地区，这 10 个地区的面积约占原始热带森林总面积的 3.5%，占全球陆地面积的 0.2%，但却拥有占世界总种数 27%的高等植物，其中 13.8%的物种还是这些地区的特有种。这些地区包括：马达加斯加、巴西大西洋沿岸森林、厄瓜多尔西部、哥伦比亚乔科省、西亚马孙河高地、喜马拉雅山东部、马来半岛、缅甸北部、菲律宾和新喀里多尼亚。

一个地区物种多样性的丰富程度不仅取决于该区域物种数目的多少，还在于该地区物种特有性程度的丰富状况。Myers（1990）依据极高的特有性水平、受威胁的严重程度这两个标准，在全球范围内划分出 18 个生物多样性热点地区，其中热带地区有 14 个、地中海类型的有 4 个；其虽然仅占地球表面积的 0.5%，却拥有全球 20%的植物物种，拥有 50 000 种特有植物物种（表 11-3）。

表 11-3　18 个生物多样性热点地区及特有种数目

热点地区	高等植物/种	哺乳动物/种	爬行类/种	两栖类/种
马达加斯加	4900	86	234	142
新喀里多尼亚	1400	2	21	0

续表

热点地区	高等植物/种	哺乳动物/种	爬行类/种	两栖类/种
巴西大西洋沿岸	5000	40	92	168
菲律宾	3700	98	120	41
东喜马拉雅山地	3500		20	25
西亚马孙高地	5000			
哥伦比亚乔科省	2500	8	137	111
厄瓜多尔西部	2500	9		
马来半岛	2400	4	25	7
缅甸北部	3500	42	69	47
象牙海岸	200	3		2
坦桑尼亚	535	20		49
印度加茨西部	1600	7	91	84
斯里兰卡西南部	500	4		
南非开普敦地区	6300	15	43	23
澳大利亚西南部	2830	10	25	22
加利福尼亚植物区系省	2140	15	15	16
智利中部	1450			

Myers（2000）根据已知特有种的分布，采用 GIS 和遥感技术建立模型，确定 25 个最应该得到保护的热点地区。

（1）热带安第斯山：20 000 种特有植物，至少 1567 种特有陆生脊椎动物，奇特的物种有南美眼镜熊（*Tremarctos ornatus*）、山地貘（*Tapirus pinchaque*）、山地巨嘴鸟（*Ramphastos* sp.）。

（2）中美洲：南美洲和北美洲的陆地桥和过渡带，拥有低地雨林和山地雨林，特有动物有蛛猴（*Ateles* spp.）、吼猴（*Alouatta* spp.）、贝尔德貘（*Tapir* sp.）、凤尾绿咬鹃（*Pharomachrus mocinno*）等。

（3）加勒比海：特有种丰富，爬行动物 497 种，其中 80%为特有种。陆地脊椎动物 1518 种，50%为特有种。过去几百年间灭绝了 10 种鹦鹉、33 种哺乳动物。

（4）乔科-达里安-西厄瓜多尔：拥有最潮湿的热带雨林，两栖类和鸟类、植物种类丰富。两栖类 350 种，210 种为特有种，是特有性程度最高的地区之一。

（5）大西洋森林区：物种曾是加利福尼亚州的 3 倍，现只有其 1/10。分布有 25 种（亚种）灵长类，其中 20 种为该地区特有。

（6）巴西塞拉多地区：稀树大草原和干旱森林。特有植物 4400 种，有奇特的大食蚁兽（*Myrmecophaga tridactyla*）和鬣狼（*Chrysocyon brachyurus*）。

（7）智利东部：植物种类非常丰富。

（8）加利福尼亚州：山地和海岸环抱，有高等植物 4426 种，48%为特有种。

（9）马达加斯加和印度洋群岛：以其特有的爬行类、鸟类和灵长类动物最著名，有 51 种狐猴，全部分布在该地区。

（10）坦桑尼亚、赞比亚东弧山和海岸森林：特有植物和原始物种最集中的分布区，非洲特有的紫罗兰（*Matthiola incana*）和多种濒危灵长类都在此区域有分布。

（11）海角植物区系省（南非）：8200 种高等植物，5682 种为特有种，是非热带植物最集中的地区。

（12）肉汁植物干燥区（南非-纳米比亚）：有 4849 种植物，40%为特有种。

（13）西非几内亚森林：哺乳动物 551 种，占非洲总数的 50%，其特有种有倭河马（*Choeropsis liberiensis*）、麂羚（*Cephalophus* spp.）、鬼狒（*Mandrillus leucophaeus*）。

（14）地中海盆地：13 000 种特有植物。

（15）高加索地区：欧亚大陆过渡带，6300 种高等植物，1600 种为特有种。

（16）巽他群岛（印度尼西亚-马来西亚）：包括苏门答腊、加里曼丹岛在内的一批岛屿，是大量特有种的家园，特有植物的丰富度居世界第二位，记录的兽类有 328 种。

（17）华莱士亚：包括印度尼西亚苏拉威西岛、马鲁古群岛和其他一些小岛。特有鸟类和兽类丰富，是巨蜥的家园。

（18）菲律宾：原始林消失至原来的 3%，拥有特有鸟类和兽类。

（19）印度-缅甸：最丰富的淡水龟种类，哺乳动物种类繁多，有 24 种雉类，近年来不断发现新种，一种大型有蹄类——索拉羚，在 20 世纪 90 年代才被命名，说明对该地区的了解极为不够。

（20）中国横断山：是温带和亚热带物种的起源中心和演化中心，也是许多热带物种的起源中心之一。

（21）印度西加茨山脉和斯里兰卡：特有爬行类有 259 种，其中 161 种只分布在该区域。

（22）新喀里多尼亚（太平洋岛屿）：是面积最小的热点地区，植物高度特有（5 个科的植物）。

（23）新西兰：具有许多特有的鸟类，如几维鸟（*Apteryx* spp.）、不会飞的鸮鹦鹉（*Strigops habroptila*）等，有 4 个鸟类特有科。近 700 年有 50 种鸟类已经灭绝。

（24）波利尼西亚和密克罗尼西亚：由太平洋上的上万个小岛屿组成，跨夏威夷、斐济、复活节岛。陆地蜗牛、鸟类、爬行类是该区域的特有种类，受人类干扰大，外来物种危害严重。

（25）澳大利亚西南部：丰富的特有植物、爬行类、有袋类。5469 种植物中，19%为特有种。该地是桉树的家园。

这 25 个热点地区容纳 44%的世界特有植物，35%的特有脊椎动物。

2005 年，国际生物多样性保护同盟重新修改热点地区，将热点地区增加到 34 个（http://www.biodiversityhotspots.org/）。包括：①赤道安第斯山；②中部美洲；③加勒比诸岛；④大西洋沿岸森林（巴西东南部大西洋沿岸）；⑤通贝斯-乔科-马格达莱纳（是从秘鲁西北端到巴拿马东南部的安第斯西坡）；⑥巴西高原萨瓦纳植被带（喜拉多草原和卡丁加群落）；⑦智利巴尔迪维亚冬雨林；⑧加利福尼亚植物区系省（北到俄勒冈西南部，南到墨西哥西北角，内华达山脉以西）；⑨马达加斯加和印度洋岛屿；⑩东非沿岸森林；⑪西非几内亚森林；⑫开普敦植被带；⑬肉质植物高原台地（南非西部和纳米比亚最南部）；⑭地中海沿岸（硬叶林）；⑮高加索；⑯巽他古陆（即东南亚华莱士线以西以北的马来群岛、马来半岛和中南半岛西南部）；⑰华莱士地区（马来群岛中华莱士线和莱德克线之间的苏拉威西岛、马鲁古群岛和努沙登加拉群岛）；⑱菲律宾群岛；⑲印缅地区；⑳中国西南山地；㉑西加茨山脉和斯里兰卡；㉒西南澳大利亚；㉓新喀里多尼亚；㉔新西兰；㉕波利尼西亚和密克罗尼西亚；㉖马德雷松栎林（墨西哥北部和美国亚利桑那、新墨西哥州南部）；㉗马普托兰-蓬多兰-奥尔巴尼地区（莫桑比克西南角到南非东开普敦中部的印度洋沿岸）；㉘东部赤道非洲山地（东非大裂谷东西两支）；㉙非洲之角（索马里半岛）；㉚伊朗-安纳托利亚地区（包括安纳托利亚高原东中部、伊朗高原大部、扎格罗斯山脉、厄尔布尔士山脉和科佩特山脉）；㉛中亚山地；㉜东喜马拉雅山地；㉝日本；㉞东美拉尼西亚。

三、超级生物多样性国家

McNeely 等（1990）列出世界上 10 个生物多样性重要的国家（表 11-4）。本书作者根据最新研究数据（蒋志刚等，2017；张雁云等，2016；江建平等，2016；曹亮等，2016；蔡波等，2016；覃海宁等，2017）对中国的物种在世界的位置进行更新排名，而其他国家仍然采用 1990 年前的数据，随着各国研究的深入，数据在不断更新中。因此，这些数据仅做参考。

表 11-4　重要生物类群物种数目最多的前 10 个国家　（单位：种）

名次	哺乳类	鸟类	两栖类	爬行类	凤蝶	种子植物
1	中国	哥伦比亚	巴西	墨西哥	印度尼西亚	巴西
	693	1721	516	717	121	55 000
2	印度尼西亚	秘鲁	中国	澳大利亚	中国	哥伦比亚
	515	1701	408	686	94～104	45 000
3	墨西哥	巴西	哥伦比亚	印度尼西亚	印度	中国
	449	1622	407	600	77	35 784
4	巴西	印度尼西亚	厄瓜多尔	巴西	巴西	墨西哥
	428	1519	358	467	74	21 000
5	扎伊尔	厄瓜多尔	墨西哥	中国	缅甸	澳大利亚
	409	1447	282	461	68	23 000
6	秘鲁	中国	印度尼西亚	印度	厄瓜多尔	南非
	361	1372	270	453	64	21 000
7	哥伦比亚	委内瑞拉	秘鲁	哥伦比亚	哥伦比亚	印度尼西亚
	359	1275	251	383	59	20 000
8	印度	玻利维亚	扎伊尔	厄瓜多尔	秘鲁	委内瑞拉
	350	1250	216	345	58～59	20 000
9	乌干达	印度	美国	秘鲁	马来西亚	秘鲁
	311	1200	205	297	54～56	20 000
10	坦桑尼亚	马来西亚	澳大利亚	马来西亚	墨西哥	苏联
	310	1200	197	294	52	20 000

表11-4 表明：①位于或部分位于热带、亚热带的少数国家拥有全世界最高比例的生物多样性（包括海洋淡水和陆地中的生物多样性），简称超级生物多样性国家（mega-diverse countries）；②巴西、哥伦比亚、厄瓜多尔、秘鲁、墨西哥、扎伊尔、马达加斯加、澳大利亚、中国、印度、印度尼西亚、马来西亚 12 个多样性特丰富的国家，拥有全世界 60%～70%的物种；③巴西、扎伊尔、马达加斯加、印度尼西亚 4 国拥有全世界 2/3 的灵长类；④巴西、哥伦比亚、墨西哥、扎伊尔、中国、印度尼西亚和澳大利亚 7 国具有全世界一半以上的有花植物；⑤巴西、印度尼西亚、扎伊尔 3 国分布有全世界一半以上的热带雨林。

王利松等（2015）根据相关研究，列出 17 个国家为世界高等植物多样性最丰富的国家，即超级生物多样性国家（表 11-5）。其中，中国物种数排名第四。

表 11-5　17 个生物多样性大国高等植物多样性及特有性　　（单位：种）

国家	物种数	特有种数
澳大利亚	21 171	18 201
巴西	35 978	19 165
中国	35 578	17 740
哥伦比亚	48 000	16 000
刚果	11 000	3 200
厄瓜多尔	19 350	4 500
印度	17 000	7 450
印度尼西亚	37 000	16 650
马达加斯加	11 350	9 200
马来西亚	15 000	7 250
墨西哥	24 000	12 500
巴布亚新几内亚	18 000	13 250
秘鲁	19 000	5 356
菲律宾	10 000	4 900
南非	21 817	15 370
美国	18 956	4 036
委内瑞拉	18 035	6 500

李春香和苗馨元（2016）根据巴西和相关国家最新研究成果，统计出有别于王利松等（2015）的 17 个生物多样性大国的高等植物多样性及特有性（表 11-6），提出①高等植物的特有种数，中国均略低于巴西，位列第二（传统上认为植物物种数目超过中国的哥伦比亚和印度尼西亚，由于至今未能完成植物物种目录并出版，其物种数目只能估计，即使根据表 11-6 进行估计，这两个国家的高等植物特有种数也均低于中国）；②维管植物特有物种数，中国比巴西和澳大利亚少，位列第三；③维管植物特有物种数所占百分比排序，澳大利亚和巴布亚新几内亚并列第一（91%），而中国与印度尼西亚并列第五。

表 11-6　生物多样性 17 个大国的高等植物多样性及特有性

国家	物种数*/种	物种数**/种	维管植物物种数/种	特有种数/种	特有种数比例/%
巴西	56 108	56 000	32 364	18 082	56
哥伦比亚	38 110	25 000	24 500	10 500	43
中国	29 650	27 100	29 650	14 013	47
印度尼西亚	29 375	29 375	29 375	13 750	47

续表

国家	物种数*/种	物种数**/种	维管植物物种数/种	特有种数/种	特有种数比例/%
墨西哥	25 036	24 000	25 036	11 250	45
南非	23 420	23 420	20 407	13 265	65
美国	18 737	18 000	18 737	4 036	22
委内瑞拉	18 212	15 350	15 820	2 964	19
秘鲁	18 055	18 966	18 055	5 676	31
印度	17 832	17 000	17 832	6 113	34
厄瓜多尔	17 517	15 671	17 517	4 179	24
玻利维亚	17 367	17 367	—	—	—
澳大利亚	15 638	15 638	15 638	14 182	91
马来西亚	15 250	15 000	15 250	3 600	24
巴布亚新几内亚	14 522	17 500	14 522	13 250	91
俄罗斯	11 400	17 500	—	—	—
泰国	11 313	11 000	—	—	—
刚果	—	—	11 004	1 100	10
马达加斯加	—	—	9 753	7 250	74
菲律宾	—	—	8 931	3 500	39

*Giam，2010；**Pitman and Jorgensen，2012

第三节　物种多样性丰富的国家

全球物种分布并不均匀，大部分集中在热带、亚热带地区的少数国家。巴西、哥伦比亚、厄瓜多尔、秘鲁、墨西哥、扎伊尔、马达加斯加、澳大利亚、中国、印度、印度尼西亚、马来西亚共 12 个国家的物种，占全世界物种数的 60%～70%。本节选择有代表性的几个国家进行介绍。

一、巴西

巴西位于南美洲东部，地跨东经 35°～74°，北纬 5°至南纬 35°；巴西是南美洲面积最大的国家，领土面积 851.49 万 km^2，约占南美洲总面积的 46%，在世界上仅次于俄罗斯、加拿大、中国和美国，排行第五。

巴西大部分地区处于热带，北部为热带雨林气候，中部为热带草原气候，南部部分地区为亚热带季风性湿润气候。亚马孙河流平原年平均气温 25～28℃，南部地区年平均气温 16～19℃。森林覆盖率达 62%，木材储量 658 亿 m^3，占世界木材储量的 1/5。亚马孙森林的最大部分（62%）位于巴西境内，占巴西全境的 42%；亚马孙河在巴西境内全长 6751km，横贯巴西西北部，在巴西流域面积达 390 万 km^2，因此，巴西是全世界物种多样性最丰富的国家，许多生物类群在世界上名列榜首。

1. 植物资源

巴西拥有世界上最密闭、面积最大的热带森林，面积达 3.57×10^{8}hm^2，占全世界热带森林面积的 30%，是占第二位的印度尼西亚的 4 倍。巴西所有的热带雨林面积比中美洲、南美洲所有其他国家的热带雨林面积总和都大，也大于亚洲与非洲各自热带雨林的总面积，巴西所有森林类型的森林覆盖面积仅次于世界第一的俄罗斯，居世界第二。

巴西的农牧业发达，是世界蔗糖、咖啡、柑橘、玉米、鸡肉、牛肉、烟草、大豆的主要生产国。巴西是世界第一大咖啡生产国和出口国，素有“咖啡王国”之称，也是全球最大的蔗糖生产和出口国、第二大大豆生产和出口国、第三大玉米生产国，生物资源非常丰富。

巴西还分布有许多奇特的植物物种。

毛蟹爪兰（*Schlumbergera truncata*）：是巴西、墨西哥热带雨林中的一种附生植物，其体色鲜绿，茎多分枝，常成簇而悬垂，每条枝条由若干节组成，每节呈倒卵形或长椭圆形，数节连贯，似蟹爪，因而得名。

霸王莲（*Nelumbo nucifera*）：是亚马孙河特有的热带植物，全世界叶片最大的莲花，茎和叶脉粗壮，巨大而坚实的叶片可承受人端坐其上。花期为夏季或秋季，傍晚伸出水面开放，甚芳香，第一天白色，有白兰花香气，翌日逐渐闭合，傍晚再次开放，花瓣变为淡红色至深红色，第 3 天闭合并沉入水中。

日轮花（*Passiflora caerulea*）：又称西方莲、百香果，原产亚马孙河流域茂密的原始森林和广袤的沼泽地带，多年生常绿攀缘草质藤本植物。中国热带地区已有漫长的引种栽培历史，并已本土化。

纺锤树（*Cavanillesia arborela*）：又称瓶子树、酒瓶树、佛肚树、萝卜树，原产巴西高原，每株树能储 2t 水，与旅人蕉（*Ravenala madagascariensis*）一样，可以为荒漠上的旅行者提供水源。人们只要在树上挖个小孔，清新解渴的“饮料”便可源源不断地流出来，解决人们在茫茫沙海中缺水之急。

2. 动物资源

巴西拥有非常丰富的动物资源，包括灵长类动物 55 种，占世界灵长类总数的 24%；两栖类动物 516 种；陆生脊椎动物 3010 种，濒危和渐危脊椎动物 310 种，淡水鱼类 3000 种以上（是第二位国家的 4 倍），昆虫 1000 万～1500 万种；爬行动物 467 种，居世界第四位；鸟类 1622 种，居世界第三位；哺乳动物 428 种，居世界第四位。

许多奇异的动物不断在巴西被发现。例如，巴西古生物学家安东尼奥·塞尔索新发现史前鳄鱼化石；巴西大西洋沿岸森林深处生活着许多蛛猴（*Ateles* spp.），其为世界上性情最温和、种族间最平等的灵长类动物，所以还被称为“可爱的嬉皮士猴子”。

二、哥伦比亚

哥伦比亚地理位置介于南美洲和北美洲之间，其位于南美洲西北部，西临太平洋，北临加勒比海，东通委内瑞拉，东南接巴西，南与秘鲁、厄瓜多尔为邻，西北与巴拿马为邻。（2016 年）。

哥伦比亚西部有沿海平原，为西、中、东三条平行的科迪勒拉山脉构成的高原，山间有宽阔的谷地，南部有一系列火山锥，西北部为马格达莱纳河下游冲积平原，水道纷歧，湖沼广布。其以雨林气候为主，赤道横贯南部，由南向北降雨量逐渐减少。平原南部和西岸为热带雨林气候，向北逐渐转为热带草原和干燥草原气候，海拔 1000～2000m 的山区属亚热带，海拔 2000～3000m 的山区属温带，海拔 3000～4500m 的山区属高寒草地，海拔 4500m 以上的高山地带终年积雪。

该国乔科地区年降雨量达 13 000mm，是全球降雨量最高的地区；由于特定的气候和地形条件结合，形成山地坡面上无数千变万化的小生境，每个小生境都具有其独特的植物区系和动物区系。此外，除安第斯山区的高寒旱生植被、常绿植被等外，哥伦比亚还拥有包括瓜吉拉（Guajira）半岛干旱沙漠、丰茂的海岸带、大西洋和太平洋沿岸的红树林、古老的珊瑚礁、岛屿环境、亚马孙森林及东部的稀树干草原等各种各样的低地生境。因此，哥伦比亚是世界上单位面积生物多样性最丰富的国家之一，在物种种数上仅次于巴西，名列世界第二位。

1. 植物资源

哥伦比亚有高等植物 45 000～51 000 种，几乎与巴西相同（巴西的面积为哥伦比亚的 7 倍）；兰科植物 35 000 种，占世界兰科植物总数的 15%，名列世界榜首。

哥伦比亚是许多土著居民的家乡，这些土著居民至今仍利用当地的植物作为药物，并作其他用途，形成了许多特殊的植物利用方式。民族植物学研究表明，至今尚未被研究的哥伦比亚土著居民的文化可对开发重要工业和药用植物提供不可估价的重要资料。

天使紫葳：泛指菊亚纲的紫葳科（Bignoniaceae）植物，全球共有约 120 属 560 种。天使紫葳具有气生根、老茎生花等现象，大多数种类花大而美丽，色彩鲜艳，可栽培供庭园观赏或作行道树，少数种类为优良木材，或药用。

人参果（*Solanum muricatum*）：茄科多年生双子叶草本植物。原产于哥伦比亚的温热带地区。果实成熟时果皮呈金黄色，外形似人的心脏。其果肉味道独特、脆爽多汁、不酸不涩。果实具有低糖、高蛋白质和富含多种维生素、氨基酸及微量元素的特点。

垂花悬铃花（*Malvaviscus arboreus* var. *penduliflorus*）：别名南美朱槿、灯笼扶桑、卷瓣朱槿，原产于墨西哥至哥伦比亚。花极美丽，供庭园观赏用；并有吸附烟尘和净化有害气体的作用，可供厂矿污染区作绿化用。根、皮、叶有拔毒消肿的功效。

曼陀罗（*Datura stramonium*）：原产于南美洲，含有一系列毒素，如颠茄碱、天仙子胺及车莨菪碱。

2. 动物资源

哥伦比亚拥有鸟类 1721 种，占世界总数的 20%，为世界第一；陆生脊椎动物有 2890 种，占世界第三位；此外还分布有新热带界所有灵长类动物的 1/3 以上种（27 个）；哥伦比亚记录的两栖动物已达 407 种，是地球上两栖动物最为多样的地区之一。

随着调查的深入，很多奇特的物种在哥伦比亚不断被发现，如雨蛙（*Pristimantis* spp.）、带彩色斑点的小丑蛙（*Lepidobatrachus llanensis*）等。此外，哥伦比亚西北部的一项生态评估中，无肺蝾螈属的 *Bolitoglossa taylori* 作为一个全新的蝾螈品种被人们发现。

三、印度尼西亚

印度尼西亚位于东南亚，与巴布亚新几内亚、东帝汶和马来西亚等国家相接，由约 17 508 个岛屿组成，是世界最大的群岛国家，疆域横跨亚洲及大洋洲，别称“千岛之国”。

印度尼西亚是连接印度马来亚和大洋洲这两个生物地理界和许多生物地理省的桥梁，境内的沃莱西是这两个生物地理界之间的一个巨大过渡带，过渡带拥有面积达 114 万 km^2 的郁闭森林，并分布着大量的特有种。该地区属典型的热带雨林气候，年平均温度 25～27℃，无四季之别。热带森林面积较亚洲或非洲的其他任何国家都大，是亚洲热带森林面积占第二位的国家的 2 倍还多，即使在世界上也仅次于巴西而居第二位。由于拥有独特的生物地理条件和大面积的热带雨林，印度尼西亚是亚洲生物多样性最丰富的国家之一，在一些生物类目上名列世界第一或接近第一。印度尼西亚森林覆盖率 67.8%，盛产各种热带名贵的树种，如铁木（*Ostrya japonica*）、檀香（*Santalum album*）、乌木（木材质硬而色黑、具光泽树种的通称）和柚木（*Tectona grandis*）等均驰名世界。

1. 植物资源

高等植物约 37 000 种，占世界第 3 位。棕榈科植物在世界上首屈一指，如棕榈藤（Rattan）种类世界第一（藤条出口占世界的 80%～90%），油棕（*Elaeis guineensis*）油产量 2.85×10^{11} kg/a，成为全球最大的棕榈油生产国。许多国际重要经济植物多起源于印度尼西亚，如柑橘、胡椒和甘蔗。此外，一些特殊的植物享誉世界，以下略举几例。

阿诺尔特花（*Rafflesia arnoldi*）：常见于印度尼西亚热带丛林中，又称大王花、大花草，属寄生性植物。其为植物世界较大的花朵，花朵直径达 90cm，单花重 11kg，最大直径达 1.4m，并具有刺激性腐臭气味，因此，昆虫类不敢靠近此种植物的花，但仍能引诱某些逐臭的蝇类和甲虫为其传粉。此外，这种古怪的植物，本身没有茎，也没有叶，主要寄生在葡萄科植物的根或茎的下部；一生只开一朵花，花刚开时，有一点儿香味，几天后即臭不可闻。

白星海芋（*Helicodiceros muscivorus*）：即泰坦白星海芋，又称巨型海芋，其一天可以生长 1.8～2.1m，平均高 2m（最高可达 2.9m）。完全绽放后，会发出一种类似腐烂的肉或鱼的恶臭，吸引各种昆虫，因此被称为“尸花”，是世界上最大最臭的花。但此花只能开 2 个晚上，是因为其高生长和产生的高热量都需要巨大能耗。其 1878 年在苏门答腊岛被发现。

2. 动物资源

哺乳动物 515 种，世界第二，其中 36%属特有种；鸟类 1519 种，世界第四，亚洲第一，其中 126 个种受威胁，是世界上受威胁鸟类种数最多的国家；鹦鹉科（Psittacidae）的鸟类有 78 种，其中 40%为特有种；凤蝶［凤蝶科（Papilionidae）多属］121 种，世界第一，44%为特有种；爬行类 600 种，亚洲第一，世界第三；515 种鹦鹉中有 40%为特有种；海洋鱼类 7000 余种，位居世界前茅。在亚洲，印度尼西亚拥有 33 种灵长类动物（其中 18 个为特有种）而居榜首。

爪哇犀（*Rhinoceros sondaicus*）：濒临灭绝的动物之一，分布于印度尼西亚和越南，现少于 60 头，是地球上最稀有的大型哺乳动物。

苏门答腊虎（*Panthera tigris* ssp. *sumatrae*）：十大濒临灭绝的动物，仅在苏门答腊分布，少于 600 只；大多数幸存者被保护起来，但约 100 只仍然生活在保护区以外的地方，难以逃脱人类的威胁。

四、澳大利亚

澳大利亚位于南太平洋和印度洋之间，由澳大利亚大陆和塔斯马尼亚岛等岛屿和海外领土组成；东濒太平洋的珊瑚海和塔斯曼海，西、北、南三面临印度洋及其边缘海；东部隔塔斯曼海与新西兰相望，东北隔珊瑚海与巴布亚新几内亚和所罗门群岛相望，北部隔着阿拉弗拉海和帝汶海与印度尼西亚和东帝汶相望。

澳大利亚是世界上独占一块大陆的国家（因此也称“澳洲”），其与新几内亚及附近一些岛屿一起组成地球上大生物地理界之一；东部山地，中部平原，西部高原，约 70%的国土属于干旱或半干旱地带；有 11 个大沙漠，约占整个大陆面积的 20%；跨两个气候带，北部属于热带，南部属于温带，中西部是荒无人烟的沙漠，干旱少雨，气温高，温差大；沿海地带雨量充沛，气候湿润。由于长期地理隔离的自然历史，形成其独特的植物和动物区系，并具有高度的特有分化现象。特有种包括地球演化过程中保留下来的古老生物种类，较其他地区更为原始，成为人类研究地球演化历史的活化石，因此，澳大利亚被称为“世界活化石博物馆”。

1. 植物资源

澳大利亚有 23 000 种有花植物，居世界第五位。澳大利亚从南到北，从东到西，从内陆沙漠到东南部崇山峻岭，从沿海平原到沼泽地带，热带雨林、稀疏草原、密灌丛、灌木草原等，包含有各式各样的植物种类，特别是桃金娘科（Myrtaceae）、山龙眼科（Proteaceae）、樟科、兰科、芭蕉科、天南星科、百合科（Liliaceae）等典型热带植物分布更多。澳大利亚被子植物区系最显著的特征是具有高度的特有现象，其有 12 个特有科和 540 多个特有属，特有种比例高达 84%；另一个重要特点是向旱生方向发展，旱生植物约有 2600 种，其中特有种约 90%。

金合欢（*Acacia farnesiana*）：澳大利亚的国花，颜色金黄，满树小花，蔚为壮观，花有香味，可提香精；其多枝、多刺，可作绿篱；木材坚硬，可制作贵重器材；根及荚果含丹宁，可为黑色染料，入药能收敛、清热；茎流出的树脂可供美工用及药用，品质较阿拉伯胶优良。

桉树（*Eucalyptus* spp.）：澳大利亚的国树。澳大利亚是桉树的原产地和分布中心，现发现桉树 500 多种，形态各异，高者达数十米，高大挺直，矮者仅 1～2m，呈灌木状。桉树是澳大利亚多用途树种，具有重要的经济意义。

猪笼草（*Nepenthes* sp.）：产于东南亚和澳大利亚的热带地区，属于热带食虫植物，其拥有一个独特的吸取营养的器官——捕虫笼，捕虫笼呈圆筒形，下半部稍膨大，笼口上具有盖子，因其形状像猪笼而得名。猪笼草具有总状花序，开绿色或紫色小花，叶顶的瓶状体是捕食昆虫的工具。瓶状体的瓶子腹面能分泌香味，引诱昆虫。瓶口光滑，昆虫会滑落瓶内，被瓶底分泌的液体淹死，并分解虫体营养物质，逐渐消化吸收虫体。

阿什科姆迷宫，是世界上最大的植物迷宫，也是澳大利亚最古老和最有名的传统树篱迷宫，采用 217 个品种的蔷薇（*Rosa* spp.）与 1200 个以上的灌木丛，形成高 3m、宽 2m 的植物墙。

2. 动物资源

澳大利亚爬行动物有 686 种，居世界第二位；197 种两栖动物，居世界第十位。

澳大利亚特有物种比例极高，且属较高分类层次的特有属和特有科，如鸭嘴兽科（Ornithorhynchidae）[典型种鸭嘴兽（*Ornithorhynchus anatinus*）] 和树袋熊科（Phascolarctidae）[典型种树袋熊（*Phascolarctos cinereus*）] 在内的 7 个哺乳动物特有科，4 个鸟类特有科和 12 个有花植物特有科；属一级而言，澳大利亚鸟类中有 45%的属，哺乳动物中有 37%的属都是特有分布；种的等级上，陆生脊椎动物和有花植物特有种分布更高，约 84%的植物、80%的哺乳动物和 40%的鸟类是当地特有种。

鸭嘴兽：最原始、未完全进化的产卵哺乳类动物。嘴和脚像鸭子，身体和尾部像海狸（*Castor fiber*）而得名。2500 万年前就已出现，至今仍生活在澳大利亚。鸭嘴兽仅分布于澳大利亚东部地区和塔斯马尼亚州。因人类追求标本和珍贵毛皮，多年滥捕而使种群数量严重减少，曾一度面临灭绝的危险。由于其特殊性和稀少，是澳大利亚的象征性动物之一，已被列为国际性保护动物。

针鼹：针鼹科（Tachyglossidae）动物的统称，最原始的哺乳动物之一，也是世界产卵哺乳类动物之一，其外形比刺猬略大，多刺动物，胆小，属非对抗性动物。生活方式古老，栖息于沙漠地区的灌丛、草原、疏林和多石的半荒漠地区等地带，白天隐藏在洞穴中。

笑翠鸟（*Dacelo novaeguineae*）：翠鸟科（Alcedinidae）的一种食鱼鸟，以其鸣声似狂笑而得名。笑翠鸟被认为是澳大利亚的标志性鸟类之一。澳大利亚珀斯造币厂发行的纪念银币，正面图案是伊丽莎白二世的头像，反面是一只独立枝头的笑翠鸟。

树袋熊：当地称考拉（Koala），来源于古代土著文字，意思是“No drink”。因为考拉从其取食的桉树叶中获得水体所需 90%的水分，故只在生病和干旱的时候喝水。布里斯班是昆士兰州的首府，也是澳大利亚的第三大城市，由于这里有不少考拉的保护区，因而人们又称它为“考拉之都”。考拉既是澳大利亚的国宝，又是奇特的珍贵原始树栖动物。

鸸鹋（*Dromaius novaehollandiae*）：飞翔功能已经退化的大鸟，是澳大利亚最大的鸟，也是世界上最大的陆地鸟、最古老的鸟种之一，是鸟纲（Aves）鹤鸵目（Struthioniformes）鸸鹋科（Dromaiidae）唯一残存种。以擅长奔跑而著名，是澳大利亚的特产，世界上第二大的鸟类，仅次于非洲鸵鸟，因此也被称作“澳洲鸵鸟”。

袋鼠（*Aepyprymnus* spp.）：袋鼠也是澳大利亚最特殊的动物之一，其原产于澳大利亚大陆和巴布亚新几内亚的部分地区，有许多种类，有些种类为澳大利亚独有。不同种类的袋鼠在澳大利亚各种不同的自然环境中生活，从冷凉性气候的雨林和沙漠平原到热带地区都有分布，其长着长脚的后腿强健而有力，腹部表面有一个育儿袋。袋鼠以跳代跑，最高可跳到 4m，最远可跳至 13m，是跳得最高最远的哺乳动物。

昆士兰州位于澳大利亚东北部，北部被诺曼·麦尔确认为发达国家中仅有的两个“受胁热点”地区之一。在过去的 50 年中，这个物种丰富的生境中约有一半热带雨林消失了，剩下一半仍遭受森林采伐的威胁。

大堡礁是世界上最大、最长的珊瑚礁区，以及世界七大自然景观之一，也是澳大利亚人最引以为豪的天然景观，又称为“透明清澈的海中野生王国”。大堡礁纵贯澳大利亚的东北沿海，北从托雷斯海峡，南到南回归线以南，绵延伸展 2011km，最宽处 161km，有 2900 个大小珊瑚礁岛，自然景观极其特殊。

国际自然及自然资源保护联盟将澳大利亚的 95 种脊椎动物列为受威胁物种，其中哺乳动物的受威胁种最多，达 32 种，还不包括在历史上主要由于人类定居和引进其他物种影响而确认已经灭绝的 28 种。近几十年，澳大利亚地下苛刻环境（地下水域、洞穴和“微型山洞”）又发现 850 种新的无脊椎动物。

第十二章　中国的生物多样性

中国国土辽阔，海域宽广，跨越热带至寒温带，气候条件多样，地理环境与生态系统类型复杂，加之古老的地质历史，孕育了极其丰富的植物、动物和微生物物种，以及纷繁多彩的生态组合，是全球“超级生物多样性国家”之一（王利松等，2015）。中国既是地球上种子植物区系起源中心之一，动物则汇合了古北界和东洋界的大部分种类，同时，也是栽培植物的起源中心和动物繁育中心，有7000年以上的农业开垦历史，开发利用和培育、繁育了大量栽培植物和家养动物，其丰富程度在全世界独一无二。因此，中国的生物多样性在全世界占有十分独特的地位。

第一节　中国生物多样性的特点

中国生物多样性具有明显的特点：物种极其丰富、特有属种繁多、区系起源古老、经济动植物资源异常丰富、生态系统丰富多彩和空间格局复杂多样。

一、物种极其丰富

中国动植物资源丰富，高等植物、脊椎动物、哺乳类、鸟类、鱼类等的种类均位于世界前列。

1. 植物资源

《中国植物志》共80卷126册，收录蕨类、裸子植物、被子植物计302科3435属30 986种，其中蕨类植物63科230属2588种；裸子植物11科41属237种，是世界上裸子植物最丰富的国家；被子植物228科3164属28 161种（单子叶植物38科698属5524种，双子叶植物190科2466属22 637种）（陈心启等，2004）。

全世界还有30%的高等植物（约10万种）有待描述（Mora et al.，2011），因此，中国植物种类也在不断发现和更新中，至2017年，中国计有高等植物35 784种（表12-1）（王利松等，2015；覃海宁和赵莉娜，2017），仅次于世界高等植物最丰富的巴西、哥伦比亚，居世界第三位（李春香和苗馨元认为应该是第二位，见第十一章）。

表12-1　中国高等植物多样性

类别	苔藓	石松和蕨类	裸子植物	被子植物	总计
科	151	38	8	257	454
属	602	176	37	3 003	3 818
种	3 221	2 244	251	30 068	35 784
中国特有属	7	2	7	196	212
中国特有种	524	840	115	15 960	17 439
中国特有种比例/%	16.3	37.4	45.8	53.1	48.7

续表

类别	苔藓	石松和蕨类	裸子植物	被子植物	总计
世界已描述的种类	16 236	12 000	1 021	268 600	297 857
世界估计的种类	～22 750	～15 000	～1 050	～352 000	
中国种类占世界物种多样性的比例/%	19.8	18.7	24.6	11.1	12

与世界大科大属一致，中国也具有种类较多的 10 科 10 属（表 12-2、表 12-3）（王利松等，2015）。

表 12-2　中国物种多样性最高的前 10 个科

科名	属数	特有属数	种数	特有种数
菊科 Asteraceae/Compositae	227	18	2315	1217
禾本科 Poaceae/Gramineae	215	6	1787	875
豆科 Fabaceae	141	1	1631	729
兰科 Orchidaceae	205	14	1556	601
唇形科 Labiatae	103	11	975	603
毛茛科 Ranunculaceae	38	4	957	645
蔷薇科 Rosaceae	53	3	954	570
莎草科 Cyperaceae	32	—	871	341
杜鹃花科 Ericaceae	22	—	841	548
茜草科 Rubiaceae	94	4	696	362

表 12-3　中国物种多样性最高的前 10 个属

科名	属名	属下种数	特有种数
杜鹃花科 Ericaceae	杜鹃花属 *Rhododendron*	588	433
莎草科 Cyperaceae	薹草属 *Carex*	537	273
豆科 Fabaceae	黄芪属 *Astragalus*	420	237
列当科 Orobanchaceae	马先蒿属 *Pedicularis*	363	283
罂粟科 Papaveraceae	紫堇属 *Corydalis*	357	258
报春花科 Primulaceae	报春花属 *Primula*	310	222
菊科 Asteraceae/Compositae	风毛菊属 *Saussurea*	293	196
杨柳科 Salicaceae	柳属 *Salix*	279	194
凤仙花科 Balsaminaceae	凤仙花属 *Impatiens*	274	234
龙胆科 Gentianaceae	龙胆属 *Gentiana*	255	173

中国是世界上裸子植物最多的国家。世界具有裸子植物 4 亚纲 8 目 12 科 84 属，中国有 4 亚纲 10 科 45 属 260 种（含种下分类群共 313 个，不含原变种）（杨永，2015）。构成世界北半球森林的主要树种中，松科、杉科、柏科植物共有 32 属 396 种，中国有 23 属 130 余种，占全部属数的 71.9%和种数的 32.9%。此外，全世界近 95%的木本植物属（特别是温带木本植物），在中国都有代表种分布。

2. 动物资源

（1）无脊椎动物：无脊椎动物的门类和种数不但在整个动物界中占主要地位，在全部生物中亦占优势。据统计，无脊椎动物已描述的种数（132.5 万种）占全部动物数（137 万种）的 96.7%，占全部生物已描述种数（173.9 万种）的 76.2%。中国的无脊椎动物种数占全球总数的 10%左右。原生动物全球约 31 250 种，中国已知 2000 种，其中一些种类，中国分布较多，如①角珊瑚：世界约 80 种，中国约 70 种，占 87.5%；②软水母：世界 210 种，中国 178 种，占 84.7%；③花水母：世界 293 种，中国 129 种，占 44.0%。

无脊椎动物中的昆虫物种数量极丰富，全球有 150 万种，也有专家认为有 3000 万种。世界已记述的昆虫有 92 万余种，中国最保守估计有 15 万种以上。随着研究工作的深入，中国昆虫总数将远超过 15 万种，两个热点地区需要深入研究。①热带地区，全世界热带森林只占全球面积的 9%，但其生物种类占全世界物种的 50%。中国热带森林（海南、云南西双版纳、西藏墨脱等地区）位于热带森林分布的北缘，是热带植被向亚热带植被的过渡带，即中国热带处于热带和南亚热带的过渡带或成为生态交错带（ecotone），故生物多样性极其丰富，同时，其分布呈水平和垂直相互交错状态，属生态环境脆弱带，且环境多变，生物多样性易受威胁。例如，西双版纳昆虫种类无完整统计，但仅蝶类即达 380 种，占中国已知种的近 1/3，铁甲科（Hispidae）256 种，占中国的 61%。②横断山区是研究中国昆虫区系的特殊重要区域，是古北界和东洋界区系混杂的地带。该地区高山峡谷平行相间，垂直分带现象明显，时空变化复杂，为物种分化创造了有利条件，特有种丰富，是不少昆虫属、种的分布中心（吴燕如，1992）。至 2004 年，昆虫共记载了 88 238 种（虞国跃，2004）。

中国昆虫具有以下特色。①物种极其丰富。以约占世界总数的 1/10 估计，中国的昆虫应有 150 万种。然而，根据调查研究较深入的几大类群统计，远超过此估计种数。例如，蚜总科（Aphidoidea）和球蚜总科（Adelgoidea），世界已知 4000 种，中国已知 1000 种，占世界的 25%；蝇科（Muscidae）占世界的 23.1%；蚤目（Siphonaptera）占世界的 19.9%；寄蝇科（Tachinidae）占世界的 16.7%；萤叶甲亚科（Galerucinae）占世界的 12.6%，等等。②特有昆虫种类多：中国是亚洲及南太平洋地区昆虫生物多样性最丰富的两个国家之一。例如，仅青藏高原，蝗亚目（Acridodea）共有 200 种和亚种，其中特有种占 51%。中国已知蝙蝠蛾科（Hepialidae）62 种，41 种为青藏高原特有，其中著名的蝠蛾属（*Hepialus*）40 种，90%为青藏高原特有（杨大荣和李朝达，1996）。③珍稀昆虫丰富：珍稀昆虫中以蝴蝶最为瞩目。暂列中国珍稀蝶类为 9 属 24 种和 1 个属的多数种，如金斑喙凤蝶（*Teinopalpus aureus*）、中华虎凤蝶（*Luehdorfia chinensis*）、异型紫斑蝶（*Euploea mulciber*）等（表 12-4）。

表 12-4　中国珍稀蝴蝶名录（暂列）

蝶名	拉丁名	分布地区
金斑喙凤蝶	*Teinopalpus aureus*	福建、广东、广西、海南
金带喙凤蝶	*T. imperialis*	四川、广西
双尾褐凤蝶	*Bhutanitis mansfieldi*	云南
三尾褐凤蝶	*B. thaidina*	陕西、四川、云南、西藏
多尾褐凤蝶	*B. atkinson*	云南
丽斑褐凤蝶	*B. pulchristata*	四川
玉龙褐凤蝶	*B. yulongensis*	四川、云南

续表

蝶名	拉丁名	分布地区
玄裳褐凤蝶	*Bhutanitis nigrilima*	四川
不丹褐凤蝶	*B. ludlowi*	云南
长尾虎凤蝶	*Luehdorfia longicaudata*	陕西
中华虎凤蝶	*L. chinensis*	陕西、河南、江苏、浙江、湖北
虎凤蝶	*L. puziloi*	吉林
宽尾凤蝶	*Agehana elwesi*	陕西、江西、福建、浙江、湖南、湖北、四川、广东、广西
台湾宽尾凤蝶	*A. maraho*	台湾
燕凤蝶	*Lamproptera curius*	广东、广西、海南、云南
绿带燕凤蝶	*L. meges*	广西、海南、云南
金裳凤蝶	*Troides aeacus*	陕西、江西、浙江、福建、台湾、广东、广西、云南、西藏
黄翼凤蝶	*T. helena*	广东、海南、云南
珠光翼凤蝶	*T. magellanus*	台湾
曙凤蝶	*Atrophaneura horishana*	台湾
绢蝶属（所有高山种）	*Parnassius* spp.	甘肃、青海、新疆、四川、云南、西藏等地高山
大紫蛱蝶	*Sasakia charonda*	黑龙江、吉林、辽宁、河北、山西、河南、陕西、湖南、浙江、台湾
黑紫蛱蝶	*S. funebris*	浙江、福建、四川、云南、贵州
最美紫蛱蝶	*S. pulcherrima*	四川
线纹紫斑蝶	*Euploea mulciber*	华南及西南部、台湾、西藏（南部）

（2）脊椎动物：中国脊椎动物共 4407 种（表 12-5）（蒋志刚，2016b；蒋志刚等，2017；张雁云等，2016；江建平等，2016；蔡波等，2016；曹亮等，2016），约占世界总数（47 706 种）的 9.23%。中国特有 1592 种，约占中国脊椎动物总种数的 36.12%。

表 12-5　中国的脊椎动物

类别	种数	占世界总种数/%	特有种数	特有种占中国种数/%
脊椎动物	4407	9.23	1592	36.12
鸟类	1372	13.16	77	5.61
内陆鱼类	1473	10.52	954	64.77
哺乳动物	693	12.56	146	21.00
爬行动物	461	4.49	143	31.02
两栖动物	408	8.51	272	66.67

3. 微生物

据 Hawksworth（1991）估计，全球有菌物（真核微生物）约 150 万种，现已知约 97 861 种（Kirk et al.，2008），仅占估计种数的 6.5%。中国多样的生境蕴藏着丰富的微生物物种多样性。目前已报道真核微生物（菌物）约 14 700 种，其中包括真菌约 14 060 种、卵菌约 300 种、黏菌约 340 种，而真菌中有药用菌 473 种、食用菌 966 个分类单元。据 Mora 等（2011）不完全统计，目前全世界已报道可培养的细菌约 11 010 种、古菌 503 种，中国总共报道可培养种类约占全世界报道的 10%，中国微生物多样性资源的研究仍任重道远（郭良栋，2012）。

二、特有属种繁多

特殊的地质、气候因素为特有属、种的进化和保存提供了难得的条件。中国境内存在大量的古老孑遗（古特有属种）和新产生的（新特有种）特有种类，如有活化石之称的大熊猫、白暨豚、水杉、银杏、银杉和攀枝花苏铁等。还有红豆杉、百山祖冷杉、普陀鹅耳枥、大果木莲（*Manglietia grandis*）、秤锤树（*Sinojackia xylocarpa*）等保护植物。

1. 特有植物

特有科有 7 科，特有属 212 属，特有植物达 17 439 种。其中，种子植物 5 个特有科，203 个特有属，16 075 种特有种（表 12-1）。

特有科包括银杏科（Ginkgoaceae）、杜仲科（Eucommiaceae）、珙桐科（Nyssaceae）、独叶草科（Kingdoniaceae）、芒苞草科（Acanthochlamydaceae）、伯乐树（钟萼木）科（Bretschneideraceae）和大血藤科（Sargentodoxaceae）。裸子植物特有代表种有银杏、攀枝花苏铁、银杉、金钱松、百山祖冷杉、梵净山冷杉（*A. fanjingshanensis*）、长苞冷杉、岷江冷杉（*A. faxoniana*）、巴山冷杉（*A. fargesii*）、苍山冷杉（*A. delavayi*）、丽江云杉（*Picea likiangensis*）、云杉（*P. asperata*）、青海云杉（*P. crassifolia*）、华北落叶松（*Larix principis-rupprechtii*）、红杉（*L. potaninii*）、长苞铁杉（*Tsuga longibracteata*）、黄杉（*Pseudotsuga sinensis*）、华山松、白皮松、油松、黄山松（*Pinus taiwanensis*）、云南松、高山松（*P. densata*）、水杉、水松（*Glyptostrobus pensilis*）、台湾杉（*Taiwania cryptomerioides*）、杉木、柳杉、福建柏（*Fokienia hodginsii*）、巨柏（*Cupressus gigantea*）、红桧（*Chamaecyparis formosensis*）、台湾扁柏（*C. obtusa*）、白豆杉（*Pseudotaxus chienii*）、红豆杉、榧树（*Torreya grandis*）及罗汉松（*Podocarpus macrophyllus*）等。被子植物中特有种更多，达 53.7%，代表种有杜仲（*Eucommia ulmoides*）、珙桐（*Davidia involucrata*）、伯乐树（钟萼木，*Bretschneidera sinensis*）、独叶草（*Kingdonia uniflora*）、梅兰、长喙兰（*Tsaiorchis neottianthoides*）、杏黄兜兰（*Paphiopedilum armeniacum*）、蜡梅（*Chimonanthus praecox*）、夏蜡梅（夏蜡梅）、香果树（*Emmenopterys henryi*）及猪血木（*Euryodendron excelsum*）等。

黄继红等（2014）认为，中国特有植物分布十分不均匀，主要分布于秦岭以南和青藏高原以东的广大山地，包括：①横断山脉，包含高黎贡山、云岭、沙鲁里山、大雪山、邛崃山及岷山等；②滇东-桂西山地；③桂北-黔东南-湘西南山地（云贵高原、两广丘陵山地及江南丘陵山地的交错地带）；④西昆仑山叶尔羌河流域（昆仑山脉的西端）；⑤聂拉木地区（喜马拉雅山上中段的南缘）。

这些特有植物分布于山区的主要原因在于如下几个。①中国秦岭以南和青藏高原以东的地区地貌类型差异很大，且相对其他地区地质构造更加古老和复杂，因而造成了很高的环境异质性，促进物种丰富度的增加和特有现象的加剧。②秦岭和横断山分别是植物南北向和东西向迁移和交流的天然屏障，其很容易形成与其他区域的隔离，结果促进了区域内特有种的形成和分化；同时，这些天然屏障造成秦岭以南和青藏高原以东的地区降水和温度的明显变化，形成这些区域夏季湿润多雨，冬季东南地区湿润而西北地区干旱。这些有利的气候条件维持了亚热带常绿阔叶林、热带季雨林和雨林区域的生境多样性，更利于物种的形成、分化和保存，导致该区域特有植物的多样化。③该区域在上新世-更新世并未遭受严重的大陆冰盖的侵蚀，很可能是因为该区域物种多样性异常丰富，且大量的植物化石证据表明，许多古近纪、新近纪及更早期在劳亚古陆广布的属，现在仅局限在该区域，形成该区域丰富的特有植物类群（黄继红等，2014）。

2. 特有动物

产于中国的陆栖脊椎动物中，有不少种类为中国所特有，或主要分布于中国。中国鸟类的特有种较多，如马鸡（*Crossoptilon* spp.）、丹顶鹤、长尾雉（*Syrmaticus* spp.，4 种）、鸳鸯（*Aix galericulata*）。兽类中的金丝猴（*Rhinopithecus* spp.）、羚羊（牛科羚羊亚科动物的统称）、毛冠鹿（*Elaphodus cephalophus*）和梅花鹿等也是特有种。

三、区系起源古老

中国具有许多单型属和少型属，加之由于第四纪冰期受大陆冰川的影响较小，许多地区都不同程度地保留了白垩纪、古近纪、新近纪的古老残遗部分物种。

（1）植物区系中多单型属和少型属，一般多是原始或古老类型：中国 3817 属高等植物属中有 212 个特有属（王利松等，2015），特有属中单型属和少型属占 95%以上。

（2）裸子植物科比例极高：世界现存 12 科，中国有 10 科（杨永，2015）。

（3）具有被子植物的许多古老、原始科属：木兰科的鹅掌楸（*Liriodendron chinense*）、木兰（*Magnolia liliflora*）、木莲（*Manglietia fordiana*）、含笑（*Michelia figo*）、山茶，金缕梅科（Hamamelidaceae）的马蹄荷（*Exbucklandia populnea*）、蕈树（*Altingia chinensis*），以及樟科、五味子科（Schisandraceae）、蜡梅科（Calycanthaecae）、昆栏树科（Trochodendraceae）和中国特有科水青树科（Tetracentraceae）、伯乐树科等，都是孑遗植物。

a．水青树（*Tetracentron sinense*）：国家二级保护野生植物，稀有种。落叶乔木，古老孑遗珍稀植物，生于海拔 1600～2200m 的沟谷或山坡阔叶林中。水青树的木材无导管，对研究中国古代植物区系的演化、被子植物系统和起源具有重要科学价值。

b．领春木（*Euptelea pleiospermum*）：稀有种。领春木科（Eupteleaceae）落叶小乔木，古老孑遗珍稀植物，其花果艳丽，是优美的观赏树；生于海拔 700～1800m 的山坡、沟谷林中或林缘。领春木为典型的东亚植物区系成分的特征种，对研究植物区系具有科学意义。

四、经济动植物资源异常丰富

中国栽培植物、家养动物及其野生亲缘种质资源异常丰富。在中国境内发现的经济树种有 1000 种以上，其中干果枣树（*Ziziphus jujuba*）、板栗（*Castanea mollissima*）、饮料茶、木本油料油茶、油桐（*Vernicia fordii*）、涂料漆树（*Toxicodendron vernicifluum*）都是中国特产。

（1）家养动物品种（或类型）。中国有家养动物品种（含类型）1938 个，是世界上家养动物品种和类群最丰富的国家。

（2）中国是世界上许多栽培植物的起源地之一，也是现代栽培植物的分布中心。世界上栽培的 1500 余种主要植物中，有近 1/5 起源于中国，常见的有大豆（*Glycine max*）、绿豆（*Vigna radiata*）、赤豆（*V. angularis*）、稻、大麦、莜麦（*Avena chinensis*）、粟（*Milium effusum*）、稷（*Panicum miliaceum*）、荞麦、甘蔗、油茶、油桐、茶、白菜、青菜（*Brassica chinensis*）、紫菜苔（*B. campestris* var. *purpuraria*）、芥菜（*B. juncea*）、榨菜（*B. juncea* var. *tumida*）、水芹（*Oenanthe javanica*）、葱（*Allium fistulosum*）、蒜（*A. sativum*）、菰（*Zizania latifolia*）和莲（*Nelumbo nucifera*）等。大豆地方品种有 20 000 多个，水稻地方品种达 50 000 多种。

（3）中国是野生和栽培果树的主要起源和分布中心。中国的果树种数居世界第一位，果树植物分属 50 余科 81 属。除少数热带果树外，几乎世界上所有的果树在中国都有栽培。原产中国的果树有 50 余种，如梨（*Pyrus* spp.）、桃（*Amygdalus* spp.）、李（*Prunus* spp.）、杏

（*Armeniaca vulgaris*）、梅（*Armeniaca* spp.）、樱桃（*Cerasus* spp.）、枇杷（*Eriobotrya* spp.）、杨梅（*Myrica* spp.）、山楂（*Crataegus* spp.）、柿（*Diospyros* spp.）、枣（*Ziziphus* spp.）、板栗（*Castanea mollissima*）、核桃（*Juglans* spp.）、柑橘（*Citrus* spp.）、柚（*Citrus maxima*）、金柑（*Fortunella japonica*）、黄皮（*Clausena lansium*）、龙眼、荔枝和猕猴桃等，果树品种十分丰富，其中栽培品种梨、李、桃等种类繁多；果树的野生资源也异常丰富，如蔷薇属（*Rosa*）、悬钩子属（*Rubus*）、乌饭树属（*Vaccinium*）、荚蒾属（*Viburnum*）、蛇葡萄属（*Ampelopsis*）、茶藨子属（*Ribes*）、桑属（*Morus*）、榕属（*Ficus*）等的一些种类在中国都有野生种。

（4）中国是世界上园林资源植物最丰富的国家。中国园林植物超过7500种，园林花卉种质资源在国际上位列第一。在世界园林花卉植物中，中国所拥有的种类占世界总数的60%～70%，许多世界名花，或为中国原产，或以中国为分布中心。中国特产种类极多，栽培历史悠久，有“世界花园之母”的誉称。中国的传统名花，如玉兰（*Magnolia denudata*）、蜡梅（*Chimonanthus praecox*）为中国特有；金粟兰属（*Chloranthus*）、南天竹属（*Nandina*）均为东亚特有的单型属，主产于中国。桂花、莲、梅花、月季、牡丹和芍药（*Paeonia lactiflora*）等都是中国的名花，被广泛栽培。许多种类经人工培育，出现众多的品种，如牡丹品种多达470种，菊花品种超过3000种，莲品种160种以上，梅花达300余个品种。这些园林花卉通过繁育，获得千姿百态、色彩各异的品种。野生种与栽培品种交相叠加，构成丰富多彩的中国园林花卉，种属或品种众多，不胜枚举。

（5）众多的药用植物，构建了中国民族医药多样性。有1万多种药用植物，其中收载于药书中的，包括低等植物的少数验方药，共有6000多种，计高等植物4800多种，含苔藓类40多种，蕨类植物400多种，裸子植物近100种，被子植物4300多种。例如，人参、天麻、三七、红豆杉、当归和大黄（*Rheum officinale*）等，都是著名的药用植物（王慷林和李莲芳，2014）。

五、生态系统丰富多彩

中国生态系统类型多样，几乎拥有地球陆生所有的生态系统类型，包括森林、草原和草甸、荒漠、湿地、高山冻原及复杂的农田生态系统等（表12-6）；以乔木的优势种、共优势种或特征种为标志的类型主要有212类，且每类包括多种气候型和土壤型。

表12-6　中国生态系统类型种类

类型	数量	类型	数量
森林生态系统	343	湿地生态系统	145
草原和草甸生态系统	122	高山冻原与高山垫状植被	15
荒漠生态系统	49	合计	674

森林生态系统、草原和草甸生态系统是物种分布最重要的区域，因此本节仅介绍这两类生态系统。

1. 森林生态系统

森林生态系统包括针叶林（寒温性针叶林、温性针叶林、温性针阔混交林、暖性针叶林和热性针叶林）、阔叶林（落叶阔叶林、常绿落叶阔叶混交林、常绿阔叶林、硬叶常绿阔叶林、季雨林、雨林、珊瑚岛常绿林）、灌丛和灌草丛等类型。

（1）寒温性针叶林：主要分布在中国大兴安岭北部，包括落叶松林、云杉、冷杉林和松林在内的 44 种类型。

（2）温性针叶林：主要分布于暖温带地区平原、丘陵山地及低山地区，还包括亚热带和热带山中的针叶林，主要有巴山松（*Pinus henryi*）、台湾松（*P. taiwanensis*）、侧柏（*Platycladus orientalis*）等 9 种类型。

（3）温性针阔混交林：主要分布在东北和西南，共有 6 种类型。分布在东北者是以红松为主的针阔叶混交林；分布在西南者是以铁杉为主的针阔叶混交林。

（4）暖性针叶林：主要分布在亚热带低山、丘陵和平地，包括马尾松、柳杉、杉木等 15 种类型。

（5）热性针叶林：主要分布在中国热带丘陵平地及低山，仅海南松（*Pinus latteri*）一种类型。

（6）落叶阔叶林：主要分布在北方的平原、丘陵和低中山地区，包括蒙古栎（*Quercus mongolica*）林、辽东栎（*Q. wutaishanica*）林、山杨（*Populus davidiana*）林、白桦（*Betula platyphylla*）林、胡杨林等 29 种类型。

（7）常绿落叶阔叶混交林：属落叶阔叶与常绿阔叶林之间的过渡类型，是亚热带北部典型生态系统类型之一，在北亚热带地区，主要分布在低海拔的地带；到中亚热带，其分布大多上升到山地。优势植物包括栓皮栎（*Quercus variabilis*）、麻栎（*Q. acutissima*）、青冈（*Q. glauca*）、木荷（*Schima superba*）和水青冈（*Fagus longipetiolata*）等，有 21 种类型。

（8）常绿阔叶林：中国亚热带地区最具代表性的类型，主要由壳斗科、樟科、木兰科、山茶科等植物所组成，包括 40 种类型。

（9）硬叶常绿阔叶林：主要分布在川西、滇北的高海拔山地，以及西藏东南的一部分河谷中，金沙江河谷两侧是本类型分布的中心；主要由川滇高山栎（*Quercus aquifolioides*）、黄背栎（*Q. pannosa*）、光叶高山栎（*Q. pseudosemecarpifolia*）和铁橡栎（*Q. cocciferoides*）组成，包括 9 种类型。

（10）季雨林：分布于台湾、广东、广西、云南和西藏五地的热带地区，主要由木棉（*Bombax malabarica*）、榕树（*Ficus microcarpa*）、青皮（*Vatica astrotricha*）等组成，包括 12 种类型。

（11）雨林：分布于台湾的南部、广东和广西的南部、云南的南部及西藏的东南部地区，由青梅（*Vatica mangachapoi*）、狭叶坡垒（*Hopea chinensis*）、东京龙脑香（*Dipterocarpus retusus*）、鸡毛松（*Podocarpus imbricatus*）等组成，包括 12 种类型。

（12）珊瑚岛常绿林：分布在南海诸岛和台湾沿海的珊瑚岛上，包括海岸桐（*Guettarda speciosa*）林、草海桐（*Scaevola sericea*）林等，有 5 种类型。

（13）竹林：以在热带、亚热带地区分布为主，以长江流域以南海拔 100～800m 的丘陵山地及河谷平地分布较广，生长最盛。常见的竹种有箬竹（*Indocalamus tessellatus*）、箭竹（*Fargesia nitida*）、泡竹（*Pseudostachyum polymorphum*）和毛竹（*Phyllostachys pubescens*）等，共有 36 类。

（14）灌丛和灌草丛：灌丛包括一切以灌木占优势所组成的生态系统，其在中国的分布很广。代表性物种有高山柏（*Sabina squamata*）灌丛、山光杜鹃（*Rhododendron oreodoxa*）灌丛和雪层杜鹃（*R. nivale*）灌丛。其分为 2 个类型。①落叶阔叶灌丛：分布于温带地区及亚热带高原山地上，代表性物种有胡枝子（*Lespedeza bicolor*）、蔷薇（*Rosa* spp.）和绣线菊（*Spiraea* spp.）等；分布在热带、亚热带丘陵低山上的灌丛，性喜暖热，不耐寒冷，其代表性物种有乌饭树（*Vaccinium bractertum*）、映山红（*Rhododendron simsii*）和桃金娘（*Rhodomyrtus tomentosa*）等，有 88 类。②灌草丛：广泛分布在热带、亚热带及温带地区。代表性物种有荆条（*Vitex negundo* var. *heterophylla*）、五节芒（*Miscanthus* var. *major*）等，有 14 类。

2. 草原和草甸生态系统

草原和草甸生态系统主要包括草原和草甸生态系统及稀树草原等，可分为草甸草原、典型草原、荒漠草原和高寒草原四大类。草甸生态系统分为典型草甸、高寒草甸、沼泽化草甸和盐生草甸 4 大类。

（1）草甸草原：集中分布在温带草原区内与森林相邻的狭长地带，这是草原向森林的过渡地带；主要分布在半湿润地区。由狼针草（*Stipa baicalensis*）、长羽针茅（*S. kirghisorum*）、白羊草（*Bothriochloa ischaemum*）、羊草（*Aneurolepidium chinense*）和线叶菊（*Filifolium sibiricum*）等组成，有 8 种类型。

（2）典型草原：在草原区占有最大面积，集中分布在内蒙古高原和额尔多斯高原大部、东北平原西南部及黄土高原中西部，此外在阿尔泰及荒漠区的山地也有分布。以丛生禾草占绝对优势，主要包括大针茅（*Stipa grandis*）、克氏针茅（*S. krylovii*）、长芒草（*S. bungeana*）、针茅（*S. capillata*）、羊草等，有 16 种类型。

（3）荒漠草原：处于温带草原区的西侧，以狭带状呈东西—西南方向分布，往西逐渐过渡到荒漠区。气候处于干旱和半干旱区的边缘地带。优势植物包括戈壁针茅（*Stipa gobica*）、短花针茅（*S. breviflora*）、沙生针茅（*S. glareosa*）、东方针茅（*S. orientalis*）、高加索针茅（*S. caucasica*）等，有 13 种类型。

（4）高寒草原：海拔 4000m 以上、大陆性气候强烈、寒冷而干旱的地区所特有的一种草原类型，主要分布在青藏高原、帕米尔高原，以及天山、昆仑山和祁连山等亚洲中部高山。以寒旱生丛生禾草为主，包括寒生羊茅（*Festuca kryloviana*）、假羊茅（*F. pseudovina*）、座花针茅（*Stipa subsessiliflora*）、紫花针茅（*S. purpurea*）和羽柱针茅（*S. subsessiliflora* var. *basiplumosa*）等，有 10 种类型。

（5）典型草甸：主要分布于温带森林区域和草原区域。优势植物有地榆（*Sanguisorba officinalis*）、裂叶蒿（*Artemisia laciniata*）、高山糙苏（*Phlomis alpina*）、高山象牙参（*Roscoea alpina*）、拂子茅（*Calamagrostis epigeios*）等，共 27 种类型。

（6）高寒草甸：以青藏高原东部和高原东南缘高山，以及祁连山、天山和帕米尔等亚洲中部高山分布为主，向东延伸到秦岭主峰太白山和小五台山南台。优势植物包括蒿草（*Kobresia* spp.）、圆穗蓼（*Polygonum sphaerostachyum*）等，共 17 种类型。

（7）沼泽化草甸：主要分布在温带森林、草原及荒漠区的低湿地（河滩、沟谷、湖滨）。优势植物包括薹草（*Carex* spp.）、小叶章（*Deyeuxia angustifolia*）、西藏嵩草（*Kobresia tibetica*）、康藏嵩草（*K. littledalei*）和木贼状荸荠（*Heleocharis equisetina*），含 9 种类型。

（8）盐生草甸：温带干旱、半干旱地区所特有，广泛分布于草原和荒漠地区的盐渍低地、宽谷、湖盆边缘与河滩。优势植物包括芨芨草（*Achnatherum splenden*）、星星草（*Puccinellia tenuiflora*）、白花马蔺（*Iris lacteal* var. *chinensis*）和大叶白麻（*Poacynum hendersonii*）等，含 20 种类型。

六、空间格局复杂多样

中国地域辽阔，地势起伏，多山，气候复杂多变。从北到南，跨越寒温带、温带、暖温带、亚热带和北热带，生物群落包括寒温带针叶林、温带针阔叶混交林、暖温带落叶阔叶林、亚热带常绿阔叶林、热带雨林。

此外，高原、山脉、平原、盆地和丘陵等复杂多样的自然环境是孕育生物多样性的重要区域，也有丰富的生物多样性。

第二节　中国生物物种的濒危状况

物种濒危状况评估是开展生物多样性优先保护的重要工具，对制定物种保护管理政策和策略尤其重要。鉴于此，2008～2017 年，环境保护部和中国科学院联合启动中国动植物种类全面评估工作。

（1）高等植物：对中国 35 784 种野生高等植物的濒危状况进行了评估，结果表明灭绝种类（包括 EX、EW 和 RE）40 种；有 3879 种受威胁种（CR、EN 和 VU），占评估物种的 10.84%（表 12-7）（覃海宁等，2017）。

表 12-7　中国高等植物红色名录评估结果

类目	灭绝（EX）	野生灭绝（EW）	区域灭绝（RE）	极危（CR）	濒危（EN）	易危（VU）	近危（NT）	无危（LC）	数据缺乏（DD）	总计
种	21	9	10	614	1 313	1 952	2 818	24 243	4 804	35 784
百分率/%	0.06	0.03	0.03	1.72	3.67	5.45	7.87	67.75	13.42	100.00

张昊楠等（2016）将中国 36 866 种高等植物（《中国植物志》记载种类）的就地保护水平划分为有效保护、较好保护、一般保护、较少保护、保护状况不明、未受保护和未予评价 7 个等级，并对各类高等植物的就地保护状况进行逐一评价。结果，28 385 种高等植物在自然保护区内得到不同程度的就地保护，占评价高等植物总数（不含仅分布于港澳台地区的高等植物，下同）的 81.25%；保护状况不明或未受保护的高等植物有 6552 种，占评价高等植物总数的 18.75%（表 12-8）。

表 12-8　中国高等植物的就地保护评价结果

保护等级	高等植物		被子植物		裸子植物		蕨类植物		苔藓植物	
	种数/种	占比/%	种数/种	占比/%	种数/种	占比/%	种数/种	占比/%	种数/种	占比/%
有效保护	3 842	10.42	3 292	10.57	67	18.87	398	14.31	85	3.31
较好保护	2 478	6.72	2 082	6.68	42	11.83	166	5.97	188	7.32
一般保护	5 257	14.27	4 457	14.30	55	15.49	362	13.01	383	14.91
较少保护	16 808	45.59	14 381	46.15	141	39.72	1 309	47.05	977	38.05
保护状况不明	3 115	8.45	2 500	8.02	10	2.82	253	9.09	352	13.71
未受保护	3 437	9.32	2 800	8.99	12	3.38	135	4.85	490	19.08
未予评价	1 929	5.23	1 649	5.29	28	7.89	159	5.72	93	3.62
总计	36 866	100.00	31 161	100.00	355	100.00	2782	100.00	2568	100.00

（2）哺乳动物：蒋志刚等（2016）依据中国哺乳类野生种群与生境现状，利用《IUCN 物种红色名录濒危等级和标准》（3.1 版）等，评价中国 672 种哺乳动物的濒危状况。结果发现 3 种哺乳动物野生灭绝，3 种区域灭绝；中国受威胁哺乳动物共计 178 种，约占评估物

种总数的 26.5%（表 12-9），高于《IUCN 物种红色名录濒危等级和标准》的物种平均受威胁率（21.8%）。

表 12-9　中国哺乳动物各目中各等级数目

目	野生灭绝（EW）	区域灭绝（RE）	极危（CR）	濒危（EN）	易危（VU）	近危（NT）	无危（LC）	数据缺乏（DD）	总计
劳亚食虫目 Eulipotyphla	0	0	1	0	11	36	30	9	87
攀鼩目 Scandentia	0	0	0	0	0	0	1	0	1
翼手目 Chiroptera	0	0	0	3	15	51	42	23	134
灵长目 Primates	0	0	14	6	5	0	1	0	26
鳞甲目 Pholidota	0	0	1	0	0	0	0	2	3
食肉目 Carnivora	0	0	7	19	15	14	3	0	58
鲸偶蹄目 Cetartiodactyla	2	0	31	19	12	7	16	18	105
海牛目 Sirenia	0	0	1	0	0	0	0	0	1
长鼻目 Proboscidea	0	0	0	1	0	0	0	0	1
奇蹄目 Perissodactyla	1	3	0	0	1	1	0	0	6
啮齿目 Rodentia	0	0	1	3	7	36	147	21	215
兔形目 Lagomorpha	0	0	2	2	1	8	21	1	35
总计	3	3	58	53	67	153	261	74	672

研究指出，威胁哺乳动物生存的主要原因是过度利用和生境丧失。由于人类经济活动改变了土地性质，使野生哺乳动物栖息地转变为农田、林地和城镇居民用地，并被交通干线和草原围栏分割，导致野生哺乳动物生境丧失、破碎化，造成种群数量减少，甚至消失。过度利用排名受威胁哺乳动物致危因子之首，影响着 215 种哺乳动物的生存，其中有 126 种哺乳动物在本次评估中被列入受威胁等级，占 59%。生境丧失和人类干扰排名致危因子的第二位和第三位，分别影响 198 种和 193 种哺乳动物的生存。在被生境丧失影响的哺乳动物中，有 99 种为受威胁物种，占 50%；在受人类干扰影响的哺乳动物中，有 81 种为受威胁物种，占 42%。在哺乳动物的所有致危因子中，由于自然灾害、毒杀、污染、疾病、意外死亡、物种入侵而濒危的物种均不超过 25 种，而受威胁物种的致危因子为“未知”的有 13 种。说明目前中国哺乳动物的濒危主要是人类活动造成的，物种本身进化原因对物种的影响基本可以忽略不计（蒋志刚等，2016）。

（3）爬行动物：按照爬行动物生物学特性，适当修改《IUCN 物种红色名录濒危等级和标准》（3.1 版），评估了中国爬行动物 3 目 32 科 133 属 461 种，结果：中国受威胁（包括极危、濒危、易危）的爬行动物共计 137 种，约占总数的 29.72%（表 12-10），高于 2014 年《IUCN 物种红色名录濒危等级和标准》评估的世界爬行动物受威胁比例（13.61%）。爬行动物受威胁因素可归为：人类干扰（栖息地质量退化及生境片断化、食用和药用、各类污染、宠物饲养、文化休闲活动或实验材料采集等）、自然因素（自然灾害和气候变化）、物种内在因素（栖息地狭窄、繁殖成活率低、疾病等）和不明原因四大类。其中人类干扰名列受威胁爬行动物致危因子之首（蔡波等，2016）。

表 12-10　中国脊椎动物红色名录中爬行类评估结果

红色名录等级	龟鳖目 Testudines	有鳞目 Squamata		鳄形目 Crocodylia	种数/种	各等级物种数占爬行动物总物种数的比例/%
		蛇亚目 Serpentes	蜥蜴亚目 Lacertilia			
灭绝（EX）	0	0	0	0	0	0
野生灭绝（EW）	0	0	0	0	0	0
区域灭绝（RE）	0	0	0	2	2	0.43
极危（CR）	21	6	6	1	34	7.37
濒危（EN）	10	18	9	0	37	8.03
易危（VU）	0	43	23	0	66	14.32
近危（NT）	0	52	26	0	78	16.92
无危（LC）	0	83	92	0	175	37.96
数据缺乏（DD）	3	34	32	0	69	14.97
总计	34	236	188	3	461	100.00

（4）两栖动物：依据中国两栖动物野生种群与生境现状，利用《IUCN 物种红色名录濒危等级和标准》（3.1 版）和《IUCN 物种红色名录标准在国家或地区的应用指南》（4.0 版），对中国已知的 408 种两栖动物的濒危状况进行评估，结果：中国两栖动物有 1 种灭绝，1 种区域灭绝，受威胁的两栖动物共计 176 种，占评估物种总数的 43.1%（表 12-11），明显高于《IUCN 物种红色名录濒危等级和标准》（2015 年）的物种受威胁率（30.8%）。中国两栖动物特有种 272 种，其中 48.9%属于受威胁物种。两栖动物致危因素主要可归为 6 类：栖息地退化或丧失、捕捉、污染、自然灾害与气候变化、物种内在因素及种间影响（江建平等，2016）。

表 12-11　中国两栖动物红色名录评估结果

类目	灭绝（EX）	区域灭绝（RX）	极危（CR）	濒危（EN）	易危（VU）	近危（NT）	无危（LC）	数据缺乏（DD）	总计
种数/种	1	1	13	46	117	76	102	52	408
百分率/%	0.3	0.3	3.2	11.2	28.7	18.6	25.0	12.7	100.0

（5）鸟类：中国有 1372 种鸟类，其中 77 种为中国特有。通过确定评估对象、数据收集、初评、初核、复审、定稿等步骤，对中国鸟类进行了评估，结果：列为极危、濒危和易危等级的受威胁鸟类合计 146 种，占中国鸟类种数的 10.64%；受威胁程度最高的科是鹈鹕科和犀鸟科，这两个科 100%的物种都属于受威胁种；77 种特有鸟类中有 29 种（37.66%）属于受威胁种（表 12-12）。陆禽和猛禽是受威胁最严重的生态类群，分别有 25.2%和 23.2%的种类处于受威胁状态（张雁云等，2016）。栖息地退化和丧失、捕猎和贸易、人类活动、气候变化、自然灾害等是中国鸟类受威胁的主要因素（郑光美，2012）。

表 12-12　中国鸟类红色名录评估结果

类目	灭绝（EX）	区域灭绝（RE）	极危（CR）	濒危（EN）	易危（VU）	近危（NT）	无危（LC）	数据缺乏（DD）	总计
种	—	3	15	51	80	190	876	157	1372
百分率/%	—	0.22	1.09	3.72	5.83	13.85	63.85	11.44	100.00
特有种	—	—	2	8	19	17	29	2	77
百分率/%	—	—	2.60	10.39	24.67	22.08	37.66	2.60	100.00

（6）内陆鱼类：根据已有的基础资料，采用 IUCN 评估等级和标准，对中国 1443 种内陆鱼类受威胁现状进行评估（表 12-13）。结果：灭绝 3 种、区域灭绝 1 种、极危 65 种、濒危 101 种、易危 129 种、近危 101 种、无危 454 种和数据缺乏 589 种。此外，受威胁物种大幅度增加，其数目达 295 种，占已知中国内陆鱼类总数的 20.44%，低于全球平均值（29%）。灭绝等级的鱼类是大鳞白鱼（*Anabarilius macrolepis*）、异龙鲤（*Cyprinus yilongensis*）和茶卡高原鳅（*Triplophysa cakaensis*）；区域灭绝等级的鱼类是长颌北鲑（*Stenodus leucichthys*）。鲤科（Cyprinidae）是受威胁物种数最多的科，其中裂腹鱼亚科（Schizothoracinae）和鲤亚科（Cyprininae）的种类受威胁程度最高。长江上游和珠江上游受威胁物种最多，是受威胁最严重的地区。中国内陆鱼类受威胁的主要因素为河流筑坝、生境退化或丧失、酷渔滥捕和引进外来种。列入数据缺乏等级的鱼类较多，占中国内陆鱼类的 40.82%，表明对中国内陆鱼类物种多样性了解不充分，需要加强野外调查以积累基础资料（曹亮等，2016）。

表 12-13　中国内陆鱼类红色名录评估结果与 IUCN 评估结果的比较

评估等级	中国		IUCN 中国（2015 年）		IUCN 全球	
	种数/种	比例/%	种数/种	比例/%	种数/种	比例/%
灭绝（EX）	3	0.21	2	0.3	60	1.0
野生灭绝或区域灭绝（EW 或 RE）	1	0.07	0	0.0	8	0.1
极危（CR）	65	4.50	29	5.2	382	6.6
濒危（EN）	101	7.00	14	2.5	416	7.2
易危（VU）	129	8.94	26	4.6	881	15.2
近危（NT）	101	7.00	15	2.7	259	4.5
无危（LC）	454	31.46	285	50.9	2717	47.0
数据缺乏（DD）	589	40.82	189	33.8	1062	18.4
总计	1443	100.00	560	100.00	5785	100.0

第三节　中国生物多样性的关键区域

一、生物多样性关键类群

生物多样性关键类群，仅指高度濒危、具重大科学价值及有重要经济意义的类群（陈灵芝，1993）。

1. 高度濒危类群

由于栖息地或生境破坏、滥捕（渔）、酷猎、滥采、滥挖或自然灾害等原因，导致某类物种的种群数量急剧下降，有的甚至在某些地域已经绝迹，残存的种群生存仍然受到严重的威胁，若不给予及时有效的特别保护，其种群将面临灭绝的类群，则视作高度濒危类群。例如，哺乳类、鸟类，凡种群数量估计在 5000 只以下的均划归本类群；其他脊椎动物（如鱼类）、无脊椎动物及高等植物等，若其已经很少而资源严重枯竭的类群，或经过历次考察很难发现的类群，虽无种群数量为依据，也划归本类。

2. 重大科学价值类群

任何生物种都有各自不同程度的科学价值，这里所述的类群是指其在生物系统学或生物进化方面，以及环境保护方面具有特别的意义，聚焦于：①单型属之单型种或某一科属的单型种；②中国特有属种；③孑遗或残遗种，指某个类群在历史上有过广泛的分布，后因古地理环境的变迁而只在局部地区（包括毗邻的国外地区）遗留下来的物种；④极富代表性的类型，如喜马拉雅塔尔羊是塔尔羊属在中国的唯一代表。此外，尚包括一些对环境监测具有重要意义的指示种。

3. 重要经济意义类群

此类群多为中国重要的资源物种，其种群数量或许仍然较多，或者已经明显下降而有待加强管理与保护，待种群恢复到一定数量时仍可合理利用。此类经济价值表现在 6 个方面：①提供名贵的药材、用材或工业香料与化工原料；②毛皮价值高，属于细毛类高级毛皮；③具有较高的美学价值或有较高的观赏价值；④其产品作为名贵的山珍海味（或滋补食品）；⑤在国际上具有较高或很高的狩猎价值；⑥家养或栽培物种的野生祖先或近缘种，属遗传资源种，等等。

陈灵芝（1993）根据此 3 个标准，对中国动植物资源进行分类（表 12-14），由于整理时间较早，本书作者重新整理列表，仅作为参考。

表 12-14　中国生物多样性关键类群及其相关种类

类群	高度濒危类群	重大科学价值类群	重要经济意义类群
哺乳类	21 种，占中国种数的 4.4%，濒危物种总数的 25%；灵长类（Primates）7 种，食肉类（Carnivora）7 种，鲸类（白暨豚 *Lipotes vexillifer*）、长鼻类（亚洲象）、海牛类（儒艮 *Dugong dugon*）、奇蹄类（野马）、偶蹄类 7 种	23 种，占哺乳动物总种数的 4.8%左右。食虫类（海南新毛猬 *Neohylomys hainanensis*）、灵长类 17 种，奇蹄类 2 种、偶蹄类 4 种	17 种，占哺乳动物总种数的 3.6%。鲮鲤类（中华穿山甲 *Manis pentadactyla*）、食肉类 7 种，偶蹄类 6 种以上，牛科 3 种
鸟类	11 种，占中国濒危鸟类的 6%左右。鹈形类（军舰鸟属 *Fregata*），鹳形类 4 种，鸡形类 3 种，鹤形类（赤颈鹤 *Sarus crane*），鹦形类（鹦鹉），雀形类（鹩哥 *Gracula religiosa*）	约 30 种，占全国鸟类总种数的 2.4%左右。雁形类（中华秋沙鸭 *Mergus squamatus*）、鸡形类 16 种，鹤形类 9 种，鸥形类（遗鸥 *Larus relictus*），鸽形类 3 种，雀形类 2 种	143 种，占鸟类种数的 12.0%。雁形类 14 种，隼类和鸮类 14 种，鸡形类 9 种，鹳形类 9 种，鹃形类 2 种，雀形类 95 种
爬行/两栖类	四爪陆龟（*Testudo horsfieldii*）、鼋（*Pelochelys bibroni*）、巨蜥（*Varanus salvator*）、蟒（*Python molurus*）	鳄蜥（*Shinisaurus crocodilurus*）	扬子鳄（*Alligator sinensis*）、绿海龟（*Chelonia mydas*）、中国大鲵（*Andrias davidianus*）
鱼类	20 种，占濒危物种总种数的 20.6%。银白鱼（*Anabarilius alburnops*）、云南鲴	白鲟（*Psephurus gladius*）、双孔鱼（*Gyrinocheilus aymonieri*）、胭脂鱼	中华鲟（*Acipenser sinensis*）、施氏鲟（*A. schrenckii*）、鲥鱼（*Tenualosa*

续表

类群	高度濒危类群	重大科学价值类群	重要经济意义类群
鱼类	（*Xenocypris yunnanensis*）、云南鲤（*Cyprinus yunnanensis*）、洱海大头鲤（*C. pellegrini*）等	（*Myxocyprinus asiaticus*）	*reevesii*）、大黄鱼（*Larimichthys crocea*）、蓝点马鲛（*Scomberomorus niphonius*）、带鱼（*Trichiurus lepturus*）、松江鲈（*Trachidermus fasciatus*）、银鲳（*Pampus argenteus*）、桂花鱼（*Siniperca chuatsi*）等
无脊椎动物	种类较多，无法确定。例如，珊瑚纲的全部红珊瑚（*Corallium* spp.）、辩鳃纲的库氏砗磲（*Tridacna cookiana*）和头足纲的鹦鹉螺（*Nautilus pomplius*）等	原生动物类群（Protozoa）和枝角类群（Cladocera）	类群多，如腹足类（Gastro-poda）、瓣鳃类（Lamellibran-chia）、头足类（Cephalopoda）、甲壳类（Crustaces）及海参类（Holothuroidea）
昆虫	中华蛩蠊（*Galloisiana sinensis*）、金斑喙凤蝶（*Teinopalpus aureus*）	中华缺翅虫（*Zorotypus sinensis*）和墨脱缺翅虫（*Z. medoensis*）；中华虎凤蝶（*Luehdorfia chinensis*）、双尾褐凤蝶（*Bhutanitis mansfieldi*）、三尾褐凤蝶（*B. thaidina*）是中国特有种	蝴蝶类、蝠蛾类、蚕类和蜜蜂类等
苔藓植物	新绒苔（*Neotrichocolea bissetii*）、疣黑藓（*Andreaea mamillosula*）、后边藓（*Sciaromiopsis brevifolia*）、华湿原藓（*Sinocalliergon satoi*）	藻苔（*Takakia lepidozioides*）、角叶藻苔（*T. ceratophylla*）、卷枝尾鳞苔（*Caudalejeunea circinata*）、肾瓣尾鳞苔（*C. Reniloba*）、大紫叶苔（*Pleurozia gigantea*）、刀形管叶苔（*Colura acroloba*）等	蛇苔（*Conocephalum conicum*）、地钱（*Marchantia polymorpha*）、金发藓（*Polytrichum commune*）、暖地大叶藓（*Rhodobryum gigan-teum*）、侧枝匐灯藓（*Plagiom-nium maximovicgii*）、大叶匐灯藓（*P. succulentum*）、圆叶匐灯藓（*P. vesicatum*）等
蕨类植物	12种，占中国濒危和受威胁蕨类植物种数的24%。宽叶水韭（*Isoetes japonica*）、高寒水韭（*I. hypsophila*）、台湾水韭（*I. taiwanensis*）、光叶蕨（*Cystoathyrium chinense*）、毛叶蕨（*Pleuromanes pallidum*）、单叶贯众（*Cyrtomium hemionitis*）、中国蕨（*Sinopteris grevilleoides*）、毛叶粉背蕨（*Aleuritopteris squamosa*）、三色凤尾蕨（*Pteris tricolor*）、鹿角蕨（*Platycerium wallichii*）、对开蕨（*Phyllitis scolopendrium*）等	荷叶铁线蕨、光叶蕨、中国蕨、玉龙蕨、荚囊蕨（*Struthiopteris eburnea*）、戟叶石韦（*Pyrrosia hastata*）	贯众（*Cyrtomium fortunei*）、绵马鳞毛蕨（*Dryopteris crassirhizoma*）、石苇（*Pyrrosia lingua*）、江南卷柏（*Selaginella moellendorffii*）、对开蕨、三色凤尾蕨、鹿角蕨、菜蕨（*Callipteris esculenta*）、蕨（*Pteridium aquilinum*）、荚果蕨（*Matteuccia struthiopteris*）、满江红（*Azolla imbricata*）
裸子植物	15种，占中国裸子植物总数的8%。攀枝花苏铁（*Cycas panzhihuaensis*）、贵州苏铁（*C. guizhouensis*）、四川苏铁（*C. szechuanensis*）、海南苏铁（*C. hainanensis*）、百山祖冷杉、台湾苏铁（*C. taiwaniana*）、台湾穗花杉（*Amentotaxus formosana*）、崖柏（*Thuja sutchuenensis*）、康定云杉（*Picea likiangensis* var. *montigena*）、柔毛油杉（*Keteleeria pubescens*）、海南油杉（*K. Hainanensis*）、贡山三尖杉（*Cep-*	银杏（*Ginkgo biloba*）、水杉（*Metasequoia glyptostroboides*）、银杉、水松（*Glyptostrobus pensilis*）、金钱松（*Pseudolarix amabilis*）、白豆杉（*Pseudotaxus chienii*）、福建柏（*Fokienia hodginsii*）、台湾杉（*Taiwania* spp.）、穗花杉（*Amentotaxus* spp.）、百山祖冷杉、元宝山冷杉、梵净山冷杉、资源冷杉（*Abies beshanzuensis* var. *ziyuanensis*）	杉木、马尾松、水杉、秃杉（*Taiwaniana flousiana*）、金钱松、银杏、香榧、三尖杉属（*Cephalotaxus*）、红豆杉属（*Taxus*）等

续表

类群	高度濒危类群	重大科学价值类群	重要经济意义类群
裸子植物	*halotaxus lanceolata*）、元宝山冷杉（*Abies yuanbaoshanensis*）、梵净山冷杉（*A. fanjingshanensis*）、银杉		
被子植物	调查的珍稀濒危植物 1000 多种，高度濒危而亟待保护的种类，约占 15%，如人参、杏黄兜兰、雁荡润楠（*Machilus minutiloba*）、喜雨草（*Ombrocharis dulcis*）、瓜耳木（*Otophora unilocularis*）、粗齿梭罗（*Reevesia rotundifolia*）、缘毛红豆（*Ormosia howii*）、异形玉叶金花（*Mussaenda anomala*）、广西青梅（*Vatica guangxiensis*）、银缕梅（*Shaniodendron subaequale*）、海南海桑（*Sonneratia hainanensis*）、华盖木（*Manglietiastrum sinicum*）、大果木莲、藤枣、峨眉拟单性木莲（*Parakmeria omeiensis*）、天目铁木（*Ostrya rehderiana*）、羊角槭（*Acer yangjuechi*）、无喙兰（*Holopogon gaudissartii*）、双蕊兰（*Diplandrorchis sinica*）等	云南金钱槭（*Dipteronia dyerana*）、药囊花（*Cyphotheca montana*）、双蕊兰（*Diplandrorchis sinica*）、猪血木（*Euryodendron excelsum*）、掌叶木（*Handeliodendron bodinieri*）、七子花（*Heptacodium miconioides*）、铁竹（*Ferrocalamus strictus*）、薄竹（*Schizostachyum chinense*）、蒜头果（*Malania oleifera*）、云南龙脑香（*Dipterocarpus retusus*）、喜雨草、伯乐树、水青树、连香树、喙核桃（*Annamocarya sinensis*）、金钱柳（*Cyclocarya paliurus*）、鹅掌楸、夏蜡梅、延龄草（*Trillium tschonoskii*）、云南婆罗双（*Shorea assamica*）、滇南风吹楠、望天树、野生稻、猕猴桃、龙眼、林生杧果（*Mangifera sylvatica*）等	①药用植物：三七、黄芪（*Astragalus membranaceus*）、重楼、石斛、贝母（*Fritillaria* spp.）等；②名贵用材：楠木（*Phoebe zhennan*）、樟树、降香黄檀、版纳青梅、望天树、千果榄仁等；③花卉资源：牡丹、蝴蝶兰（*Phalaenopsis aphrodite*）、金花茶、杜鹃（*Rhododendron* spp.）、蜡梅（*Chimonanthus praecox*）等；④造纸：芦苇、芦竹（*Arundo donax*）、龙须草（*Eulaliopsis binata*）；⑤油料：红厚壳（*Calophyllum inophyllum*）、文冠果（*Xanthoceras sorbifolium*）、油渣果（*Hodgsonia macrocarpa*）、麻疯树（*Jatropha curcas*）等；⑥其他：沙棘、刺梨、猕猴桃、罗汉果、芦荟（*Aloe vera*）等

二、中国生物多样性的关键地区

为了确定生物多样性热点地区（关键地区），不同学者提出了各自的方法。

1. 中国生物多样性保护的关键地区

陈灵芝等（1993）汇集了全国从事生物多样性研究工作者的经历和经验，根据动植物种类分布范围提出 14 个具有国际意义的陆生生物多样性的关键地区。依据的标准是：①具有世界意义的物种丰富的区域；②物种种类丰富、特有种多的区域；③遗传资源丰富或濒危物种集中的区域。14 个关键地区简单介绍如下。

（1）吉林长白山地区：位于东北地区，北纬 40°40′～44°30′，东经 125°20′～131°21′。海拔 300～1000m，最高峰白云峰海拔 2691m。植物区系县与俄罗斯远东和滨海地区及朝鲜半岛北部同属“长白植物区系省”，并位于该区系省的中心。该地区有高等植物 2000 多种、兽类 67 种、鸟类 268 种、爬行类 15 种、两栖类 10 种。

（2）冀北山地地区：河北北部和西部的丘陵山地，向东延伸到辽宁西部的丘陵地区，包括太行山山脉、燕山山脉、小五台山、百花山、雾灵山等地区，是人类活动集中、开发历史比较长的地区，受到较为严重的破坏，亟待加强保护。

（3）陕西秦岭太白山地区：秦岭是中国中部横贯东西的巨型山脉，是中国南北方自然地理条件的天然分界线，其山脊是长江（汉江）和黄河（渭河）流域的分水岭。太白山是秦岭的主峰，海拔 3676m。

植物界认为该地区位于东亚植物区系中国-日本和喜马拉雅两大植物区系省的分界线上，北坡以华北植物区系成分为主，南坡由华北和华中植物区系共同占优势，高山地带呈现唐古拉植物区系的特色。动物学界以秦岭主脊作为东洋界和古北界的分界处。

该地区已知高等植物 2000 多种，特有种 150 多种。兽类 62 种，大熊猫、金丝猴（*Rhinopithecus* spp.）、羚牛（*Budorcas taxicolor*）、朱鹮（*Nipponia nippon*）、毛冠鹿、林麝（*Moschus berezovskii*）等为中国特有。鸟类和昆虫类未深入研究，记录的鸟类有 134 种、昆虫 500 多种。该地区于 20 世纪 70 年代开始进行大规模的森林商业采伐，局部地区生境破坏极为严重。

（4）川西高山峡谷地区：该区域位于四川盆地向青藏高原过渡的高山峡谷地带，包括四川和甘肃的 40 余个县市。地势由西北向东南急剧下降，海拔高差 5000 多米。岷江上游是该地区物种多样性最丰富的地区。

该地区受第四纪冰期影响较小，是动植物的避难所；其南北走向的深谷成为物种交换的走廊，物种丰富度较高、特有种多。该地区已知高等植物 4000 多种，兽类 96 种、鸟类 300 多种、两栖类 15 种、昆虫 1700 多种。该地区的动物区系复杂，既有东洋界的物种，也有古北界的物种；森林资源过度采伐。该地区建立有 40 多个保护区，其中最著名的是卧龙大熊猫保护区。该地区受到国际生物多样性保护组织的关注，世界自然基金会（WWF）长期在此设立保护项目。

（5）滇西高山峡谷地区：位于云南西部怒江两岸山地，包括泸水、福贡、贡山、腾冲，是横断山脉最西部分，海拔 1100～5128m。该地区的地带性植被为常绿阔叶林，分布于海拔 1100～2800m 的地段。

植物区系方面，该地区是古北极和古热带成分的过渡交汇地带，是中国植物模式标本最集中的产地之一。该地区已记录高等植物 2000 多种、兽类 100 多种、鸟类约 300 种（还保留一些人类尚未开发的地区）。

（6）湘黔川鄂边界山地地区：包括武陵山、梵净山、雪峰山、巫山、齐岳山等，多为东北—西南走向，海拔 500～1000m，最高峰海拔达 2200m，是东亚亚热带植物区系华中区系分布的核心地区。

据不完全统计，该地区有高等植物 2500 种以上，特有种类较多。受第四纪冰期影响较小，存留许多孑遗种，其中以水杉最为著名；有兽类 70 多种、鸟类 170 多种、爬行类 30 多种、两栖类 30 多种。中国特有的黔金丝猴（*Rhinopithecus brelichi*）只在贵州的梵净山有分布。

（7）粤桂湘赣南岭山地地区：南岭山地包括越城岭、都庞岭、萌渚岭、骑田岭、大庚岭，是长江流域和珠江流域的分水岭。受太平洋季风影响，表现为亚热带湿润气候。该地区地带性植被为常绿阔叶林，分布在海拔 1300m 以下的地段；高等植物 3500 多种，保留有许多古老的种属，如冷杉、银杉、福建柏、鹅掌楸等，是古老孑遗物种的中心发源地之一。近年来，一些新的植物种类陆续被发现。

未充分开展该地区动物的调查，已记录的兽类近 100 种、鸟类近 200 种、爬行类 20 多种、两栖类 30 多种、昆虫 1500 种。该地区的地带性植被受到较为严重的人类破坏，但局部地区依然保留有原生植被，建立了 20 多个国家级保护区，其中比较重要的有广西的花坪，湖南的舜皇山、千家峒，江西的九连山。

（8）浙闽山地地区：位于北纬 27°～30°，东经 116°30′～122°31′，包括浙江的大部、福建北部和江西东部，武夷山、仙霞岭、天台山等是比较著名的山脉。

该地区是华东植物区系成分的集中分布地区，中国亚热带特有种比例较大。动物的种类不多，仅 50 多种兽类、100 多种鸟类。两栖、爬行动物种类较丰富，分别为 30 种和 40 多种，昆虫 1500 多种，许多种类还尚未鉴定。该区域的生物资源受到较为严重的破坏，已建立的保护区面积普遍较小。

（9）台湾中央山脉：位于北纬 22°30′～24°30′，东经 120°40′，北回归线从中央山脉穿过。地带性植被是常绿阔叶林，分布范围可以高达海拔 2000m。植物成分以东亚湿润热带植物为主，有许多台湾特有种；爬行动物有 90 多种，两栖类 30 多种，昆虫 50 000 多种，还有许多未鉴定的种类。

（10）藏东南山地：包括察隅、墨脱、西巴霞、库尔等地。境内多高山峡谷，山峰海拔多在 5000m 以上。由于南迦巴瓦峰对来自印度洋暖气流的阻挡作用，该地区的降雨量超过 2000mm，地带性植被为热带雨林，分布在海拔 1100m 以下的地区。

该地区是中国植物区系较为丰富的地区之一，高等植物达 4000 多种，印度—马来西亚成分、中国—喜马拉雅成分和北温带成分都占有重要地位。未充分开展该地区动物考察鉴定。

（11）云南西双版纳地区：位于云南南部，北纬 21°9′～22°36′，东经 99°58′～101°50′，与缅甸、老挝接壤。季雨林是该地区的地带性植被。

该地区占国土面积的 0.2%，但高等植物种类却占中国的 7%，有 4000 多种，其中 88%是热带成分，以印度—马来西亚植物区系成分居多。记录的兽类有 102 种，约占中国的 20%，绝大多数的灵长类和灵猫类集中在此；鸟类 400 多种、两栖类 38 种、爬行类 60 多种。该地区还有许多栽培植物的野生亲缘种，如野生稻、野茶树、野荔枝、野杧果、野黄瓜等。

（12）桂西南石灰岩地区：位于北纬 21°98′～23°28′，东经 105°40′～108°6′。地理位置与西双版纳地区相似，但受沿湘、桂夹道南下的寒潮影响，可以出现零度以下的低温，因此不能栽种橡胶树。

植物种类 3000 多种，动物知之不多，记录的兽类 30 多种、鸟类 100 多种、爬行类 14 种、两栖类 10 种、昆虫近千种。白头叶猴（*Trachypithecus leucocephalus*）为本区特有。该地区的生物资源受到长期的利用，过度开发的现象比较明显。

（13）海南岛中南部山区：位于北纬 18°10′～20°10′，东经 108°37′～111°3′，季雨林是当地的地带性植被。海南岛的陆地面积只占国土面积的 0.35%，但是高等植物有 4000 多种，占中国的 7%，有 630 种为海南特有。兽类 82 种、鸟类 344 种、爬行类 104 种、两栖类 37 种，不少是海南特有种。

（14）青海可可西里地区：位于青藏高原腹地，平均海拔 5000m，具有众多的高山湖泊。气候寒冷、干燥，降雨量 200～400mm。动植物种类不多，但青藏高原特有种类较多。在 202 种高等植物中，特有种有 84 个；16 种兽类，特有种 11 种；鸟类 30 种，特有种 7 种。

2. 中国优先保护的热点地区

李迪强等（2003）进行国家级自然保护区规划时，对中国物种保护的热点地区进行分析，提出 16 个需要优先进行保护的热点地区，包括吉林长白山地区、祁连山地区、伏牛山地区、秦岭地区、大巴山地区、大别山地区、浙皖低山丘陵、浙闽山地地区、川西高山峡谷地区、藏东南地区、滇西北地区、武陵山地区、南岭地区、十万大山地区、西双版纳地区、海南中部地区。其提出的原则：①中国的特有种应该得到优先保护；②中国拥有绝大多数种群的濒危、易危和受威胁的物种应该得到优先保护；③中国国务院批准的国家重点保护野生动植物种类应该得到优先保护。

2010 年，环境保护部印发《中国生物多样性保护战略与行动计划》（2011—2030 年），列出 32 个内陆陆地及水域生物多样性保护优先区域（表 12-15）（李俊生等，2016）以及 3 个海洋与海岸保护优先区（黄渤海保护区域、东海及台湾海峡保护区域、南海保护区域）。李俊生等（2016）依据自然区域分区，分析 32 个内陆陆地及水域生物多样性保护优先区域的基本概况、地形地貌变化、土地利用变化、自然保护地布局、植被类型变化、国家重点保护动植物布局等，并系统研究32个优先区域的生态系统、植被及国家重点保护野生动植物的保护效果，为这些区域的生物多样性保护提供理论支撑。

表 12-15　中国内陆陆地及水域生物多样性保护优先区域

序号	优先区域	省数/个	县数/个	面积/×100km²
1	大兴安岭区	2	12	1 433.70
2	小兴安岭区	1	22	355.20
3	三江平原区	1	12	273.76
4	长白山区	2	24	746.74
5	松嫩平原区	3	25	368.60
6	呼伦贝尔区	1	6	627.50
7	锡林郭勒草原区	1	4	270.99
8	阿尔泰山区	1	6	367.56
9	天山—准噶尔盆地西南缘区	1	40	1 887.64
10	塔里木河流域区	1	13	432.45
11	祁连山区	2	18	1 004.63
12	西鄂尔多斯—贺兰山—阴山区	3	39	946.11
13	三江源—羌塘区	5	39	7 707.77
14	库姆塔格区	2	4	605.37
15	太行山区	5	93	625.68
16	六盘山—子午岭区	3	39	432.96
17	喜马拉雅山东南区	1	21	2 085.51
18	横断山南段区	3	40	1 336.56
19	岷山—横断山北段区	3	42	831.90
20	秦岭区	3	46	666.65
21	桂西黔南石灰岩区	3	18	269.34
22	武陵山区	5	44	685.49
23	大巴山区	4	28	380.86
24	大别山区	3	21	246.55
25	黄山—怀玉山区	3	27	339.28
26	武夷山区	3	80	792.87
27	南岭区	5	79	900.87
28	洞庭湖区	2	15	73.33
29	鄱阳湖区	2	13	70.26
30	海南岛中南部区	1	17	128.75
31	西双版纳区	1	20	425.85
32	桂西南山地区	2	904	305.56
合计				27 626.29

第四节　中国生物多样性保护的战略与行动

2010年9月16日，国务院常务会议审议通过《中国生物多样性保护战略与行动计划》（2011—2030年），内容包括基本原则、战略目标、战略任务、生物多样性保护优先区域，以及生物多样性保护优先领域与行动。

一、基本原则

保护优先：在经济社会发展中优先考虑生物多样性保护，采取积极措施，对重要生态系统、生物物种及遗传资源实施有效保护，保障生态安全。

持续利用：禁止掠夺性开发生物资源，促进生物资源可持续利用技术的研发与推广，科学、合理和有序地利用生物资源。

公众参与：加强生物多样性保护宣传教育，积极引导社会团体和基层群众的广泛参与，强化信息公开和舆论监督，建立全社会共同参与生物多样性保护的有效机制。

惠益共享：推动建立生物遗传资源及相关传统知识的获取与惠益共享制度，公平、公正分享其产生的经济效益。

二、战略目标

1. 近期目标

到 2015 年，力争使重点区域生物多样性下降的趋势得到有效遏制。初步建立生物多样性监测、评估与预警体系、生物物种资源出入境管理制度以及生物遗传资源获取与惠益共享制度。

2. 中期目标

到 2020 年，努力使生物多样性的丧失与流失得到基本控制。基本建成布局合理、功能完善的自然保护区体系。生物多样性监测、评估与预警体系、生物物种资源出入境管理制度以及生物遗传资源获取与惠益共享制度得到完善。

3. 远景目标

到 2030 年，使生物多样性得到切实保护。形成完善的生物多样性保护政策法律体系和生物资源可持续利用机制，保护生物多样性成为公众的自觉行动。

三、战略任务

（1）完善生物多样性保护相关政策、法规和制度。

（2）推动生物多样性保护纳入相关规划。

（3）加强生物多样性保护能力建设。

（4）强化生物多样性就地保护，合理开展迁地保护。

（5）促进生物资源可持续开发利用。

（6）推进生物遗传资源及相关传统知识惠益共享。

（7）提高应对生物多样性新威胁和新挑战的能力。

（8）提高公众参与意识，加强国际合作与交流。

四、生物多样性保护优先区域

综合考虑生态系统类型的代表性、特有程度、特殊生态功能，以及物种的丰富程度、珍稀濒危程度、受威胁因素、地区代表性、经济用途、科学研究价值、分布数据的可获得性等因素，划定 35 个生物多样性保护优先区域，包括大兴安岭区、三江平原区、祁连山区、秦岭区等 32 个内陆陆地及水域生物多样性保护优先区域，以及黄渤海保护区域、东海及台湾海峡保护区域和南海保护区域 3 个海洋与海岸生物多样性保护优先区域。

五、生物多样性保护优先领域与行动

根据总体目标和战略任务,综合确定我国生物多样性保护的 10 个优先领域及 30 个优先行动。

1. 优先领域一：完善生物多样性保护与可持续利用的政策与法律体系

行动 1　制定促进生物多样性保护和可持续利用政策。

行动 2　完善生物多样性保护与可持续利用的法律体系。

行动 3　建立健全生物多样性保护和管理机构，完善跨部门协调机制。

2. 优先领域二：将生物多样性保护纳入部门和区域规划，促进持续利用

行动 4　将生物多样性保护纳入部门和区域规划、计划。

行动 5　保障生物多样性的可持续利用。

行动 6　减少环境污染对生物多样性的影响。

3. 优先领域三：开展生物多样性调查、评估与监测

行动 7 开展生物物种资源和生态系统本底调查。

行动 8 开展生物遗传资源和相关传统知识的调查编目。

行动 9 开展生物多样性监测和预警。

行动 10 促进和协调生物遗传资源信息化建设。

行动 11 开展生物多样性综合评估。

4. 优先领域四：加强生物多样性就地保护

行动 12 统筹实施和完善全国自然保护区规划。

行动 13 加强生物多样性保护优先区域的保护。

行动 14 开展自然保护区规范化建设，提高自然保护区管理质量。

行动 15 加强自然保护区外生物多样性的保护。

行动 16 加强畜禽遗传资源保种场和保护区建设。

5. 优先领域五：科学开展生物多样性迁地保护

行动 17 科学合理地开展物种迁地保护体系建设。

行动 18 建立和完善生物遗传资源保存体系。

行动 19 加强人工种群野化与野生种群恢复。

6. 优先领域六：促进生物遗传资源及相关传统知识的合理利用与惠益共享

行动 20 加强生物遗传资源的开发利用与创新研究。

行动 21 建立生物遗传资源及相关传统知识保护、获取和惠益共享的制度和机制。

行动 22 建立生物遗传资源出入境查验和检验体系。

7. 优先领域七：加强外来入侵物种和转基因生物安全管理

行动 23 提高对外来入侵物种的早期预警、应急与监测能力。

行动 24 建立和完善转基因生物安全评价、检测和监测技术体系与平台。

8. 优先领域八：提高应对气候变化能力

行动 25 制定生物多样性保护应对气候变化的行动计划。

行动 26 评估生物燃料生产对生物多样性的影响。

9. 优先领域九：加强生物多样性保护领域科学研究和人才培养

行动 27 加强生物多样性保护领域的科学研究。

行动 28 加强生物多样性保护领域的人才培养。

10. 优先领域十：建立生物多样性保护公众参与机制与伙伴关系

行动 29 建立公众广泛参与机制。

行动 30 推动建立生物多样性保护伙伴关系。

参 考 文 献

安锋，阚丽艳，谢贵水，等．2007．海南外来植物入侵的现状与对策．西北林学院学报，22（5）：198-206
白冰，李宁，鲁长虎．2011．生境破碎化对食果动物及种子传播的影响．生态学杂志，30（11）：2613-2620
白帆．2012．中国外来入侵植物空间格局和入侵风险分析．北京：中国科学院大学博士学位论文
白永飞，李凌浩，王其兵．2000．锡林河流域草原群落植物多样性和初级生产力沿水热梯度变化的样带研究．植物生态学报，24（6）：667-673
保春光，崔丽娟，盛连喜．2009．生物多样性保育学．哈尔滨：东北师范大学出版社
蔡波，李家堂，陈跃英，等．2016．通过红色名录评估探讨中国爬行动物受威胁现状及原因．生物多样性，24（5）：578-587
蔡立哲．2006．海洋底栖生物生态学和生物多样性研究进展．厦门大学学报（自然科学版），45（s2）：83-89
蔡晓明．2000．生态系统生态学．北京：科学出版社
曹亮，张鹗，臧春鑫，等．2016．通过红色名录评估研究中国内陆鱼类受威胁现状及其成因．生物多样性，24（5）：598-609
曹铭昌，乐志芳，雷军成，等．2013．全球生物多样性评估方法及研究进展．生态与农村环境学报，29（1）：8-16
陈道海，钟炳辉．1999．保护生物学．北京：中国林业出版社
陈封政，李书华，向清祥．2007．活化石植物桫椤的资源开发及保护．时珍国医国药，18（3）：567-568
陈凤虎，付海燕，刘鹏．2006．保护生物学基础教程．哈尔滨：黑龙江教育出版社
陈国栋，张超．2016．天然宝库——湿地．济南：山东科学技术出版社
陈国科，马克平．2012．生态系统受威胁等级的评估标准和方法．生物多样性，20（1）：66-75
陈集双，姜永厚．2006．外来入侵生物控制．杭州：浙江大学出版社
陈家宽．2016．居群、物种与生物多样性．生物多样性，24（9）：1000-1003
陈利顶，徐建英，傅伯杰，等．2004．斑块边缘效应的定量评价及其生态学意义．生态学报，24（9）：1827-1832
陈灵芝，马克平．2001．生物多样性科学：原理与实践．上海：上海科学技术出版社
陈灵芝，赵士洞，王恩明．1993．第五章 生态系统多样性//陈灵芝．中国的生物多样性现状及其保护对策．北京：科学出版社
陈灵芝．1993．中国的生物多样性现状及其保护对策．北京：科学出版社
陈灵芝．1994．第二章 生物多样性保护现状及其对策//钱迎倩，马克平．生物多样性研究的原理与方法．北京：中国科学技术出版社
陈灵芝．2001．第一章 绪论//陈灵芝，马克平．生物多样性科学：原理与实践．上海：上海科学技术出版社
陈圣宾，欧阳志云，徐卫华，等．2010．Beta 多样性研究进展．生物多样性，18（4）：323-335
陈世骧．1987．进化论与分类学．2 版．北京：科学出版社：3-9
陈为民，朱有为．2011．浙江入侵生物及防治．杭州：浙江大学出版社
陈小华，游志能．2011．鱼类外来物种入侵的法律管制分析．中国渔业经济，29（3）：127-133
陈小林，陈光杰，卢慧斌，等．2015．抚仙湖和滇池硅藻生物多样性与生产力关系的时间格局．生物多样性，23（1）：89-100
陈心启，崔鸿宾，戴伦凯，等．2004．《中国植物志》编研简史//吴征镒，陈心启．中国植物志（第一卷）．北京：科学出版社
陈宜瑜．2004．中国生物多样性保护与研究进展——第五届全国生物多样性保护与持续利用研讨会论文集．北京：气象出版社
陈银瑞，杨君兴，李再云．1998．云南鱼类多样性和面临的危机．生物多样性，6（4）：272-277
陈佐忠，王艳芬，汪诗平，等．2002．中国草地生态系统分类初步研究．草地学报，10（2）：81-86
迟德富，孙凡，严善春，等．2005．保护生物学．哈尔滨：东北林业大学出版社
储诚进，王酉石，刘宇，等．2017．物种共存理论研究进展．生物多样性，25（4）：345-354
崔静，吴记贵，黄伯高，等．2016．兰科植物的生殖隔离．浙江农林大学学报，33（4）：695-702
达尔文．2014．物种起源．刘连景译．北京：新世界出版社
戴陆园，游承俐，Quek P．2008．土著知识与农业生物多样性．北京：科学出版社

邓宏兵，蔡述明，杜耘，等．2006．近50年来江汉湖群水域演化定量研究．长江流域资源与环境，15（2）：244-248
邓文洪．2009．栖息地破碎化与鸟类生存．生态学报，29（6）：3181-3187
邓雄，杨期和，叶万辉．2003．第二章 生物入侵的适应性进化及其影响//徐汝梅，叶万辉．生物入侵：理论与实践．北京：科学出版社
邓贞贞，白加德，赵彩云，等．2015．外来植物豚草入侵机制．草业科学，32（1）：54-63
刁俊科，李菊，刘新有．2016．云南橡胶种植的经济社会贡献与生态损失估算．生态环境，32（4）：203-207
丁晖，秦卫华．2009．生物多样性评估指标及其案例研究．北京：中国环境科学出版社
丁建清，王韧，范中南，等．1996．恶性水生杂草——水葫芦在我国的发生危害及其防治．杂草学报，9（2）：49-52
丁圣彦．2004．生态学——面向人类生存环境的科学价值观．北京：科学出版社
董婵，黄英豪，闵凡路．2014．湿地植物与生态环境．天津：天津科学技术出版社
董梅，陆建忠，张文驹，等．2006．加拿大一枝黄花——一种正在迅速扩张的外来入侵植物．植物分类学报，44（1）：72-85
樊冬梅．2017．傣族生物多样性相关传统知识编目与医药案例研究．北京：中央民族大学硕士学位论文
范玉龙，胡楠，丁圣彦，等．2016．陆地生态系统服务与生物多样性研究进展．生态学报，36（15）：4583-4593
冯晓辉．2015．生物多样性//伍业刚，唐建武，潘绪斌．生态智慧：生物多样性．北京：中国高等教育出版社
傅伯杰，陈利顶．1996．景观多样性的类型及其生态意义．地理学报，51（5）：454-462
傅伯杰，于丹丹，吕楠．2017．中国生物多样性与生态系统服务评估指标体系．生态学报，37（2）：341-348
傅伯杰．1995．黄土区农业景观空间格局分析．生态学报，15（2）：113-120
傅靖轩．2016．西南地区维管植物优先保护及保护空缺分析．太原：山西大学硕士学位论文
傅立国，冯祚建，庄剑云．1993．第三章 物种多样性//陈灵芝．中国的生物多样性现状及其保护对策．北京：科学出版社
傅立国．1991．中国植物红皮书-稀有濒危植物（1）．北京：科学出版社
傅之屏．2001．保护生物学．成都：四川科学技术出版社
高俊峰，马克明，冯宗炜．2006．景观组成、结构和梯度格局对植物多样性的影响．生态学杂志，25（9）：1087-1094
戈峰．2011．应对全球气候变化的昆虫学研究．应用昆虫学报，48（5）：10-13
葛颂．2017．什么决定了物种的多样性？科学通报，62（19）：2033-2041
龚洵，张启泰，陶国达，等．2006．中国云南珍稀濒危植物（Ⅰ）．昆明：云南科技出版社
顾党恩，牟希东，罗渡，等．2012．广东省主要水系外来水生动物初步调查．生物安全学报，21（4）：272-276
关晴月．2016．纳西族生物多样性相关传统知识编目与传统饮食知识案例研究．北京：中央民族大学硕士学位论文
郭辉军，龙春林．1998．云南生物多样性．昆明：云南科技出版社
郭良栋．2012．中国微生物物种多样性研究进展．生物多样性，20（5）：572-580
郭延蜀，郑慧珍．2004．四川省喜鹊地理分布的变迁．四川动物，23（2）：93-97
郭志华，臧润国，蒋有绪．2002．生物多样性的形成、维持机制及其宏观研究方法．林业科学，38（6）：116-124
郭中伟，李典谟．1999．生物多样性经济价值评估的基本方法．生物多样性，7（1）：60-67
郭忠玲，赵秀海．2003．保护生物学概论．北京：中国林业出版社
国家环境保护局．1995．中国环境保护21世纪议程．北京：中国环境科学出版社
国家林业局，外交部，国家发展和改革委员会，等．2000．中国湿地保护行动计划．北京：林业出版社
国家林业局．2003．全国湿地资源调查总报告
国家林业局．2012．中国湿地资源．中国林业网：林业资源数据库
国政，臧润国．2013．中国极小种群野生植物濒危程度评价指标体系．林业科学，49（6）：10-17
韩晓君，林海鹰，东迎欣，等．1997．开发建设项目必须重视水土保持方案的编制．黑龙江水利科技，（3）：12，17
韩兴国，黄建辉，娄治平．1995．关键种概念在生物多样性保护中的意义与存在的问题．植物学报，12（s2）：168-184
何春光，崔丽娟，盛连喜，等．2015．生物多样性保育学．2版．长春：东北师范大学出版社

何兴兵，魏虹，林永慧．2003．试论景观层次上的生物多样性保护原则．重庆师范大学学报（自然科学版），20（1）：46-50
贺金生，纪力强．2001．第八章 生物多样性编目和监测//陈灵芝，马克平．生物多样性科学：原理与实践．上海：上海科学技术出版社
贺金生，马克平．2000．生物多样性编目和监测的进展//中国科学院生物多样性委员会．第三届全国生物多样性保护与持续利用研讨会论文集：面向21世纪的中国生物多样性保护．北京：中国林业出版社
赫胥黎．1971．进化论与伦理学．《进化论与伦理学》翻译组．北京：科学出版社
洪德元．2016．生物多样性事业需要科学、可操作的物种概念．生物多样性，24（9）：979-999
侯向阳．2010．发展草原生态畜牧业是解决草原退化困境的有效途径．中国草地学报，32（4）：1-9
胡理乐，李俊生，罗建武，等．2014．生物质能源植物种植对生物多样性的影响．生物多样性，22（2）：231-241
黄继红，马克平，陈彬．2014．中国特有种子植物的多样性及其地理分布．北京：高等教育出版社
黄先寒，兰国玉，杨川，等．2017．云南橡胶林林下植物群落物种多样性．生态学杂志，36（8）：2138-2148
黄一尧．1987．"乱砍滥伐"刍议．林业经济问题，（2）：52-53
黄益宗，张福珠，刘淑琴，等．1999．化感物质对土壤 N_2O 释放影响的研究．环境科学学报，19（5）：478-482
季维智，宿兵．1999．遗传多样性研究的原理与方法．杭州：浙江科学技术出版社
季中淳．1991．中国海岸湿地及其价值与保护利用对策//中国海洋湖沼学会．第四次中国海洋湖沼科学会议论文集．北京：科学出版社：66-73
贾竞波．2011．保护生物学．北京：高等教育出版社
贾久满，郝晓辉．2010．湿地生物多样性指标评价体系研究．湖北农业科学，49（8）：1877-1879
蹇洪英．2006．澳大利亚野生花卉的开发利用．中国花卉园艺，（17）：48-49
江建平，谢锋，臧春鑫，等．2016．中国两栖动物受威胁现状评估．生物多样性，24（5）：588-597
江苏省植物研究所，广东省植物研究所．1978．防污绿化植物．北京：科学出版社
江泽慧，王慷林．2013．中国棕榈藤．北京：科学出版社
姜孟霞．2010．森林的结构与调整．林业经济问题，30（6）：550-555
蒋志刚，江建平，王跃招，等．2016．中国脊椎动物红色名录．生物多样性，24（5）：500-551
蒋志刚，刘少英，吴毅，等．2017．中国哺乳动物多样性．2版．生物多样性，23（3）：886-895
蒋志刚，马克平，韩兴国．1997．保护生物学．杭州：浙江科学技术出版社
蒋志刚，谢宗强．2008．物种的保护．北京：中国林业出版社
蒋志刚．2016．地球上有多少物种?科学通报，61（21）：2387-2394
蒋志刚．2016b．中国脊椎动物生存现状研究．生物多样性，24（5）：495-499
靳芳，余新晓，鲁绍伟，等．2007．中国森林生态系统生态服务功能及其评价．北京：中国林业出版社
鞠瑞亭，杜予州，施宗伟，等．2004．入侵害虫蔗扁蛾在中国的风险性分析．植物保护学报，31（2）：179-184
科学网．2016．最新版《IUCN濒危物种红色名录》发布．http://news.sciencenet.cn/htmlnews/2016/9/355567.shtm
孔祥海．2004．外来入侵物种的危害及防治对策．龙岩学院学报，22（6）：56-60
匡红梅，刘元明，柯善祥，等．2003．湖北省蔗扁蛾的发生危害及检疫防治对策．湖北植保，（5）：18-19
乐佩琦，陈宜瑜．1998．中国濒危动物红皮书·鱼类．北京：科学出版社
类延宝，肖海峰，冯玉龙．2010．外来植物入侵对生物多样性的影响及本地生物的进化响应．生物多样性，18（6）：622-630
冷欣，王中生，安树青，等．2006．岛屿地理隔离对红楠种群遗传结构的影响．南京林业大学学报（自然科学版），30（2）：20-24
李博，徐炳声，陈家宽．2001．从上海外来杂草区系剖析植物入侵的一般特征．生物多样性，9（4）：446-457
李成，谢锋．2004．牛蛙入侵新案例与管理对策分析．应用与环境生物学报，10（1）：95-98
李春香，苗馨元．2016．浅议中国高等植物多样性在世界上的排名．生物多样性，24（6）：725-727
李迪强，宋延龄，欧阳志云．2003．全国林业系统自然保护区体系规划研究．北京：中国大地出版社
李恒．2009．云南湿地植物名录．北京：科学出版社
李红，秦晓辉，赛丽蔓．2007．博州地区马铃薯甲虫发生特点与综合防治技术．中国蔬菜，1（7）：55-56
李宏奎，王同顺，崔育才，等．1998．美洲斑潜蝇种群发生动态及防治对策．中国农学通报，14（3）：67-68
李俊清，李景文．2006．保护生物学．2版．北京：中国林业出版社
李俊清．2012．保护生物学．北京：科学出版社
李俊生，纪中魁，张波，等．2010．中国国家级自然保护区景观多样性监测与评价技术研究．北京：中国环

境科学出版社
李俊生，靳勇超，王伟，等．2016．中国陆域生物多样性保护优先区域．北京：科学出版社
李禄军，曾德慧．2008．物种多样性与生态系统功能的关系研究进展．生态学杂志，27（11）：2010-2017
李琦．2008．哈尼族生物多样性智慧研究．南京：南京农业大学硕士学位论文
李强，徐晔春．2010．湿地植物．广州：南方日报出版社
李先誉，1997．我国稻水象的发生及治理．植物检疫，（s1）：62-63
李湘涛．2005．旅鸽——一种曾经繁盛兴旺的鸟类．百科知识，（2）：40
李修松．2015．加强我国湿地保护和合理利用的六点建议．http://www.ce.cn/culture/gd/201503/05/t20150305_4736878.shtml
李延辉，裴盛基，许再富，等．1986．西双版纳高等植物名录．昆明：云南民族出版社
李义明，李典谟．1994．第五章 种群生存力分析的主要原理和方法//中国科学院生物多样性委员会．生物多样性研究系列专著1：生物多样性研究的原理与方法．北京：中国科学技术出版社
李义明．2001．野生动物狩猎、贸易和狩猎持续性研究进展．生物多样性，9（4）：414-421
李振宇，解焱．2002．中国外来入侵种．北京：中国林业出版社
李梓辉．2002．森林对人体的医疗保健功能．经济林研究，20（3）：69-70
廉振民，于广志．2001．边缘效应与生物多样性．生物多样性，8（1）：120-125
梁晓东，叶万辉．2001．美国对入侵种的管理对策．生物多样性，9（1）：90-94
林灿玲．2004．国际自然资源保护法．北京：人民出版社
林立，李纪元，倪穗，等．2012．岛屿地理隔离对山茶种群遗传结构的影响．林业科学研究，25（3）：378-384
林学名词审定委员会．2016．林学名词．北京：科学出版社
林英，戴志聪，司春灿，等．2008．入侵植物马缨丹（*Lantana camara*）入侵状况及入侵机理研究概况与展望．海南师范大学学报（自然科学版），21（1）：87-93
林育真，赵彦修．2013．生态与生物多样性．济南：山东科学技术出版社
刘爱忠，裴盛基，陈三阳．2000．云南彝族植物崇拜的调查研究．生物多样性，8（1）：130-136
刘靖，熊建喜，张豹，等．1999．新疆棉花枯黄萎病迅速蔓延的原因及防治．中国棉花，26（9）：38-39
刘兴土．2007．三江平原沼泽湿地的蓄水与调洪功能．湿地科学，5（1）：64-68
刘旭，游承俐，戴陆园．2014．云南及周边地区少数民族传统文化与农业生物资源．北京：科学出版社
刘志坚．2007．自然资源保护法原理．兰州：兰州大学出版社
龙春林．2009．民族地区自然资源的传统管理．北京：中国环境科学出版社
卢志军．2005．中国西南地区植物群落的可入侵性与紫茎泽兰的入侵．北京：中国科学院研究生院博士学位论文
陆健健．1990．中国湿地．上海：华东师范大学出版社
陆健健．1996．中国滨海湿地的分类．环境导报，（1）：1-2
陆楠．2014．三峡库区外来植物特征及其入侵风险．北京：中国科学院大学硕士学位论文
罗尔斯顿 H．1991．科学伦理学与传统伦理学．徐兰译．北京：中国社会科学出版社
罗湘粤，钱军．2010．海南省椰心叶甲危害现状及生物防治策略分析．热带林业，38（2）：48-49
马俊才，赵玉峰．1992．中国微生物资源数据库（MRDC）．微生物学通报，19（4）：193-196
马克平，钱迎倩，王晨．1994．第一章 生物多样性研究的现状与发展趋势//钱迎倩，马克平．生物多样性研究的原理与方法．北京：中国科学技术出版社
马克平，钱迎倩．1995．全球生物多样性保护与持续利用的纲领性文件——《生物多样性公约》介绍．科学与社会，（1）：56-60
马克平．1993．试论生物多样性的概念．生物多样性，1（1）：20-22
马克平．1997．第四章 生态系统多样性//蒋志刚，马克平，韩兴国．保护生物学．杭州：浙江科学技术出版社
马克平．2016．生物多样性科学的热点问题．生物多样性，24（1）：1-2
马克平．米湘成，魏伟，等．2004．生物多样性研究中的几个热点问题//陈宜瑜，中国生物多样性保护与研究进展——第五届全国生物多样性保护与持续利用研讨会论文集．北京：气象出版社
马瑞俊，蒋志刚．2005．全球气候变化对野生动物的影响．生态学报，25（11）：3061-3066
马向东，于建国，李宝林．2006．三江平原水利建设中的环境问题分析．黑龙江八一农垦大学学报，18（2）：104-107

马友鑫，刘玉洪，张克映. 1998. 西双版纳热带雨林片断小气候边缘效应的初步研究. 植物生态学报，22（3）：250-255
南京地理与湖泊研究所. 1989. 中国湖泊概论. 北京：科学出版社
牛红玉，沈浩，叶万辉. 2010. 外来植物入侵的全境性研究进展与展望. 生物多样性，18（6）：559-568
农业部外来物种管理办公室. 2006. 农业外来入侵物种知识100问. 北京：中国农业出版社
潘佳，汪劲. 2017. 中国湿地保护立法的现状、问题与完善对策. 资源科学，39（4）：795-804
庞雄飞，李丽英. 2000. 恶性杂草——薇甘菊. 大自然，（3）：24
裴盛基，淮虎银，Hamilton A，等. 2009. 植物资源保护. 北京：中国环境科学出版社
裴盛基，淮虎银. 2007. 民族植物学. 上海：上海科学技术出版社
裴盛基，焦婷婷，田捷砚，等. 2012. 生物多样性与文化多样性. 人与自然，60（3）：18-25
裴盛基，龙春林. 2007. 民族文化与生物多样性保护：生物多样性保护系列丛书. 北京：中国林业出版社
裴盛基，龙春林. 2008. 民族文化与生物多样性保护. 北京：中国林业出版社
彭少麟，向言词. 1999. 植物外来种入侵及其对生态系统的影响. 生态学报，19（4）：560-568
彭羽，范敏，卿凤婷，等. 2016. 景观格局对植物多样性影响研究进展. 生态环境学报，25（6）：1061-1068
朴金丽. 2016. 拉祜族生物多样性相关传统知识编目与传统医药案例研究. 北京：中央民族大学硕士学位论文
奇文，伯恩斯坦. 2017. 延续生命——生物多样性与人类健康. 素顿，乔琴，张体操，等译. 北京：科学出版社
强胜. 1998. 世界性恶性害草——紫茎泽兰研究的历史及现状. 武汉植物学研究，16（4）：366-372
覃海宁，杨永，董仕勇，等. 2017. 中国高等植物受威胁物种名录. 生物多样性，25（7）：696-744
覃海宁，赵莉娜. 2017. 中国高等植物濒危状况评估. 生物多样性，25（7）：689-695
青藤婉. 2015. 湿地 珍稀生命的栖息地. 旅游纵览，2015（2）：10-11
渠春梅，韩兴国，苏波. 2000. 片断化森林的边缘效应与自然保护区的设计管理. 生态学报，20（1）：160-167
任国荣，戴建兵. 2010. 外来生物入侵中国. 北京：中国农业出版社
任霄鹏. 2016. 科学家说捕食行为与海洋生物多样性的步调一致. 科学网，2016-10-13
桑卫国，朱丽，马克平. 2006. 外来种入侵现象、问题及研究重点. 地球科学进展，21（3）：305-312
尚玉昌. 1998. 行为生态学. 北京：北京大学出版社
邵广昭，李瀚，林永昌，等. 2014. 海洋生物多样性信息资源. 生物多样性，22（3）：253-263
邵桦. 2017. 佤族生物多样性相关传统知识编目与传统蔬菜资源变化案例研究. 北京：中央民族大学硕士学位论文
沈浩，黄红娟，叶万辉. 2003. 第三章 外来种入侵对土著种的影响//徐汝梅，叶万辉. 生物入侵：理论与实践. 北京：科学出版社
沈泽昊，张志明，胡金明，等. 2016. 西南干旱河谷植物多样性资源的保护与利用. 生物多样性，24（4）：475-488
生态学名词审定委员会. 2007. 生态学名词2006. 北京：科学出版社
施立明，贾旭，胡志昂. 1993. 遗传多样性//陈灵芝. 中国的生物多样性. 北京：科学出版社：99-113
施立明. 1990. 遗传多样性及其保存. 生命科学，2（4）：159-164
史作民，程瑞梅，陈力，等. 1996. 区域生态系统多样性评价方法. 生态与农村环境学报，（2）：1-5
舒德干. 2001.《物种起源》导读//达尔文著，舒德干，蒙世杰，陈苓，译. 物种起源. 西安：陕西人民出版社
斯幸峰，赵郁豪，陈传武，等. 2017. Beta多样性分解：方法、应用与展望. 生物多样性，25（5）：464-480
宋延龄，杨亲二，黄永青. 1998. 物种多样性研究与保护. 杭州：浙江科学技术出版社
孙军. 2011. 海洋生物多样性：为什么存在高的多样性. 生物多样性，19（6）：611-613
孙儒泳. 2000. 生物多样性的启迪. 上海：上海科技教育出版社
孙卫邦. 2013. 云南省极小种群野生植物保护实践与探索. 昆明：云南科技出版社
唐俊峰. 2013. 生态位分化对物种多样性维持的重要性. 兰州：兰州大学博士学位论文
田家怡，潘怀剑. 2000. 异地生物入侵的危害及综合防治对策. 滨州学院学报，（2）：92-96
田兴军. 2005. 生物多样性及其保护生物学. 北京：化学工业出版社
田自强. 2011. 中国湿地及其植物与植被. 北京：中国环境科学出版社
佟凤勤，刘兴土. 1995. 中国湿地生态系统研究的若干建议//陈宜瑜. 中国湿地研究. 长春：吉林科学技术

出版社：10-15
万本太，徐海根，丁晖，等. 2007. 生物多样性综合评价方法研究. 生物多样性，15（1）：97-106
万方浩，郭建英，王德辉. 2002. 中国外来入侵生物的危害与管理对策. 生物多样性，10（1）：119-125
万方浩，侯有明，蒋明星. 2015. 入侵生物学. 北京：科学出版社
万方浩，李保平，郭建英，等. 2008. 生物入侵：生物防治篇. 北京：科学出版社
万方浩，刘全儒，谢明，等. 2012. 生物入侵 中国外来入侵植物图谱. 北京：科学出版社
万方浩，郑小波，郭建英. 2005. 重要农林外来入侵物种的生物学与控制. 北京：科学出版社
万方浩. 2010. 生物入侵 预警篇. 北京：科学出版社
汪松，陈灵芝. 1990. 中国未来经济发展与生物多样性的维护永续利用和研究//中国科学院生物多样性研讨会会议录. 北京：中国科学院生物科学与技术局：13-18
汪松. 1998. 中国濒危动物红皮书. 北京：科学出版社
王伯荪，王昌伟，彭少麟. 2005. 生物多样性刍议. 中山大学学报（自然科学版），44（6）：68-70
王芳，王瑞江，庄平弟，等. 2009. 广东外来入侵植物现状和防治策略. 生态学杂志，28（10）：2088-2093
王建华. 1998. 西双版纳山地民族原住文化与生物多样性管理：勐宋哈尼族村社定点研究. 昆明：中国科学院昆明植物研究所硕士学位论文
王钧杰，陈国科，马克平. 2015. 植物学名校订工具. 生物多样性，23（2）：252-253
王慷林，李莲芳. 2014. 资源植物学. 北京：科学出版社
王慷林，许建初，裴盛基，等. 2001. 云南西南部非木材林产品与自然资源保护和社区发展//Rijsoort J V，何丕坤. 区域性国际非木材林产品研讨会论文集——中国云南、越南、老挝. 昆明：云南大学出版社
王慷林，薛纪如，岩坎拉. 1991. 西双版纳傣族传统利用竹子的研究. 竹子研究汇刊，10（4）：1-11
王慷林. 2004a. 中国观赏植物图鉴：观赏竹类. 北京：中国建筑工业出版社
王慷林. 2004b. 中国观赏植物图鉴：观赏棕榈. 北京：中国建筑工业出版社
王利松，陈彬，纪力强，等. 2010. 生物多样性信息学研究进展. 生物多样性，18（5）：429-443
王利松，贾渝，张宪春，等. 2015. 中国高等植物多样性. 生物多样性，23（2）：217-224
王瑞，王印政. 2003. 第五章 外来物种入侵、扩散过程与机制//徐汝梅，叶万辉. 生物入侵：理论与实践. 北京：科学出版社
王瑞. 2006. 我国严重威胁性外来入侵植物入侵与扩散历史过程重建及其潜在分布区的预测. 北京：中国科学院植物研究所博士学位论文
王世雄，赵亮，李娜，等. 2016. 稀有种和常见种对植物群落物种丰富度格局的相对贡献. 生物多样性，24（6）：658-664
王献溥，刘玉凯. 1994. 生物多样性的理论与实践. 北京：中国环境科学出版社
王献溥，宋朝枢. 2006. 生物多样性就地保护. 北京：中国林业出版社
王义弘，李俊清，王政权. 1990. 森林生态学实验实习方法. 哈尔滨：东北林业大学出版社
王雨华. 1999. 滇西北药用植物资源可持续管理研究. 昆明：中国科学院昆明植物研究所博士学位论文
王云靓. 2016. 云南普米族生物多样性相关传统知识编目及传统林业管理案例研究. 北京：中央民族大学硕士学位论文
王真辉. 2007. 外来植物入侵群落理论假说. 热带农业科学，27（1）：67-72
王振堂，申亨哲. 1996. 图们江流域人口压力对东北虎数量的影响. 动物学杂志，（5）：31-34
王振堂. 1993. 长白山地区东北虎分布区变化与人口压力的关系初步分析//夏武平，张洁. 人类活动影响下兽类的演变. 北京：中国林业出版社：65-70
王峥峰，葛学军. 2009. 不仅仅是遗传多样性：植物保护遗传学进展. 生物多样性，17（4）：330-339
王志恒，唐志尧，方精云. 2009. 物种多样性地理格局的能量假说. 生物多样性，17（6）：613-624
卫丽，高亮，杜心田，等. 2003. 生物系统边缘效应定律及其在农业生产中的应用. 中国农学通报，19（5）：99-102
文明. 1993. 世界生物多样性最高的地区. 环境科学，19（2）：347-350
吴富勤. 2015. 极小种群野生植物大树杜鹃的保护生物学研究. 昆明：云南大学博士学位论文
吴火和. 2006. 森林生物多样性资产价值评估研究. 福州：福建农林大学博士学位论文
吴锦容，彭少麟. 2005. 化感——外来入侵植物的“Novel Weapons”. 生态学报，25（11）：3093-3097
吴钦孝，赵鸿雁，刘向东，等. 1998. 森林枯枝落叶层涵养水源保持水土的作用评价. 水土保持学报，4（2）：23-28

吴晓雯，罗晶，陈家宽，等．2006．中国外来入侵植物的分布格局及其与环境因子和人类活动的关系．植物生态学报，30（4）：576-584
吴燕如．1992．我国昆虫多样性研究和建议．应用昆虫学，（4）：227-230
吴雍欣．2010．北京地区生物多样性评价研究．北京：北京林业大学硕士学位论文
武建勇，薛达元，赵富伟．2013．欧美植物园引种中国植物遗传资源案例研究．资源科学，35（7）：1499-1509
武玉学，靳挺，王强．2010．外来植物成功入侵的几种生态学解释// First International Conference on Cellular, Molecular Biology，Biophysics and Bioengineering
西双版纳国家级自然保护区管理局，云南省林业调查规划院．2006．西双版纳国家级自然保护区．昆明：云南教育出版社
夏铭．1999．遗传多样性研究进展．生态学杂志，18（3）：59-65
项文化，黄志宏，闫文德，等．2005．森林生态系统碳氮循环功能耦合研究综述．生态学报，26（7）：2365-2372
谢建平，韩玉波，刘钢，等．2016．2015年中国微生物遗传学研究领域若干重要进展．遗传，38（9）：765-791
谢平．2016a．浅析物种概念的演变历史．生物多样性，24（9）：1014-1019
谢平．2016b．进化理论之审读与重塑．北京：科学出版社
解焱．2008．生物入侵与中国生态安全．石家庄：河北科学技术出版社
谢永宏，王克林，任勃，等．2007．洞庭湖生态环境的演变、问题及保护措施．农业现代化研究，28（6）：677-681
徐彬，孔小明．2000．马缨丹叶提取物诱发豚鼠胆石症的酶病理组化研究．畜牧兽医学报，31（2）：179-185
徐承远，张文驹，卢宝荣，等．2001．生物入侵机制研究进展．生物多样性，9（4）：430-438
徐海根，丁晖，欧阳志云，等．2016．中国实施2020年全球生物多样性目标的进展．生态学报，36（13）：3847-3858
徐海根，丁晖，吴军，等．2010．2010年生物多样性目标：指标与进展．生态与农村环境学报，26（4）：289-293
徐海根，王健民，强胜，等．2004．外来物种入侵·生物安全·遗传资源．北京：科学出版社
徐慧，彭补拙．2003．国外生物多样性经济价值评估研究进展．资源科学，25（4）：102-109
徐琪，蔡立．1995．论我国湿地的特点、类型与管理//陈宜瑜．中国湿地研究．长春：吉林科学技术出版社：24-33
徐汝梅，叶万辉．2003．生物入侵：理论与实践．北京：科学出版社
徐汝梅．2003a．第一章 概论//徐汝梅，叶万辉．生物入侵：理论与实践．北京：科学出版社
徐汝梅．2003b．生物入侵——数据集成、数量分析与预警．北京：科学出版社
徐武美，慈秀芹，李捷．2017．浅析环境特征对遗传多样性与物种多样性的平行效应．生物多样性，25（5）：481-489
许凯扬，叶万辉．2003．群落可入侵性及环境胁迫．热带亚热带植物学报，11（1）：75-82
许来珍，杨仁强，王晔青，等．2015．鄂尔多斯地区珍稀濒危植物的引种驯化及开发利用．现代园艺，（7）：91-92
许再富，刘宏茂．1995．西双版纳傣族贝叶文化与植物多样性保护．生物多样性，3（3）：174-179
许再富，许又凯，刘宏茂．1998．热带雨林漫游与民族森林文化趣谈．昆明：云南科技出版社
薛达元．1999．自然保护区生物多样性经济价值类型及其评估方法．农村生态环境，15（2）：54-59
薛建辉．2009．保护生物学．北京：中国农业出版社
严靖，闫小玲，马金双．2016．中国外来入侵植物彩色图鉴．上海：上海科学技术出版社
杨大荣，李朝达．1996．中国蝙蛾属昆虫的种类和地理分布研究．昆虫学报，39（4）：413-422
杨德华，郑纯，杨森富，等．1993．西双版纳动物志．昆明：云南大学出版社
杨亲二，左家哺．1998．高等植物的特有现象及其研究方法//宋延龄，杨亲二，黄永青．物种多样性研究与保护．杭州：浙江科学技术出版社：79-87
杨亲二．2016．我国植物种级水平分类学研究刍议．生物多样性，24（9）：1024-1030
杨永．2015．中国裸子植物的多样性和地理分布．生物多样性，23（2）：243-246
姚雷，张少艾．2002．芳香植物．上海：上海教育出版社
姚敏，崔保山．2006．哈尼梯田湿地生态系统的垂直特征．生态学报，26（7）：2115-2124
姚仁杰．1957．关于物种的定义．生物学通报，（5）：45-48
尹相彬．2017．城市化对物种遗传多样性影响的景观遗传学研究．沈阳：辽宁大学硕士学位论文
余谋昌．1999．生态伦理——从理论走向实践．北京：首都师范大学出版社

虞国跃．2004．中国昆虫物种多样性//中国昆虫学会成立 60 周年纪念大会暨学术研讨会
袁德成．1997．第 9 章 物种编目濒危等级和保护优先序//蒋志刚，马克平，韩兴国．保护生物学．杭州：浙江科学技术出版社
昝启杰，勇军，王伯荪，等．2000．外来杂草薇甘菊的分布及危害．生态学杂志，(6)：58-61
臧春鑫，蔡蕾，李佳琦，等．2016．《中国生物多样性红色名录》的制定及其对生物多样性保护的意义．生物多样性，24(5)：610-614
臧润国，刘世荣，蒋有绪．1999．森林生物多样性保护原理概述．林业科学，35(4)：71-79
曾北危．2004．生物入侵．北京：化学工业出版社
曾志新，罗军．1999．生物多样性的评价指标和评价标准．湖南林业科技，(2)：26-29
张大勇，姜新华．1997．群落内物种多生物多样性样性发生与维持的一个假说．生物多样性，5(3)：161-167
张风春，李俊生，刘文慧．2015．生物多样性基础知识．北京：中国环境出版社
张桂英，王之安．2004．森林的净化作用．黑龙江科技信息，(2)：60
张昊楠，秦卫华，李中林，等．2016．中国高等植物就地保护状况评价．生态与农村环境学报，32(1)：1-6
张健，陈圣宾，陈彬，等．2013．公众科学：整合科学研究、生态保护和公众参与．生物多样性，21(6)：738-749
张健．2017．大数据时代的生物多样性科学与宏生态学．生物多样性，25(4)：355-363
张林艳，许凯扬，黄红娟，等．2003．第四章 群落的可侵入性//徐汝梅，叶万辉．生物入侵：理论与实践．北京：科学出版社
张玲玲．2013．滇西北丽江纳西族传统食用植物的民族植物学研究．北京：中国科学院大学硕士学位论文
张树仁．2009．中国常见湿地植物．北京：科学出版社
张心结，李奕震，苏星，等．1997．湿地松粉蚧为害对湿地松生长的影响．华南农业大学学报，18(2)：40-45
张新时．1995．对生物多样性的几点认识//钱迎倩，甄仁德．生物多样性研究进展——首届全国生物多样性保护与持续利用研讨会．北京：中国科学技术出版社：10-12
张新时．2010．关于生态重建和生态恢复的思辨及其科学涵义与发展途径．植物生态学报，34(1)：112-118
张亚平，Ryder O A，范志勇，等．1997．大熊猫 DNA 序列变异及其遗传多样性研究．中国科学：生命科学，27(2)：139-144
张雁云，张正旺，董路，等．2016．中国鸟类红色名录评估．生物多样性，24(5)：568-577
张业平．1996．绿色植物是未来城市的生命．常德高等专科学校学报，8(2)：72-76
张颖．2010．中国城市森林环境效益评价．北京：中国林业出版社
张峥，张建文，李寅年，等．1999．湿地生态评价指标体系．农业环境科学学报，18(6)：283-285
张志强，徐中民，程国栋．2002．生态系统服务与自然资本价值评估研究进展//中国科学院生物多样性委员会，国家环境保护总局自然生态保护司，国家林业局野生动植物保护司，等．生物多样性保护与区域可持续发展——第四届全国生物多样性保护与持续利用研讨会论文集．北京：中国林业出版社
张志祥，程东美，江定心，等．2004．椰心叶甲的传播、危害及防治方法．昆虫知识，41(6)：522-526
赵魁义，陈毅峰，娄彦景，等．2008．湿地生物多样性保护．北京：中国林业出版社
郑光美．2012．鸟类学．2 版．北京：北京师范大学出版社
中国环境保护网. 2002. 动物多样性. http://www.chinaenvironment.com/view/viewnews.aspx?k=20021118164520073
中国科学院植物研究所二室．1978．环境污染与植物．北京：科学出版社
《中国生物多样性国情研究报告》编写组．1998．中国生物多样性国情研究报告．北京：中国环境科学出版社
中国新闻网．2015．研究：全球濒危动植物物种 2015 年增至近 23000 种．http://www.chinanews.com/gj/2015/06-24/7361880.shtml
中华人民共和国环境保护部，中国科学院．2015．《中国生物多样性红色名录——脊椎动物卷》评估报告 http://www.mee. gov.cn/gkml/hbb/bgg/201505/t20150525_302233.htm
中华人民共和国环境保护部．2010．《中国生物多样性保护战略与行动计划》(2011—2030 年) http://www.mee.gov.cn/gkml/hbb/bwj/201009/t20100921_194841.htm
中华人民共和国环境保护部．2014．中国履行《生物多样性公约》第五次国家报告．北京：中国环境出版社
周红章，于晓东，罗天宏，等．2000．物种多样性变化格局与时空尺度．生物多样性，8(3)：325-336
周伟，李凤莲．2009．第四章 物种灭绝及其影响因素//薛建辉．保护生物学．北京：中国农业出版社
周祥．2008．椰心叶甲啮小蜂(*Tetrastichus brontispae* Fer.)形态、行为习性及田间寄生作用研究．海口：海

南大学硕士学位论文
周长发，杨光．2011．物种的存在与定义．北京：科学出版社
左平，刘长安，赵书河，等．2009．米草属植物在中国海岸带的分布现状．海洋学报（中文版），31（5）：101-111
Baker H G. 1974. The evolution of weeds. Annual Review of Ecology and Systematics, 5: 1-24
Baker R J, Bradley R. 2006. Speciation in mammals and the genetic species concept. Journal of Mammalogy, 87: 643-662
Barbier E B, Burgess J C, Folke C. 1994. Paradise Lost? London: Earthscan Publiscation Ltd
Barrett G W, Peles J D. 1994. Optimizing habitat fragmentation: an agrolandscape perspective. Landscape and Panning, 28: 99-105
Blackwelder R E. 1967. Taxonomy: A Text and Reference Book. New York: Wiley
Blossey B, Notzold R. 1995. Evolution of increased competitive ability in invasive nonindigenous plants: a hypothesis. Journal of Ecology, 83(5): 887-889
Bock W J. 2004. Species: the concept, category and taxon. Journal of Zoological Systematics & Evolutionary Research, 42: 178-190
Brown J. 1981. Two decades of homage to Santa Rosalia: toward a general theory of diversity. Integrative and Comparative Biology, 21: 877-888
Callaway R M, Aschehoug E T. 2000. Invasive plants versus their new and old neighbors: a mechanism foe exotic invasion. Science, 290: 521-523
Chesson P L, Case T J. 1986. Nonequilibrium community theories: chance, variability, history and coexistence // Diamond J, Case T J. Community Ecology. New York: Harper and Row: 229-239
Chiras D D, Reganold J P. 2016. 自然资源保护与生活．黄永梅，段雷译．北京：电子工业出版社
Cody M L. 1975. Towards a theory of continental species diversity bird distributions over Mediterranean habitat gradients // Cody M L, Diamond J M. Ecology and Evolution of Communities. Cambridge: Harvard University Press
Connell J H. 1978. Diversity in tropical rain forests and coral reefs-high diversity of trees and corals is maintained only in a non-equilibrium state. Science, 199: 1302-1310
Cowling R M, Hilton-Taylor C. 1994. Patters of plant diversity and endemism in Southern Africa // Huntley B J. Botanical Diversity in Southern Africa. Pretoria: National Botanical Institute: 31-53
Cracraft J. 1983. Species concepts and speciation analysis. Current Ornithology, 1: 159-187
Cronquist A. 1978. Once again, what is a species?//Knutson L. Biosystematics in Agriculture. Montclair: NJ: Alleheld Osmun: 3-20
Croobridge B. 1992. Global Biodiversity: Status of Earth's Living Resources. Complied by the World Conservation Monitoring Centre. London: Chapman & Hall
Davis M A, Grime J P, Thompson K. 2000. Fluctuating resources in plant communities: a general theory of invasibility. Journal of Ecology, 88(3): 528-534
Davis P H, Heywood V H. 1963. Principles of Angiosperm Taxonomy. Edinburgh and London: Oliver & Boyd
del Hoyo J, Collar N J, Christie D A, et al. 2014. HBW and BirdLife International Illustrated Checklist of the Birds of the World (Vol. 1). Barcelona: Lynx Edicions BirdLife International
Di Castri F, Younès T. 1996. Introduction: biodiversity, the emergence of a new scientific field-its perspectives and constraints // Di Castri F, Younès T. Biodiversity, Science and Development: Towards a new partnership. Paris: CAB International
Dobzhansky T, Ayala F J, Stebbins G L, et al. 1977. Evolution. San Francisco: W. H. Freeman and Company
Dobzhansky T. 1964. 遗传学和物种起源．谈家桢译．北京：科学出版社
Du Rietz G E. 1930. The fundamental units of biological taxonomy. Svensk Botanisk Tidskrift, 24: 333-428
Elton C E. 1958. The Ecology of Invasions by Animals and Plants. New York: Chapman and Hall
Elton C S. 1958. The Ecology of Invasions by Animals and Plants. London: Methuen and Co Ltd.
Fahrig L. 2003. Effects of habitat fragmentation on biodiversity. Annual Review of Ecology, Evolution, and Systematics, 34(6): 487-515
Fielder P, Jain S. 1992. Conservation Biology: the Theory and Practice of Nature Conservation. New York: Chapman and Hall

Forman R T T, Godron M. 1986. Landscape Ecology. New York: Wiley
Foster B L, Smith V H, Diekson T L, et al. 2002. Invasibility and compositional stability in a grassland community: relationships to diversity and extrinsic factors. Oikos, 99(2): 300-307
Frankel O H, Brown A H D, Burdon J J. 1995. The Conservation of Plant Biodiversity. Cambridge: Cambridge University Press
Frankel O H, Soule M E. 1981. Conversation and Evolution. Cambridge: Cambridge University Press: 10-30
Frankham R. 2010. Challenges and opportunities of genetic approaches to biological conservation. Biological Conservation, 143(9): 1919-1927
Ge S, Wang H, Zhang C, et al. 1997. Genetic diversity and population differentiation of Cathaya argyrophylla in Bamian Mountain. 植物学报（英文版），34(12): 266-271
Goldsmish F B. 1991. Monitoring for Conservation and Ecology. London: Chapman and Hall
Grant V. 1971. Plant Speciation. New York: Columbia University Press
Groombridge B. 1992. Global Biodiversity. Status of the Earth's Living Resources. A Report Compiled by the World Conservation Monitoring Centre. New York: Chapman & Hall
Guisan A, Weiss S B, Weiss A D. 1999. GLM versus CCA spatial modeling of plant species distribution. Plant Ecology, 143: 107-122
Hardin G. 1968. The tragedy of the commons. Science, 162: 1243-1248
Harper J H, David L, Hawksworth D L. 1996. Preface//Hawksworth D L. Biodiversity-Measurement and Estimation. London: Chapman & Hall: 5-12
Hawksworth D L. 1991. The fungal dimension of biodiversity: magnituse, significance, and conservation. Mycology Research, 96 (6): 641-655
Hawksworth D L. 1991. The fungal dimension of biodiversity: magnituse, significance, and conservation. Mycology Research, 96 (6): 641-655
Hedberg O. 1958. The taxonomic treatment of vicarious taxa. Uppsala Universitets Arsskrift, 6: 186-195
Hellawell J M. 1991. Development of a rationale for monitoring // Goldsmish F B. Monitoring for Conservation and Ecology. London: Chapman and Hall: 1-14
Heywood V H. 1979. Plant Taxonomy. London: Edward Arnold（柯植芬译．1979．植物分类学．北京：科学出版社）
Heywood V H. 1995. Global Biodiversity Assessment. UNEP: Cambridge University Press
Holdridge L R. 1967. Life Zone Ecology. Costa Rica, San Jose: Tropical Science Centre
Hufbauer R A, Torchin M E. 2007. Integrating ecological and evolution theory of biological invasions // Nentwig W. Biological Invasions. Heidelberg: Springer: 79-96
International Council for Bird Preservation (ICBP). 1992. Putting Biodiversity on the Map: Priority Areas for Global Conservation. Cambridge, UK: ICBP
International Union for Conservation of Nature (IUCN). 2000. Guidelines for the Prevention of Biodiversity Loss Caused by Alien Invasive Species. Gland, Switzerland: IUCN
IUCN, WWF. 1989. The Botanic Gardens Conservation Strategy. Gland, Switzerland: IUCN
IUCN. 2012a. IUCN Red List Categories and Criteria, Version 3.1. 2nd ed. Gland, Switzerland and Cambridge, UK
IUCN. 2012b. Guidelines for Application of IUCN Red List Criteria at Regional and National Levels, Version 4.0. Gland, Switzerland and Cambridge, UK
IUCN. 2015. The IUCN Red List of Threatened Species. http://www. iucnredlist. org/(accessed 2015-4-1)
Jeffries M J. 1997. Biodiversity and Conservation. London and New York: Rutledge: 39-73
Jiang Z H, Wang K L. 2018. Handbook of Rattan in China. Beijing: Science Press
Jones J P G, Collen B, Atkinson G, et a1. 2011. The why, what, and how of global biodiversity indicators beyond the 2010 target. Conservation Biology, 25(3): 450-457
Keane R M, Crawley M J. 2002. Exotie plant invasions and the enemy release hypothesis. Trends in Ecology and Evolution, 17(4): 164-170
Kirk P M, Cannon P F, Minter D W, et al. 2008. Ainsworth & Bisbys Dictionary of the Fungi. 10th ed. Wallingford: CABI Publishing
Kornet D. 1993. Permanent splits as speciation events: a formal reconstruction of the internodal species concept.

Journal of Theory on Biology, 164: 407-435
Lang P, Wuyts S, Somerville R S, et al. 2014. Bulge growth and quenching since z=2.5in CANDELS/3D-HST. The Astrophysical Journal, 788(1): 1858-1871
Lankau R A, Rogers W E, Siemann E. 2004. Constraints on the utilisation of the invasive Chinese tallow tree *Sapium sebiferum* by generalist native herbivores in coastal prairies. Ecological Entomology, 29: 66-75
Legendre P, 喻梅, 何芳良, 等. 2007. β-多样性的研究：应用多元回归和典范分析研究生态方差的分解. 植物生态学报，31（5）：976-981
Lindeman R L. 1942. Trophic-dynamic aspect of ecology. Ecology, 23: 399-418
Lonsdale W M. 1999. Global patterns of plant invasions and the concept of incasibility. Ecology, 80: 1522-1536
Lovelock J E. 1979. Gaia: A New Lookat Life on Earth. New York: Oxford University Press
Lovelock J E. 2007. 盖娅：地球生命的新视野. 上海：上海人民出版社
MA (Millennium Ecosystem Assessment). 2003. Ecosystems and Human Well-Being: A Framework for Assessmen. Washington DC: WRI
MacArthur R H, Wilson E O. 1967. The Theory of Island Biogeography. Princeton: Princeton University Press
Mace G M, Baillie J E M. 2007. The 2010 Biodiversity indicators: challenges for science and policy. Conservation Biology, 21(6): 1406-1413
Mack R N, Simberloff D, Lonsdale W, et al. 2000. Biotic invasions: causes, epidemiology, global consequence, and control. Ecological Applications, 10: 689-710
Magurran A E. 2004. Measuring Biological Diversity. Oxford: Blackwell Publishing
Masters G J, Brown V K, C1arke I P, et al. 1998. Direct and indirect effects of climate change on insect herbivores Auchenorrhyncha (Honoptera). Ecological Entomology, 23: 45-52
Mayden R L. 1997. A hierarchy of species concepts: the denouement in the saga and the species problem//Claridge M F, Dawah H A, Wilson M R. Species: the Units of Biodiversity. London: Chapman & Hall: 381-424
Mayden R L. 2002. On biological species, species concepts and individuation in the natural world. Fish and Fisheries, 3: 171-196
Mayr E. 1942. Systematics and the Origin of Species, from the Viewpoint of a Zoologist. New York: Harvard University Press
Mayr E. 1982. The Growth of Biological Thought. Cambridge (Mass.): Belknap P. of Harvard U. P.
Mayr E. 2001. What Evolution Is? New York: Basic Books
McAllister D E. 1991. What is biodiversity? Canadian Biodiversity, Ottawa, 1(1): 4-6
McNeely J A, Mainka S A. 2009. Conservation for a New Era. Gland , Switzerland: IUCN（李茂彪译. 自然保护新时代. 北京：北京鑫博时代图文设计有限责任公司）
McNeely J A, Miller K R, Reid W V, et al. 1990. Conserving the World's Biological Diversity. Gland: IUCN, WRI, CI, WWF-USA, World Bank（薛达元等译. 1991. 保护世界的生物多样性. 北京：中国环境科学出版社）
Medonnell M, Stiles E W. 1983. The structural complexity of old field vegetation and the recruitment of bird dispersed plant species. Oecologia (Berlin), 56: 109-116
Millennium Ecosystem Assessment (MA). 2005. Ecosystems and Human Well-Being: Biodiversity Synthesis. Washington DC: World Resources Institute (WRI)
Mishler B D, Brandon R N. 1987. Individuality, pluralism, and the phylogenetic species concept. Biology and Philosophy, 2: 397-414
Mora C, Tittensor D P, Adl S, et al. 2011. How many species are there on Earth and in the ocean? PLOS Biology, 9, e1001127
Myers N. 1988. Threstened biotas: 'hot-spots' in tropical forests. The Environmentalist, 8: 187-208
Myers N. 1990. The biodiversity challenge: expended hotspots analysis. Environmentalist, 10: 243-256
Myers N. 2000. Biodiversty hotspots for conservation priorities. Nature, 403: 853-858
Nasee A. 1989. Ecology, Community and Lifestyle. Cambridge: Cambridge University Press
Norse E A, Rosenbaum K, Wicove D S, et al. 1986. Conserving Biological Diversity in Our National Forests. Washington DC: The Wilderness Society
Noss R F, Harris L D. 1986. Nodes, networks, and MUMs: preserving diversity at all scales. Environmental Management, 10(3): 299-309

Odum E P. 2017. 生态学——科学与社会之间的桥梁. 何文珊译. 北京：高等教育出版社
Office of Technology Assessment of the US Congress (OTA). 1987. Technologies to Maintain Biological Diversity OTA-F-330. Washington DC: Government Printing Office
Parmesan C. 1996. Climate and species range. Nature, 382: 765-766
Paterson H E H. 1992. The recognition concept of species // Ereshefsky M. The Units of Evolution: Essays on the Nature of Species. Cambridge, MA: MIT Press: 139-158
Pearce D W. 1995. Blueprint 4: Capturing Global Environmental Value. London: Earthscan
Pimentel D, Lach L, Zuniga R, et al. 2000. Environmental and economic costs of non-indigenous species in the United Stated. Bioscience, 50: 53-65
Pimentel D, Lach L, Zuniga R. 2001. Environmental and economic costs of non indigenous species in the United States. Bioscience, 50: 53-65
Primack R B, 季维智. 2000. 保护生物学基础. 北京：中国林业出版社
Primack R B. 1996. 保护生物学概论. 祁承经译. 长沙：湖南科学技术出版社
Pulin A S. 2005. 保护生物学. 贾竞波译. 北京：高等教育出版社
Pulliam H R. 1988. Sources, sinks, and population regulation. BioScience, 24: 499-504
Rabinowitz D. 1986. Seven forms of rarity // Synge H. The Biological Aspects of Rare Plant Conservation. New York: Wiley
Raup D M. 1991. Extinction: bad genes or bad luck? New York: W W Norton and Company, Inc
Raven P H. 1976. Systematics and plant population biology. Systematic Botany, 1: 284-316
Reid W V, McNeely J A, Tunstall D B, et al. 1993. Biodiversity indicators for policy-makers. Washington: WRI
Reid W V, Miller K P. 1989. Keeping Options Alive. The Scientific Basis for Conservation Biodiversity. Washington DC: World Resources Institute
Ridley M. 1989. The cladistic solution to the species problem. Biology and Philosophy, 4: 1-16
Sala O E, Chapin III F S, Amesto J J, et al. 2000. Global biodiversity scenarios for the year 2100. Science, 287: 1770-1774
Sandlund O T, Hindar K, Brown A H D. 1992. Conservation of Biodiversity for Sustainable Development. Osla, Norway: Scandinavian University Press
Shaffer M L. 1981. Minimum population sizes for species conservation. BioScience, 31: 131-134
Shea K, Chesson P. 2002. Community ecology theory as a framework for biological invasions. Trends in Ecology and Evolution, 17(4) : 170-176
Simberloff D, Von Holle B. 1999. Positive interactions of nonindigenous species: invasional meltdown? Biological Invasions, 1: 21-32
Simberloff D. 1995. Why do introduced species appear to devastate islands more than mainland areas? Pacific Science, 49: 87-97
Simpson G G. 1943. Criteria for genera, species and subspecies in zoology and paleontology. Annals of the New York Academy of Sciences, 44: 145-178
Simpson G G. 1961. Principles of Animal Taxonomy. New York: Columbia University Press
Smith T M, Smith R L. 2009. Elements of Ecology. 7th ed. San Francisco, CA: Benjamin Cummings
Soule M E. 1985. What is conservation biology? BioScience, 35: 727-734
Soulé M E. 1986. Conservation Biology: the Sciences of Scarcity and Diversity. Sunderlang, MA: Sinauer Associates, Inc. Publishers
Soulé M E. 1987. Viable Population. Cambridge: Cambridge University Press
Stork N E, Samways M J, Bryant D A. 1995. Why inventory and minitor biodiversity? // Heywood V H. Global Biodiversity Assessment. Cambridge: Cambridge University Press: 461-473
Tansley A G. 1935. The use and abuse of vegetational concepts and terms. Ecology, 16: 284-307
Taylor B. 1991. Investigating species incidence over habitat fragments of different areas-a look at error estimation. Biological Journal of the Linnean Society, 42: 177-191
Tilman D. 1985. The resource-ratio hypothesis of plant succession. American Naturalist, 125(6): 827-852
Turner R K. 1991. Valuation of Wetland Ecosystems. Springer Netherlands: Persistent Pollutants
Umaña M N, Zhang C C, Cao M, et al. 2015. Commonness, rarity, and intraspecific variation in traits and

performance in tropical tree seedlings. Ecology Letters, 18(12): 1329-1337

UNEP, WCMC. 2009. International Expert Workshop on the 2010 Biodiversity Indicators and Post-2010 Indicator Development. Cambridge: UNEP, WCMC

United Nations Conference on Environment and Development (UNCED). 1992. 生物多样性公约. 全国人民代表大会常务委员会，1992.11.07(http://www. npc. gov. cn/wxzl/wxzl/2000-12/14/content_2808. htm)

van Valen L. 1976. Ecological species, multispecies, and oaks. Taxon, 25: 233-239

Wang H W, Ge S. 2006. Phylogeography of the endangered Cathaya argyrophylla (Pinaceae) inferred from sequence variation of mitochondrial and nuclear DNA. Molecular Ecology, 15: 4109-4123

Wang K L, Hong L T, Ramanatha Rao V. 2005. Bamboo Resources & Traditional Culture in Xishuangbanna, Yunnan, Southwest China. Malaysia: IPGRI-APO

Whittaker R H. 1960. Vegetation of the Siskiyou Mountains, Oregon and California. Ecological Monographs, 30: 279-338

Wiens J A. 1989. Spatial scaling in ecology. Functional Ecology, 3(4): 385-397

Wiens J A. 1993. Ecological mechanisms and landscape ecology. Oikos, 66: 369-380

Wilcove D S, McLellan C H, Dobson A P. 1986. Habitat fragmentation in the temperate zone // Soulé M E. Conservation Biology: the Sciences of Scarcity and Diversity. Sunderlang, MA: Sinauer Associates, Inc. Publishers: 237-256

Wilcove D S, Rothstein D, Dubow J, et al. 1998. Quantifying threats to imperiled species in the United States. BioScience, 48: 607-615

Wilcox B A. 1984. In situ conservation of genetic resources: Determinants of minimum arear equirements // Neeley J A, Miller K R. National Parks: Conservation and Development. Washington DC: Smithsonian Institution Press: 639-647

Wiley E O. 1992. The evolutionary species concept reconsidered // Ereshefsky M. The Units of Evolution: Essays on the Nature of Species. Cambridge MA: MIT Press: 79-92

Wilkins J S. 2006. A list of 26 species “concepts” source. http://scienceblogs. com/ evolvingthoughts/ 2006/a_list_of_26_species_concepts. php.

Wilkins J S. 2009. Species: A History of the Idea. Berkeley: University of California Press

Williamson M. 1996. Biological Invasions. London: Chapman & Hall

Wilson E O. 1985. The biological crisis. Bioscience, 35 (11): 700-706

Wilson E O. 1988. Biodiversity. Washington DC: National Academy Press

Wilson E O. 1992. The Diversity of Life. Cambridge, Massachusetts: Belknap Press of Harvard University Press

Wilson M, Shmida A. 1984. Measuring beta diversity with presence-absence data. Journal of Ecology, 72: 1055-1064

Wilson M, Shmida A. 1984. Measuring beta diversity with presence-absence data. Journal of Ecology, 72: 1055-1064

Worldwide Fund for Nature (WWF). 1989. The Importance of Biological Diversity. Gland, Switzerland: WWF

WRI, IUCN, UNEP. 1992. Global Biodiversity Strategy. Catalog Card: Library Congress（世界资源研究所. 1993. 全球生物多样性策略. 北京：中国标准出版社）

Wu C I. 2001. The genic view of the process of speciation. Journal of Evolutionary Biology, 14: 851-865

Xie P, Chen Y. 2001. Invasive carp in China’s plateau lakes. Science, 294: 999-1000

Xie Y, Li Z Y, William P G, et al. 2001. Invasive species in China - an overview. Biodiversity and Conservation, 10: 1317-1341

Yu L Q, Fujii Y, Zhou Y J, et al. 2007. Response of exotic invasive weed *Alternanthera philoxeroides* to environmental factors and its competition with rice. Rice Science, 14(1): 49-55